서울 역사의 시작, 한성백제

서울 역사의 시작, 한성백제

2021년 6월 25일 초판 1쇄 발행

지은이 이장웅

펴낸이 권혁재

편 집 권이지
표지디자인 이재영 · 이정아
표지 글씨 서민원

인 쇄 성광인쇄
펴낸곳 학연문화사
등 록 1988년 2월 26일 제2-501호
주 소 서울시 금천구 가산디지털1로 168 우림라이온스밸리 B동 712호

전 화 02-2026-0541
팩 스 02-2026-0547
E-mail hak7891@chol.com

ISBN 978-89-5508-438-2 03910

서울 역사의 시작, 한성백제

이장웅 지음

학연문화사

첫머리에

대부분의 사람들은 서울 역사의 시작을 조선시대의 수도였던 한양 도성 (한성부)부터로 알고 있다. 하지만 그보다 이전에 백제는 서울 강남 일대에 하남 위례성 또는 한성이라는 이름을 붙여 500년 가까이 수도를 두었고, 고구려와 신라는 북한산군과 한산주를 설치했으며, 고려는 남경을 두었다. 그리고 이보다 훨씬 오래된 신석기 시대를 대표하는 암사동 유적도 강동구에 자리하고 있다.

조선시대 이래 서울의 중심이 청계천 북쪽 사대문 안의 '한성부'였다면, 현재의 서울은 한강 이남을 포괄하여 팽창하면서 오히려 강남이 중심 지역으로 떠오르고 있다. 싸이의 '강남 스타일'이 세계에서 대한민국 서울의 문화를 상징하는 노래가 된 것도 그러한 맥락의 하나라고 하겠다. 그렇다면 서울 역사의 시작에 대해서도 조선보다 먼저 '한성'이라는 명칭을 사용했던 '한성백제'를 강조할 필요가 있다. 지난 1994년에 조선이 한성부(한양)를 서울로 정한 지 600년을 기념하면서 서울 600년사를 편찬했다면, 이제 서울 역사를 백제까지 올리면서 2,000년사를 이야기하고 있다. 역사 도시 서울의 역사는 최소한 백제까지 올라가는 것이다.

필자는 서울 송파구의 올림픽공원 내에 자리한 한성백제박물관의 백제학연구소에서 8년 동안 근무하고 있다. 이 책은 필자가 그동안 지면에 발표한 글들을 보완하여 재구성하고, 제5장 "사료로 보는 한성백제" 부분을 새로 추가하여 엮은 것으로, 석사와 박사 논문 이후 현재까지 백제사를 중심으로 한국 고대사를 공부하면서 가졌던 생각과 경험의 결과물이라고 할 수 있다. 이 책을 통해 서울 역사의 시작에 해당하는 개략적인 백제의 역사와 함께, 한성백제를 중심으로 한 유적에 대해 어느 정도 이해가 될 수 있을 것이라 기대한다.

1988년 서울 올림픽 개최와 맞물린 강남 개발은 이 일대에 산재한 백제 유적에 대한 파괴인 동시에 이를 알리는 계기가 되기도 했다. 반은 백제 하남 위례성(한성)을 이루는 중요한 성이었던 몽촌토성 구역, 나머지 반은 올림픽 경기장 구역으로 나누어 배치된 올림픽공원은 그 대표적인 예이다. 석촌동 고분군 역시 이때의 개발 논리에 밀려 대부분이 파괴되고 도시의 섬처럼 일부분만이 보존되었지만, 이를 통해 백제 고분이 강남 일대에 산재하고 있음을 알리는 계기가 되었고, 현재도 발굴과 함께 주민들의 산책 코스로 충실히 이용되고 있다.

올림픽공원 잔디밭에는 올림픽을 기념하여 마련된 갖가지 현대 조형물들이 몽촌토성과 함께 조화를 이루며 배치되어 있다. 유홍준은 『나의 문화유산답사기』 3권 중 "서울, 말하지 않는 것과의 대화"에서 이것이 매우 부조화를 이루고 있으며, 현대 미술관으로 보내야 가치를 인정받을 수 있을 것이라고 혹평했지만, 필자는 그 조화를 이루지 못하는 것처럼 보이는 부분이 오히려 역사 도시 서울의 매력을 잘 전달하고 있는 것으로 보인다. 지금도 올림픽공원에는 현대 미술관인 서울 올림픽 미술관Seoul Olympic Museum of Art과 함께, 한성백제의 역사를 널리 알리고자 2012년에 서울 시립 박물관으로 개관한 한성백제박물관Seoul Baekje Museum이 서로 마주보고 있으며, 2018년 12월에 개통된 지하철 9호선 한성백제역은 이 SOMA 미술관과 연결 통로를 마련해놓고 있다.

보존과 개발이 대립하는 서울 한복판에서 그 아름다운 조화를 잘 보여주고 있는 곳은 종로의 센트로폴리스 빌딩과 공평동 도시 유적 전시관이다.

지하 전체를 조선시대 도시 유적 전시관으로 꾸미면서, 1층은 주변 보도와 조화를 이루는 공공 보행로로 만들었으며, 그 위에 자리한 빌딩은 서울에서 가장 비싼 오피스 빌딩이지만 창호처럼 창들을 배치하면서 주변 전통 건물들의 외관을 해치지 않게 병풍과 같은 느낌으로 설계되었다고 한다. 또한, 종로 주요 도로에서 한 블록만 들어가면 볼 수 있는 익선동의 좁은 골목길에 있던 오래된 한옥들은, 이를 잘 이용한 카페와 음식점으로 리모델링되면서 젊은이들의 핫 플레이스가 되고 있다.

종로에 비하면 한성백제 유적들이 자리한 서울 강남 송파 강동 일대는 녹지가 많고 시원시원한 동네이다. 그렇게 된 데에는 백제 유적들이 곳곳에 산재하고 있어 개발 속에서도 그 일부가 보존되었던 영향이 크다. 올림픽공원 주위에는 지하철 5호선 올림픽공원역, 지하철 8호선 몽촌토성역에 이어 지하철 9호선 한성백제역도 생겼다. 풍납동 토성을 찾아가기에는 지하철 5호선 천호역이, 석촌동 고분군을 찾아가기에는 지하철 8 · 9호선 석촌역이 적당하다. 이에 따라 한성백제 유적은 차량을 이용하지 않고 간간히 지하철을 이용하면서 천천히 걸어서 답사하는 것이 좋다.

이 책의 제1장 "한강 역사의 시작, 한성백제"는 바로 이러한 도보 또는 지하철 답사를 염두에 두고 마련된 한성백제로의 초대장이다. 서울 역사의 시발점을 가볍게 산책하는 기분으로 바위 절터(암사), 신석기 시대의 암사동 유적, 풍납동 토성, 몽촌토성, 한성백제박물관, 석촌동 고분군, 방이동 고분군까지 한성백제를 중심으로 한 서울 강동구 · 송파구 일대 유적지들을 동선에 따라 답사할 수 있도록 소개하였다. 이는 2019, 「한강권 역사의 시작, 한성백제」『서울 역사 답사기 3 한강을 따라서』, 서울역사편찬원의 내용을 바탕으로 구성하였다.

제2장 "백제의 건국 과정"은 서울 지역에 백제 건국 집단이 정착하는 과

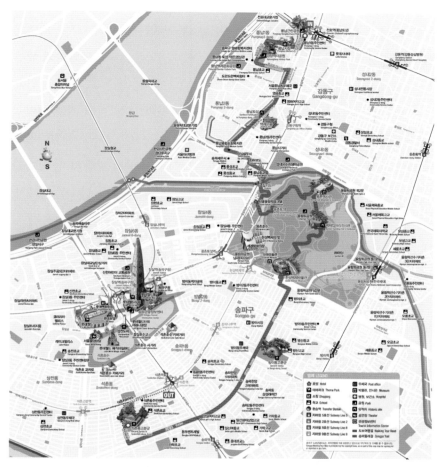

송파구에서 만든 한성백제 왕도 도보길 안내도

정에 대한 글로, 건국 시조와 그 기원, 건국 장소, 건국 시기 등 백제의 건국과 관련하여 논란이 되고 있는 사항들을 총정리하면서, 그 역사의 현장 사진을 최대한 많이 수록하고자 하였다. 백제는 고구려나 신라와 달리 건국 신화가 명확하게 드러나지 않으면서, 시조 역시 국내 사서에는 온조와 비류, 중국 사서에는 동명의 후손인 구태, 일본 사서에는 도모(동명)으로 기록되어 있어, 이들 사이의 관계가 어떻게 되는지 매우 복잡하다. 이러한 논의들을 최대한 풀어보고자 했던 2017, 『신화 속에 깃든 백제의 역사』, 학연문화사의 내용을 바탕으로 재정리한 2019, 『백제건국론』, 광진문화원의 내용을 다시 다듬어 보았다.

제3장 "백제의 왕과 그 업적"은 백제 31명의 왕과 그 시기에 대한 개략적인 역사를 쉽게 알아볼 수 있도록 정리한 것이다. 서울 송파구 올림픽공원 평화의 문 앞에 한성백제의 빛 조형물을 설치하면서 백제 왕들의 업적도 간단히 서술하였는데, 필자는 송파구청으로부터 내용에 대한 감수를 맡으면서 그 과정에서 정리한 내용을 2017, 「역사 교육과 활용을 위한 백제 각 왕 대王代 주요 업적 검토」 『역사와 교육』 25에 실었고, 이를 수정 보완하여 수록하였다.

제4장 "한성백제와 중국의 문화 교류"는 한국 고대의 삼국 중 가장 활발한 대외 교류를 했던 백제가 한성 도읍 시기에 해당하는 중국 왕조들과 문화 교류를 진행한 내용을 담았다. 이는 2019년 9월에 백산학회와 인천광역시 연수구 주최로 이루어진 "백제의 대중 외교와 능허대"라는 주제의 학술대회에서 필자가 발표한 것을 2020, 「백제 한성기 중국과의 문화 교류」 『백산학보』 116에 실은 내용을 수정 보완하여 수록하였다.

제5장 "사료로 보는 한성백제"는 『삼국사기』 백제본기 중 한성백제 시기에 해당하는 기록에 대한 역주와 함께 중국 사서인 『후한서』와 『삼국지』 중 한韓 기록에 대한 간단한 역주를 실었다. 필자는 언제나 대중적이라는 것이 깊이가 얕다는 것을 뜻해서는 안 된다고 생각한다. 따라서 실제 역사 자료의 기록이 어떠한지 한문 원문은 아니더라도 한글 번역본 정도는 직접 읽어볼 필요가 있다. 이에 한성백제 관련 자료의 한글 번역문과 함께 기존 연구 성과들을 바탕으로 하여 필자 나름대로 정리한 역주를 제시한 것이다. 특히 『삼국사기』 백제본기에는 별자리와 재이災異 관련 기록이 많으므로, 동

양 별자리 관련 기록의 해제에 신경을 썼다. 한문 원문은 국사편찬위원회의 한국사데이터베이스 사이트에서 쉽게 살펴볼 수 있다.

대한민국은 현재 문화의 시대를 맞이하여 고대로부터 이어온 기질을 마음껏 전 세계에 드러내고 있다. 한성백제의 기원이 되는 『삼국지』 위서 동이전의 한韓 부분 기록에는 우리 민족의 춤에 대하여 "답지踏地 저앙 低昻(땅을 밟고 몸을 구부렸다가 폄) 수족手足 상응相應(손과 발이 서로 잘 어울림)"이라고 표현하였는데, 필자의 지도 교수이신 최광식 선생님께서는 문화체육관광부 장관을 하시던 때의 강연에서 이 구절이 K팝의 특징을 잘 드러낸 표현이라고 자주 언급하셨다. 이 『삼국지』 기록 중에는 군취羣聚 가무 歌舞(무리를 지어서 노래 부르고 춤춘다) 음주飮酒 주야晝夜 무휴無休(술을 마시는데 밤낮으로 쉬지 않았다)라는 기록도 있다.

융은 우리 무의식의 가장 깊은 심층 속에 태고 인류가 우주 전체와 교감하며 살았던 영적 지혜가 담긴 이미지들이 저장되어 있으며, 그 본능적 무의식이 이미지로 표출되는 것이 꿈이라고 하였다. 이에 비추어 보면, 우리의 무의식 속에는 조상들이 경험했던 지혜가 담긴 역사의 이미지들이 저장되어 있으며, 그것이 현실 생활에 표출되어 나타난다고 생각한다. 그런 의미에서 우리 역사, 특히 신과 교감하며 살았던 고대 역사의 시작에 대하여 탐구하는 것은 우리 집단 무의식의 깊은 내면을 들여다보는 행위라고 생각한다. 특히 우리 대한민국의 메트로폴리탄 서울 역사의 시작을 알아간다는 것은 우리 무의식의 깊은 내면에 아로새겨진 정신의 DNA를 탐구하는 과정일 것이다.

역사는 사람이 걸어 온 흔적이면서, 기록한 사람의 관점에 따라 선택되어 남게 된 발자취의 학문이다. 사람은 역사를 공부하고, 또 역사를 만들어가며, 기록된 글에는 그 사람의 경험과 삶에 대한 깊은 성찰이 담겨 있다. 흘러가는 사건이 모두 역사가 되지는 않듯이, 이 세상의 모든 사람들이 다 중요하지는 않지만, 나의 관점에서 의미를 지니게 된 사건과 사람들은 매우 중요하다.

이 책은 필자의 또 다른 시작을 기념하는 의미도 가진다. 필자는 백제 역사의 발상지인 서울 잠실에서 태어나 그동안 강북 일대에서 살아오다가 올해 이 책의 발간과 함께 늦은 결혼을 하면서 서초에서 새 살림을 시작하게 된다. 이것저것 신경을 많이 쓰시느라 건강도 좋지 않으신 부모님, 어려운 시기에 멀리서 날아오는 동생 내외와 조카 형주, 주원에게도 감사드린다. 흔쾌히 주례를 맡아주신 지도 교수 최광식 선생님께 감사드리며, 나만을 믿고 내 곁에 선 소중한 신부 서은경에게 특히 감사한다.

친구 김현준, 최용찬, 전용진, 김한별, 윤도식, 동아리방을 뺀 뒤에도 3개월에 한 번씩 모임을 지속하고 있는 우리문학연구회 후배 황인걸, 박종순, 이현주, 김형민, 이현규, 이창형, 류재준, 국산 발사체 누리호 발사 준비로 바쁘신 고주용 형兄, 여러 책 콘텐츠를 준비하시는 이원배 형, 윤성호 형, 박종영 형, 서명일, 진명진, 이기범, 언제나 든든한 후원자이신 신영식 형, 삶의 지혜를 주시는 김도정 형, 김범석 형, 열정적인 활동을 함께 제안해주시는 홍성화 선생님, 결혼이 학문을 보는 넓은 관점에도 큰 도움이 된다고 격려해주신 송완범 선생님, 참된 학자의 길을 보여주시는 신종원 선생님, 김현구 선생님, 이용현 선생님, 장원섭 선생님, 홍영호 선생님, 심현용 선생님, 한준수 선생님, 이종수 선생님, 박재용 선생님, 고려대학교 한국사학과 선생님들, 후배 최희준, 김철민, 신범규, 임동민, 박찬우, 박종욱, 강나리, 고현정, 정아영, 신진혜, 박한민, 이주호, 최민영, 강도예, 이반야, 박주연, 한성백제박물관 조영훈 소장님, 김영심 과장님, 박중균 선생님, 정치영 선생님, 좋은 책을 만들어주시는 학연문화사 권혁재 사장님 모두 감사드린다.

목 차

첫머리에

제1장 | 한강 역사의 시작, 한성백제

1. 한강 유역 고대 유적으로 가는 길······17
2. 불교와 유교의 만남, 암사(巖寺, 바위절터)와 구암서원터 ······24
3. 신석기 시대의 간판스타, 빗살무늬 토기가 발견된 암사동 유적 ·······30
4. 백제의 첫 도읍지는 어디인가?······35
5. 백제의 폼페이, 풍납동 토성······39
6. 백제의 꿈마을, 몽촌토성과 한성백제박물관······53
7. 백제의 왕들이 잠든 곳, 석촌동 고분군 ······67
8. 방이동 고분군의 주인공은 백제인가 신라인가? ······74

제2장 | 백제의 건국 과정

1. 머리말 ······81
2. 동명東明-온조溫祚 집단의 남하와 백제의 건국 ······90
3. 온조溫祚가 내려온 한산漢山 부아악負兒嶽 ······100
4. 백제 건국의 고고학적 증거 ······108
5. 부여·고구려의 동명 신화와 백제 신화로써의 동명 신화······121
6. 방위명 부여국과 고구려·백제 ······140
7. 해부루解夫婁-우태優台-비류沸流 건국 전승의 성립······145
8. 미추홀彌鄒忽 ······151
9. 백제 시조 구태仇台 건국 전승의 의미 ······156

10. 해부루解夫婁-우태優台(구태仇台)-비류沸流 집단의 남하와 백제 고이왕계의

　　등장 ·· 168

11. 마무리 ·· 189

제3장 | 백제의 왕과 그 업적

1. 머리말 ·· 193

2. 백제 한성기 왕대王代 주요 업적 ·· 197

3. 백제 웅진기 왕대王代 주요 업적 검토 ···································· 218

4. 백제 사비기 왕대王代 주요 업적 검토 ···································· 229

5. 마무리 ·· 244

제4장 | 한성백제와 중국의 문화 교류

1. 머리말 ·· 247

2. 백제와 후한後漢 공손씨公孫氏, 조위曹魏의 문화 교류 ················· 251

3. 백제와 서진西晉의 문화 교류 ·· 268

4. 백제와 전연前燕·전진前秦의 문화 교류 ·································· 281

5. 백제와 동진東晉의 문화 교류 ·· 288

6. 백제와 유송劉宋, 북위北魏의 문화 교류 ································· 307

7. 마무리 ·· 317

제5장 | 사료로 보는 한성백제

1. 『삼국사기三國史記』 ·· 323

2. 『후한서後漢書』 ··· 485

3. 『삼국지三國志』 ··· 493

제1장
한강 역사의 시작, 한성백제

1. 한강 유역 고대 유적으로 가는 길

한강은 한반도의 중심에 위치하고 있어 여러 지역과의 물산 이동이 편리하고, 바다를 통해 중국과 교류하기에도 좋은 지역이다. 아울러 넓은 평야가 있어 농사짓기에도 좋은 조건을 갖추고 있다. 그래서 한강 유역은 구석기 시대부터 현재에 이르기까지 많은 사람들이 살아오면서 다양한 유적들

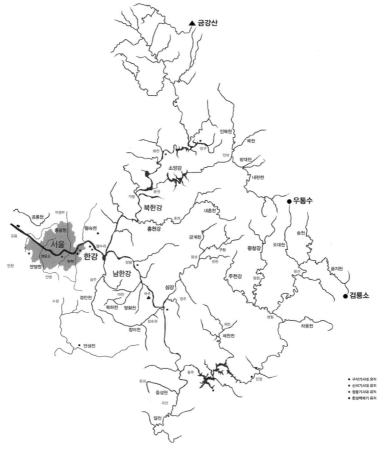

그림1 | 한강의 물줄기

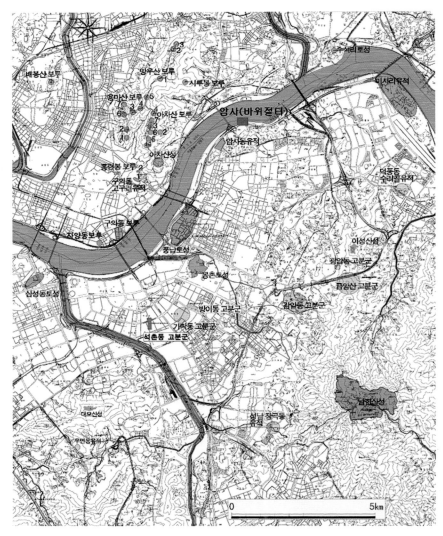

그림2 | 서울 강남 일대 현재 지형도와 고대 유적

을 남기게 되었다. 한강을 차지하면 경제적으로나 지리적으로 매우 유리했기 때문에 한국 고대 사회에서는 백제와 고구려, 신라가 이 지역을 번갈아 차지하면서 치열한 경쟁을 벌이기도 했다.

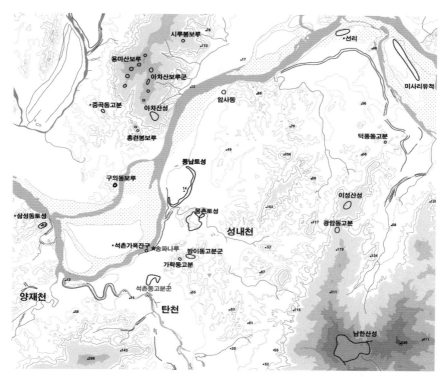

그림3 | 서울 강남 일대 일제시대 지형도와 고대 유적

시대에 따라 한강을 부르는 명칭도 여럿 있었으니, 백제는 '한수漢水' 또는 '욱리하郁里河'라고 불렸고, 고구려 광개토왕릉비에서는 '아리수阿利水'라 불렸다. 신라 기록에는 상류를 '니하泥河'로, 하류를 '왕봉하王逢河'라 부르기도 했고, 국가에서 제사를 지내던 네 군데의 큰 강 중 북독北瀆 제사지로 '한산하漢山河'라고도 하였다.

여기에 소개하는 유적들은 신석기 시대부터 백제, 신라를 거쳐 조선시대에 이르기까지 한국의 역사에서 중요한 유적들이다. 한강 유역에 정착생활을 시작하면서 빗살무늬토기라는 특징적인 토기를 만들었던 암사동 신석기 유적, 백제가 나라를 처음 건국하여 전성기를 보낸 시기의 성곽 유적인 풍납동 토성과 몽촌토성, 그 시기의 고분 유적인 석촌동 고분군과 이후 신라 시기까지 사용된 방이동 고분군, 그리고 백제 또는 통일신라 시기부터의 불교 사원이 조선시대 유교의 서원으로 변화했던 암사(바위절터) 유적지가 있다.

한강 남쪽으로 백제 한성기 도성인 풍납동 토성과 몽촌토성이 가까운 거리에서 마주하고 있으며, 조금 멀리 동쪽으로는 신라가 한강 유역을 차지한 이후 신주新州의 치소로 추정되기도 하는 하남 이성산성이 위치하고 있다.

한강 북쪽에 자리한 아차산성峨嵯山城은『삼국사기』에 의하면 백제 책계왕責稽王 원년인 286년 이전에 축조되어 아단성阿旦城 또는 아차성阿且城으로 불려왔으며, 고구려 광개토왕릉비廣開土王陵碑의 영락永樂 6년 기사에는 고구려가 백제를 공격하여 차지한 58성 중의 하나로 나온다. 475년에 고구려 장수왕長壽王이 백제 수도 한성을 공격하여 함락시킨 후 개로왕蓋鹵王을 압송하여 참살한 곳도 아차산성이다. 현재 남아있는 아차산성 성벽은 신라 때 쌓은 것으로 알려져 있으며, '북한산성北漢山城'으로 판독되는 신라의 명문 기와가 출토되어, 신라 때에는 이 지역을 북한산성으로 불렀음도 알 수 있다.

그리고 아차산과 용마봉 능선의 각 봉우리에는 아차산 1·2·3·4·5·6보루, 용마산 1·2·3·4·5·6·7보루, 홍련봉 1·2보루, 시루봉보루, 수락산보루, 망우산보루 등의 고구려 보루군들이 자리잡고 있다.

현재 서울시에서는 "강북은 한양도성, 강남은 왕도 한성"이라는 슬로건을 내세우면서 백제의 수도였던 한성 시기를 포함하여 '서울 역사 2000년'을 이야기하고 있다. 서울시는 1994년이 조선 태조 이성계(1335~1408)가 도읍을 서울(당시 한양)로 옮긴 1394년으로부터 600년째가 되는 해라는 점을 강조하여 서울 정도定都 600년을 내세우면서 서울 600년사를 편찬한 적이 있다. 하지만 그것은 서울의 강북 사대문 안과 관련된 것이고, 강남과 강북을 포함한 서울 전체의 역사를 포괄한다면, 백제 왕도 한성의 역사까지를

그림4 | 아차산성 출토 '北漢山城' 명문 기와

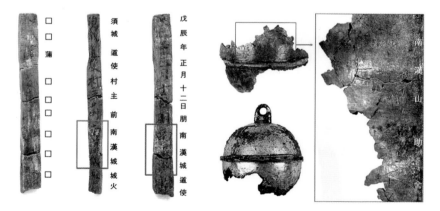

須城道使村主 前南漢城城火

戊辰年 正月 十二日 朋 南漢城 道使

□ □ □ 蒲 □ □ □ □ □

南漢山助舍

그림5 | 하남 이성산성 출토 戊辰年(603) 목간의 '南漢城 道使'

그림6 | 광주 대쌍령리 고분 출토 '南漢山助舍' 명 청동령

포함해야 한다. 그렇다면 백제 건국자인 온조가 하남 위례성을 도읍으로

삼은 것이 기원전 6년이므로, 서울은 1994년에 '정도 600년'이 아니라 '정도

2000년'이 되는 것이다.

　백제는 기원전 18년에서 기원후 660년까지 678년을 이어온 고대국가지만, 우리에게는 웅진 도읍 시기(475~538)와 사비 도읍 시기(538~660)의 백제가 더 익숙하다. 그러나 전체 678년 백제의 역사 가운데 4분의 3에 해당하는 기원전 18년에서 기원후 475년 사이의 493년에 해당하는 시기가 바로 한성 도읍 시기이다. 이 시기에는 31명의 백제 왕들 가운데 2/3가 넘는 21

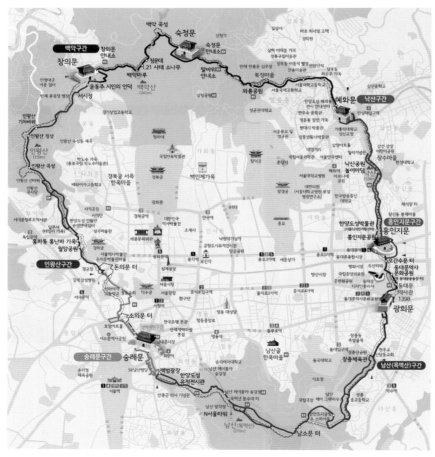

그림7 | 현재 서울의 한양도성

그림8 | 백제 한성기 21명의 왕계표

명이 재위하였으며, 그중에는 백제의 기틀을 만든 고이왕과 전성기로 이끈 근초고왕도 들어 있다.

서울시는 2012년에 한성백제박물관을 세워 이러한 점을 널리 알리려 하고 있으며, 서울 지역의 백제 유적들을 유네스코 세계유산에 등재시키려는 노력도 진행하고 있다.

그림9 | 건너편 언덕에서 바라본 암사(바위절터)와 한강

2. 불교와 유교의 만남, 암사(巖寺, 바위절터)와 구암서원터

서울시 강동구 암사동 산1-1의 강가 바위에는 암사(바위절터)가 자리하고 있다. 현재 암사동의 유래가 이 절 이름과 관련되어 있다는 점에서도 중요한 유적인데, 이곳은 현재 올림픽대로상의 암사 아리수 정수센터 취수장 바로 옆에 자리잡고 있는 관계로 접근하기가 쉽지 않다. 지금은 그 터만 남아 있어 정확한 구조를 알 수는 없으나, 백제 때에 세워진 절로 전해지고 있다. 백제의 불교사원에 대해서는 웅진기 공주 지역에도 대통사와 수원사가 기록과 함께 전해지는 절터가 있기는 하지만 아직 조사 단계에 있으며, 한성기의 불교 사원에 대해서는 전혀 알려진 바가 없다. 이러한 상황에서 암사동의 암사, 곧 바위절터는 백제의 절터로 전해지고 있다는 점만으로도 주목해볼 필요가 있다.

그림10 | 암사(바위절터) 현재 모습

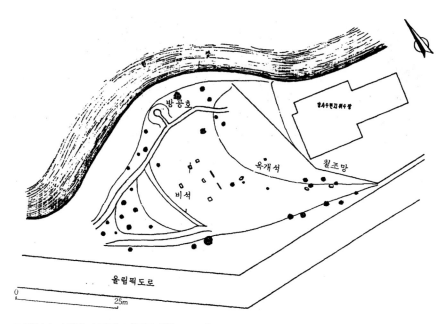

방공호

옥개석

철조망

비석

올림픽도로

0

25m

그림11 | 바위절터 평면도(동국대학교 조사)

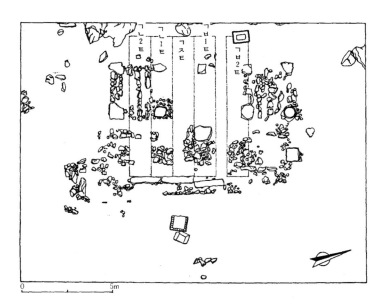

0

5m

그림12 | 바위절터 발굴 평면도(동국대학교 조사)

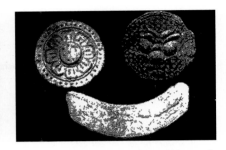

그림13 | 바위절터 표석　　　　　　그림14 | 바위절터 출토 기와(동국대학교 조사)

1987년 4월 19일부터 5월 30일까지 동국대학교에서의 간략한 조사에서는 신라 말과 고려 초의 유물이 발견되었고 백제 때의 유물은 출토되지 않았다고 하는데, 관련된 자료가 충분히 보고되어 있지 않다.

조선 초기의『신증동국여지승람』에는 암사巖寺의 다른 이름이 백중사伯仲寺이며, 광나루 건너편에 위치한 하진참下津站의 동쪽에 있다고 기록되어 있다. 이와 함께 다음과 같은 서거정徐居正의 시도 수록되었다.

　　"절간이 푸른 벼랑에 걸쳐 있으니, 어느 날 금을 펴고 지었는고. 낙
　　엽을 쓰는 사람이 없는데, 빈 집에 오는 손이 있네. 산 형세는 물에
　　다달아 끊겼는데, 물 구비는 산에 부딪쳐 돌아 흐르네. 앉아서 고승
　　高僧과 같이 말을 주고 받으니, 마음이 스스로 티끌이 없어지네."

이를 통해서 살펴보면, 조선 초기까지 이 절 부근은 매우 경치가 뛰어나 사람들이 모여들던 곳이었음을 알 수 있다. 지금은 올림픽대로의 한가운데에 자리하고 있어, 여러 차들이 빠르게 지나갈 뿐 머무르지 못하고 스쳐 지나가는 곳이다. 게다가 바로 옆의 암사동 취수장으로 인한 철조망으로 둘러싸여 있어, 옛 풍광을 상상하기는 어렵다.

근근히 명맥을 유지하던 암사는 조선 후기에 이르러 유교 성리학이 국가

그림15 | 영주 소수서원과 입구의 숙수사지 당간지주

의 중심 이념으로 작용하면서 이 부근에 구암서원龜岩書院을 세움에 따라 크게 위축되었다. 최초로 국왕으로부터 편액扁額과 토지, 노비 등을 하사받은 사액서원賜額書院으로 유명한 영주 소수서원도 원래 신라 때의 숙수사지 절터에 세워진 서원이며, 서울 도봉구의 조선시대 도봉서원도 발굴 결과 고려시대 영국사 자리였음이 밝혀졌다. 시대에 따라 지배 이념이 변하면서 불교 사원이 유교 서원으로 탈바꿈하게 된 것이다.

하지만 이렇게 유교 이념을 전파하던 도봉서원과 구암서원은 대원군이 1871년에 서원철폐령을 내리면서 철폐된 이후 복원되지 못했다. 서원은 선현에 대한 제향과 지방의 인재 양성을 위한 사설 교육기관의 역할을 하였다. 그러나 서원이 많은 토지와 노비를 보유하고 있으면서 면세와 면역 등 경제적인 혜택까지 가지고 있었으므로 점차 국가 재정을 약화시켰으며, 당론을 명분으로 삼아 왕권을 견제하고 백성들을 억압하면서 조정의 권위와

그림16 | 둔촌 이선생 휘집 조두 구기(遁村
李先生 諱集 俎豆 舊基) 비석

지방에 대한 통제력을 떨어뜨렸다. 이러한 문제점을 타개하고자 대원군은 먼저 1865년에 노론의 정신적 지주였던 만동묘萬東廟를 철폐하였고, 1868년에는 사액서원賜額書院을 제외한 전국 1,000여 곳의 서원을 정리하였으며, 1871년에는 대대적인 서원 철폐령을 내려 일인일원一人一院을 원칙으로, 유학자 한 사람에 대해 한 곳의 서원만 두고 나머지는 정리하도록 하면서 대부분의 서원이 정리되었다.

구암서원은 1667년(현종8)에 세워져 둔촌 이집李集을 향사하였고 1697년(숙종 23)에 사액되었다. 둔촌遁村 이집李集을 비롯하여 이양중李養中, 정성근鄭誠謹, 정엽鄭葉, 오윤겸吳允謙, 임숙영任叔英 등 여섯 사람을 배향하였다. 둔촌 이집은 고려 말에 활약한 학자로, 현재 둔촌동 일자산一字山에는 둔촌 이집 선생의 은거지였다는 굴이 보존되어 있다. 그는 1368년(공민왕 17) 신돈辛旽의 권력에 항거하다가 영천永川까지 달아나 숨어 지냈으며, 1371년(공민왕 20) 신돈이 주살되자 돌아왔으나 벼슬에 나가지 않고 세상과 등지고 살았다. 현재 강동구 둔촌동遁村洞의 유래는 바로 둔촌遁村 이집李集이 숨었던 마을이란 뜻에서 비롯되었다.

현재 이곳 구암서원터에는 1871년 흥선대원군의 서원 철폐령으로 훼철된 이후 1896년(고종 33) 8월에 세웠다는 "둔촌 이선생 휘집 조두 구기遁村 李先生 諱集 俎豆 舊基(둔촌 이집 선생을 제사지내던 서원이 있던 자리)"라는 비석이 서

그림17 | 서울 둔촌동 일자산(一字山)에 있는 이집의 은거지였다는 둔굴

있어, 이곳이 구암서원이 있던 자리임을 알려주고 있다.

3. 신석기 시대의 간판스타, 빗살무늬 토기가 발견된
암사동 유적

서울시 강동구 암사동 한강변에 자리잡고 있는 암사동 유적은 한국 신석기 시대를 대표하는 대규모 마을 유적으로, 오래전부터 초·중·고등학교 교과서에 빠짐없이 등장하는 유명한 유적이다.

1925년 을축년 대홍수 때에 많은 양의 유물이 노출되면서 일본인 학자 요코야마橫山將三郎의 지표조사에 의해 처음 알려지게 되었다. 1960년대에 한국대학박물관협회 주관의 대학 연합 발굴이 이루어진 이후, 1971년에서 1975년에 걸쳐 국립중앙박물관에 의해 본격적인 대규모 발굴조사가 이루어지면서, 이곳이 신석기 시대의 대규모 마을 유적임이 분명하게 밝혀지게 되었다. 1971년에 주거지 8기, 1973년에 주거지 1기, 1974년에 주거지 6기, 1975년에 주거지 11기가 조사되었으며, 이후 유적 공원을 조성함에 따라 다시 1983년과 1984년에 긴급조사가 이루어지면서 2기의 주거지가 새로 조사되었다. 1988년에는 공원 조성과 함께 유물전시관이 건립되었고, 1998년 전시관 확장에 따른 조사에서 3기의 주거지가 추가로 조사되었다. 지금까지 조사된 신석기 시대 주거지는 총 33기로, 평면 형태는 대개 원형이며, 중앙에 노지爐址(화덕)가 있다. 유적의 연대는 대략 기원전 4000~3000년 사이인 것으로 알려져 있다. 이곳에서는 주거지와 함께 야외 화덕 자리, 많은 양의 빗살무늬토기와 각종 석기 등이 확인되었다.

여기서 발굴된 석기는 크게 용도에 따라 식량 획득용 도구, 벌채, 목공용 도구, 굴지구掘地具(땅을 파는 도구), 식량처리용 도구, 공구 등으로 나누어진다. 식량을 가공 처리하는데 사용되었던 갈돌과 갈판이 발견되었고, 채집 대상인 도토리 열매도 발견되었다.

그림18 | 암사동 유적의 발굴조사 현황

　토기는 대부분 뾰족 바닥의 포탄형을 하고 거의 전면에 걸쳐 문양을 가득 새긴 빗살무늬 토기로, 위치에 따라 서로 다른 문양을 새긴 것이 특징이다. 이러한 뾰족 바닥의 빗살무늬 토기 문화가 가장 먼저 출현한 지역이 암사동을 포함한 한반도 중서부 지역이며, 이 문화가 한반도 동쪽과 남쪽 대부분 지역 신석기 문화의 토대가 되었다는 점에서, 암사동 유적은 신석기 시대 주거지와 취락의 전개 과정을 이해하는데 중심 역할을 한다.

　이에 따라 암사동 유적에서 발견된 뾰족 바닥의 포탄 모양 빗살무늬 토기는 한반도 신석기 시대를 대표하는 간판스타의 역할을 하게 되었고, 교과서에서도 신석기 시대를 대표하는 유물로 반드시 등장하게 되었다.

　하지만 이후 양양 오산리 유적 등이 발견되면서, 신석기 시대에 빗살무늬 토기보다 앞선 토기로 이른 민무늬 토기(원시 무문토기), 덧무늬 토기(융기문 토기), 눌러찍기무늬 토기(압인문 토기)가 있다는 사실이 알려지게 되었고, 제주 고산리 유적에서는 한반도에서 가장 오래된 신석기 시대의 이른 민무늬 토기가 발견되면서 신석기 시대의 개시 연대가 점차 앞당겨졌다. 이로써 신석기 시대의 토기도 빗살무늬 토기만이 아니라 보다 다양한 면모가 있었음이 드러나게 되었다.

그림19 | 제주 고산리 유적 출토 이른 민무 늬 토기

그림20 | 양양 오산리 유적 출토 덧무늬 토기

그림21 | 양양 오산리 유적 출토 눌러찍기무 늬 토기

그림22 | 서울 암사동 유적 출토 빗살무늬 토기

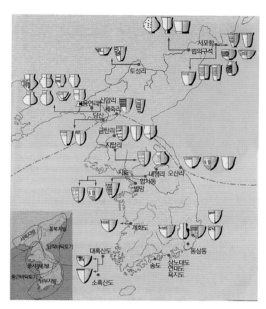

그림27 | 신석기 시대 토기의 지역별 분포도

그림23 | 암사동 유적 전시관의 주거지

그림24 | 암사동 유적 전시관의 빗살무늬 토기

그림25 | 암사동 유적 전시관의 흑요석

그림26 | 암사동 선사유적지에 복원된 움집

곧, 양양 오산리 유적에서 발견된 덧무늬 토기는 뾰족 바닥이 아닌 편평한 바닥이고, 한반도 동북 지역에서는 편평한 빗살무늬 토기도 발견되고 있어, 암사동 유적으로 대표되는 한반도 서남부 지역과 동북부 지역은 신석기 문화상에서 차이를 보이고 있다. 이러한 오산리 유적과 암사동 유적의 문화적 차이에 착안하여 미국의 고고학자 사라 넬슨은 "영혼의 새"라는 소설을 통해 한국의 신석기인에 대한 생활상을 복원하기도 했다.

신석기 시대 교역의 대표적인 유물은 흑요석인데, 이는 화산 활동에 의해 생성된 날카롭고 투명한 까만 유리질 광물로, 화살촉 등에 이용되었던 중요한 자원이다. 양양 오산리의 것은 산지가 백두산 지역으로 밝혀졌고, 부산 동삼동의 것은 일본 규슈 산으로 밝혀졌으며, 주요 신석기 유적들에서 발견되고 있다. 암사동 유적 전시관에서도 주거지, 빗살무늬 토기와 함께 제법 큰 흑요석 덩이가 전시되고 있다.

4. 백제의 첫 도읍지는 어디인가?

　백제 한성기 도성의 명칭으로는 하남 위례성河南 慰禮城, 위례성慰禮城, 한 산漢山, 한성漢城 등이 나타나고 있는데, 사료 자체가 워낙 영성할 뿐 아니라 사료 상호간에 상충되는 측면도 있어서 이에 대한 논란이 분분하였다. 백 제의 첫 도읍지로『삼국사기』온조왕 즉위년조에 등장하는 곳은 '하남 위례 성河南 慰禮城'이다. 그런데, 하남 위례성은 '강 남쪽의 위례성'이라는 뜻이므 로, '하남河南'에 대응하는 '하북 위례성河北 慰禮城'을 별도로 상정하기도 한 다. 특히『삼국사기』에는 온조왕 14년에 '(하북)위례성'에서 '하남 위례성'으 로의 천도가 이루어진 것으로 기록되어 있으므로, 즉위년조에 등장하는 기 록은 실제 14년에 있었던 사실을 소급하여 기록된 것으로 보는 것이다. 이 에 다산 정약용은 "하북 위례성의 옛 자리가 경성 동북쪽 십리 되는 곳인 삼

그림28 | 천안 위례산성 용샘 출토 목곽고

그림29 | 직산 사산성 아래 2015년에 건립된 온조왕 사당

각산 동록에 있다"고 하였고, 이후 여러 학자들은 중랑천 유역이나 세검정, 북한산성 일대를 하북 위례성으로 상정하였다. 그러나 고고학적으로 '하북 위례성'에 비정할 만한 유적 또는 유구는 발견하지 못했다.

한편, 『삼국유사』 왕력에서 온조왕의 첫 도읍지인 위례성을 충청남도 천안시 직산에 비정한 이래, 『고려사』 지리지, 『세종실록』 지리지, 『동국여지승람』 등에서는 이를 따르기도 했다. 그러나 천안의 위례산성이나 성거산성 등에서는 조사 결과 백제 초기의 흔적이 발견되지 않았다. 최근 위례산성 용샘 발굴에서는 백제 사비도읍 시기의 목곽고가 발견되었다.

다산 정약용은 '하남 위례성'을 광주廣州 고읍古邑의 궁촌宮村 일대에 비정하였고, 이후 광주 고읍 춘궁리 일대설을 많은 학자들이 따랐다. 이에 하남시 이성산성이나 교산동 일대의 토성지, 남한산성 일대 등이 그 구체적인 후보가 되었으나, 고고학적 증거가 뒷받침이 되지 못했다. 곧, 조사 결과 이성산성과 남한산성은 신라 시기에 많이 활용된 성으로 백제 시기에는 도성 방어를 담당한 방어용 산성이었을 가능성이 크고, 교산동 토성은 그 진위

그림30 | 북한산 비봉

그림31 | 북한산 비봉에서 바라본 부아악

여부가 불분명하며, 교산동 건물지 역시 시굴조사 결과 백제와는 관련이 없음이 드러났다.

하남 위례성으로 천도한 배경을 설명한 『삼국사기』 백제본기에는 온조왕이 한산에 이르러 부아악에 올라 "이곳 강 남쪽의 땅은 북쪽으로 한수가 띠

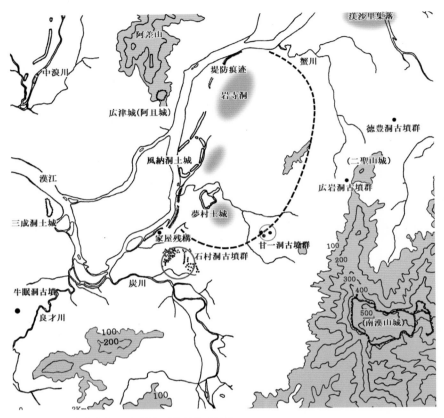

그림32 | 백제 한성기 도성의 구조(박순발, 2017)

처럼 둘러 있고 동쪽으로 높은 산악에 의거하고 있으며 남쪽으로 비옥한 들판이 보이고 서쪽으로 큰 바다가 막혔다"는 입지 조건을 제시하고 있다. 이러한 입지 조건에 가장 잘 맞아 떨어지는 지역은 현재 서울의 강남~송파~강동에 이르는 넓은 평야지대이며, 이곳에 자리한 풍납동 토성과 몽촌토성 일대로 볼 수 있다. 475년경 백제 도성이 북성北城과 남성南城으로 이루어져 있었다는 기록이 있으므로, 북쪽의 풍납동 토성은 북성, 남쪽의 몽촌토성은 남성으로 볼 수 있고, 이들이 함께 위례성이나 한성으로 불린 초기 도성을 구성한 것으로 본다.

5. 백제의 폼페이, 풍납동 토성

　백제의 건국지이자 500년 가까이 중심지였던 한성(하남 위례성)에서도 풍
납동 토성은 가장 중요한 궁궐이 있었던 곳으로 유력하게 보고 있는 지역이
다. 최근까지도 백제 초기 왕궁이 어디였는지에 대한 논란이 끊이지 않았
지만, 이제는 그곳이 풍납동 토성이었음이 점차 증명되고 있다. 풍납동 토

그림33 | 풍납동 토성

그림34 | 풍납동 토성 초두 출토 항아리　　　그림35 | 풍납동 토성 출토 동진제 청동 초
두(鐎斗)

성에 대한 답사는 천호역 주변의 토성 북벽에서부터 도보로 시작하여 토성
내부의 주요 건물이 있었던 곳으로 추정되는 경당지구와 미래마을 지구를
둘러보고, 토성 동남쪽 현대 리버빌 아파트와 성 바깥 백제 우물터에 복원
된 조형물을 보는 것이 좋다.

1) 토성벽

　고구려 지역인 졸본에서 주몽朱蒙의 아들 유리琉璃와의 경쟁 과정에서 남
하한 온조溫祚와 비류沸流 집단은 현재 대한민국의 중심지이기도 한 한강변
서울 일대의 지형에 주목하였다. 특히 풍납동 토성을 중심으로 한 한강변
일대는 『삼국사기』 백제본기 온조왕조에 보이는 위례성의 입지를 설명하고
있는 내용인 "북쪽으로는 한수漢水를 띠처럼 두르고 있고, 동쪽으로는 높은
산에 의지하고 있으며, 남쪽으로는 비옥한 벌판을 바라보고, 서쪽으로는 큰
바다에 막혀 있다."는 지리적 조건과 일치한다고 볼 수 있다. 백제는 처음
터전을 잡을 때부터 한강과 산, 벌판, 바다 등의 지형적인 조건을 고려하였
고, 그 최적지가 바로 한강변 풍납동 토성 일대였던 것이다.
　이곳에 자리잡았던 백제의 시조는 온조와 비류 형제로 잘 알려져 있지만,
실제 백제 왕실에서는 부여의 시조인 동명을 시조로 여겨 동명묘에 제사를

그림36 | 풍납동 토성 전경

지냈다. 동명은 고려시대에 쓰여진 『삼국사기』에서부터 고구려 시조인 주
몽과 동일시되었지만, 원래 삼국시대에는 부여의 시조 동명과 고구려의 시
조 주몽이 구분되었다. 그리고 우리는 일반적으로 온조가 동명의 아들인
것으로 이해하고 있지만, 『삼국사기』의 비류 중심 전승에는 다른 계보도 전
하고 있다. 이에 의하면, 졸본부여 연타발延陀勃의 딸 소서노召西奴가 북부여
왕 해부루의 서손庶孫인 우태優台와 먼저 결혼하여 온조와 비류 형제를 낳았
으며, 나중에 북부여에서 도망처 온 주몽과 재혼한 것으로 전하고 있어, 온
조, 비류 형제와 주몽은 혈연적으로 아무런 관계가 없다. 그리고 주몽은 북
부여에서 예씨 부인과 결혼하여 낳은 유리가 찾아오자 그를 태자로 삼았고,
온조와 비류는 유리와의 껄끄러운 관계 속에 있다가 어머니 소서노를 모시
고 고구려 지역에서 남하하여 한강 유역에서 백제를 세우게 되는 것이다.

이처럼 백제와 고구려는 그 역사의 시작에서부터 분란의 씨앗을 안고 출
발하였으며, 이후 서로 부여의 정통성 계승을 놓고 경쟁을 벌이게 된다. 백

그림37 | 한성백제박물관 로비에 전시된 2011년 발굴 풍납동 토성 성벽 단면과 판축 공법 재현

제는 왕실의 성을 부여扶餘로 하였고, 개로왕이 북위에 보낸 국서에도 고구
려와 함께 부여에서 나왔음을 강조했으며, 만주 지역에 있던 부여가 고구려
에 의해 494년 완전히 멸망하고 난 후 성왕이 538년에 사비 천도를 단행하
던 전후의 시기에는 나라 이름까지 '남부여'로 바꾸기도 했다.

풍납동 토성은 1917년에 처음으로 보고되었으며 1925년 을축년 대홍수
때 토성의 서북면 일부가 유실되었다. 이때 성 내부 항아리 안에서 2점의
중국 동진제 청동 초두鐎斗와 금동 과대금구誇帶金具 등이 발견되었다. 1964
년 김원룡 교수가 이끈 서울대학교 발굴단에 의해 토성 내 포함층 일부가
조사된 이후, 토성 안쪽이 급속히 주거지역으로 변모하여 유적의 훼손이 가
속화되었다. 1973~1978년에는 3회에 걸쳐 북쪽 성벽 446m가 복원되었다.

토성의 전체적인 규모를 알기 위한 측량조사는 1996년부터 선문대 이형
구 교수에 의해 진행되었고, 1997년에 연구보고서가 간행되었다. 여기서 풍
납동 토성의 높이를 현 지표로부터 최고 11m로 측정하였고, 백제 초기 유적

의 최저 깊이가 현 지표 아래 4m인 것을 고려하면, 원래의 성벽 높이는 무려 15m나 된다고 밝혔다. 현재 남은 약 2.1㎞의 구간에 더하여 서벽의 존재를 인정하게 되면, 전체의 길이는 약 3.5㎞에 이르는 초대형 토성이 된다. 이러한 거대한 성곽의 존재는 강력한 왕권을 전제로 한 거대한 토목공사가 이루어졌음을 보여주며, 당시 백제의 국력을 웅변해주는 증거가 된다.

이러한 사실은 1999년 국립문화재연구소에 진행한 풍납동 토성 동벽의 발굴로 확인되었다. 이때 동벽 2개소를 종으로 횡단하여 축조 방법을 조사하였는데, 그 결과 폭 43m, 높이 11m 이상의 초대형 판축板築 토성이 확인되었다. 판축은 판자와 판자 사이에 흙을 넣고 공이로 다져 시루떡처럼 쌓는 공법을 말하며, 판축 과정에서 나뭇잎을 10겹 이상 깐 부엽 공법을 사용하여 토성을 견고하게 한 사실도 알려졌다. 약 3.5㎞에 이르는 성벽이 이러한 기법으로 축성되었다고 하면, 연인원 100만명 이상의 대규모 인력이 동원된 것으로 추산된다. 당시의 인구 규모, 사회 조직, 권력 구조 등을 종합하여 볼 때, 이와 같은 거대한 토성이 축조된 사실은 백제의 발전상을 설명해줄 수 있는 중요한 단서가 된다. 현재 한성백제박물관 로비에는 2011년에 발굴한 성벽 단면을 떼어 실물 크기대로 전시하고 있어, 그 위용을 잘 보

그림38 | '대부(大夫)'가 새겨진 직구단경호

그림39 | 경당지구 44호 건물지 발굴 모습

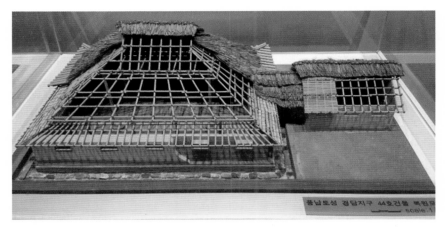

그림40 | 풍납동 토성 경당지구 44호 건물 복원 모형(한성백제박물관)

그림41 | 44호 건물 복원 모형(한성백제박물관)

여주고 있다.

　　이러한 축조 방법은 김제 벽골제, 부여 나성, 울산 약사동 제방 유적 등에서 확인된 바 있으며, 중국 안휘성 수현壽縣의 안풍당安豊壙이라는 한漢나라

그림42 | 김제 벽골제 수문의 위치

때의 저수지, 일본 큐슈九州의 태재부太宰府 수성水城, 오사카大阪의 사야마이케狹山地 등의 제방 내부에서도 확인되어, 고대 한국과 중국, 일본의 문화 전파 과정을 보여주는 중요한 자료가 된다.

한강의 범람에 의해 생긴 비옥한 충적대지 위에 입지하고 있는 풍납동 토성의 주위에는 백제 한성기의 도성과 관련된 성곽과 고분 등 유적이 많이 분포되어 있다. 현재 서북쪽으로 한강에 면해 있고, 강 건너편에는 아차산성이 자리잡고 있다. 남쪽으로 성내천을 사이에 두고 약 700m 거리에 몽촌토성이 있으며, 서남쪽으로는 석촌동 고분군과 삼성동 토성이, 동쪽으로는 하남 이성산성이 위치하고 있다.

2) 토성 내부 경당지구와 미래마을 지구

풍납동 토성은 이전까지 성벽만 사적으로 지정되면서, 성벽 내부는 1970년대 이후 급속한 도시화가 진행되었다. 그러다가 2000년대 이후 보존의 목소리가 나오게 되면서, 성 내부 지역의 발굴조사 후 중요한 곳으로 밝혀진 지역에 대한 추가 사적 지정이 이루어졌고, 그 대표적인 곳이 경당지구와 미래마을 지구이다.

그림43 | 효문묘 건물로 추정되는 평양 낙랑 토성 D구역 2호 구지

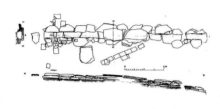

그림44 | 효문묘 건물로 추정되는 평양 낙랑 토성 D구역 2호 구지 도면

그림45 | 풍납동 토성 206호 우물 발굴 모습

그림46 | 풍납동 토성 206호 우물 현재 복원 모습

1999년 9월부터 2000년 5월까지 풍납동 136번지 일대 경당 연립 재건 축부지를 한신대학교 박물관에서 발굴 조사하였다. 그중 길이 13.25m, 폭 5.5m, 깊이 2.4m의 거대한 9호 구덩이 유구 안에서는 5세기 때의 토기 수천 점이 출토되었는데, 일상적인 생활용 토기보다는 삼족기·고배·뚜껑·그릇받침·직구단경호直口短頸壺 등 특수한 기종이 주류를 이루고 있으며, 주춧돌·벽돌·기와도 발굴되었다. 직구단경호 2점에는 '대부大夫'와 '정#'이란 글자가 뾰족한 도구로 새겨져 있어, 백제 초기의 국가 조직을 짐작할 수 있다. 이외에 12마리 분량의 말머리, 말 모양의 토우, 발걸이鐙子를 비롯한 철기류, 금판, 유리 구슬과 슬랙, 운모, 도미를 비롯한 생선뼈, 매실 등 여

그림47 | 풍납동 미래마을부지에 조성된 풍납 백제 문화공원

그림48 | 미래마을부지 도로 등 유구 현황도(국립문화재연구소 2013)

러 종류의 다양한 유물이 출토되었다. 이 유구는 국가나 왕실이 주체가 된 제사와 관련되었을 가능성이 높다.

층위상 9호 유구보다 이른 시기에 만들어진 44호 건물지 역시 대표적인 제사 관련 건물이다. 동서 16m, 남북 14m 이상의 방형 평면에 출입구를 붙여서 전체적으로는 '여몸'자 모양의 평면을 지닌 이 구조물은 주위를 도랑으로 돌리고, 그 바닥에 2겹의 판석과 정선된 숯을 깔아 외부와 격리된 신성한 공간을 연출하고 있다. 이와 유사한 형태의 건축물이 평양의 낙랑토성에서는 효문묘孝文廟 혹은 그 제사를 관장하던 예관禮官의 건물로 추정되고 있으며, 일본에서 발견된 몇 군데 건물지도 모두 신전이나 사당으로 추정되고 있다. 44호 건물지는 이처럼 중요한 건물이므로, 현재 한성백제박물관 상설전시실에 이를 복원한 모형을 전시하고 있다.

2008년에 이루어진 경당지구 2차 조사에서는 206호로 명명된 특수한 성격의 유구가 조사되었다. 이는 방형方形의 수혈竪穴을 판 뒤 우물 모양의 석조물을 만들고, 그 안에 다량의 단지, 병, 장군 등의 토기를 차곡차곡 쌓아 놓았는데, 제사와 관련된 특수한 성격의 우물일 가능성이 크다. 거의 모든 토기의 주둥이 부분을 일부러 깨뜨려 차곡차곡 정렬한 모습은 제사를 행할 때의 파괴 의식과 관련된다. 특히 중앙이 아니라 전라도와 충청도 등 지방 지역의 토기들이 다량으로 발견되고 있어, 지방 세력들이 이들 제사와 관련된 유물들을 도성으로 가져와서 이 우물에 차곡차곡 쌓은 뒤 제사를 지냈을 것으로 추정된다. 현재 경당지구 공원 내에 수도꼭지를 설치한 우물 모양의 음수대로 복원해 놓았다.

경당지구에서는 막대한 양의 기와와 전돌이 출토되어 주목을 끌었다. 고대 사회에서 기와는 왕궁·관아·사원 등의 특수건물에서만 사용되었으므로, 백제 한성기에 궁궐과 관아·사원, 그리고 지배층의 가옥에서 기와와

그림49 | 풍납동 토성 출토 와당

그림50 | 풍납동 토성 출토 와당

그림51 | 풍납동 토성 출토 시유도기

그림52 | 풍납동 토성 미래마을 다-38호 장방형 수혈 출토 청자 잔

전돌이 넓게 사용되었음을 잘 보여준다. 특히 기와의 형태가 웅진기나 사비기와 다르고, 고구려·낙랑과도 다른 것으로 나타나, 백제 한성기만의 고유한 것임이 주목된다. 전돌은 도로 포장이나 건물지 바닥에 깔았던 것이다. 한편, 3세기 중·후반에 양쯔강揚子江 이남 지역에서 제작되어 사용된 시유도기施釉陶器도 수십 개체 분량이 출토되어, 당시 백제가 중국과 원거리 교섭을 전개하였음을 잘 보여주고 있다.

　미래마을 재건축부지는 서울시가 부지를 매입하여 2004년부터 2006년까지 발굴이 이루어졌다. 이 지역에서는 기와와 건물 초석, 토관, 전돌 등이 약 5,000점 출토되었다. 기와 등 출토 유물의 성격으로 보아 국가적으로 중요한 궁성이나 관청이 위치하고 있었음을 추정할 수 있었다. 또한 남북 방

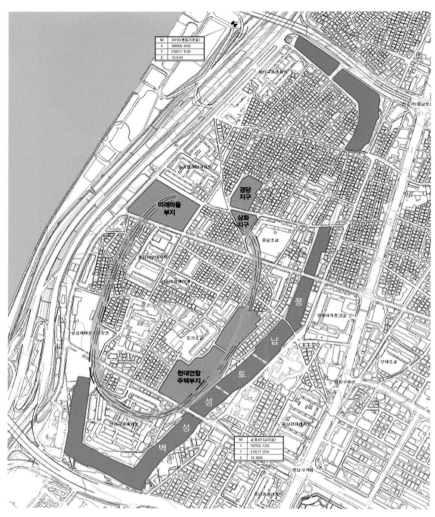

그림53 | 풍납동 토성 내부의 3중 환호 추정도

향과 동서 방향으로 교차하는 도로가 발견되었는데, 이는 신라의 경주 왕경
이나 백제의 부여, 익산 지역에서 확인된 6세기 도로보다 200~300년 이상
빠른 시기에 축조된 것으로, 백제 한성기에서는 처음으로 확인되었다. 특
히 조사지역 북쪽으로 계속 연결되어 있어 향후 조사결과가 주목되는데, 도

성제都城制 연구의 핵심 중 하나인 도로의 발견으로 풍납동 토성의 내부 구조를 밝히는데 중요한 자료로 활용될 것이다. 2015년에는 이곳에 풍납 백제 문화공원이 조성되었다.

3) 토성 동남쪽 현대 리버빌 아파트와 성 바깥 백제 우물터

한편, 1997년 1월 1일 이형구 교수가 현대 주택 조합 부지에서 백제 초기 유적을 발견하면서, 국립문화재연구소 주관으로 풍납동 231번지 일대에 두 차례에 걸친 발굴 조사가 이루어졌다. 이때 지표 아래 4m에서 백제 초기의 대형 집자리를 비롯하여 주거지 10기, 3중 환호環濠, 토기 가마, 수혈 40여 기 등이 확인되었다. 여기서 기하문 와당, 기와, 전돌, 주초석, 꺾쇠 등 대형 건축 자재와 기둥·서까래 등 불탄 연목들이 발굴되었다. 이들의 방사선 탄

그림54 | 송파 해모로 아파트(동산·대진 재건축 부지) 앞 백제 우물 모형과 풍납동 토성벽

그림55 | 동산·대진 재건축 부지 목제 우물

소 연대 측정에 따른 시기가 기원 전후로 추정되면서 『삼국사기』 초기 기사를 신뢰해야 한다는 주장을 뒷받침하였으나, 이 유적은 보존되지 못하고 그 위에 현대 리버빌 아파트가 세워졌다.

2004년에는 성벽 바깥에 해당하는 동산·대진 재건축 부지 조사가 이루어졌는데, 너비 14m, 길이 45m의 구덩이를 깊이 7m까지 조사하여 백제시대 생활면을 확인하였고, 여름 홍수로 인해 구덩이 북쪽이 무너지면서 지하 4.6m에서 시작되는 백제 우물이 발견되었다. 이 우물은 전형적인 '정#'자형으로 한변 1.2m의 방형이고, 잔존 높이는 2.5m로 목재를 결구하여 만들었다. 우물 내부에서는 두레박으로 사용했던 항아리들과 각종 목제품, 복숭아 등의 과일 씨앗이 수습되었다. 풍납동 토성의 바깥 지역에도 이러한 규모의 우물이 있었다는 점에서, 성 밖에 사람들이 살았음과 함께, 백제 한성기의 도시 구조를 유추해볼 수 있다. 현재 이곳에는 해모로 아파트가 들어서 있고, 백제 우물지가 발견되었던 곳에는 우물 모형 조형물을 만들어 놓아, 당시의 모습을 추정할 수 있게 한다.

6. 백제의 꿈마을, 몽촌토성과 한성백제박물관

올림픽공원 안에 자리한 몽촌토성은 풍납동 토성과 함께 백제 한성기 중심 도성을 이루던 중요한 성이다. 풍납동 토성이 완전한 평지에 자리한 성이라면, 몽촌토성은 남한산성 쪽에서 북서쪽으로 뻗어 내려온 능선의 끝자락인 해발 45m 내외의 낮은 자연 구릉을 최대한 이용하여 쌓은 토성이다. 한강이 북동에서 남서 방향으로 흐르고 있고, 한강의 지류인 성내천이 토성의 동쪽과 북쪽을 휘감아 돌며 흘러 한강으로 유입되면서 자연 해자垓字의 기능을 하고 있다. 몽촌토성의 동쪽과 남동쪽 산줄기에는 이성산성과 남한산성이 있으며, 서쪽으로는 대모산성과 삼성동 토성이, 한강 북쪽으로는 아차산성과 아차산 보루 유적이 자리하고 있어 삼국시대 관방 유적의 중앙부

그림56 | 몽촌토성 전경

그림57 | 몽촌토성에서 가장 높은 봉우리인 망월봉

에 위치하고 있다. 몽촌토성의 남쪽으로는 방이동 고분군이 위치하고 있으며, 서남쪽으로 2㎞ 정도 떨어진 곳에는 석촌동 고분군이 위치하고 있다.

1) 몽촌토성

몽촌토성은 북서쪽 약 700m 거리의 풍납동 토성과 함께 남성과 북성의 형세를 이루면서 백제 한성기 왕도 한성(하남 위례성)을 이루던 성으로 보고 있다. 성벽은 자연 구릉의 지형을 이용하여 구릉이 낮거나 끊긴 부분에만 풍납동 토성과 같은 기법인 판축법版築法을 써서 쌓았다. 남북 최대 길이 730m, 동서 최대 길이 570m의 정연하지 않은 마름모꼴 평면을 하고 있으며, 전체 둘레는 2.4㎞에 달한다. 그리고 동북벽에 연이어 동북쪽으로 약 270m 가량 뻗어나간 외성이라 불리는 시설이 있는데, 이는 일종의 치雉와 같은 시설로 보인다. 성벽의 높이는 지형에 따라 다소 차이가 있으나, 절개 조사된 서북벽·동북벽 등 2개 지점은 구지형을 기준으로 할 때 성벽 상부 폭 7.5~10.5m, 성벽 하부 폭 50~65m, 높이는 12~17m 가량 된다.

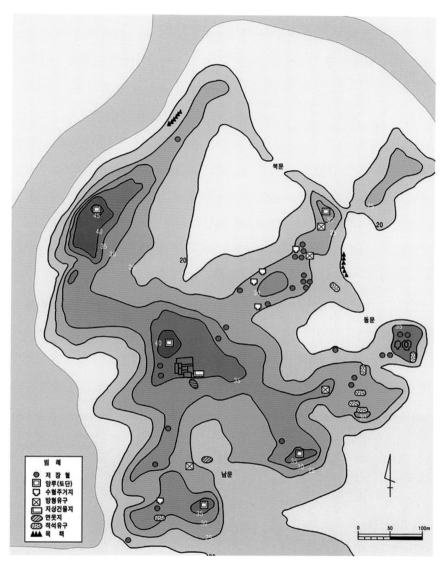

그림58 | 몽촌토성의 지형과 유적 분포도(서울대학교박물관, 1989)

몽촌토성은 북문지 안쪽의 평지를 제외하면 성 내부 대부분이 해발 고도 25미터 이상의 구릉을 이루고 있어, 입지 조건상 성곽 내부 전 지역에 대규모 인구가 거주하기에는 불편하다. 그러므로 구릉에 입지한 몽촌토성은 군사

방어성으로서 그 내부에 별궁別宮이나 창고倉庫를 비롯하여 주로 비상시에 방어하기 위한 각종 대피 시설과 군사 시설을 조영하였을 것으로 추정된다.

몽촌토성이 처음으로 확인되는 기록은 『고려사』 조운흘전趙云仡傳이다. 이에 의하면 한양부 풍양현인豊壤縣人 석간石澗 조운흘이 판전교시사判典校寺事로 있다가 1380년(고려 우왕 6)에 벼슬을 사퇴하고 물러나 광주廣州 고원강촌古垣江村에 살았다고 하였으며, 또 그가 자술한 묘지명을 인용하여 73세에 병으로 광주廣州 고원성高垣城에서 세상을 떠났다고 하였다. 고원이란 흙으로 둘러쌓은 담장을 뜻하는 말로, 곧 토성의 존재를 반영하는 것이다.

조선 성종 때 편찬된 『동국여지승람』에는 이 고원강촌이 몽촌夢村으로 기록되어 있다. 광주목 인물 조운흘조에는 "만년에 광주땅 몽촌에 집을 짓고 살았다."고 하였으며, 광주목 산천조에는 "망월봉은 주의 서쪽 10리에 있는 몽촌에 있다."고 하였다.

몽촌토성 답사는 지하철 8호선 몽촌토성역, 지하철 9호선 한성백제역에서 시작하거나, 올림픽파크텔 근처에 차를 주차해 두고, 도보로 곰말다리

그림59 | 몽촌토성 곰말다리

를 건너 토성에 이르는 길을 따라 망월봉에서 주변을 전망하는 것이 좋다. 몽촌夢村은 우리말로 '꿈마을'이며, 꿈마을의 옛말이 곰말이라고 하여 몽촌 토성에 이르는 다리 이름을 곰말다리로 정한 것이다. 현재 망월봉은 해발 44.5m 정도인 몽촌토성 서북쪽 가장 높은 곳을 지칭하는데, 지금도 가장 전망이 좋은 지역이어서 해마다 1월 1일에 송파구에서는 해맞이 행사를 이 곳에서 거행하고 있다.

여기서 내려다보이는 몽촌토성 북문지 안쪽의 평지 일대는 2013년부터 한성백제박물관에서 발굴 조사를 진행하고 있으며, 백제 주거지와 도로 유 적 및 집수지가 발견되어 조사 중에 있다. 그 바로 옆에 서 있는 '나홀로 나 무'는 푸른 잔디 들판에 홀로 자리한 늠름한 자태로 인하여 대중적으로 유 명하다.

몽촌토성에 대한 발굴조사는 1980년대에 88 서울올림픽 개최를 위한 경 기장을 이 일대에 건립하기로 하면서 시작되었다. 그래서 현재 올림픽공원 의 모습이 절반은 몽촌토성을 위주로 한 산책로가, 절반은 서울 올림픽 때

그림60 | 몽촌토성 나홀로나무와 발굴 현장

건립한 경기장이 차지하고 있다.

　1983년에는 서울대박물관에 의해 성의 규모 파악을 위한 외곽 발굴이 실시되었고, 1984년에는 서울대·숭실대·한양대·단국대에 의해 4구역으로 나누어 성의 축조 방법과 내부 시설물의 확인을 위한 부분적인 발굴이 이루어졌다. 1985년에는 서울대에 의해 전반적인 유구 분포 상황 조사와 3개 문지門址에 대한 발굴 조사가 행해졌다. 그리고 1985년까지의 조사를 통하여 얻어진 결과를 토대로 몽촌토성을 현상 유지의 수준에서 복원 정비하였다.

　이후에도 몽촌토성의 역사적 성격을 규명하기 위하여 전면적인 발굴 조사가 계속되어, 1987년에는 서울대에 의해 토성의 동북 지구가 발굴 조사되었고, 1988년에 토성의 동남 지역, 1989년에 토성의 서남 지역이 발굴되었다.

　1983년부터 1987년까지 이루어진 발굴 조사 결과 주거지 8기, 저장공 22기, 토광묘 2기, 옹관묘 5기, 토광 적석묘 5기 등 총 48기의 유구가 조사되었다. 1988년 발굴에서는 백제시대의 주거지 5기, 저장공 7기, 생활면 유구 1개소, 방형 수혈 유구 1개소, 적석 유구 3개소와 지상 건물지 1개소 등이 확인되었으며, 1989년 발굴에서는 적심석을 갖춘 지상건물터, 판축대지, 연못터 2개소 등이 확인되었다.

그림61 | 전문 도기(錢文 陶器)편 : 동전무늬 도기

　출토 유물 중에는 동북 지구 성벽 절개 지점에서 출토된 서진西晉 시대(265~316)의 전문 도기편錢文 陶器片(동전무늬도기편)을 통해 성의 축조 연대를 3세기 말까지 올려볼 수 있었다. 최근에는 이 전문도기편의 연대를 늦추어 보려는 견해도 있기는 하지만, 이를 통

그림62 | 골제 찰갑(骨製 札甲 : 뼈갑옷)

그림63 | 뼈갑옷 복원 모형
(한성백제박물관)

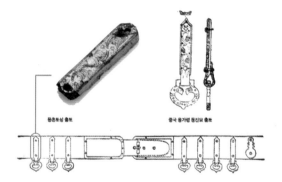

그림64 | 85-1호 주거지 출토 금동 과대금구(허리띠 장식)와 착용 복원도

그림65 | 87-1호 주거지 출토 능형문 와당

그림66 | 87-폐기장 출토 연화문 와당

해 몽촌토성이 대략 3세기 말에 축조되어 5세기 중엽에 걸쳐 이용된 것으로 보게 되었다.

성 동남쪽의 고지대에서 남문지 쪽으로 경사지기 시작하는 서사면에 자리 잡고 있는 85-4호 저장공에서 출토된 골제 찰갑骨製 札甲은 소뼈를 얇은 패로 만든 다음 11개씩의 구멍을 뚫어 연결할 수 있도록 한 갑주甲冑의 일종이다.

85-1호 주거지에서 4세기 전반대로 비정되는 4.3㎝의 금동金銅 과대금구 銙帶金具(허리띠 장식)가 출토되었다. 이 금동 과대금구는 중국 남경南京 등지에서 동진대東晉代의 황제 혹은 고위 관료의 무덤에서 출토된 바 있어, 한성기 백제의 왕 또는 고급 관료가 착장하였던 것으로 추정되고 있다. 87-1호 주거지 출토 능형문 와당과 87-폐기장 출토 연화문 와당을 통해서는 지배층 내지는 공공건물의 존재를 유추할 수 있다. 87-폐기장 출토 벼루는 문자를 사용한 지배층이나 관료의 존재를 보여준다.

몽촌토성 내에는 조선 후기의 문신인 충헌공忠憲公 김구金構(1649~1704)의 신도비神道碑와 묘도 남아 있다. 숙종 29년(1703)에 우의정에까지 오른 그는 노론과 소론의 격렬한 대립을 완화하기 위해 힘썼고, 노산군魯山君(단종)의 복위에 힘썼으며, 노산군 비妃 송씨宋氏의 묘를 능으로 추봉하게 했다고 한

그림67 | 『대정6년도 고적조사보고』 수록 1917년의 김구묘

그림68 | 현재 몽촌토성 내의 김구묘

다. 영조 19년(1743)에 건립된 신도비는 개석에 서까래와 기왓골을 새기고
네 귀퉁이에 봉황을 새겼으며 용마루에 쌍룡을 새기는 등 조각 장식이 화려
하여 조선 후기 석비 가운데 우수한 예로 보고 있다. 비문은 영의정 이의현
李宜顯(1669~1745)이 짓고 좌의정 서명균徐命均(1680~1745)이 썼으며, 우의정
유척기兪拓基(1691~1767)가 비석의 머리 부분에 전서 글씨頭篆를 썼다. 서명
균은 충헌공 김구의 둘째 사위로 비문 글씨에 뛰어났고, 유척기는 전서 글
씨로 유명했다. 비가 건립되던 당시인 1740년에 충헌공의 둘째 아들 김재
로金在魯(1682-1759)가 영의정에 올랐다는 점에서, 최고 권력자인 삼상三相(영
의정, 좌의정, 우의정)이 비문을 짓고 쓴 중요한 비석으로 볼 수 있다.

묘 앞에 있는 망주석과 석양石羊의 조각 솜씨도 뛰어나다. 야쓰이 세이이
치谷井濟一에 의해 『대정6년도大正六年度 고적조사보고古蹟調査報告』에 수록된
1917년 사진에는 묘 앞에 장명등長明燈도 보이고 있으나 현재에는 사라지고
없다.

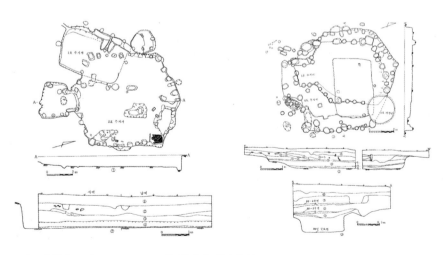

그림69 | 몽촌토성 88-1 · 2 · 3 · 4호 주거지 내부 층위도

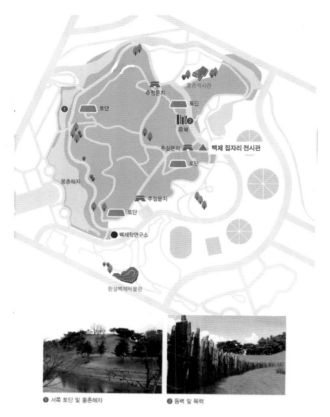

❶ 서쪽 토단 및 몽촌해자   ❷ 동벽 및 목책

그림70 | 몽촌토성 88-1·2호 주거지(백제 집자리 전시관)

2) 백제 집자리 전시관

백제 집자리 전시관은 몽촌토성의 동문지 안쪽 구릉에 자리하고 있으며, 1988년에 발굴 조사된 4기의 백제 주거지(집자리)를 발견된 모습 그대로 보존하여 전시하기 위한 공간이다. 그중 88-2호 주거지는 여몹자형 주거지이다. 출입시설이 있는 이러한 주거지는 한강 유역에서는 철기 시대 이래의 보편적인 형태로, 풍납동과 하남 미사리 등 다수의 유적에서 확인된 바 있다. 일반적인 취락에서는 대체로 규모가 큰 주거지가 여몹자형으로 되어 있어 상대적으로 거주자의 사회적 위상이 높았을 것이라는 추정도 있으나, 취락 내의 소규모 주거지도 역시 출입시설을 갖추고 있어 당시의 일반적인 주거지 형태로 보인다.

몽촌토성에서 발견된 이들 주거지는 그 입지가 모두 고지대, 특히 성벽이나 성문에 인접한 지점이어서 일반 취락과 동일한 기능을 가진 것으로 보기는 어려우며, 병사들이 거주하던 막사와 같은 용도로 추정된다. 88-2호, 88-3호, 88-4호 수혈 주거지는 성내에서 발견된 여타의 수혈 주거지보다 규모가 클 뿐 아니라 철모鐵鉾(창), 철준鐵鐏(창 물미), 철도자鐵刀子 등의 무기류가 다수 출토되고 있기 때문이다. 그리고 이들 주거지에서는 백제 토기와 고구려 토기가 함께 출토되고 있다. 이러한 유물 출토 양상으로 보아 군사용의 여몹자형 혹은 철凸자형 주거지들은 백제 때부터 사용되다가 한성 함락 이후 고구려 군사가 진주하던 무렵에도 일부 재사용된 것으로 볼 수 있다.

3) 한성백제 연구의 메카, 한성백제박물관과 몽촌역사관

한성백제박물관은 현재 대한민국의 수도 서울이 조선시대의 수도 한양을 이은 600년 고도를 넘어서 백제 때부터의 2천 년 고도임을 재조명하기 위하여 서울시에서 건립한 시립 박물관이다. 한국 고대사·고고학 전문 박물관을 표방하면서 2012년 4월 30일에 몽촌토성이 바라보이는 올림픽공원 내에 개관하였다. 전시실은 상설전시실과 특별전시실로 구성되어 다양한 전시를 진행하고 있으며, 이외에도 대강당에서는 각종 학술회의와 강연회는 물론, 음악회를 비롯한 다양한 문화 행사를 연중 진행하여 이 지역 문화 공간의 역할을 충실히 하고 있다. 교육실에서는 초·중·고 학생들을 중심으로 한 다양한 체험 행사도 진행하고 있다.

상설전시실 중 제1전시실은 "서울의 선사"라는 주제로 서울의 선사문화상과 권력이 출현하고 여러 나라가 성장하는 가운데 백제국이 마한의 '국'에서 성장하는 과정을 소개하고 있다. 제2전시실은 "왕도 한성"이라는 주제로

그림71 | 한성백제박물관 상설전시실의 풍납동 토성과 몽촌토성 모형

그림72 | 몽촌토성벽에서 바라본 한성백제박물관과 백제학연구소

서울을 터전으로 나라를 세워 5백년의 역사를 일군 백제 한성기의 다채로
운 문화를 유물, 모형, 영상 등을 통해 소개하고 있다. 특히, 풍납동 토성과
몽촌토성 모형, 백제의 배 모형을 통해 백제 왕성의 면모, 그리고 바다를 무
대로 활동한 해상 강국 백제의 기상을 느낄 수 있다. 제3전시실은 "삼국의
각축"이라는 주제로 서울과 한강 유역을 둘러싸고 전개된 백제 · 고구려 ·
신라 삼국간의 치열한 각축전과 한강에 남겨진 고구려 문화 및 신라 문화를
소개하고, 한성 함락 후 웅진(공주)과 사비(부여)로 터전을 옮겨 중흥기를 맞
이하면서 문화의 꽃을 피운 백제의 다양한 문화도 일부 전시하고 있다. 특
별전시실에서는 1년에 4번 한국 고대사와 고고학을 중심으로 한 특별전을
개최하고 있다.

2013년 9월에는 한성백제박물관 내에 백제학연구소를 설립하여 몽촌토성, 석촌동 고분군, 방이동 고분군을 비롯한 백제 도성과 왕실 묘역에 대한 발굴 조사 진행과 함께, 백제학 관련 각종 학술회의 개최와 학술서적 발간을 통해 백제를 연구하고 널리 알리기 위해 노력하고 있다. 필자도 바로 이곳에서 백제에 대한 학술 연구 활동을 진행하고 있다.

몽촌토성 북쪽에 위치한 몽촌역사관은 1992년 1월에 개관한 이후 2012년 한성백제박물관이 개관하면서 그 부속시설이 되어 서울의 한강 유역을 중심으로 한 고대 역사와 문화를 다루는 어린이 대상 박물관으로 재탄생하였다. 여기서는 어린이들을 대상으로 한 다채로운 교육 프로그램과 문화행사를 운영하고 있다.

7. 백제의 왕들이 잠든 곳, 석촌동 고분군

풍납동 토성과 몽촌토성이 백제 초기의 왕궁을 비롯한 도성 지역이었다면, 석촌동 고분군에서 방이동 고분군으로 이어지는 지역은 백제 초기의 왕족과 귀족들이 죽어서 묻힌 무덤 지역이다.

석촌동 일대는 일제시대까지 5개의 봉우리가 있는 돌산이 특징적이어서 오봉산五峰山이라 불렸다고 하는데, 이것이 바로 석촌동 고분군을 대표하는 대형 적석총(돌무지무덤) 5기를 보고 표현한 말로 이해되고 있다. 이곳은 원래 경기도 광주군 중대면 송파 마을의 일부였는데, 적석총(돌무지무덤)이 있는 관계로 돌이 많아 옛날부터 '돌마리'라 불려왔으므로 1963년 서울시 관할구역으로 편입될 때 한자음화하여 석촌동石村洞이라 부르게 되었다. 그러니까 이 지역의 지명과 주요 지형 지물의 명칭이 모두 이러한 특징적인 적

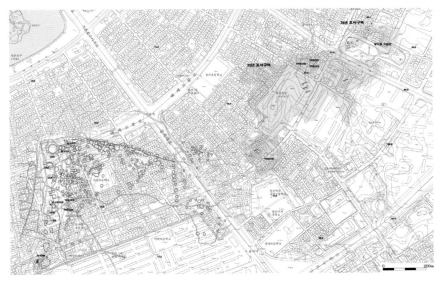

그림73 | 석촌동 일대 고분군의 일제시대 조사도와 현재 지형도 중첩

석총 때문에 붙여진 이름인 것이다.

이 석촌동 고분군 일대는 한강 유역의 충적평야 지대로 황갈색의 점토층이 다져진 평평한 언덕을 이루고 있으며, 백제 초기 왕실과 지배 집단의 무덤으로 볼 수 있는 다양한 형식의 고분들이 발견되었다. 곧, 이곳에서는 대형 적석총(돌무지무덤)과 함께, 즙석 분구묘(돌을 얇게 깐 흙무지무덤), 토광묘(널무덤 또는 움무덤), 옹관묘(독무덤) 등도 확인되었다. 적석총은 백제의 건국 세력이 문화적으로 졸본부여 및 고구려 지역과 밀접한 관계에 있었음을 보여주며, 즙석 분구묘, 토광묘, 옹관묘 등은 북방 부여 혹은 마한 계통의 토착세력과 관련된 무덤으로 볼 수 있다.

석촌동 고분군에서 가장 규모가 크고 특징적인 묘제는 방형 기단을 여러 단 쌓아 올린 기단식 적석총(돌무지무덤)이다. 백제의 석촌동 적석총은 고구려의 왕릉으로 비정되는 계단식 적석총과 방형 평면, 계단상의 분구, 분구 기저부를 돌아가는 버팀석 등 외형은 물론, 기와와 와당이 출토된 점까지 유사하다. 석촌동 적석총은 3호분과 같이 분구 전체를 돌로 쌓아 올린 고구

그림74 | 고구려 장군총

려식이 있고, 2·4호분처럼 내부는 흙으로 쌓고 외부만 돌로 쌓은 백제식도 확인되고 있다.

석촌동 1호 적석총은 고구려식 북분이 먼저 만들어지고 나중에 백제식 남분이 합쳐진 것으로, 3세기 중반 무렵 백제 최고 지배 계급에 해당하는 부부의 무덤으로 보고되었다. 3호 적석총은 최소 3단 이상의 계단 모양으로 돌을 쌓아 만든 것으로 한반도에 남아있는 돌무지무덤 가운데 규모가 가장 커서, 동서 방향의 길이가 약 50.8미터, 남북 방향의 길이가 약 48.4미터, 높이는 4.5미터 이상이다. 여기서는 중국제 청자 반구호 편과 금제 영락(달개 장식)이 발견되어 4세기 중후반에 만들어진 근초고왕(재위 346~375)의 왕릉으로 보는 견해가 있다. 제5호 무덤은 내부에 여러 개의 매장시설이 존재하면서 표면에 돌을 한두겹 간 즙석 분구묘로 추정된다.

한성백제박물관에서는 2015년부터 석촌동 1호분 북쪽 연접묘 발굴을 실

그림75 | 일제강점기 때의 석촌리 1호분(현 석촌동 3호분)

그림76 | 현재 석촌동 3호분

그림77 | 석촌동 3호분 출토 청자 반구호 편

그림78 | 석촌동 3호분 출토 금제 영락

시하고 있는데, 기존과 다른 형태의 연접 적석총들이 확인되고 있어 주목된
다. 조사 결과 평면 방형의 유구들이 북쪽에서부터 동·서·남쪽으로 연접
되어 확장된 양상을 보이고 있는데, 동서 방향의 석축을 중심으로 그 사이
에 남북 방향의 석축을 연결하고, 사방에 석축을 잇대어 확장해 나가는 적
석총 기단 축조 방식을 보여주고 있다. 여기서 각 단위 유구는 중심부를 점
토로 쌓고 외곽 기단 및 중앙 점토부 사이를 돌로 채운 구조('점토부 단위유구'

그림79 | 석촌동 연접 적석총과 1호분, A호분(한성백제박물관, 2020)

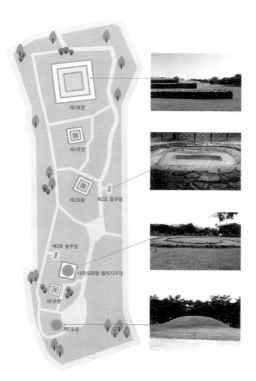

그림80 | 석촌동 고분군 현재 정비 상황

그림81 | 석촌동 4호분 발굴 모습

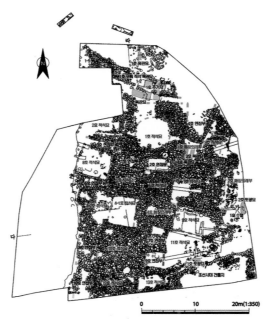

그림82 | 석촌동 연접 적석총 유구 배치도(한성백제박물관, 2019)

또는 '점토부')가 있고, 외곽 기단 및 유구 내부를 모두 돌로 채운 구조('적석부 단위유구' 또는 '적석부')의 두 가지 형태가 있다. 이는 기존에 알려진 백제식과 고구려식에 대응되는 것으로 볼 수 있다. 또한, 이들 단위 적석묘와 거의 연접된 곳에는 소위 '매장의례부'가 있어 그곳에서 와당을 비롯한 기와들이 집중 출토되고 있는데, 출토 유물의 양상으로 보아 매장 및 상장례와 관련한 모종의 의례 관련 시설로 추정되고 있다. 앞으로의 발굴 조사 결과를 좀 더 살펴보면서, 고구려·부여 지역 고분들과의 비교 연구를 통해 백제의 정체성을 밝히는 작업이 기대되고 있다.

8. 방이동 고분군의 주인공은 백제인가 신라인가?

방이동芳荑洞 고분군古墳群은 석촌동 고분군에서부터 이어지는 고분군으로 볼 수 있는데, 입지 조건에서 약간의 차이가 있다. 석촌동 고분군이 평평한 언덕에 자리하면서 백제 왕실을 중심으로 사용한 다양한 고분들의 모습이 보이고 있다면, 방이동 고분군은 좀 높은 구릉에 자리하면서 백제 이후에 한강 유역을 차지한 신라 사람들까지 사용한 굴식 돌방무덤(횡혈식 석실분) 위주로 조성되어 있다. 현재 이곳에는 총 8기의 고분이 정비되어 있다. 북쪽 사면에는 1·2·3·6호분이 자리하고, 남쪽 저구릉 하단부에는 7·8·9·10호분이 위치하고 있다.

이 일대는 1970년대에 잠실 지구에 대한 개발이 이루어지면서 발굴 조사가 이루어졌다. 먼저 1974~1976년까지 3차례에 걸쳐서 1호·4호·5호·6

그림83 | 방이동 1호분 단면 모형(몽촌역사관)

호분이 발굴 조사되었다. 이 중 잔존 상태가 좋지 않았던 4호·5호분은 보존대상에서 제외된 이후 멸실되었다. 복원 정비는 1983년에 1·2·3·6호이 위치한 북쪽 고지대 쪽이 먼저 진행되었고, 1987년에 7·8·9·10호분이 위치한 남쪽 저구릉 일대가 정비되었다. 내부 구조는 횡혈식 석실橫穴式石室(굴식 돌방)과 수혈식 석곽竪穴式 石槨(구덩식 돌덧널)의 두 형식이 있다.

현재 무덤 내부가 공개되어 있는 제1호분은 윗부분이 안으로 경사진 석실의 남쪽 벽과 서쪽 벽에 붙어 연도羨道가 달려있는 역 'ㄱ'자형 횡혈식 석실분(굴식 돌방무덤)이다. 무덤의 크기는 지름 12m, 높이 2.2m이다. 석실 내부로 들어가는 연도는 길이 2.3m, 너비 1.06m, 높이 1.1m이며, 시체를 안치한 석실의 크기는 길이 3m, 너비 2.46m, 높이 2.15m이다. 석실 중앙에 마련된 시상대屍床臺의 크기는 길이 2.4m, 너비 2.1m, 높이 30㎝이다.

3호분은 2016년에 봉분의 흙이 쓸려 내려오는 이상 현상이 확인되어, 한성백제박물관에서 2017년에 발굴이 이루어졌다. 그 대체적인 구조는 1호분과 비슷하다.

이러한 방이동 고분군의 횡혈식 석실은 고구려, 백제, 신라 모두 왕권이 안정되면서 채용한 묘제로, 추가장이 가능한 구조이다. 그동안의 방이동

그림84 | 하남 감일동 13호 석실

고분군 발굴에서는 백제 유물만이 아니라 신라 유물들도 함께 발견되면서, 고분을 만든 주체가 백제인지 신라인지에 대한 많은 논란이 제기되었다. 그리하여 한때 방이동 고분군은 백제가 아닌 신라의 석실분으로 정리되어 가기도 했으나, 최근 인근의 하남 광암동과 감일동 등지에서 확실한 백제의 횡혈식 석실분들이 대거 발견되면서, 다시 백제가 처음 만든 후 신라가 재사용했다는 설이 설득력을 얻고 있다. 곧, 1·3호분의 형식은 백제가 이곳에서 웅진으로 천도한 뒤에 조성한 공주의 송산리 4·5호분과 그 구조와 형식이 흡사하여, 방이동 고분군의 구조와 형식이 공주의 고분으로 이어졌음을 알 수 있다는 것이다.

한성백제박물관에서는 방이동 3호분 발굴 조사 결과를 정리하여 보고서를 발간하였고, 그 과정에서 출토된 목탄과 인골에 대한 자연과학적인 분석도 진행하였으므로, 앞으로의 연구를 통해 더 많은 사실들이 밝혀질 것으로 기대한다.

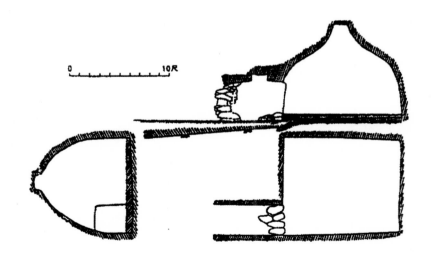

그림85 | 공주 송산리 4호분 도면

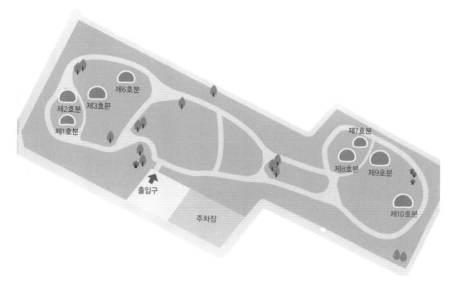

그림86 | 방이동 고분군 현재 정비 상황

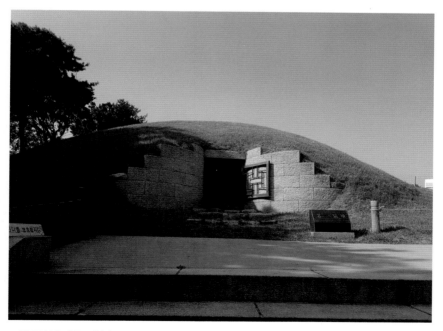

그림87 | 방이동 1호분

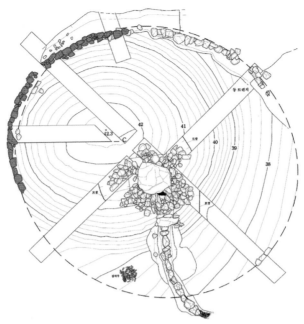

그림88 | 방이동 3호분

제2장
백제의 건국 과정

1. 머리말

백제의 건국과 관련해서는 동명東明, 온조溫祚, 비류沸流, 구태仇台, 도모都
慕 등 많은 인물들이 등장하는데, 그 복잡한 전승만큼이나 매우 다양한 논
의들이 전개되었다. 특히 백제사에서는 이를 바탕으로 한 왕실 교대론이
제기되면서 백제의 건국 집단을 비류계沸流系와 온조계溫祚系로 나누고, 비
류를 우태優台와, 온조를 주몽朱蒙과 각각 연결시키면서[1] 더욱 복잡한 양상
이 전개되었다. 또한, 백제 건국 관련 기사의 이해는『삼국사기三國史記』초
기 기록을 역사적 사실로 인정하려는 긍정론과, 일부만을 인정하거나 기년
을 조정하려는 절충론으로 나뉘어져 고대 국가의 형성 시기와 관련해서도
논쟁이 있다.[2]

먼저『삼국사기』의 백제 건국 전승은 온조와 비류에 대하여 기록하고 있
는데, 여기에는 시조의 신이한 탄생이나 신성한 행적을 보여주는 영웅 전승
의 성격이 미약하고, 천天과의 직접적인 관련도 보이지 않은 채 비교적 합
리적인 부분만 정리되어 있다.[3] 곧, 백제의 건국 전승은[4] 고구려의 주몽 신

---

1   千寬宇, 1976,「三韓의 國家形成」(下),『韓國學報』3.
      李基東, 1981,「百濟 王室交代論에 대하여」,『百濟研究』12.
2   이에 대한 정리는 이도학, 1990,「백제의 기원과 국가형성에 관한 재검토」,『한국고대국
      가의 형성』, 민음사 및 박현숙, 2006,「백제의 성립과 발전」,『한국고대사입문』2, 신서원
      참조.
3   최광식, 2006,『백제의 신화와 제의』, 주류성, 58쪽.
4   원래 국문학계에서는 '說話'라는 큰 범주 안에 신성성을 가진 '神話', 영웅적 인물의 奇
      行談인 '傳說', 평범한 인물의 흥미로운 체험인 '民譚'이 모두 들어가 있다(장덕순, 1995,
      『한국 설화문학 연구』, 박이정, 3~9쪽). 그런데 역사학계에서는 일반적으로 신성성이
      있는 이야기를 '神話'로, 신성성이 제거된 이야기를 '說話'로 칭하고 있다. 현재 백제의
      建國傳承으로 전해지는 기록들은 '說話'의 모습을 띠고 있으나, 원래는 신성성을 지닌
      '神話'의 모습이었을 것이다. 본고는 현재 전해지고 있는 傳承을 통해 백제의 建國 神話

화나 신라의 박혁거세 신화와 같은 건국 신화와 달리 신성성을 지닌 신화의 면모가 잘 드러나지 않는다. 백제의 건국 전승에는 주몽朱蒙, 소서노召西奴, 우태優台, 비류沸流, 온조溫祚 등 구체적인 실존 인물들이 등장할 뿐 고유의 건국 신화가 없기 때문에 어버이의 나라인 고구려에 열등 의식을 지닐 수밖에 없었다는 견해까지 제기되었다.[5]

그렇다면 신화神話는 무엇이며, 백제에는 정말 건국 신화가 없었는가? 신화는 신성성神聖性을 본질로 하며, 이 신성한 이야기는 제의祭儀(ritual)라는 특정한 연행演行 맥락 속에서 전승되었다.[6] 제의는 일상 생활의 다른 행위와 분명히 구별되는 의사 소통 행위의 특정화된 양식이며, 신화는 바로 제의라는 의사 소통의 장에서 생성되는 메시지이다. 그리고 신화의 거룩성은 신화를 실재實在로 수용하는 제의 집단, 해석학적 공동체를 전제로 하기 때문에, 제의 집단이 없다면 신화의 거룩성과 제의성은 사라질 수밖에 없다.[7]

현재 전해지고 있는 백제의 건국 전승에는 신성성이 제거되어 있지만, 동명묘東明廟와 구태묘仇台廟로 표현된 시조에 대한 제사 기록이 전해지고 있다. 신화神話와 제의祭儀는 동시에 진행되는 행위라는 점에서 무엇이 먼저 나타났는지에 대해서는 알기 어렵지만, 신화가 선행하여 그것이 의례로 재현·표출된다고 한다면,[8] 제의가 전해진다는 것은 반드시 거기서 구연된 신

를 복원하려는 입장에 있으므로, '說話'보다는 '傳承'이라는 용어를 쓰고자 한다.
5   최몽룡·김경택, 2005, 『한성시대 백제와 마한』, 주류성, 124쪽.
6   大林太良 著, 兒玉仁夫·權泰孝 譯, 1996, 『神話學入門』, 새문사, 147~148쪽.
7   이경재, 2002, 「신화적 세계」, 『신화해석학』, 다산글방, 116~117쪽.
8   玄容駿, 1992, 「韓國神話와 祭儀」, 『巫俗神話와 文獻神話』, 集文堂, 306쪽. 신화와 제의의 선후 관계에 대해서는 여러 견해가 있다. 몸동작의 제의 행위와 이미지 속에는 이미 특정한 이야기인 신화가 내포되어 있다는 점에서, 신화와 제의는 선후를 따질 수 없는 동시적 사건으로 보기도 한다(이경재, 2002, 「제의와 신화」, 『신화해석학』, 다산글방, 82-83쪽).

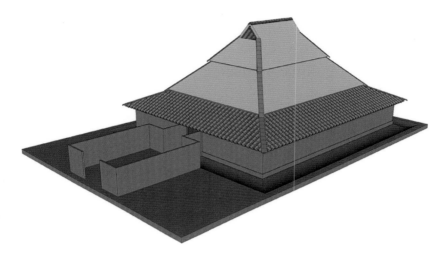

그림1 | 백제 동명묘로 추정되기도 하는 풍납동 토성 경당지구 44호 건물지 복원도(김왕직 안)

범례
○ 고분
⟋ 절토

0 50 100 150 200 m

그림2 | 평양의 고구려 전 동명왕릉과 진파리 고분군, 정릉사지

화가 있다고 볼 수 있으며, 백제의 건국 신화도 분명히 존재했을 것이다.

백제에서는 온조가 건국 원년(BC 18)에 동명왕묘東明王廟를 세워[9] 국가의 정신적 기초를 놓았고, 온조 13년(BC 6)에 왕의 어머니가 돌아가시자 국모묘國母廟를 세운다.[10] 고구려는 백제보다 늦은 대무신왕 3년(AD 20)에 동명묘를 세웠으니, 이로써 양국 왕실은 동명의 계승자를 다투는 경쟁 구도를 갖게 되었다.

백제 건국 전승과 연결된 지배 집단의 계통에 대해서도 고구려로 볼 것인지, 부여로 볼 것인지를 둘러싸고 많은 논의가 있어 왔다.[11] 하지만 백제를 건국한 세력은 분명히 고구려를 건국한 주체보다 먼저 졸본부여 지역인 압록강 유역에 자리잡고 있다가 한강 유역으로 남하한 세력이므로, 고구려와 연결된다고 보기 어렵다. 곧, 백제의 건국은 졸본부여의 세력 재편에 따른 고구려의 건국과 관련이 있지만, 고구려보다 먼저 자리잡고 있던 졸본부여의 원래 세력인 동명-온조 집단이 동명 신화를 지니고 한강 유역으로 남하하면서 이루어졌다. 그리고 백제 건국 전승에서 동명-온조 전승과 함께 또하나의 축을 이루고 있는 해부루-우태-비류 전승은 동부여 계통이면서 고구려와의 관련 속에 복잡하게 전개되었다.

필자는 백제의 동명묘東明廟 제의에서 구연되었을 동명東明 신화神話가 졸본부여卒本扶餘의 동명 신화였으며, 백제 동명東明-온조溫祚 전승의 주인공인

---

9   元年 夏五月 立東明王廟〈『三國史記』卷23 百濟本紀1 溫祚王〉

10   十三年 春二月 王都老嫗化爲男 五虎入城 王母薨 年六十一歲
    十七年 夏四月 立廟以祀國母〈『三國史記』卷23 百濟本紀1 溫祚王〉

11   백제 시조 전승과 관련된 기존 연구성과에 대한 정리는 李鍾泰, 1996, 『三國時代의 '始祖' 認識과 그 變遷』, 국민대 박사학위논문, 86~94쪽이 참고된다.

동명東明이 해모수解慕漱와 연결될 수 있음을 살펴본 바 있다.[12] 또한, 동명-온조 전승과 다른 계통의 건국 전승으로 전해오고 있는 해부루解夫婁-우태優台-비류沸流 전승에 대해 시조 구태仇台 전승과 관련시켜 백제 초기 왕실의 변화 모습을 살펴본 바 있다.[13]

그동안 중국 사서에 전하고 있는 구태仇台 전승에 대해서도 많은 논의가 이루어졌지만,[14] 구태의 실체나 구태묘仇台廟 설치가 가지는 의미에 집중되었을 뿐, 그것을 국내 사서의 기록과 연결시켜 이해하려는 노력은 부족하였다. 따라서 본고에서는 이들 집단을 국내 기록의 해부루-우태-비류 집단의 남하와 최대한 합리적으로 연결시키면서 언제, 어떤 계기로 백제 지역에 등장하여 지배 세력이 되었는지에 대하여 단편적인 기록들을 모아 재구성해 보려고 한다.

한편, 지금까지 백제 고고학의 통설은 3세기 중반에 풍납동 토성과 몽촌 토성이라는 거대 성곽의 축조, 석촌동 고분군에서 즙석분구묘葺石墳丘墓(목관봉토분)라는 고총 고분의 출현, 흑색마연토기를 비롯한 백제 토기의 등장

---

12 이장웅, 2008, 「百濟 系統 資料로 본 卒本扶餘의 東明神話」, 『白山學報』81.

13 이장웅, 2016, 「百濟 始祖 仇台・沸流 傳承의 성립과 高句麗・公孫氏 관계」, 『百濟文化』55.

14 李弘稙, 1971, 「百濟 建國說話에 대한 再檢討」, 『韓國古代史의 硏究』, 新丘文化社.
　　金在鵬, 1975, 「百濟仇台考」, 『朝鮮學報』78.
　　王民信, 1986, 「百濟始祖仇台考」, 『百濟硏究』17.
　　李鍾泰, 1998, 「百濟 仇台廟의 成立과 繼承」, 『韓國古代史硏究』13.
　　林起煥, 1998, 「百濟 始祖傳承의 형성과 변천에 관한 고찰」, 『百濟硏究』28.
　　朴燦圭, 2003, 「百濟의 始祖 傳承과 出自」, 『先史와 古代』19.
　　윤용구, 2004, 「仇台의 백제 건국기사에 대한 재검토」, 『百濟硏究』39.
　　김병곤, 2007, 「中國 史書에 나타난 百濟 始祖觀과 始祖者 仇台」, 『韓國古代史硏究』46.
　　金炳坤, 2008, 「記錄에 나타난 百濟 始祖 및 建國者의 史的 位相과 實態」, 『百濟硏究』47.
　　정재윤, 2008, 「구태 시조설의 성립 배경과 그 의미」, 『韓國古代史硏究』51.

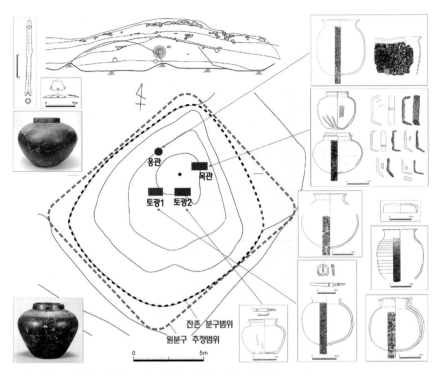

그림3 | 대표적인 즙석분구묘인 가락동 2호분의 구조와 출토 토기

이 함께 이루어졌다는 점에서, 이들을 지표로 하여 "한성백제의 탄생"을 이야기할 수 있는 틀이 제시되었다.[15] 석촌동 고분군을 토광묘계(토광묘, 옹관묘, 즙석분구묘, 토광적석묘)와 적석총계(적석총, 석곽묘, 석실분)로 나누면서, 석촌동 1호분을 3세기 중엽경에 만들어진 가장 빠른 단계의 고구려식 적석총으로 보아, 이를 압록강 이남 지역의 적석총 축조 집단에 의한 백제의 건국으로 보면서, 즙석분구묘葺石墳丘墓는 비류 계통으로 본 견해도 있다.[16]

15   박순발, 2001, 『漢城百濟의 誕生』, 서경문화사.
16   林永珍, 2003, 「積石塚으로 본 百濟 建國集團의 南下過程」, 『先史와 古代』 19.

그림4 | 가락동 2호분 모형(한성백제박물관)

그런데 최근의 고고학 연구에서는 풍납동 토성과 몽촌토성의 축조가 4세기를 상회하지 못하는 것으로 보고 있으며, 석촌동 고분군의 적석총積石塚도 4세기 이후, 적석총보다 층위상 빠르게 보았던 즙석분구묘葺石墳丘墓나 토광묘도 3세기까지 올라가기 힘들며, 대표적인 즙석분구묘인 가락동 2호분 출토 흑색마연토기黑色磨硏土器와 이중구연호二重口緣壺의 편년도 4세기 이후로 보려는 견해가 있다. 심지어 영남 지역 고고학 편년에 맞추어 이러한 편년을 더 낮추어 보려는 견해까지 등장하였다.[17] 만약 이들 견해가 지속된다면 3세기 중반의 '한성백제의 탄생'이라는 백제 고고학의 틀까지 무너지는 것이다.

최근 고고학 자료에 대한 해석을 통해 백제와 부여의 계승성 여부를 검토한 논고에서는 백제 왕실이 부여에서 유래하였다는 견해가 각종 사서에 나타난 기록을 통한 것일 뿐이며, 무덤과 주거지의 구조, 토기의 종류와 형태 등 고고학적 물질 문화를 살펴보면 부여와 백제 사이의 직접적인 관련성을

---

17   김일규, 2015, 『백제 고고학 편년 연구』, 학연문화사.

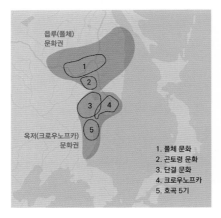

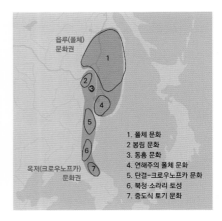

그림5 | BC4~1세기 옥저와 읍루의 고고학 분포권(강인욱, 2020)

그림6 | 1~3세기 옥저와 읍루의 고고학 분포권(강인욱, 2020)

인정하기 어려운 것으로 보고 있다.[18] 여기서는 오히려 두만강 유역과 연해주 일대에서 발전한 단결-크로우노프카 문화의 주거지 구조와 토기의 형태가 한반도 중부 지역과 닮아 있다는 점과, 백제를 구성한 절대 다수의 주민은 청동기 시대 이후 경기-충청-전라 지역에서 성장해 온 집단이라는 점에 보다 방점을 두어야 한다고 보았다.

백제라는 국가는 물론 다수의 토착 마한계 주민들에 의해 구성되었지만, 국가를 이끌어 가는 지배층들은 자신의 출자를 부여로 인식하면서 이를 중요한 이데올로기로 삼았음을 무겁게 인정해야 한다. 백제와 고구려가 끊임없는 전쟁과 경쟁을 지속한 이유도 부여를 계승했다는 정통성이 서로 자신에게 있음을 주장하던[19] 정치적 이데올로기 문제와 깊은 관련이 있었다. 아

---

18   권오영, 2018, 「백제와 부여의 계승성 여부에 대한 검토」 『東北亞歷史論叢』 61.
      한성백제박물관, 2020, 『백제는 부여를 계승하였나』(백제학연구총서 쟁점백제사 17)
      에는 백제와 부여의 관계에 대한 최근 논의 내용이 잘 담겨져 있다.

19   고구려는 「광개토왕릉비」에 "惟昔始祖鄒牟王之創基也 出自北夫餘 天帝之子 母河伯
      女郎 剖卵降世 生而有聖 … 百殘新羅 舊是屬民 由來朝貢"이라 기록하여, 始祖 鄒牟王

울러 고고 자료에서 부여의 전통이 잘 보이지 않는다고 하여 백제의 부여 계승성 자체를 부정하려는 점은 적은 문헌 자료까지 송두리째 부정하려는 더 큰 문제를 야기할 수도 있다. 문헌에만 매몰되는 것은 분명히 문제이고, 고고 자료에 대한 지속적인 관심 역시 매우 필요하지만, 지역 지배의 증거가 아닌 관념적 이데올로기를 물질적 증거를 통해 밝히기는 쉽지 않다. 따라서 이 부분에서는 거시적인 관점에서 이들을 모두 아우를 수 있는 문헌 자료에 대한 인식에 보다 관심을 기울여야 한다.[20]

이러한 상황에서 국내 사서, 중국 사서, 일본 사서와 고고학까지 종합하여 백제 초기사를 합리적으로 그려보는 작업은 매우 어렵지만, 본고는 이들 문헌 기록들과 고고학 자료들을 최대한 긍정적으로 파악하면서 백제 건국의 모습을 조금이나마 그려보고자 한다.

의 北夫餘 出自를 강조하고 백제를 '百殘'이라는 비칭으로 부르면서 新羅와 함께 예로부터 屬民으로 朝貢해왔다고 주장하고 있다.

백제는 『魏書』卷100 列傳88 百濟의 개로왕이 北魏에 보낸 국서에서 "臣與高句麗源出夫餘 先世之時 篤崇舊款 其祖釗輕廢隣好 親率士衆 陵踐臣境 臣祖須整旅電邁 應機馳擊 矢石暫交 梟斬釗首 自爾已來 莫敢南顧"라고 기록하여, 백제가 高句麗와 함께 夫餘에서 出自했음을 강조하면서 선조인 須(근구수왕)가 고구려 釗(고국원왕)의 머리를 벤 이후 감히 남쪽을 엿보지 못하였다고 주장하고 있다.

20 이장웅, 2019, 「2018년 한성~웅진기 백제 문헌사 연구 성과와 과제」 『백제학보』 28.

2. 동명東明-온조溫祚 집단의 남하와 백제의 건국

국내 사서에서 백제의 건국 세력으로 등장하는 대표적인 인물은 온조溫祚와 비류沸流이다. 다른 국가들과 달리 시조가 형제로 나타나고 있는 특징에 대하여, 먼저 기록대로 이들 두 시조 전승이 서로 연결된다고 보는 견해가 있다. 두 전승은 비류와 온조가 형제라는 것과 그들의 생모生母와 주몽이 부부 관계라는 공통점을 지적하면서, 비류와 온조는 동모同母의 형제이지만 형인 비류의 생부生父는 우태優台이고 아우 온조의 생부生父는 주몽인 것이 후대에 변형되어 두 개의 상이한 시조 전승을 만들었다는 것이다.[21] 이러한 관점에서 온조·비류가 남하 과정에서 미추홀彌鄒忽에 일정 기간 머물러 있었기 때문에 비류 중심의 미추홀 이야기가 건국 신화 속에 삽입되었으며, 비류와 온조가 연합적 성격의 두 세력이 아니라 사료가 전하는 대로 형제 관계로 파악하면서, 미추홀 중심의 비류계 주도에서 온조계로 세력이 이동해 가는 과정에서 위례성으로 천도가 이루어진 것으로 보는 견해가 있다.[22]

반면, 시조 비류 전승과 온조 전승이 별개로 꾸며진 것으로 보는 견해도 있다.[23] 이러한 관점은 온조 전승과 비류 전승을 시간의 연속선상에서 일어난 사건으로 보지 않고, 온조 전승 부분은 온조 중심의 백제百濟(십제+濟) 건국 전승으로, 비류 전승은 비류沸流에 의한 미추홀彌鄒忽 집단의 형성 전승으

---

21 李丙燾, 1959,『韓國史』古代篇, 震檀學會, 340~341쪽.

22 朴賢淑, 1998,「『三國史記』百濟本紀 溫祚王條의 檢討」,『先史와 古代』10, 85~86쪽.

23 李弘稙, 1971,「百濟 建國說話에 대한 再檢討」,『韓國古代史의 硏究』, 新丘文化社, 312~315쪽에서는 두 시조 전승 사이에 일치점으로 부여의 해부루에서부터 그 계통을 말하고 있는 점을 들었다. 그러나 온조 전승에서는 해부루를 중심으로 볼 때 온조 형제와 母系로 연관되는데, 비류 전승에서는 직접 그들의 父系로 이어지며, 그 세대 역시 두 전승 사이에 일치하지 않는 점에서 두 시조 전승이 별개로 꾸며진 것이라 하였다.

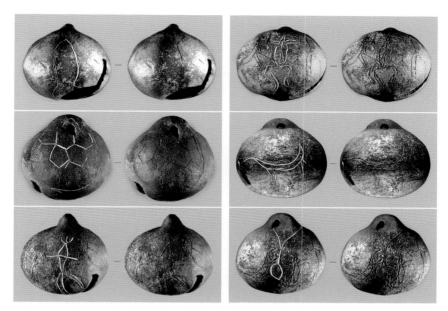

그림7 | 고령 지산동 Ⅰ-5-1호분 출토 토제 방울에 묘사된 가야 건국 신화

로 각각 따로 이해하는 것이다. 그리고 뒤에 미추홀 집단이 백제(십제)에 통합되면서 비류 전승이 온조 전승 속에 흡수된 것으로 파악한다.[24]

그렇다면 이처럼 시조가 형제로 나타나는 건국 전승을 어떻게 이해해야 할 것인가. 『삼국유사三國遺事』 가락국기駕洛國記에는 금관가야의 수로왕首露王과 5가야왕이 형제로 나타나고 있고,[25] 『신증동국여지승람新增東國輿地勝覽』에 최치원崔致遠의 『석이정전釋利貞傳』을 인용하여 서술한 부분에는 대가야의 뇌질주일惱窒朱日(이진아시왕伊珍阿鼓王)과 금관가야의 뇌질청예惱窒靑裔

---

24 李鍾旭, 1994, 「百濟의 建國說話 -百濟初期國家 形成過程에 대한 기초적 검토-」, 『百濟論叢』 4.

25 月望日卽位也 始現故諱首路 或云首陵[首陵是崩後諡也] 國稱大駕洛 又稱伽耶國 卽六伽耶之一也 餘五人 各歸爲五伽耶主〈『三國遺事』 紀異2 駕洛國記〉

(수로왕首露王)가 형제 관계로 나타나고 있다.[26] 그런데 이와 같이 신화 속에 등장하는 형제는 실제 형제가 아니라 후대에 정치적인 의도에 의해 부회된 것이다.[27]

이러한 점에 비추어볼 때, 비류 전승과 온조 전승도 원래 별개로 꾸며졌으며, 후대에 이들이 통합되면서 형제 관계로 나타난 것이라는 입장이 실상에 가깝다. 곧, 『삼국사기三國史記』 백제본기百濟本紀에 나타나는 온조 전승과 비류 전승은 서로 동등한 위치에 있고, 두 계통의 건국 전승이 백제 멸망 후 『삼국사기』 편찬시까지 존속했다는 점에서, 이들 형제 전승은 의제적擬制的이며 2개 왕실 계통의 존재를 상정하는 견해에[28] 힘이 실린다.

신화적 인물은 역사에서 활약한 모습 그대로 후대에 기억되는 것이 아니라, 부지불식간에 그 공동체의 이념에 부합되는 이야기로 엮어져 전해진다. 역사적 사건은 오랜 시간이 지나면서 집단 심성에 맞춰 변형되어 기억되며, 계속해서 거기에 새로운 이야기들이 덧붙여진다. 그러므로 건국 신화와 관련된 자료들 사이에 모순이 발견되거나, 일반적인 상식으로 이해되

---

26 按崔致遠釋利貞傳 伽倻山神正見母主 乃爲天神夷毗訶之所感生 大伽倻王惱窒朱日 金官國王惱窒青裔 二人則 惱窒朱日爲伊珍阿豉王之別稱 青裔爲首露王之別稱〈『新增東國輿地勝覽』卷29 高靈縣 建置沿革〉

27 그동안 가야를 연맹체로 이해했던 근거는 수로 신화가 윤색된 모습인 『駕洛國記』의 6란설에 기초한 것이다. 『釋利貞傳』의 대가야 신화 역시 고령의 대가야가 후기 가야 연맹의 맹주로 대두하는 5세기 후반의 역사적 사실을 반영한 것으로 이해해왔다. 하지만 이 역시 후대의 현실적 필요성에 의해서 윤색된 것이다. 곧, 대가야 신화에서 이진아시왕과 수로왕이 형제 관계로 설정한 것은 고령의 대가야가 성장하면서 김해 지역을 포섭하기 위한 전략의 표현이었을 뿐이다. 따라서, 가야 지역에 두 개의 건국 신화가 남아있는 것은 가야가 종래의 견해처럼 가야 연맹체로 결속되어 있었던 것이 아니라, 가야 諸國이 각각 독자적인 모습을 지니고 있었음을 반증한다고 한다(남재우, 2005, 「가야의 建國神話와 祭儀」, 『韓國古代史研究』39, 89~96쪽).

28 李道學, 2004, 「三國史記에 보이는 溫祚王像」, 『先史와 古代』19, 129쪽.

기 어려운 여러 요소들이 있다는 것은, 백제의 왕실 계보가 변동하면서 그들 집단 간의 서로 다른 신화들이 백제 건국 신화의 체계에 들어와 결합하면서 일어난 현상으로 보아야 한다. 따라서 이는 비합리적인 것이 아니라 역사적 진실을 내포하고 있는 사실寫實이며, 그 진실을 밝혀낼 수 있다면 보다 사실事實에 가까운 역사상을 그려낼 수 있을 것이다.[29]

이러한 입장에서『삼국사기』의 백제 시조 전승 기록부터 살펴보자.

A-① 『해동고기海東古記』를 살펴보면, 혹은 시조始祖 동명東明이라 하고, 혹은 시조始祖 우태優台라고 한다. 『북사北史』및 『수서隋書』에서는 모두 이르기를, "동명東明의 후손으로 구태仇台가 있어, 대방에 나라를 세웠다."고 하였는데, 이에 시조 구태라 이른다. 그러나 동명이 시조임은 사적이 명백하여, 그 이외에는 믿을 수 없다.[30]

〈『삼국사기』 권33 잡지雜志1 제사祭祀〉

A-② 백제 시조는 온조왕溫祚王이다. 그 아버지 추모鄒牟는 혹 주몽朱蒙이라고도 한다. 북부여北扶餘에서 난을 피하여 졸본부여卒本扶餘에 이르렀다. 부여왕은 아들이 없고 단지 딸만 셋이 있었는데, 주몽을 보고는 보통 사람이 아니라는 것을 알고 둘째 딸을 아내로 삼게 하였다. 얼마 지나지 않아 부여왕이 죽자 주몽이 왕위를 이었다. 두 아들을 낳았는데 첫째는 비류沸流라 하고, 둘째는 온조溫祚라 하였다[혹은

---

29   이장웅, 2017, 『신화 속에 깃든 백제의 역사』, 학연문화사 참조.
30   按海東古記 或云始祖東明 或云始祖優台 北史及隋書皆云 東明之後 有仇台 立國於帶方 此云始祖仇台 然東明爲始祖事迹明白 其餘不可信也〈『三國史記』卷33 雜志1 祭祀〉

주몽이 졸본에 도착하여 월군녀越郡女를 아내로 맞아들여 두 아들을 낳았다고도 한다]. 주몽이 북부여에 있을 때 낳은 아들이 와서 태자가 되자, 비류와 온조는 태자에게 용납되지 못할까 두려워 마침내 오간烏干·마려馬黎 등 열 명의 신하와 더불어 남쪽으로 갔는데 백성들이 따르는 자가 많았다. 드디어 한산漢山에 이르러 부아악負兒嶽에 올라가 살 만한 곳을 바라보았다. 비류가 바닷가에 살고자 하니 열 명의 신하가 간하였다. "이 강 남쪽의 땅은 북쪽으로는 한수漢水를 띠처럼 띠고 있고, 동쪽으로는 높은 산을 의지하였으며, 남쪽으로는 비옥한 벌판을 바라보고, 서쪽으로는 큰 바다에 막혔으니 이렇게 하늘이 내려 준 험준함과 지세의 이점은 얻기 어려운 형세입니다. 여기에 도읍을 세우는 것이 또한 좋지 않겠습니까?" 비류는 듣지 않고 그 백성을 나누어 미추홀彌鄒忽로 돌아가 살았다. 온조는 하남河南 위례성慰禮城에 도읍을 정하고 열 명의 신하를 보좌로 삼아 국호를 십제十濟라 하였다. 이때가 전한前漢 성제成帝 홍가鴻嘉 3년(BC 18)이었다.[31]

〈『삼국사기』권23 백제본기百濟本紀1 시조始祖 온조왕溫祚王〉

A-③ 함께 졸본천卒本川에 이르렀다[『위서魏書』에는 흘승골성紇升骨

---

31 百濟始祖溫祚王 其父鄒牟 或云朱蒙 自北扶餘逃難 至卒本扶餘 扶餘王無子 只有三女子 見朱蒙 知非常人 以第二女妻之 未幾 扶餘王薨 朱蒙嗣位 生二子 長曰沸流 次曰溫祚[或云 朱蒙到卒本 娶越郡女 生二子] 及朱蒙在北扶餘所生子來爲太子 沸流溫祚恐爲太子所不容 遂與烏干馬黎等十臣南行 百姓從之者多 遂至漢山 登負兒嶽 望可居之地 沸流欲居於海濱 十臣諫曰 惟此河南之地 北帶漢水 東據高岳 南望沃澤 西阻大海 其天險地利 難得之勢 作都於斯 不亦宜乎 沸流不聽 分其民 歸弥鄒忽以居之 溫祚都河南慰禮城 以十臣爲輔翼 國號十濟 是前漢成帝鴻嘉三年也《三國史記》卷23 百濟本紀1 始祖 溫祚王〉

城에 이르렀다고 하였다]. 그 토양이 기름지고 아름다우며, 산하山河
가 험한 것을 보고 드디어 도읍하려고 하였으나, 궁실宮室을 지을 겨
를이 없었기에 단지 비류수沸流水 가에 초막을 짓고 살았다. 나라 이
름을 고구려高句麗라 하였는데, 이로 인하여 고高를 씨氏로 삼았다[혹
은 주몽이 졸본부여卒本扶餘에 이르렀는데, 왕이 아들이 없어 주몽을
보고는 보통 사람이 아님을 알고 딸을 아내로 삼게 하였으며, 왕이
죽자 주몽이 왕위를 이었다고도 한다].[32]

〈『삼국사기』권13 고구려본기高句麗本紀1 동명성왕東明聖王〉

A-①의 『삼국사기』 제사지祭祀志 기사는 백제 건국 시조에 대한 이설異說
과 그에 대한 편찬자의 입장이 잘 드러나 있다. 이에 의하면 고려시대까지
동명東明·우태優台·구태仇台 등 3인이 각기 백제의 시조始祖로 전승되고 있
었음을 알 수 있다. 동명과 우태는 국내의 고기류古記類에 근거한 것이고, 구

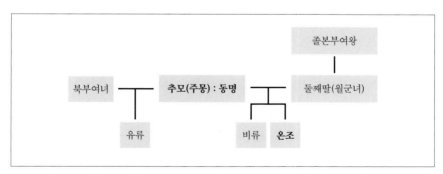

그림8 | 『삼국사기』 백제본기 동명-온조 설화 계보

---

32 與之俱至卒本川[魏書云 至紇升骨城] 觀其土壤肥美 山河險固 遂欲都焉 而未遑作宮
     室 佃結廬於沸流水上居之 國號高句麗 因以高爲氏[一云 朱蒙至卒本扶餘 王無子 見
     朱蒙知非常人 以其女妻之 王薨 朱蒙嗣位]〈三國史記 卷13 高句麗本紀1 東明聖王
     元年〉

태는『북사北史』와『수서隋書』등 중국 사서史書에 근거한 것인데, 제사지 편찬자는 동명이 시조라는 사적이 명백하다는 입장을 취하고 있다. 이 기사를 통해『삼국사기』편찬시에 구태라는 시조명이 국내 고기류古記類 사서에는 전혀 나타나지 않았음을 알 수 있고,『삼국사기』편찬자는 백제의 여러 시조설 중에서 동명을 명백한 시조로 보았다.

A-②의『삼국사기』백제본기 온조 전승은 A-①의 시조 동명설과 연결되는 전승으로 볼 수 있다. 그런데 A-②의 백제본기 온조 전승에서는 온조의 부父가 추모鄒牟 혹은 주몽朱蒙으로 나타나고 있지만, A-①의 제사지에는 동명 시조설로 기록하고 있어 차이가 있다. 이는『삼국사기』편찬자들이 주몽朱蒙과 동명東明을 동 일인으로 서술했기 때문에 나타난 것이며, 실제로 백제본기의 온조 전승에 등장하는 추모鄒牟(주몽朱蒙)는 고구려본기에 등장하는 주몽이 아니라 부여의 동명東明으로 보아야 한다. 곧, A-②의 백제본기에 나타난 주몽(실제는 동명)은 북부여北扶餘에서 이주하여 졸본부여卒本扶餘의 왕녀王女와 결혼하여 사위가 된 후 왕위에 올랐다. 그러나 A-③의 고구려본기에 나타난 주몽은 부여에서 남쪽으로 내려와 아무도 살고 있지 않은 졸본천卒本川 또는 비류수沸流水에 도착하여 고구려를 건국하였다. A-③ 고구려본기의 주석은 A-②의 백제본기 내용을 압축하여 제시한 것이다.

고구려의 건국 이전에 존재하였던 졸본부여卒本扶餘는 졸본 지역 토착 세력과 부여계 이주민 집단의 결합이라는 의미를 내포하고 있다.[33] 이 졸본부여를 계루부 이전에 연나부(연노부, 소노부) 주도권 시기의 구려와 동일시하는 견해도 있다.[34] 이에 따르면 주몽의 집권으로 5부 중 연나부에서 계루부

---

33 여호규, 1996,「압록강 중류유역에서 고구려의 국가 형성」『역사와 현실』21, 69쪽.
34 사회과학원 력사연구소, 1991,『고구려편-조선전사 개정판 3』, 과학백과사전종합출판

96 서울 역사의 시작, 한성백제

그림9 | 고구려 졸본성에 비정되는 환인 오녀산성

그림10 | 고구려 주몽 집단의 무덤으로 추정되는 환인 망강루 적석묘

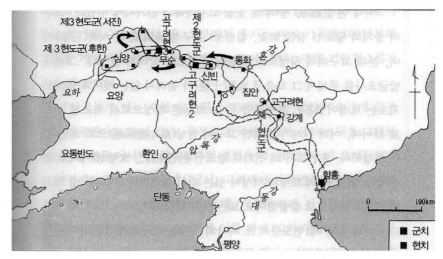

그림11 | 현도군 고구려현의 변천도

로의 세력 교체가 있었던 것이다.[35]

요령성 환인桓仁 지역은 고구려의 초기 중심지로 잘 알려져 있지만, 주몽의 고구려 건국보다 앞선 시기에는 졸본부여 집단이 자리잡고 있었고, 이들이 백제 건국의 모체가 되었다. 일반적으로 환인 오녀산성은 『위서魏書』 고구려조에서 주몽이 보술수普述水에 이르러 고구려를 세웠다는 흘승골성紇升骨城[36] 또는 졸본성卒本城으로 비정된다.[37]

기원전 3세기 후반 경에 형성된 압록강 중류 일대의 주민 집단을 '구려句驪'로, 고구려의 모체를 이룬 사회라는 의미에서 '원原 고구려高句麗 사회社會'

사, 22쪽.

35 사회과학원 력사연구소, 1991, 『조선전사』 2 고대편, 과학백과사전종합출판사, 167쪽.

36 朱蒙遂至普述水 遇見三人 其一人著麻衣 一人著納衣 一人著水藻衣 與朱蒙至紇升骨城 遂居焉 號曰高句麗 因以爲氏焉〈『魏書』卷100 列傳88 高句麗〉

37 『삼국사기』에서는 紇升骨城과 卒本을 같은 곳으로 이해하였으나, 『삼국유사』에서는 흘승골성을 北扶餘 解慕漱가 도읍한 곳으로, 卒本州는 동명제가 졸본부여를 세운 곳으로 구분하고 있다.

로 지칭하기도 한다.[38] 기원전 107년의 현도군 설치 시기에 등장하는 '구려句驪 만이蠻夷', '고구려현高句驪縣'이라는 표현은 이를 반영한다. 그리고 이들 세력을 졸본부여로 보려는 견해도 있다.[39] 고구려의 존속 기간에 대해 700년설, 800년설, 900년설 등 다양한 설이 존재하는 것은,[40] 고구려가 원고구려(졸본부여) 형성 이후 연속적인 역사적 과정을 통해 국가로 성장하였다는 관점에서 해석할 수 있다.

38 池炳穆, 1987, 「高句麗 成立過程考」, 『白山學報』34, 47~53쪽.
39 박노석, 2003, 「졸본부여와 고구려의 관계에 대한 고찰」, 『全北史學』26, 14쪽.
40 李弘稙, 1971, 「高句麗秘記考」, 『韓國古代史의 硏究』, 新丘文化社, 264~266쪽.

3. 온조溫祚가 내려온 한산漢山 부아악負兒嶽

A-②의 온조 전승에서는 졸본부여에서 온조가 남쪽으로 내려와 한산漢山 부아악負兒嶽에 올라 살만한 곳을 바라본 후, 하남河南 위례성慰禮城에 도읍하고 십제十濟를 세웠다고 하였다. 이 십제는 보통 『삼국지』 위서 동이전 한조의 마한馬韓 54개 국國 중 백제국伯濟國으로 보고 있다.

B-① 해동의 화엄華嚴 대학大學은 십산十山에 있다. 중악中岳 공산公山의 미리사美理寺, 남악南岳 지리산智異山의 화엄사華嚴寺, 북악北岳 부석사浮石寺, 강주康州 가야산迦耶山의 해인사海印寺와 보광사普光寺, 웅주熊州 가야협迦耶峽 보원사普願寺와 계룡산鷄龍山 갑사岬寺[곧 『괄지지括地志』에서 말한 계람산鷄藍山이 이곳이다], 삭주朔州 화산사華山寺, 양주 금정산金井山 범어사梵語寺와 비슬산琵瑟山 옥천사玉泉寺, 전주全州 모산母山 국신사國神寺인데, 또한 한주漢州 부아악負兒山 청담사靑潭寺도 있다. 이것이 십여 곳이다.

〈『당 대천복사 고사주 번경대덕 법장화상전

唐 大薦福寺 故寺主 翻經大德 法藏和尚傳(법장화상전法藏和尚傳)』(904)〉

B-② 의상은 이에 10찰刹에 교敎를 전하게 하니 태백산太伯山의 부석사浮石寺, 원주原州의 비마라사毗摩羅寺, 가야산伽倻山의 해인사海印寺, 비슬산毗瑟山의 옥천사玉泉寺, 금정산金井山의 범어사梵魚寺, 남악南嶽의 화엄사華嚴寺 등이 그것이다.

〈『삼국유사』 권4 의해義解5 의상전교義湘傳敎〉

의상이 교敎를 전했다는 화엄 10찰은 B-①의 『법장화상전法藏和尙傳』과 B-②의 『삼국유사』에 약간 다르게 전하고 있는데, 904년에 최치원崔致遠이 찬술한 B-①의 『법장화상전』에 화엄 10찰의 하나로 '한산漢州 부아악負兒山 청담사靑潭寺'가 기록되었다. 최근 서울 은평구 진관내동 429번지 일대 건물터에서 고려 후기에 주로 사용된 변형 어골문 바탕에 '삼각산三角山 청담사靑覃寺 삼보초三宝草'라는 명문이 새겨진 기와가 발견되어,[41] 이 일대를 청담사로 추정하고 있다. 이로 보면 부아산負兒山(부아악負兒岳)은 곧 삼각산三角山이고, 그곳에 청담사가 있었음을 알 수 있다.

한편, 『삼국사기』 신라본기 태종무열왕 6년(659)조에는 "한산주漢山州에

1 청담사의 발굴된 모습
2 기와에 나타난 삼각산 청담사 삼보초 명문
3 삼각산 청담사 삼보초 기와 명문 탁본
4 청담사 출토 기와

그림12 | 서울 은평구 진관내동429번지의 청담사 추정지

41　한강문화재연구원, 2010, 『서울 진관동 유적』 Ⅲ.

그림13 | 서울 세검정 초등학교에 있는 장의
사지 당간지주(조선총독부박물관 유리건판
사진)

그림14 | 고달사 원종대사 혜진탑

장의사莊義寺를 세워서 명복을 빌게 하였다."라고 하여,[42] 한산주에 장의사
가 있다고 하였다. 그런데 고려 초에 쓰여진 「고달사高達院 원종대사元宗大師
혜진탑비慧眞塔碑」(975)에는 원종대사元宗大師 찬유璨幽가 22세 때인 890년(신
라 진성여왕 4)에 양주楊州 삼각산三角山 장의사莊義寺에서 구족계를 받았다는
기록이 있다.[43] 이로 보면, 신라 때의 한산주는 신라 말 고려 초에 양주가 되
었고, 그 관할 지역에 삼각산 장의사가 있었음을 알 수 있다.

『고려사』 현종세가顯宗世家에 의하면, 현종이 왕이 되기 전인 목종 9년

---

42   創漢山州莊義寺 以資冥福《『三國史記』卷5 新羅本紀5 太宗武烈王 6年(659) 冬10月》
43   年二十二 受具於楊州三角山莊義寺「高達院 元宗大師慧眞塔碑」(975)〉

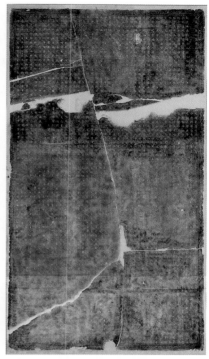

그림15 | 「고달사 원종대사 혜진탑비」　　　그림16 | 「고달사 원종대사 혜진탑비」 탁본

(1006)에 삼각산三角山 신혈사神穴寺로 옮겨 머물렀는데, 천추태후가 자주 사람을 보내 해치려 했다는 기록이 있다.[44] 이어 거란 왕이 직접 40만 대군을 거느리고 대대적으로 침공한 경술지란(庚戌之亂, 1010)으로 현종이 양주楊州로 피신했을 때는, 태조 왕건王建의 재궁梓宮을 부아산負兒山 향림사香林寺에 옮겨 안치하였다가, 현종 7년(1016)에 다시 송악의 현릉顯陵에 안치한 일이 있다.[45]

44　穆宗九年(1006) 移寓三角山神穴寺 太后屢遣人謀害〈『고려사』卷4 世家4 顯宗〉

45　壬申 奉太祖梓宮 復葬顯陵 庚戌(1010)之亂 移安梓宮于負兒山香林寺 至是還葬〈『고

『고려사』오행지五行志에는 현종 6년(1015) 6월 갑자에 양주의 부아산이 무너졌다는 기사와,[46] 예종睿宗 원년(1106) 2월 무자에 삼각산三角山의 부아봉負兒峯이 무너졌다는 기사도 있다.[47]

이들 기록을을 종합해 보면, 삼각산三角山 안에 부아봉負兒峯이 있어 부아산負兒山으로도 불리워졌는데, 이 지역은 신라의 한산주漢山州 혹은 한주漢州에 속해 있었고, 고려시대에는 양주楊州에 속해 있었으며, 장의사, 청담사, 신혈사, 향림사가 자리잡고 있었다. 부아산負兒山(부아악負兒岳)이라는 명칭은 백제 건국 시기부터 신라 말까지 쓰였는데, 890년경 이후 고려시대에는 삼각산이라는 이름으로 많이 불렸음을 알 수 있다.

『신증동국여지승람新增東國輿地勝覽』권3 한성부漢城府 산천山川조 기록은

그림17 | 북한산 비봉과 청담사 추정지, 장의사지 위치(카카오맵 이용 가필 수정)

　　려사』卷4 世家4 顯宗 7年(1016) 1월 27일〉
46　(顯宗)六年(1015)六月甲子 楊州負兒山頹〈『고려사』卷55 志9 五行3〉
47　睿宗元年(1106)二月戊子 三角山負兒峯頹〈『고려사』卷55 志9 五行3〉

그림18 | 「北漢山 新羅 眞興王 巡狩碑」 비석과 탁본

이러한 연혁을 종합하여 잘 보여주고 있다. "삼각산三角山은 양주楊州의 경
계에 있다. 화산華山이라고도 하는데, 신라 때에는 부아악負兒岳이라고 불렀
다. … 고구려 동명왕의 아들인 비류沸流·온조溫祚가 남쪽으로 가서 한산漢
山에 이르러 부아악에 올라 가히 살 만한 땅을 바로 보았는데, 바로 이 산이
다."라는 기록은 삼각산三角山이 곧 부아악負兒岳의 다른 이름이었음을 명시
하고 있다는 점에서 매우 주목된다.『신증동국여지승람』권3 한성부 불우佛
宇조에는, 향림사香林寺가 삼각산三角山에 있다는 기록도 있다.

　부아악負兒岳과 관련하여 「북한산北漢山 신라新羅 진흥왕眞興王 순수비巡狩
碑(이하 북한산비)」와『삼국사기』의 순행巡幸 및 제사 관련 기록도 참고된다.
곧,『삼국사기』신라본기 진흥왕 16년(555)조에서 10월에 왕이 북한산北漢山

에 순행하여 강역을 확정하였다는 기사는[48] 현재 북한산 비봉碑峰에 자리한 「북한산비」 건립과 연결시켜 볼 수 있다.[49] 당시 신라는 이 지역에 553년 신주新州를 설치하고 557년 북한산주北漢山州로 개칭하였다. 비봉이 자리한 산 이름은 신라 당시에 '북한산'이라는 명칭으로 불리지 않았고(신라 당시의 북한산성北漢山城은 현재의 아차산성阿且山城일 가능성이 큼) 부아악負兒岳으로 불렸지만, 이 지역을 포함한 광역의 행정구역이 '북한산주北漢山州'로 편제된다는 점에서 이 지역도 '북한산北漢山' 지역으로 불릴 수 있다.

「북한산비」에는 "진흥태왕眞興太王 및 중신衆臣들이 관경管境을 순수巡狩할 때에 기록하였다. … 군사력으로 패주覇主로서 상을 내리고 … 의 사용된 바 서악西嶽에 제사를 지내고, 서로 싸울 때 신라의 태왕이 … 덕으로 하고 군대를 일으키지 않은 까닭에 … 크게 백성을 얻어 … 이리하여 영역을 순수하면서 민심을 살피고 여러 노고를 위로하고자 한다. 만일 충성, 신의, 정성이 있고 … 상을 더하고 … 한성漢城을 지나는 길에 올라[陟] … 도인道人이 석굴石窟에 살고 있는 것을 보고 … 돌에 새겨 글辭을 기록한다."[50]

여기서 「북한산비」에 기록된 '올라[陟]'나 '도인道人이 석굴石窟에 살고 있는 것을 본' 주체는 진흥왕을 가리키므로, 진흥왕은 16년(555)에 친히 북한산北漢山 지역을 순행하여 강역을 확정하면서 이곳 부아악負兒岳(=삼각산三角山)에

---

48   冬十月 王巡幸北漢山 拓定封疆〈『三國史記』卷4 新羅本紀4 眞興王 16年(555)〉
49   학계 일각에서는 「북한산비」를 555년이 아닌 568년에 「황초령비」, 「마운령비」와 함께 건립한 것으로 보기도 한다(盧鏞弼, 1993, 「眞興王 北漢山巡狩碑 建立의 背景과 그 目的」『鄕土서울』53).
50   "眞興太王及衆臣等巡狩▨▨▨之時記 … ▨言▨令甲兵之仿▨▨▨▨▨覇主設▨賞▨ … 之所用高祀西嶽▨▨▨▨相戰之時新羅▨▨王▨ … 德不▨兵故▨▨▨▨▨▨建文大淂人民▨▨▨ … 是巡狩▨▨▨民心 欲勞賚如有忠信精誠▨ … ▨可加▨▨▨以▨▨▨▨▨路過漢城陟▨ … 見道人▨居石窟▨▨▨▨刻石誌辭"(「北漢山新羅眞興王巡狩碑」)

올랐음을 알 수 있다. 그리고 "사서
악祀西嶽"이라는 문구를 보면, 신라
진흥왕 당시에 이곳은 중사의 오
악 중 서악西嶽에 해당하는 산천 제
사지로 볼 수 있다. 신라 중대 이후
화엄 10찰利이 오악과 깊은 관련을
맺고 있다는 점에서, 화엄 10찰의
하나인 청담사靑潭寺가 부아산負兒
山에 있다는 점도 주목된다.

그림19 | 승가사 석굴의 석조 승가대사상

특히 신라의 삼국 통합 이후 사
실이 반영된 『삼국사기』 제사지에
서는 신라 소사小祀의 하나로 부아악負兒岳을 들면서 북한산주北漢山州에 있
다고 기록하였다.[51] 이를 통해 백제 건국 시기부터 신성시했던 부아악에 신
라 때에도 계속 제사를 지낸 사실을 알 수 있다.

---

51   小祀 … 負兒岳[北漢山州]〈『三國史記』卷32 雜志1 祭祀〉

4. 백제 건국의 고고학적 증거

이제 기원 전후 시기에 온조의 백제 건국과 관련된 고고학적 증거에 대해 살펴보고자 한다. 서울 석촌동·가락동 일대에는 적석총보다 시기적으로 앞서는 분묘 유적으로 토광土壙 목관묘木棺墓, 옹관묘甕棺墓, 즙석 분구묘墳丘墓 등이 다수 분포하고 있다. 그중 석촌동 3호분 동쪽의 최하층에서 조사된 토광 목관묘들은 기본적으로 상당한 깊이의 토광 안에 목관을 안치하고 흙을 덮은 대형 토광 내의 다장 목관묘에 해당하는 것인데, 이들의 계통에 대해서는 서북한의 고조선계 토광묘와 상통한다는 의견과,[52] 부여 계통일 것으로 보는 의견,[53] 재지계로 보는 의견이[54] 있다.

석촌동 최하층의 초기 토광 목관묘 세력이 서북한 지역에서 내려왔을 가

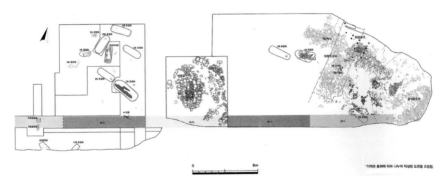

그림20 | 석촌동 3호분 동쪽 고분군의 토광묘, 옹관묘, 대형 토광묘

52　林永珍, 1995, 『百濟漢城時代古墳研究』, 서울대 고고미술사학과 박사학위논문.
　　朴淳發 2001, 「백제의 성장과정」 『漢城百濟의 誕生』, 서경.
53　姜仁求, 1991, 「初期 百濟古墳의 檢討-建國과 관련하여-」 『百濟研究』 22.
　　김길식, 2016, 「백제 한성기 고분의 변화와 그 사회·문화적 의의」 『백제 신라, 서울의 기억』, 한성백제박물관.
54　권오영, 1991, 「중서부지방 백제 토광묘에 대한 시론적 검토」 『百濟研究』 22, 98쪽.

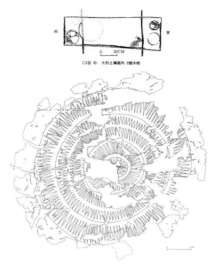

그림21 | 석촌동 대형토광목관묘 출토 칠기

그림22 | 석촌동 대형 토광묘

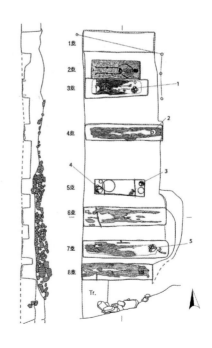

능성이 크다고 보는 견해는, 여기서 출토된 토기류에 서북한과 서남한 양 지역에서 볼 수 있는 토기류와 함께 낙랑계로 이어지는 회백색灰白色 연질 軟質의 무문양無文樣 토기土器가 있고, 이외에도 낙랑의 기종器種이 섞인 칠기류漆器類가 발견된다는 점에서 유추된 것이다. 구체적으로는 한 군현의 중심 지역이라기보다 주변 지역에서 내려온 고조선계 유민流民이었을 가능성이 높고, 이들이 이 지역으로 내려올 수 있었던 이유는 한군현의 통제력 약화라는 시대적 배경에 기인한다는 의견이다.[55]

그림23 | 태성리 10호 토광묘

---

55 林永珍, 1995, 『百濟漢城時代古墳研究』, 서울대 고고미술사학과 박사학위논문, 120-

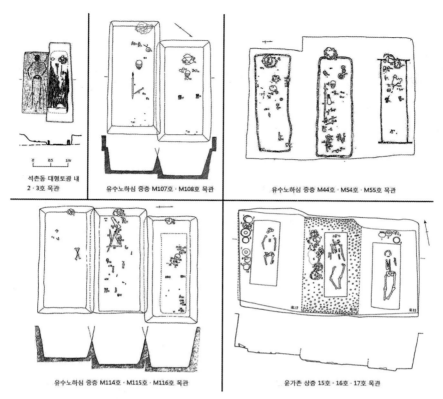

석촌동 대형토광 내
2 · 3호 목관

유수노하심 중층 M107호 · M108호 목관

유수노하심 중층 M44호 · M54호 · M55호 목관

유수노하심 중층 M114호 · M115호 · M116호 목관

윤가촌 상층 15호 · 16호 · 17호 목관

그림24 | 유수 노하심과 윤가촌의 다장 토광 목관묘

　그 연대에 대해서는 서북한의 고조선계 토광묘는 4단계로 구분되는 태성
리 유적이 대표적인데, 석촌동 일대의 토광묘는 그중 마지막 단계와 관련되
고, 실연대로는 기원 1세기 전반 경에 해당한다는 의견이 있다.[56] 한편, 석
촌동 3호분 동쪽 토광 목관묘 가운데 현재 가장 이른 것은 2호분으로, 대형
다장 토광 목관묘의 구조나 출토 토기로 보아 대략 태성리 유적의 마지막
단계보다 한두 단계 늦은 2세기 후반 경으로 비정할 수 있다는 의견도 있

121쪽.
56　姜仁求, 1984, 『三國時代墳丘墓硏究』, 영남대출판부, 65-68쪽.

다.[57] 하지만, 장차 이보다 더 연대가 이른 예들이 드러날 가능성은 충분히 있으며, 영남 지방 토광 목관묘의 등장 시기를 감안하면 기원전 1세기대, 즉 낙랑군이 설치된 이후 한강 유역의 중도 유형 문화가 형성되던 무렵까지 소급될 수 있을 것이란 견해가 있다.[58]

기원 전후 무렵 지금의 서울 주변 지역에는 한강 중·상류 지역의 예계濊系 중도 유형 문화와 한강 이남 중서부 지역의 주구周溝 토광묘土壙墓로 대표되는 마한 문화라는 두 계통의 고고학적 문화가 공존하고 있었다. 그런데 백제의 발상지인 서울 지역에는 이들과 갈래를 달리하는, 석촌동 3호분 동쪽 토광 목관묘로 대표되는 묘제를 사용한 세력 집단이 기원 전후 무렵부터 자리잡고 있었다. 그러므로 한 군현과의 접촉을 통해 알게 된 발달된 철기 문화를 가지고 있던 이들 집단을, 기원전 1세기 무렵 북쪽에서 내려와 한강 유역에 정착한 온조로 대표되는 백제 건국 주체 세력으로 볼 수 있다는 견해가 있다.[59]

하지만 이들 토광 목관묘의 구조나 형식이 대동강 유역과 압록강 유역에서는 뚜렷하게 조사 보고된 일이 없으며, 부여의 묘제로 알려진 중국 요령성遼寧省의 서풍현西豊縣 서차구西岔溝 유적, 길림성吉林省의 유수현楡樹縣 노하심老河深 유적과 비슷하다는 견해를 따른다면,[60] 그것을 축조한 집단이 부여 지역에서 백제 지역으로 이동한 사실을 증명해줄 수도 있다. 토광 목관묘는 『삼국지三國志』 한조韓條에서 "유관무곽有棺無槨"이라 하였으므로 마한馬

---

57   林永珍, 1995, 『百濟漢城時代古墳研究』, 서울대 고고미술사학과 박사학위논문, 120쪽.
58   朴淳發, 2001, 「백제의 성장과정」 『漢城百濟의 誕生』, 서경, 207-208쪽.
59   朴淳發 2001, 「백제의 성장과정」 『漢城百濟의 誕生』, 서경, 206-207쪽.
60   姜仁求, 1991, 「初期 百濟古墳의 檢討-建國과 관련하여-」 『百濟研究』 22; 1997, 『考古學으로 본 韓國古代史』, 學研文化社, 245쪽.

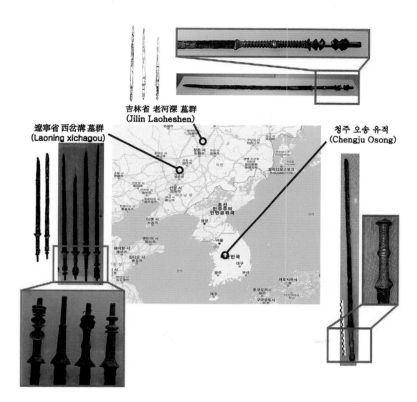

吉林省 老河深 墓群
(Jilin Laoheshen)

遼寧省 西岔溝 墓群
(Laoning xichagou)

청주 오송 유적
(Chengju Osong)

西丰西岔沟墓地

그림25 | 서풍 서차구 유적(철령시 박물관)

그림26 | 통화(通化) 만발발자(萬發撥子) 유적의 대형 토광묘

韓과 연결시켜 생각할 수도 있겠으나,『삼국지』부여조夫餘條에도 "유관무곽
有棺無槨"이라는 기사가 나오며,[61] 노하심老河深의 부여 묘제인 토광 목관묘

61　『三國志』卷30 魏書30 烏丸鮮卑東夷傳30 夫餘에는 판본에 따라 汲古閣本과 殿本에는
　　 "有棺無槨"으로, 宋本『太平御覽』과『後漢書』,『晉書』에는 "有槨無棺"으로 기록되었는
　　 데, 全海宗은 "有棺無槨"을 취하고 있다(全海宗, 1980,『東夷傳의 文獻的 硏究』, 一潮
　　 閣, 75쪽).

또한 "유관무곽有棺無槨"이다.

석촌동 3호분 동쪽 대형 토광 내 다장多葬 목관묘와 같은 특이한 형태의 합장 목관묘는 유수楡樹 노하심老河深 중층 유적 외에도 통화通化 만발발자萬發撥子 유적, 요령성遼寧省 대련시大連市 윤가촌尹家村 상층 유적 등에서도 그 계통을 찾을 수 있어, 이 묘제가 부여·고구려 지역에서 남하하여 백제를 건국한 집단의 출자와 관련되는 것으로 보고 있다.[62] 최근의 논의에서도 석촌동 토광묘의 부장품에는 재지적 전통이 강하게 남아 있으나 부여계 고분과 장제에서 유사성이 있다고 검토되었다.[63] 특히 주몽이 고구려를 세우기 이전에 졸본부여의 근거지로 동명-온조 집단의 원거주지였던 환인에서 가까운 압록강 중·상류역에 위치한 통화 만발발자 유적에서 석촌동 고분군의 대형 토광묘와 유사한 기원전 3세기대의 토광 내 다장 목관묘가 발견되었고, 그 성격이 부여의 대표적인 유적인 유수 노하심의 토광묘와 유사하다는 사실이 주목된다.

한편, 김포-홍성-보령-서산 등 서해안권을 따라 성토 분구묘들이 집중 분포하는 모습을 보이고 있는데, 이들이 외부의 영향으로 갑자기 나타난 것인지, 이전 단계의 토광 목관묘에서 발전한 것인지에 대해서는 논란이 있다. 그동안에는 후자의 재지적 입장에 있는 견해가 우세하였는데, 최근 이 묘제에 나타나는 북방에서 이입된 외부 문화 요소에 주목하고 있다. 곧, 그동안 4~5세기 영산강 유역을 중심으로 한 마한계의 전형적인 묘제로 보았던 분구묘를 마한계 주민들만이 사용하던 독특한 묘제로 보기는 어려우며, 유물

---

62   김길식, 2016, 「백제 한성기 고분의 변화와 그 사회·문화적 의의」『백제 신라, 서울의 기억』, 한성백제박물관.

63   이종수, 2017, 「석촌동 토광묘의 기원과 부여고분」『백제 초기 고분의 기원과 계통』, 한성백제박물관, 135쪽.

도 함께 본다면 백제 건국 세력과 관련된 유이민 집단의 남하와도 연결시켜 볼 여지가 있다고 한다.[64]

2세기 중·후반에서 4세기 초까지 축조된 성토 분구묘인 김포 운양동 유적에서는 부여의 유수楡樹 노하심老河深 유적에서 출토된 금제 귀걸이와 거의 동일한 양식의 나선형螺旋形 금제金製 이식耳飾이 발견되었고, 낙랑 요소로 볼 수 있는 토기 및 철장검 등도 출토되었다.

이처럼 한강 하류역의 성토 분구묘에서는 나선형 금제 이식耳飾, 청동제

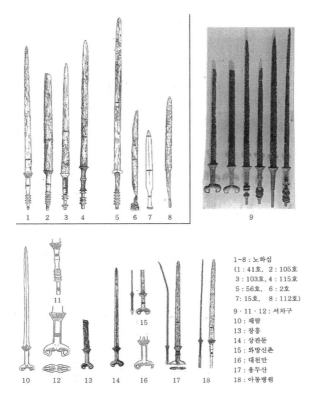

1~8 : 노하심
(1 : 41호, 2 : 105호
3 : 103호, 4 : 115호
5 : 56호, 6 : 2호
7 : 15호, 8 : 112호)
9 · 11 · 12 : 서차구
10 : 채람
13 : 장흥
14 : 상관둔
15 : 와방신촌
16 : 대천만
17 : 용두산
18 : 아동병원

그림27 | 중국 동북 지방 출토 동병철검

64　성정용, 2016, 「馬韓·百濟地域 墳丘墓의 出土遺物과 性格」 『先史와 古代』 49, 71-77쪽.

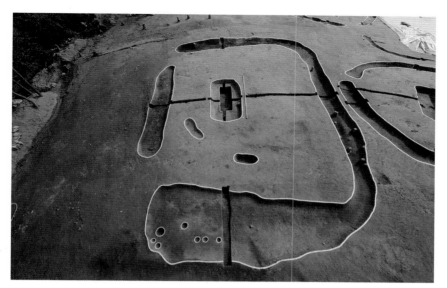

그림28 | 김포 운양동 12호 전경

靑銅製 심부탁附 철장검鐵長劍, 수정水晶 절자옥切子玉 등 요령성·길림성 일대
의 부여·고구려 지배 계층 무덤에서 출토된 것들과 같은 북방계 유물들이
다량 출토되고 있으며, 철기류의 부장 빈도도 매우 높다. 특히 무관無關 일
체형―體形 환두대도環頭大刀, 관부關部 돌출突出 직기형直基形 철모鐵鉾, 연미
형燕尾形 철모鐵鉾, 삼각형三角形 만입灣入 철촉鐵鏃 등 무기류의 비중이 높게
나타난다. 철제 무기는 북방 부여·고구려계 혹은 낙랑계와 함께 북한강 유
역, 경기 남부, 충청 내륙, 서해안 지역 등 마한권역과 영남의 진·변한계까
지 매우 다양한 계통으로 구성되어 있어, 주변의 여러 유력 집단들과 다원
적으로 교류했음을 보여준다고 한다. 특히 김포 운양동·양촌리·양곡리·
운서동 유적을 중심으로 한 한강 하류역에서만 많은 철제 무기가 대량으로
출토된다는 것은 이들이 외부로부터 유입되었음을 보여준다고 한다.[65] 이

65   김길식, 2014, 「2~3世紀 漢江 下流域 鐵製武器의 系統과 武器의 集中流入 背景-김포

러한 점에서 김포 운양동 유적을 대표로 하는 김포·인천 지역의 세력은 부여계 집단이 남하하여 한강 하류역에 정착한 후 북한강 유역과의 교섭 및 재지 사회와의 동화 과정을 거쳤음을 보여주며, 2세기 중·후반에서 3세기 중·후반경까지 이 지역에 존속하였던 정치 집단을 마한馬韓의 신분고국臣 濆沽國에 비정한 견해가 있다.[66]

마한馬韓 제국諸國의 성격에 대해서는 문화적인 측면과 종족적·정치적인

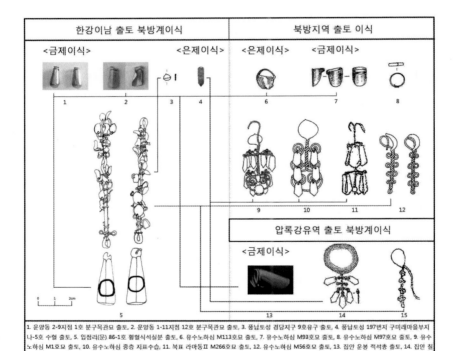

한강이남 출토 북방계이식	북방지역 출토 이식

그림29 | 한강 유역과 북방계 출토 耳飾(귀걸이) 비교(김길식, 2016)

운양동유적 철제무기를 중심으로-」『百濟文化』50, 155-157쪽.

66　김길식, 2014, 「2~3世紀 漢江 下流域 鐵製武器의 系統과 武器의 集中流入 背景-김포 운양동유적 철제무기를 중심으로-」『百濟文化』50, 166쪽.

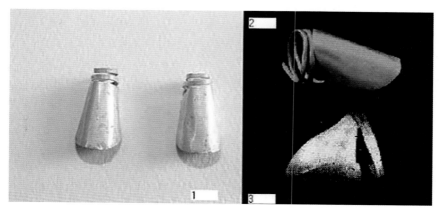

그림30 | 부여 계통 귀걸이(1. 김포 운양동 2-9지점 6구역 1호 분구묘 출토 귀걸이, 2. 운봉댐 수몰지구 고구려 고분군 출토 귀걸이, 3. 유수 노하심 출토 부여 귀걸이)

단위를 구분해 볼 필요가 있는데, 이들이 어떻게 구분되며 '마한馬韓'이라는 정체성은 어떻게 갖게 되었는지에 대해서는 잘 알기 어렵다. 다만, 마한의 각 국國을 이루던 집단 중에는 토착 재지 집단도 있고, 북방 부여 지역에서 남하하여 자리잡은 백제국伯濟國과 같은 집단도 있을 것이다. 『삼국사기』 백제본기 온조왕조에는 북부北部의 해루解婁가 본래 부여인扶餘人이라는 기록이 있어[67] 그러한 사실을 유추할 수 있다. 마한 지역에 나타나는 다양한 묘제와 유물들은 이러한 복합적 성격이 반영된 것으로 볼 수 있다.

---

[67] 春正月 右輔乙音卒 拜北部解婁爲右輔 解婁本扶餘人也 〈『三國史記』 卷23 百濟本紀1 溫祚王 41年〉

그림31 | 마한제국의 위치 비정(박순발, 2013에 가필 수정)

5. 부여 · 고구려의 동명 신화와 백제 신화로써의 동명 신화

동명 신화는 넓게 보아 부여족 계통의 여러 집단들이 공유하였던 건국 신화로, 어느 거주지에서 분파하여 새로운 국가를 세운 시조에 관한 내용을 담고 있다. 『삼국지三國志』 위서魏書 동이전東夷傳 부여조夫餘條에 의하면 부여인은 스스로 망명자라고 말하고 있다.[68] 이번 장에서는 부여의 동명 신화와 여기서 분파된 고구려의 주몽 신화에 대해 간단히 살펴보고, 백제 신화로써 동명 신화의 모습은 어떠했는지 자세히 알아보도록 하겠다.

C. 북이北夷 탁리국 왕의 시비侍婢가 임신하였다. 왕이 그를 죽이려 하니 대답하기를, "계란같은 기氣가 하늘로부터 내려온 까닭에 제가 임신하였습니다."라고 하였다. 그후에 아들을 낳자 돼지우리 안에 버렸더니 돼지가 입김을 불어주어 죽지 않았다. 다시 마굿간 안으로 옮겨 말에게 깔려죽게 했으나 말도 입김을 불어주어 죽지 않았다. 왕은 속으로 생각하기를 하느님의 아들이라 여겨 그 어미로 하여금 거두어 종처럼 천하게 기르도록 하였다. 그 이름을 동명이라 하고 소와 말을 치게 하였다. 동명은 활을 잘 쏘았는데, 왕은 나라를 빼앗길까 두려워 그를 죽이려고 하였다. 동명은 남쪽으로 도망하여 엄호수 掩㴲水에 이르렀는데, 활로 물을 치니 물고기와 자라가 떠올라 다리를 이루었다. 동명이 건너가자 물고기와 자라가 흩어졌으니 추격병이

68　國之耆老自說古之亡人…今夫餘庫有玉璧珪瓚 數代之物 傳世以爲寶 耆老言先代之所賜也 其印文言濊王之印 國有故城名濊城 蓋本濊貊之地 而夫餘王其中 自謂亡人 抑有似也 〈『三國志』 魏書 東夷傳 夫餘〉

건너지 못했다. 이로 인하여 도읍을 정하고 부여의 왕이 되었다. 그런 까닭에 북이北夷에 부여국夫餘國이 있다. 동명의 어미가 처음 임신할 때, 하늘에서 내려오는 기운을 입었다. 태어나자마자 버려졌지만, 돼지와 말이 입김을 불어 그를 살렸다. 장대長大하므로 왕이 그를 죽이려고 하였지만, 활로 물을 치니 물고기와 자라가 다리를 만들었다. 하늘의 운명이 마땅히 죽을 때가 아니므로, 돼지와 말이 구해주었다. 부여에 도읍을 정하고 왕이 될 운명이므로, 물고기와 자라가 다리를 만들어주는 도움이 있었다.[69]

〈『논형論衡』길험편吉驗篇〉

부여의 동명 신화는 1세기 말 후한後漢 왕충王充이 저술한 C의『논형論衡』을 시작으로 하여, 진晉의 진수陳壽가 저술한『삼국지三國志』위서魏書 부여전夫餘傳 안에 인용되어 실려 있는『위략魏略』,『수신기搜神記』(4세기 초 진晉의 간보干寶 저술),『후한서後漢書』(5세기 초 송宋의 범엽范曄 저술) 동이열전東夷列傳 부여국전夫餘國傳,『양서梁書』(629년 당唐 태종太宗의 칙명으로 요사렴姚思廉이 저술) 열전列傳 고구려조高句麗條 등의 기록이 거의 동일하다. 다만 동명이 성장한 나라가 조금씩 다르게 나타날 뿐이니,『논형』에는 탁리국橐離國,『삼국지』위서 부여전에 인용된『위략』에는 고리국槀離國,『후한서』에는 색리국索離國으

---

69 北夷橐離國王侍婢有娠 王欲殺之 婢對曰 有氣大如鷄子 從天而下 我故有娠 後產子
   捐於猪溷中 猪以口氣噓之 不死 復徙置馬欄中 欲使馬藉殺之 馬復以口氣噓之 不死
   王疑以爲天子 令其母收取奴畜之 名東明 令牧牛馬 東明善射 王恐奪其國也 欲殺之
   東明走南 至掩淲水 以弓擊水 魚鼈浮爲橋 東明得渡 魚鼈解散 追兵不得渡 因都 王夫
   餘 故北夷有夫餘國焉 東明之母初姙時 見氣從天下 及生棄之 猪馬以氣吁之而生之 長
   大 王欲殺之 以弓擊水 魚鼈爲橋 天命不當死 故有猪馬之救 命當都王夫餘 故有魚鼈
   爲橋之助也〈『論衡』吉驗篇〉

그림32 | 탁리국 유적으로 알려진 肇源縣 白金寶 유적 앞의 얼어붙은 눈강(동명이 건넌 엄호수로 추정)

그림33 | 탁리국 유적으로 알려진 肇源 白金寶 유적

그림34 | 탁리국 유적으로 알려진 肇源 白金寶 유적

로 기록되었다. 이들 기록을 정리해보면, 부여의 동명 신화는 탁리국橐離國
(=고리국槁離國, 색리국索離國)에서 계란같은 기기氣가 하늘로부터 내려와 시비侍
婢에게 임신되어 태어난 동명이 남쪽으로 이동하여 부여의 왕이 되는 내용
이다.

　　D-①. 옛적 시조始祖 추모왕鄒牟王이 나라를 세웠다. 북부여北夫餘
　　에서 출자出自했으며, 천제天帝의 아들이고 어머니는 하백河伯의 딸이
　　다. 알을 깨고 세상에 나왔는데, 태어나면서부터 성스러운 …이 있었
　　다. 길을 떠나 남쪽으로 내려가는데, 부여夫餘의 엄리대수奄利大水를
　　지나갔다. 왕이 나룻가에서 "나는 황천皇天의 아들이며 어머니는 하
　　백河伯의 딸인 추모왕鄒牟王이다. 나를 위하여 갈대를 연결하고 거북

이가 떠오르게 하여라."라고 하였다. 음성에 응답하여 곧 갈대가 연
결되고 거북이가 떠올랐다. 연후에 강물을 건너가서, 비류곡沸流谷
홀본忽本 서쪽 성산城山 위에 도읍都邑을 세웠다. 재위에 있는 것을 즐
거이 여기지 않았으니, 이로 인하여 황룡黃龍을 보내어 내려와서 왕
을 맞이하였다. 왕은 홀본 동쪽 언덕에서 용의 머리를 디디고 하늘로
올라갔다. 유명遺命을 이어받은 세자世子 유류왕儒留王은 도道로써 나
라를 잘 다스렸고, 대주류왕大朱留王은 왕업王業을 이어 받았다. … 20
년(410) 경술庚戌 동부여東夫餘는 옛적에 추모왕의 속민屬民이었는데,
중간에 배반하여 조공하지 않았다. 왕이 친히 군대를 끌고 가서 토벌
하여, 군대가 여성餘城(동부여 왕성)에 도달하였다.[70]

〈「광개토왕릉비문廣開土王陵碑文」〉

D-②. 대사자大使者 모두루牟頭婁 … 하백河泊의 손자孫子이며 일월
日月의 아들인 추모성왕鄒牟聖王이 북부여北夫餘에서 나셨으니, 이 나
라 이 고을이 가장 성스러움을 천하天下 사방四方이 알지니[71]

〈「모두루牟頭婁 묘지명墓誌銘」〉

---

70 惟昔始祖鄒牟王之創基也 出自北夫餘天帝之子 母河伯女郎 剖卵降世 生而有聖□□
    □□□□命駕 巡幸南下 路由夫餘奄利大水 王臨津言曰 我是皇天之子 母河伯女郎 鄒
    牟王 爲我連葭浮龜 應聲卽爲連葭浮龜 然後造渡 於沸流谷忽本西城山上 而建都焉 不
    樂世位 因遣黃龍 來下迎王 王於忽本東履 龍頁昇天 顧命世子儒留王 以道興治 大朱
    留王 紹承基業 ··· 廿年庚戌 東夫餘舊是鄒牟王屬民 中叛不貢 王躬率往討 軍到餘城
    〈「廣開土王陵碑文」〉
71 大使者 牟頭婁 … 河泊之孫 日月之子 鄒牟聖王 元出北夫餘 天下四方 知此國郡最聖
    〈「牟頭婁 墓誌銘」〉

그림35 | 「모두루묘지명」에 나타난 "河伯之孫 日月之子 鄒牟聖王 元出北夫餘 天下四方"

D-③. 고구려는 부여夫餘에서 갈라져 나왔는데, 스스로 말하기를 선조는 주몽朱蒙이라 한다. 주몽의 어머니는 하백河伯의 딸인데 부여 왕夫餘王에게 잡혀 방에 갇혀 있던 중, 햇빛이 비치는 것을 몸을 돌려 피하였으나 햇빛이 다시 따라와 비추었다. 얼마 후 잉태하여 알 하나를 낳았는데, 크기가 닷 되升들이 만하였다. … 주몽은 이에 오인烏引·오위烏違 등 두 사람과 함께 부여를 버리고 동남쪽으로 도망하였다. 도중에 큰 강을 하나 만났는데, 건너려 하여도 다리는 없고, 부여 사람들의 추격은 매우 급박하였다. 주몽이 강에 고하기를, "나는 태양의 아들이요, 하백河伯의 외손이다. 오늘 도망길에 추격하는 군사가 바짝 쫓아오니, 어떻게 하면 건널 수 있겠는가?" 하자, 이때에 고기와 자라가 함께 떠 올라와 그를 위해 다리를 만들어 주었다. 주몽이 건넌 뒤 고기와 자라는 금방 흩어져버려 추격하던 기병들은 건너지 못하였다. 주몽은 마침내 보술수普述水에 이르러 우연히 세 사람

을 만났는데, 한 사람은 삼베 옷을 입었고, 한 사람은 무명 옷을 입었고, 한 사람은 부들로 짠 옷을 입고 있었다. 주몽과 함께 흘승골성紇升骨城에 이르러 마침내 정착하고 살면서 나라 이름을 고구려高句麗라 하고, 이로 인하여 성을 고씨高氏라 하였다. 지난 날 주몽이 부여에 있었을 때, 부인이 잉태하였었는데, 주몽이 도망한 뒤에 한 아들을 낳으니, 자字를 처음에는 여해閭諧라 하였다. 성장하여 주몽이 국왕國王이 되었음을 알고는 곧 그 어머니와 함께 도망하여 오니 이름을 여달閭達이라 하고, 나라 일을 그에게 맡겼다. 주몽이 죽자 여달이 왕이 되었다. 여달이 죽자 아들 여율如栗이 왕이 되었고, 여율이 죽자 아들 막래莫來가 왕이 되어 부여를 정벌하니, 부여는 크게 패하여 마침내 고구려에 통합·복속되었다.

〈『위서魏書』권100 열전列傳88 고구려高句麗〉

고구려의 주몽 신화는 부여에서 남하한 주몽이 고구려 시조가 되는 내용으로, 고구려인이 남긴 금석문 자료인 D-①의 「광개토왕릉비문」과 D-②의 「모두루 묘지명」에 실려 있으며, 중국 사서에 전하는 주몽 신화(고구려 신화)는 D-③의 『위서魏書』에 전하는 것이 가장 완성된 형태를 지니고 있다. 『위서』 이후에 이루어진 중국의 사서 가운데 고구려 신화를 전하는 문헌으로는 『주서周書』 이역열전異域列傳 고려高麗, 『수서隋書』 열전列傳 고려高麗, 『북사北史』 열전列傳 고려高麗, 『한원翰苑』 번이부蕃夷部 고려高麗, 『통전通典』 변방邊防 동이東夷 고구려高句麗, 『책부원구冊府元龜』 외신부外臣部 종족種族 등을 들 수 있다. 이들 기록은 『위서』의 것과 큰 차이가 없는데, 『위서』의 것은 주몽 이후 유리(여달閭達) 신화까지 전하고 있다.

『위서魏書』 계열의 주몽 신화는 『논형論衡』 계열의 동명 신화와 달리 신화

주인공이 주몽朱蒙으로 되어 있으며, 그의 출생지가 '부여'이고 건국한 나라도 '고구려'로 되어 있다는 점에서 차이가 있다. 그 내용도 확장되어 주몽의 모친을 하백녀河伯女로 설정하였고, '계란같은 기氣'에 의한 태생胎生이 아닌 '일광'에 의한 난생卵生 등의 요소들이 덧붙여져 있는데, 이러한 내용들은 『삼국사기』의 고구려 신화와 거의 일치한다.

그 동안의 연구에 의하여 고구려가 훗날 부여족의 국가들을 통합하게 되면서 부여와 관련된 자료들이 고구려의 시조인 주몽의 건국 과정을 중심으로 재정리된 단계를 거쳤다는 사실은 잘 알려져 있다.[72] 이에 따라 고구려의 주몽과 부여의 동명이 다른 실체이며,[73] 고구려가 자신의 정통성 확립을 위해 부여 동명 신화를 차용한 주몽 신화를 만들었다는 사실은 이제 정설이되었다.

그리고 백제의 국가 제사에서 제향된 시조가 온조溫祚·비류沸流가 아니라 동명東明이었다는 사실로 보아, 백제에서는 온조나 비류가 아닌 동명을 시조로 인식했음도 알 수 있다. 곧, 온조가 부여의 시조로 숭앙하던 동명을 제향하기 위한 시조묘를 직접 건립하였으므로 그 제사에서는 동명 신화가 전승되었고, 이러한 백제의 동명 신화는 고구려보다 부여 동명 신화의 원형에 더 가까운 모습이었다.[74]

고구려와 백제가 멸망한 이후에 정리된 모습을 보이고 있는 국내 사서에서는 동명이 고구려 시조 주몽과 동일시되어 나타나고 있으며, 부여의 건국과 관련된 인물로는 해모수와 해부루가 나타나고 있다. 이에 비해 중국 사

72　노태돈, 1999, 「주몽설화의 전개」, 『고구려사 연구』, 사계절, 28~52쪽.

73　李福揆, 1998, 『부여·고구려 건국신화 연구』, 집문당.

74　盧明鎬, 1981, 「百濟의 東明神話와 東明廟」, 『歷史學硏究』 10, 42쪽.

서에서는 부여의 시조 동명과 고구려의 시조 주몽이 구분되면서, 백제의 시조는 부여의 시조 동명의 후손인 구태로 정리되었다.

국내 사서史書에서는 동명東明이 고구려의 시조 주몽朱蒙으로만 이해되고 있었기에, 『삼국유사』와 『삼국사기』에서는 고구려 관련 기록에만 동명 신화를 싣고 있다. 그러면서 『삼국사기』 백제본기에는 백제의 시조 온조가 고구려의 시조 주몽의 아들로 연결시켜 기록되었다. 이는 국내 사서 기록의 합리성이라는 측면에서 접근해야 한다. 원래는 동명에 대한 부분이 고구려와 백제 쪽 모두의 기록에 남아 있었을 것이다. 그런데 기록의 합리성 추구에 의하여, 국내 사서에서는 동명이 고구려의 시조로만 여겨지게 되면서 고구려 부분에서 기록하게 되었고, 이에 따라 백제 부분에서 동명에 대한 서술은 지워지게 되었다. 그리고 그 계승자였던 온조 부분만이 남아, 그가 백제의 시조로 여겨지게 된 것이다.[75]

백제 시조인 동명에 대한 인식은 일본 자료에 백제의 원조遠祖 또는 태조太祖로 나타나고 있는 도모都慕에 관한 기록을 통해 좀 더 자세히 알 수 있다.

E-① 백제의 먼 조상인 도모대왕都慕大王은 하백河伯의 딸이 태양의 정기에 감응해서 태어났다.[76]

〈『속일본기續日本紀』 권40 연력延曆 8년 12월 임자壬子〉

E-② 귀수왕貴須王은 백제가 처음 일어난 때로부터 16세世 왕이다. 대저 백제의 태조太祖 도모대왕都慕大王은 태양신이 몸에 내려온 분으

---

75 盧明鎬, 1981, 「百濟의 東明神話와 東明廟」, 『歷史學研究』 10, 50~53쪽.

76 百濟遠祖都慕大王者 河伯之女感日精而所生 〈『續日本紀』 卷40 延曆 8年 12月 壬子〉

로, 부여扶餘에 머물러 나라를 열었다. 천제天帝가 녹록(부명지서符命之書)을 주어 여러 한韓을 총괄하고 왕王을 칭하게 하였다.[77]

〈『속일본기續日本紀』권40 연력延曆 9년 7월 신사辛巳〉

E-①과 ②에는 "일신강령日神降靈" 등의 압축된 동명 신화 내용이 보이며, "여러 한韓을 총괄하고 왕을 칭하게 하였다"는 서술에서 도모都慕가 백제를 건국했다는 사실을 분명히 알 수 있다. 이를 통해 백제에서도 고구려의 주몽 전승에 연결된 온조 전승이나 비류 전승의 형태가 아니라, 독자적인 동명 신화를 갖고 있었음을 확인할 수 있다. 곧, 백제의 시조 도모都慕 전승도 부여의 동명 신화나 고구려의 주몽 신화에 나타나는 천신天神(일신日神)과 지신地神(하백녀河伯女) 신앙의 내용성을 모두 갖추고 있었음을 단편적으로나마 짐작할 수 있다.[78]

일본측 기록에 등장하는 백제의 도모都慕(동명)는 하늘에서 직접 내려와 나라를 만든 인격식人格神이 아니라, 직접적인 하늘과의 혈연관계가 없는 유덕자有德者가 녹록(부명지서符命之書), 곧 천명天命을 받아 나라를 다스린다는 중국 유교적 왕도정치 이념을 강하게 지니고 있다. 곧, D-②에 등장하는 "녹록"은 "부명지서符命之書"로 파악되며, 전한前漢의 동중서董仲舒가 체계화한 수명지부론受命之符論을 보여준다는 견해가 있다. "수명지부受命之符"는 개국開國의 군주가 천명天命을 부여받아 왕자王者가 될 부서符瑞라는 일종의 왕권신수설王權神授說로, 중국에서 황제권의 신성성과 합리성을 논증한 이론

---

77 貴須王者 百濟始興第十六世王也 夫百濟太祖都慕大王者 日神降靈 奄扶餘而開國 天帝授錄 摠諸韓而稱王〈『續日本紀』卷40 延曆 9年 7月 辛巳〉

78 盧明鎬, 1981, 「百濟의 東明神話와 東明廟」, 『歷史學硏究』10, 44쪽.

이다.[79]

다음의 「부여융扶餘隆 묘지墓誌」도 같은 맥락에서 참고가 된다.

    F. 공公은 이름이 융隆이고 자字도 융隆으로, 백제 진조인辰朝人이
다. [시조는 하백河伯의][80] 자손이니 그가 처음 나라를 열어 동방에서
우두머리로 일컬었고, 한 쪽 귀퉁이를 차지하여 천 년 동안 이어내
려 왔다. 어질고 후덕함이 풍속을 이루어 한漢의 역사에서 빛을 발하
였고, 충성스럽고 효성스러움으로 이름을 날리니 진晉의 책策 속에서
밝게 빛이 났다. … 바다 한 귀퉁이에서 겨레를 이루니 하백河伯의 자
손으로 상서로움을 드러냈고, 나라 기틀을 우뚝 세우니 국운이 멀리
이어져 내려왔다. 집안의 명성을 능히 계승하고 대대로 이어받은 국
업國業이 더욱 번창하였으니, 은덕이 사수㴲水에 흘러넘쳤고 위엄이
대방帶方에 발하였다.[81]

〈「부여융扶餘隆 묘지墓誌」〉

    F의 「부여융扶餘隆 묘지墓誌」(682)에서는 한사漢史와 진책晉策을 언급하며
백제의 역사를 간략하게 수사적으로 표현하고 있다.[82] 여기서 '사수㴲水'는

---

79   董仲舒의 受命之符論에 대해서는 여호규, 2013, 「신발견〈集安高句麗碑〉의 구성과 내
     용 고찰」『韓國古代史硏究』70, 86~88쪽, 2013, 「集安高句麗碑에 나타난 왕릉제사와 조
     상인식」『韓國古代史硏究』70, 162~167쪽이 참조된다.

80   이도학, 1998, 「양직공도와 중국의 고대한국의 유이민」『중국낙양문물명품전』, 국립부
     여박물관, 210쪽에서는 '元□□孫啓祚'을 '元祖河孫啓祚'로 복원하고 있다.

81   公諱隆 字隆 百濟辰朝人也 元□□孫啓祚 暘谷稱雄 割據一方 跨躒千載 仁厚成俗 光
     楊漢史 忠孝立命 昭彰晋策 … 海隅開族 河孫效祥 崇基峻峙 遠派靈長 家聲克嗣 代業
     逾昌 澤流㴲水 威稜帶方〈扶餘隆墓誌〉

82   梁起錫 1995, 「百濟 扶餘隆 墓誌銘에 대한 檢討」, 『國史館論叢』62, 154쪽.

그림36 | 부여융 묘지

엄체수淹遞水로 짐작되며, '하손河孫'은 하백지손河伯之孫의 의미로 추정되는
데,[83] 동명 전승에서 발견되는 내용이다. 다만 이 내용은 천신天神보다는 하
백河伯으로 상징되는 수신을 강조하고 있으므로, 백제 무왕 시기를 전후하
여 받아들인 마한 무강왕 신화의 용과 수신 모티프가[84] 반영된 것일 수도
있다.

정리해보면, 고구려에서 부여 동명 신화의 구조를 차용하여 주몽 전승을

83   宋基豪, 1992, 「扶餘隆墓誌」, 『譯註韓國古代金石文』1, 546쪽.
84   이장웅, 2012, 「百濟의 馬韓 薯童(武康王) 神話 수용과 益山 彌勒寺」 『역사민속학』38.

만들었다면, 백제에서는 그 원조遠祖 또는 태조太祖가 도모都慕(동명)라는 신화를 받아들였고, 동명묘 제사도 지냈다.

　　G-① 백제조신百濟朝臣은 백제국百濟國 도모왕都慕王의 30세손인 혜왕惠王의 후손이다.[85]

　　　　　　〈『신찬성씨록新撰姓氏錄』좌경제번左京諸蕃 하下 백제百濟〉

　　G-② 관야조신菅野朝臣은 백제국百濟國 도모왕都慕王의 10세손인 귀수왕貴首王의 후손이다.[86]

　　　　　　〈『신찬성씨록新撰姓氏錄』우경제번右京諸蕃 하下 백제百濟〉

　　G-③ 장배련長背連은 고려국주高麗國主 추모鄒牟[또는 주배朱背]에게서 출자出自하였다.

　　　　　　〈『신찬성씨록新撰姓氏錄』우경제번右京諸蕃 하下 고려高麗〉[87]

　　G-①·②의 『신찬성씨록新撰姓氏錄』에 보이는 일본 고대 백제계 성씨의 상당수도 도모都慕의 후손이라는 혈통 인식을 보인다. 도모의 실체에 대해서는 『신찬성씨록』에 보이는 대수代數로 보아 온조보다 1-2세대 윗 세대 인물인 고구려 주몽으로 보기도 한다.[88] 그러나 일본 사서에서는 백제의 시조 도모와 고구려의 시조 추모鄒牟(주몽朱蒙)가 명확하게 구분되어 서술되고 있

85　百濟朝臣 百濟國都慕王三十世孫 惠王之後也〈『新撰姓氏錄』左京諸蕃下 百濟〉
86　菅野朝臣 百濟國都慕王十世孫 貴首王之後也〈『新撰姓氏錄』右京諸蕃 下 百濟〉
87　長背連 出自高麗國主 鄒牟 一名朱背也〈『新撰姓氏錄』下之本 右京諸蕃 下 高麗〉
88　김기흥, 2004, 「백제의 正體性에 관한 일 연구」, 『역사와 현실』 54, 202~203쪽.

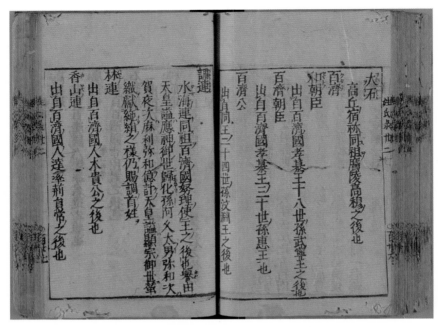

그림37 | 『신찬성씨록』 좌경제번 백제조신 부분(1699년 간행)

다. 곧, G-③의 『신찬성씨록』에는 고구려의 시조가 추모鄒牟 또는 주배朱背로 나타나고 있고, 『일본서기日本書紀』권27 천지천황天智天皇 7년(668) 겨울 10월조에도 고구려의 건국자가 중모仲牟로 되어 있다.[89] 이는 단지 명칭상의 차이만이 아니라, 실제로 9세기의 고구려나 백제계 유민들 사이에서도 고구려의 시조와 백제의 시조를 명확히 구분하고 있음을 반영한다.[90] 그렇다면 일본측 사서에 보이는 백제 원조遠祖 도모都慕는 온조보다 1-2세대 윗세대의 인물이면서 고구려의 주몽이 아닌 (졸본)부여의 동명으로 보아야 할

---

89 冬十月 大唐大將軍英公 打滅高麗 高麗仲牟王 初建國時 欲治千歲也〈『日本書紀』卷27 天智天皇 7年〉

90 李鍾泰, 1996, 『三國時代의 '始祖' 認識과 그 變遷』, 국민대 박사학위논문, 33쪽.

것이다.

　최근 백제 시조 도모都慕 신화神話에 대하여 부여 출자를 말하면서도 일신日神, 하백신河伯神을 도입한 신화 구조로 보아 고구려화된 백제 신화로 파악하면서, 기존의 '도모=동명'설과 '도모=주몽'설을 모두 비판하고 가상의 시조로 도모가 재창출된 것으로 본 연구도 제시되었다.[91] 환무천황桓武天皇은 모계의 시조 신화를 통해 통치권 강화를 추구하였는데, 환무의 총애를 받고 있던『속일본기』의 편자 진련진도津連眞道(菅野眞道, 741~814)가 백제 시조 전승 기록을 조망하는 위치에서 화씨和氏의 가전家傳인『화씨보和氏譜』와 백제 왕씨의 본계장,『일본서기』, 중국 정사 등 각종 고기古記 등을 참조하여 백제 왕족 신화를 정리하였고, 이러한 흐름 속에서『신찬성씨록』의 도모 전승이 등장했다는 것이다.

　이는『속일본기』와『신찬성씨록』등의 문헌에 내재된 인식을 통해 백제 시조 도모 전승의 의미를 밝히려는 점에서 의미가 있다. 그러나『신찬성씨록』내에는 '백제국百濟國 도모왕都慕王'과 '고려高麗 국주國主 추모鄒牟(또는 주배朱背)'가 모두 등장하고 있으며, 추모(또는 주배)는 고구려 시조 주몽으로 볼 수 있는데도 불구하고 백제 시조 도모만 가상의 인물로 보아야 하는지, '도모=백제가 내세운 부여 시조 동명'으로 보는 기존 견해대로 해석해도 문제가 없는 부분을 군이 어렵게 해결하려는 것은 아닌지 의문이 든다.[92]

　마지막으로 중국 사서史書에 나타난 백제의 동명 관련 기록을 살펴보도록 하겠다.

91　연민수, 2018,「고대일본의 백제계 씨족의 시조전승과 '都慕'」『日本歷史研究』48.
92　이장웅, 2019,「2018년 한성~웅진기 백제 문헌사 연구 성과와 과제」『백제학보』28.

H. 백제국百濟國은 대체로 마한馬韓의 족속이며, 색리국索離國에서 나왔다. 그 왕이 출행出行 중에 시아侍兒가 후궁에서 임신하였다. 왕은 돌아와서 그를 죽이려고 하였다. 시아侍兒가 말하기를, "앞서 하늘에서 큰 달걀만한 기운이 내려오는 것을 보았는데, 감응感應되어 임신하였습니다."고 하자, 왕은 그를 놓아주었다. 뒤에 아들을 낳으니 왕이 그를 돼지우리에 버렸으나, 돼지가 입김으로 그를 불어주어 죽지 않았다. 뒤에 마굿간에 옮겨 놓았으나 역시 그와 같이 하였다. 왕은 신령스럽게 여겨 그를 기르도록 명하고, 이름을 동명東明이라 하였다. 장성하여 활을 잘 쏘자, 왕은 그 용맹함을 시기하여 다시 그를 죽이려고 하였다. 동명이 이에 도망하여 남쪽으로 엄체수淹滯水에 이르러 활로 물을 치니 물고기와 자라가 모두 다리를 만들었다. 동명은 그것을 타고 물을 건너 부여夫餘에 이르러 왕이 되었다. 동명의 후손에 구태仇台가 있는데, 어질고 신의信義가 두터웠다. 대방帶方의 옛 땅에 처음 나라를 세웠다. 한漢 요동태수遼東太守 공손도公孫度가 딸을 그 아내로 삼게 하였다. 마침내 동이東夷 강국强國이 되었다. 처음에 백가百家가 건넜다고 해서 백제百濟라 이름하였다.[93]

〈『북사北史』 권94 열전82 백제〉

---

93 百濟之國 盖馬韓之屬也 出自索離國 其王出行 其侍兒於後姙娠 王還 欲殺之 侍兒曰
前見天上有氣如大雞子來降 感故有娠 王捨之 後生男 王置之豕牢 豕以口氣噓之 不死
後徙於馬蘭 亦如之 王以爲神 命養之 名曰東明 及長 善射 王忌其猛 復欲殺之 東明乃
奔走 南至淹滯水 以弓擊水 魚鼈皆爲橋 東明乘之得度 至夫餘而王焉 東明之後有仇台
篤於仁信 始立國於帶方故地 漢遼東太守公孫度以女妻之 遂爲東夷强國 初以百家濟
因號百濟〈『北史』卷94 列傳82 百濟〉

중국 사서인 H의 『북사北史』와 『수서隋書』에서는[94] 동명東明 신화神話가 백제전百濟傳에는 실리면서, 백제가 부여 동명의 후손인 구태仇台가 대방의 옛 땅에서 건국했다고 기록하고 있음이 주목된다. 여기에 실린 동명 신화의 내용은 약간의 차이는 있으나 앞서 살핀 C의 『논형論衡』, 『삼국지三國志』에 인용된 『위략魏略』, 『후한서後漢書』 부여전의 동명 신화와 대체로 일치한다.

중국 사서에서 이전에는 부여전에 실렸던 동명 신화가 이제는 백제전百濟傳에 백제 시조 전승의 일부로 실리게 된 것이다. 이는 사서 편찬자들이 백제가 부여의 별종이라는 인식을 갖고 『삼국지』 등에 수록되었던 부여의 동명 신화를 백제의 시조 전승에 추가하였을 가능성이 있다. 하지만 고구려와 백제를 같은 부여의 별종으로 보면서, 고구려에는 동명 신화가 변형된 주몽 신화를 싣고, 백제에는 『삼국지』 부여전의 동명 신화를 그대로 덧붙였을 것으로 보기는 어렵다. 이러한 점에서 백제 사회는 부여족의 분열·이동 과정에서 가장 뒤에 성립된 사회이면서도 동명의 원형이 비교적 선명하게 남아있다고 볼 수 있는데,[95] 이는 당시 백제에서 동명을 직접 시조로 여기고 있다는 사실이 알려진 결과로 보아야 할 것이다.

94　『隋書』에서는 東明의 출자를 高麗國이라 하였는데, 이를 통해 당시 백제에 고구려 출자설이 있었다고 보는 견해도 있다(盧明鎬, 1981, 「百濟의 東明神話와 東明廟」, 『歷史學研究』 10, 49쪽). 비슷한 관점에서 이는 『隋書』 편찬자의 인식을 반영한다는 점에서 오해로 단정하기 어려우므로 기록 그대로 고구려로 보기도 한다(정재윤, 2008, 「百濟의 扶餘 繼承意識과 그 意味」 『부여사와 그 주변』, 동북아역사재단, 186쪽). 그러나 이 자료 외에는 동명의 부여 건국을 이야기하면서 출자를 高麗國으로 기록한 자료가 없을뿐더러, 이미 『通典』 邊防門 東夷 夫餘條의 割註에서도 의문을 제기했다시피, 상황논리로도 맞지 않는 내용이다. 따라서 『三國志』 부여전 동명 신화의 槀離國(索離國)을 『隋書』 찬자가 高麗國으로 잘못 표기한 것으로 이해한 견해(林起煥, 1998, 「百濟 始祖 傳承의 형성과 변천에 관한 고찰」, 『百濟研究』 28, 10쪽)를 따라 『北史』와 같은 인식을 가지고 있는 것으로 보고자 한다.

95　盧明鎬, 1981, 「百濟의 東明神話와 東明廟」, 『歷史學研究』 10, 42쪽.

E-①・②의『속일본기續日本記』에서는 도모都慕, 곧 동명東明이 직접 백제의 시조라 하고 있는데 비해,『북사北史』와『수서隋書』등에서는 동명이 부여의 시조이며 백제는 그 동명의 후예라 하고 있다. 이는 중국 정사正史의 동이전東夷傳에서 부여의 시조는 동명으로, 고구려의 시조는 주몽으로 항상 고정되어 서술하고 있다는 점에서 이해해야 한다. 곧, 동명은 부여의 시조일 뿐 동시에 다른 나라의 시조일 수 없다고 여겨, 백제는 부여 동명의 후예라고 이해할 수밖에 없었던 것이다.

정리해 보면, 백제의 동명 신화는 부여나 고구려의 동명 신화와 같은 구성으로 되어 있었는데, 고구려보다 부여 동명 신화의 원형에 더 가까운 모습이었다. 『삼국사기』의 찬자가 본 자료에도 원래 동명이 시조로 되어 있었으나, 찬자는 동명을 고구려의 시조 주몽으로만 생각했기 때문에, 백제본기에서는 백제 건국자 동명의 모습이 사라지고 고구려 건국자 주몽과 연결시켰던 것이다. 그리고 동명의 계승자로 고구려 유리琉璃 단계의 인물인 온조가 백제의 시조로 여겨지게 된 것이다. 또한, 중국 사서에서는 동명을 부여의 시조로만 생각했기 때문에, 백제의 시조는 동명의 후손인 구태로 설정되었다.

백제 왕실은 그들 자신의 권위를 높이기보다는 범부여계 공통 시조인 동명을 시조로 내세워 왕실과 지배 귀족 집단이 같은 계통으로 서로 협력하고 갈등으로 조절하는 방식을 채택하였으며, 이에 따라 주몽이나 혁거세처럼 온조에게 직접 하늘과의 혈연 관계를 설정할 수 없었다는 견해가 있다.[96] 그러나 이미 부여의 동명을 백제의 시조로 설정함으로써 하늘과의 혈연 관계는 설정된 것이며, 백제 당시에는 동명이 시조로 여겨지면서 온조의

---

96   朴承範, 2003,「漢城時代 百濟의 國家祭祀」,『先史와 古代』19, 110~111쪽.

위상은 그리 크지 않았다고 여겨지므로, 온조가 직접 하늘과의 혈연 관계가 없다고 하여 백제 건국 신화의 위상을 낮게 평가할 수는 없다. 백제는 고구려와 함께 동명의 계승권을 놓고 경쟁한 막강한 국가였으며,[97] 그것은 부여 동명 신화의 수용 양상에서도 드러나고 있다. 곧, 백제의 건국 신화는 고구려보다 부여 동명 신화의 원형에 더 가까우면서 부여 계승 의식을 한층 강하게 드러내고자 하였으니, 이는 494년 만주 부여의 멸망 이후 부여의 동명 신화가 중국 정사의 기록에서 고구려조가 아닌 백제조에 수록되었던 것으로도 알 수 있다.

97　李道學, 1995,『百濟古代國家研究』, 一志社, 67~70쪽.

6. 방위명 부여국과 고구려 · 백제

고구려, 백제의 건국 전승 기록에는 북부여와 동부여 등의 방위명 부여에 대한 기록들도 등장하고 있어, 이에 대한 정리도 필요하다. 『삼국유사三國 遺事』와 『삼국사기三國史記』의 기록에서 해부루解夫婁-금와金蛙-대소帶素로 왕계가 이어지고 있는 부여扶餘는 대부분 동부여東扶餘로 표기되고 있다. 그런데 동부여는 고구려 건국 당시부터 실재했던 것이 아니라, 285년 선비 모용씨의 공격으로 부여의 수도가 함락되자 그 일부 세력이 동쪽으로 옥저 지역에 피난을 갔다가 잔여세력이 남아 건설한 국가로 이해하는 경우가 많다.[98] 그렇지만, 285년 이후의 동부여를 인정하더라도 「광개토왕릉비문廣開土王陵碑文」과[99] 『삼국유사』, 『삼국사기』에 삼국시대 초기부터 구체적으로 나타나고 있는 동부여 관련 기록을 부정할 수는 없다. 특히 『삼국사기』 고구려본기 유리왕 · 대무신왕조에는 해부루-금와-대소로 이어진 부여와의 전쟁 기사가 구체적으로 전하고 있는데, 그 전쟁 지역이 지금의 용강산맥龍崗山脈과 휘발하輝發河 일대이며, 당시 부여 남부의 중진은 휘발성이라는 연구 성과도 있다.[100]

방위명 부여국의 명칭에 대해서는 고구려의 입장에서 붙여진 것이라는

---

98 盧泰敦, 1989, 「扶餘國의 境域과 그 變遷」, 『國史館論叢』 4.
   朴京哲, 1994, 「부여사의 전개와 지배구조」, 『한국사 2 -원시사회에서 고대사회로 2』, 한길사.
99 卄年庚戌 東夫餘舊是鄒牟王屬民 中叛不貢 王躬率往討 軍到餘城 〈「廣開土王陵碑文」〉
100 李鍾洙, 2005, 「高句麗의 夫餘진출 과정 연구」, 『高句麗研究』 21, 354~357쪽.

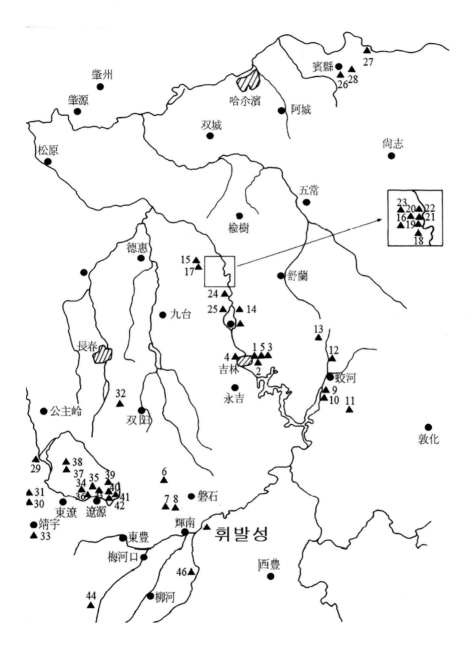

그림38 | 부여 성곽의 분포와 휘발성(이종수, 2003)

견해와,[101] 부여의 입장에서 붙여진 것이라는 견해가[102] 대립하고 있다. 필자는 이를 고구려의 건국 이전과 이후라는 시간적 차이, 그리고 부여의 시각과 고구려 혹은 백제의 시각이라는 관점의 차이로 나누어 보아야 한다고 생각한다. 먼저, 해부루-금와-대소로 이어진 부여의 방위명 표기에 대하여, 『삼국사기』 고구려본기에서 동부여와 북부여의 명칭이 혼용되고 있다. 곧, 주몽 시기에는 동부여로 표현되고 있지만,[103] 이후 유리왕 시기에는 북부여로 표현되고 있다.[104] 한편, 앞서 살펴본 A-②의 『삼국사기』 백제본기에도 해부루解夫婁(解夫婁)를 북부여왕으로 표기하고 있다.

이를 합리적으로 해석해본다면, 고구려가 건국된 주몽 이전에는 북부여와 동부여라는 명칭이 부여를 기준으로 이루어졌기 때문에, 해부루-금와-대소의 부여가 동부여로 불려졌다고 볼 수 있다. 이러한 인식이 『삼국유사』와 『삼국사기』 고구려본기 동명성왕조에 나타나고 있다. 그러나 고구려 건국 이후 어느 시점부터는 해부루-금와-대소의 부여가 고구려의 북쪽에 자

---

101 盧泰敦, 1988, 「5세기 金石文에 보이는 高句麗人의 天下觀」, 『韓國史論』 19; 1999, 『고구려사연구』, 사계절.

102 李道學, 1991, 「方位名 夫餘國의 성립에 관한 檢討」, 『白山學報』 38.
     金貞培, 1998, 「高句麗 建國의 諸問題」, 『講座 美術史』 10; 2000, 『한국고대사와 고고학』, 신서원.

103 先是 扶餘王解夫婁 老無子 祭山川求嗣 其所御馬至鯤淵 見大石 相對流淚 王怪之 使人轉其石 有小兒 金色蛙形[蛙一作蝸] 王喜曰 此乃天賚我令胤乎 乃收而養之 名曰金蛙 及其長 立爲太子 後 其相阿蘭弗曰 日者 天降我曰 將使吾子孫立國於此 汝其避之 東海之濱有地 號曰迦葉原 土壤膏腴宜五穀 可都也 阿蘭弗遂勸王 移都於彼 國號東扶餘 … 十四年 秋八月 王母柳花薨於東扶餘 其王金蛙以太后禮葬之 遂立神廟 〈三國史記』卷13 高句麗本紀1 始祖 東明聖王〉

104 二十八年 秋八月 扶餘王帶素使來讓王曰…二十九年 夏六月 矛川上有黑蛙與赤蛙羣鬪 黑蛙不勝死 議者曰 黑北方之色 北扶餘破滅之徵也 〈三國史記』卷13 高句麗本紀1 琉璃王〉

리잡고 있었기 때문에 북부여로 불렸으니, 이는 고구려가 가졌던 천하관과 관련된다고 생각된다. 그리고 백제에서도 백제 나름의 천하관에 따라 해부루-금와-대소의 부여를 북부여라고 불렀을 가능성이 있다.

본고에서는 기원 전후 시기 해부루-금와-대소의 부여가 존재했음을 인정하면서,[105] 북부여에서 졸본부여로 이어지는 동명(해모수)-온조 집단과 해부루-우태-비류 집단의 구분에 초점을 둔다는 점에서, 해부루-금와-대소의 부여에 대하여 '동부여'라는 명칭을 사용하고, 해부루-우태-비류 전승을 '동부여계'로 파악하고자 한다.

성왕聖王은 538년에 웅진에서 사비로 천도하면서 국호를 남부여南扶餘로 바꾸었다고 한다.[106] 하지만 그 이전 기록인 『일본서기日本書紀』계체천황繼體天皇 23년조(529)에서는 백제를 그냥 부여扶餘라고 쓰면서 일본측에서 말하는 백제의 이름 '구다라'로 읽기도 한다는 기록이 있다.[107] 이는 백제가 529년 당시에 이미 국호를 바꾸고 사비 천도를 준비하기 시작했다는 것을 뜻한다. 그리고 만주의 부여가 494년에 끊어졌다는 사실을 생각하면,[108] 성왕이 실은

---

105 북부여와 동부여의 실체를 이해함에 있어서, 북부여와 동부여가 기원전후 시기에 함께 존재했다는 北·東扶餘 共時的 實在論과, 기원 전후에는 북부여만이 존재했고 이후 3세기 말에 동부여가 분기되었다는 北·東扶餘 通時的 分岐論으로 나누어 논의를 전개하기도 한다(朴京哲, 2004, 「扶餘史 硏究의 諸問題」, 『동북아시아 선사 및 고대사 연구의 방향』, 학연문화사, 88~91쪽). 본고는 기원전후 시기에 해부루-금와-대소로 이어지던 동부여가 실재했다는 점에서 北·東扶餘 共時的 實在論을 따른다.

106 移都於泗沘[一名所夫里] 國號南扶餘 (三國史記 卷26 百濟本紀4 聖王 十六年)

107 是月 遣物部伊勢連父根吉士老等 以津賜百濟王 於是 加羅王謂勅使云 此津 從置官家以來 爲臣朝貢津涉 安得輒改賜隣國 違元所封限地 勅使父根等 因斯難以面賜 却還大嶋 別遣錄史 果賜扶餘(クダラ) 由是加羅結儻新羅 生怨日本 (『日本書紀』卷17 繼體天皇 23年 春三月)

李弘稙, 1971, 「百濟 建國說話에 대한 再檢討」, 『韓國古代史의 硏究』, 新丘文化社, 316쪽.

108 『三國史記』高句麗本紀 文咨明王 3年條.

'남부여南扶餘'라는 국호가 아닌 '부여扶餘'라는 국호를 사용했을지도 모른다. 곧, '남부여'의 '남'은 방위명을 붙인 북부여北扶餘, 동부여東扶餘 등과 구별하기 위해 덧붙인 접사일 가능성이 있다.[109] 이를 통해 백제가 부여와 연결될 뿐 아니라, 부여의 멸망 후에는 부여 자체와 동일시되기도 했다는 사실을 알 수 있다. 비록 부여는 멸망하였지만 백제에서 국호를 개칭하면서까지 남쪽에서 부여를 잇는 정통 왕조라는 점을 표방한 것은, 당시 부여의 정통성 계승을 두고 고구려와 벌인 치열한 경쟁 의식과도 관계가 있다.

그렇다면 백제의 온조 전승이나 비류 전승에 나타나는 북부여北扶餘는 「광개토왕릉비문」이나 「모두루 묘지명」에 나타나는 고구려의 천하관에 의한 것이 아니라, 백제가 '부여扶餘(남부여南扶餘)'로 국호를 바꾸면서 이에 대응하여 과거의 부여를 북부여北扶餘라 칭한 백제의 천하관에 의한 것일 수 있다.

---

109   李道學, 1991, 「方位名 夫餘國의 성립에 관한 檢討」, 『白山學報』 38, 11~18쪽.

7. 해부루解夫婁-우태優台-비류沸流 건국 전승의 성립

이번 장에서는 동명-온조 전승과 해부루-우태-비류 전승이 서로 다른 집단의 전승이라는 입장에서, 동부여계 해부루-우태-비류 집단이 백제 지역에 정착하는 과정에 대해 살펴보고자 한다. 지금까지의 연구에서는 백제 왕실 계보상에서 단절을 보이고 있는 고이왕古爾王 시기를 주목하여, 이때에 동명-온조계에서 해부루-우태-비류계로 왕실 계보가 변화되었다는 점이 지적되었다.[110] 그러나 해부루-우태-비류 집단이 어디에서 어떤 과정을 거쳐 남하하였으며, 어떻게 백제의 지배 세력으로 편입될 수 있었는지에 대한 구체적인 연구는 소홀했다. 여기서는 이 부분에 대하여 자세히 검토하고자 한다.

I. 또는 시조가 비류왕沸流王이라고 한다. 그 아버지는 우태優台로 북부여왕北夫餘王 해부루解扶婁의 서손庶孫이었고, 어머니는 소서노召西奴로 졸본인卒本人 연타발延陀勃의 딸이었다. 처음에 우태에게 시집가서 아들 둘을 낳았는데 큰 아들은 비류沸流라 하였고, 둘째는 온조溫祚라 하였다. 우태가 죽자 졸본에서 과부로 지냈다. 뒤에 주몽이 부여扶餘에서 용납되지 못하자 전한前漢 건소建昭 2년(BC 37) 봄 2월에 남쪽으로 도망하여 졸본에 이르러 도읍을 세우고 국호를 고구려高句麗라고 하였으며, 소서노를 맞아들여 왕비로 삼았다. 주몽은 그녀가 나라를 창업하는 데 잘 도와주었기 때문에 총애하고 대접하는 것이 특히 후하였고, 비류 등을 자기 자식처럼 대하였다. 그런데 주몽이

---

110   千寬宇, 1976, 「三韓의 國家形成」(下), 『韓國學報』 3, 134~137쪽.

부여에 있을 때 예씨禮氏에게서 낳은 아들 유류孺留가 오자 그를 태자로 삼았고, 왕위를 잇기에 이르렀다. … 마침내 아우와 함께 무리를 이끌고 패수浿水와 대수帶水를 건너 미추홀弥鄒忽에 이르러 살았다고 한다.[111]

〈『삼국사기』 권23 백제본기百濟本紀1 시조始祖 온조왕溫祚王 세주細註〉

앞서 살핀 A-①『삼국사기』 제사지의 백제 시조 동명설은 A-② 백제본기 온조왕조의 시조 온조설과 대응되며, 백제 시조 우태설優台說은 I의 백제본기 온조왕조 세주細註의 시조 비류설과 대응된다. 이 제사지에서는 동명 시조설이 명백하다고 서술하였는데, 백제본기에서는 비록 세주로 처리하기는 하였지만 시조 비류설도 비중있게 언급하고 있다.

『삼국사기』 백제본기 온조왕조溫祚王條 본문과 세주에 기록된 백제 건국 전승은 온조와 비류가 각각 자기 중심의 전승을 지니고 있으며, 두 전승 모두 '비류=형', '온조=동생'으로 나타난다. 이는 백제사에서 비류계가 온조계와 함께 상당한 정치적 권위를 유지하였기 때문으로 볼 수 있다. 곧, 한때 온조계를 능가하였던 자신들의 역사적 경험과 영웅담이 비류를 온조의 형으로 위치시키는 등 일부분이나마 온조계 중심의 역사에 반영되었을 수 있다.[112]

111　一云 始祖沸流王 其父優台 北扶餘王解扶婁庶孫 母召西奴 卒本人延陁勃之女 始歸 于優台 生子二人 長曰沸流 次曰溫祚 優台死 寡居于卒本 後 朱蒙不容於扶餘 以前漢 建昭二年春二月 南奔至卒本 立都號高句麗 娶召西奴爲妃 其於開基創業 頗有內助 故朱蒙寵接之特厚 待沸流等如己子 及朱蒙在扶餘所生 禮氏子孺留來 立之爲太子 以 至嗣位焉 … 遂與弟率黨類 渡浿帶二水 至弥鄒忽以居之〈『三國史記』卷23 百濟本紀 1 始祖 溫祚王 細註〉

112　김기섭, 2000,「백제의 왕실 계보와 근초고왕」,『백제와 근초고왕』, 학연, 44~46쪽.

I의 비류 전승에 의하면, 북부여왕北扶餘王 해부루解扶婁의 서손庶孫인 우태優台와 졸본인卒本人 연타발延陁勃의 딸인 소서노召西奴 사이에서 비류沸流가 태어났다고 하였다. 이 전승은 해부루가 다스리던 부여와의 연관을 강조한다는 점에서 '해부루解夫婁[113]-우태優台-비류沸流' 전승으로 부를 수 있다.

I에는 먼저 와서 정착한 우태優台와 결혼하였던 졸본卒本 소서노召西奴의 도움을 받아 주몽이 고구려를 건국했다는 내용이 있다. 곧, 비류 전승에는 주몽朱蒙이 건국한 고구려의 국호와 건국 연대가 밝혀져 있으면서 예씨禮氏와 유류孺留 등 주몽朱蒙 전승에 보이는 구체적인 인명人名까지 나타나고 있다는 점에서 고구려 관련 내용이 좀 더 많이 침투되어 있지만, 정작 백제의 건국 연대나 국호는 보이지 않고 있다. 이는 해부루-우태-비류 전승이 백제 건국 신화에 편입된 한 시조 신화로, 해부루와 연결된 부여계임을 보여주고 있지만, 고구려와도 밀접한 관련을 지니고 있음을 보여준다.

백제 건국 전승에서 비류가 온조의 형으로 나오는 이유에 대해서는 비류계에 의해 온조계가 통합되었기 때문으로 보는 견해가 있다. 곧, 두 세력 가운데 고지故地인 만주에 늦게까지 존재했던 종가격宗家格인 비류 집단이 한강 유역의 온조 집단을 통합하면서 비류를 형으로 표방한 전승이 생성되었다는 것이다.[114] 이 견해에서 4세기 근초고왕近肖古王 때에 만주 지역에 있었던 비류 집단이 한강 유역으로 남하하여 온조 집단을 정복했다는 것에 대해서는 동의하기 어렵지만, 온조의 남하보다 늦은 시기에 백제 지역에 등장하여 한때 우위를 차지했던 비류 집단의 인식이 해부루-우태-비류 전승 속에

---

113 『三國史記』百濟本紀 溫祚王條의 細註에는 '解扶婁'로 표기되었으나, 이 기록 외에는 일반적으로 '解夫婁'로 표기하고 있으므로, '解夫婁'라는 표현을 사용하고자 한다.
114 李道學, 1995, 『백제 고대국가 연구』, 一志社, 314쪽.

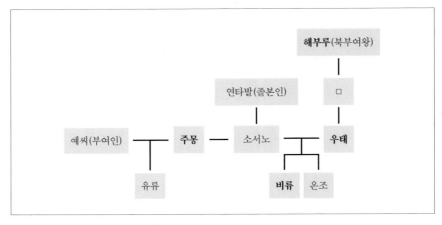

그림39 | 『삼국사기』 백제본기 해부루-우태-비류 설화 계보

남아있다는 사실 정도는 인정할 수 있다.

그렇다면, 백제 초기의 왕계 속에서 그 모습을 찾아보고자 한다. 그동안 백제사에서 왕실 계보의 변동이 있었을 가능성이 큰 시기로는 8대 고이왕古 爾王(234~286)이 주목되었다. 『삼국사기』에서는 고이왕의 즉위에 대해, 6대 구수왕仇首王(214~234)의 장자 사반沙伴이 사위嗣位하였으나(234) 어려서 정 사를 볼 수 없었으므로 4대 개루왕蓋婁王(128~166)의 둘째 아들이자 5대 초 고왕肖古王(166~214)의 '모제母弟'인 고이古爾가 즉위하였다고 한다.[115] 그런데 개루왕이 죽은 해인 166년에 고이왕이 출생하였다고 하더라도 286년의 사 망시에는 무려 120세가 되니, 이러한 일은 상식적으로 납득하기 어렵다.[116] 그리고 『삼국유사』에 의하면 고이왕의 즉위는 사반沙伴(사비왕沙沸王 또는 사 이왕沙伊王)이 즉위하였다가 폐위된 뒤에 이루어졌다고 하며, 혹은 그가 붕

---

115 蓋婁王之第二子也 仇首王在位二十一年薨 長子沙伴嗣位 而幼少不能爲政 肖古王母 弟古尒卽位 《『三國史記』卷24 百濟本紀2 古尒王 卽位年》

116 李基東, 1981, 「百濟王室 交代論에 대하여」, 『百濟硏究』12, 59쪽.

崩한 뒤에 즉위하였다는 이설異說도 기록되어 있다.[117] 이로 보면, 고이왕은 기존과는 다른 계통으로 즉위했다고 보는 것이 합리적일 것이다.

이에 백제 초기 왕계를 우태優台-비류沸流-고이계古爾系 우씨優氏와 주몽朱蒙-온조溫祚-초고계肖古系 부여씨扶餘氏의 두 계통으로 파악한 뒤, 이들 사이에 왕실의 교체가 있었던 것으로 파악하는 견해가 제기되었다.[118] 여기서 우태-비류-고이계를 우씨로 파악한 것은 고이왕이 초고왕의 '모제母弟'라는 사료를 "母의 제弟"로 해석하여 초고왕과 혈연 관계를 달리하는 인물로 전제하고, 비류의 아버지 우태優台와 관련하여 고이왕 27년에 왕제王弟인 우수優壽가 내신좌평에 임명된 사실과,[119] 우두優豆 등 우씨의 인물들이 왕의 친척으로 나오고 있는 데서 도출된 것이다.

'모제母弟'를 '母의 제弟'로 해석한 것은 문제가 있다면서 혈연 계통이 바뀐 것이 아니라 부여씨 왕실 내에서의 방계 세력으로 고이왕을 상정하기도 하나,[120] 고이왕이 방계로 즉위하였을 경우에도 위에서 언급한 왕실 계보와 기년상의 문제점에 대한 해명이 이루어지지 않는다는 점에서, 새로운 왕계가 등장한 것으로 보는 것이 설득력이 있다.

따라서 7대 사반왕에서 8대 고이왕으로의 변화는 해부루-우태-비류계로 왕실 계보가 달라진 것으로 보아야 할 것이다. 곧, 해부루-우태-비류계에 해당하는 고이왕의 즉위는 우태優台와 관련을 가지는 새로운 우씨 왕계의

---

117 沙沸王[一作沙伊王] 仇首崩嗣位 而幼少不能政 卽廢而立古爾王 或云至樂初二年己未乃崩 古爾方立《三國遺事』卷2 紀異2 南扶餘 前百濟》

118 千寬宇, 1976, 「三韓의 國家形成」(下), 『韓國學報』3, 134~137쪽.

119 三月 以王弟優壽爲內臣佐平《『三國史記』卷24 百濟本紀2 古爾王 27年》

120 盧重國, 1988, 「百濟의 國家形成」, 『百濟政治史研究』, 一潮閣, 78~80쪽.

등장으로 생각된다.[121] 우태는 북부여왕 해부루의 서손庶孫이라 하였기에, 우씨는 해씨의 다른 명칭이거나 해씨로부터 갈라져 나온 성씨로 보인다.[122]

이처럼 고이왕의 즉위로 백제 왕실 계보가 동명-온조계에서 해부루-우태-비류계로 변화되면서, 이들 집단의 시조 전승도 백제 건국 전승 속에 들어오게 된 것이다.

---

121   金起燮, 1993, 「漢城時代 百濟의 王系에 대하여」, 『韓國史研究』 83.
       姜鍾元, 2002, 『4세기 백제 정치사 연구』, 서경, 33~40쪽.
122   김기섭, 2000, 「백제의 왕실 계보와 근초고왕」, 『백제와 근초고왕』, 학연, 60~61쪽.

8. 미추홀彌鄒忽

『삼국사기』지리지에 의하면, 소성현邵城縣은 본래 고구려의 매소홀현買召 忽縣이었는데, 경덕왕景德王 때 개명하였으며, 지금의 인주仁州[또는 경원慶原 이라고도 하며, 매소買召는 일명 미추彌鄒라고도 한다]라고 하였다.[123]

『여지도서輿地圖書』(1757~1765) 인천 고적조에 의하면, "문학산 위에는 자 못 넓고 평평한 곳이 있는데, 곧 미추왕彌鄒王의 고도古都이다. 석성石城을 쌓 은 터가 남아 있다. 그에 대한 사적은 이미 승람勝覽에 자세히 나와 있다. 임 진년 왜변 때 부사 김선민金善敏이 고을 백성을 이끌고 고성을 중수하여 여 러 번 적의 예봉을 꺾고 성을 지켜냈다."[124]

이 문학산성에 대하여 안정복安鼎福(1712~1791)의 『동사강목東史綱目』

그림40 | 인천 문학산성

---

123 邵城縣 本髙句麗買召忽縣 景德王改名 今仁州[一云慶原 買召一作弥鄒] 〈『三國史 記』卷35 雜志4 地理2 新羅〉

124 文鶴山上頗寬平 乃彌鄒王古都也 有石城基趾焉 其事蹟已詳於勝覽中 壬辰倭變府使

(1778)에서는 미추홀彌鄒忽에 주를 달아 "지금의 인천仁川이다. 세속에 전해 오기를, 문학산文鶴山 위에 비류성의 터가 있고 성문의 문짝 판자가 지금도 오히려 남아 있으며, 성안에 비류정沸流井이 있는데 물맛이 시원하다고 한 다.『여지승람』에 실리지 않아 한스럽다"고 하였다.

이러한 내용은『증보문헌비고增補文獻備考』권14 비류국조에 좀 더 구체적 으로 언급되고 있다. "『여지지輿地志』에 이르기를 미추홀은 바로 비류가 도 읍하였던 곳이다. 지금의 인천부 남쪽에 산이 있는데, 이름하여 남산南山이 라 하고 또 일명 문학산이라고도 한다. 산 위에 성城이 있는데, 대대로 비류 왕沸流王이 도읍했던 곳으로 전해 온다. 왕이 노하여 분개하다 죽은 까닭에 에분성恚憤城이라고도 이름하였다. 인천부 남쪽 10리에 해평海坪이 있고, 그 위에 큰 무덤이 있는데, 담장을 둘렀던 옛 자취가 완연하다. 돌로 만든 사 람이 넘어져 엎드러진 것이 매우 큰데, 세속에 전하기를 미추왕의 묘墓라고 한다'고 하였다"

문학산성은 2017년 정밀 지표조사에 의하면, 해발 217m 문학산의 8~9부 능선을 따라 축성하였으며 둘레는 587m이고 성내 면적은 20,800㎡로 측량 되었다. 잔존 구간은 전체의 40% 정도인 232m이며 동북벽과 남벽 추정구 간 비교적 원형이 잘 남아 있었다. 수습 유물은 삼국시대부터 조선시대까 지의 기와류, 토기류, 자기류 등이며, 통일신라시대의 기와류가 가장 높은 점유율을 보여준다. 토기류 중 삼각 집선문이 시문된 토기편들이 채집되었 는데 시기는 6~7세기에 해당한다. 성벽의 축조 방법과 출토 유물의 시기, 편년 등을 보았을 때 문학산성은 삼국시대-통일신라시대를 중심 시기로 볼

金善敏 增修古城率土民以守 累挫賊鋒〈『輿地圖書』上 京畿道 仁川 古跡〉

그림41 | 인천 문학산 제사 유적

수 있다.[125]

문학산 제사 유적은 문학산성에서 서편 능선을 따라 삼호현(사모지 고
개)에 이르는 능선상에 위치하며, 2014년-2016년에 발굴조사가 이루어졌
다.[126] 조사 결과, 유구는 바위 상단 쪽 능선에 바위를 감싸는 'ㅁ'자 형태의
기단을 설치한 1칸의 기와 건물이 있었던 것으로 추정되며, 폐기 과정에서
건물이 북쪽으로 쓰러졌던 것으로 확인되었다. 유물은 기와류와 토기류가
대부분인데, 토기류는 7세기 중반 이후부터 8세기 전반에 해당하며, 기와
류는 7세기 중반부터 10세기 후반까지 보이고 있다. 그중 '순화淳化 원년元年
칠월七月 일관日官' 명문 기와는 송 태종의 연호로 고려 성종 9년(990)에 해당
한다. 출토 유물의 점유율로 보아 중심 시기는 8세기 전·중반인데, 문학산
성 내외에서 채집되는 유물들과 동일한 양상을 보이고 있어 산성과 관련된

---

125   인천광역시립박물관, 2017, 『문학산성 정밀지표조사 보고서』.

126   한국고고인류연구소, 2018, 『인천 문학산 제사유적』.

그림42 | 인천 문학산 정상

그림43 | 인천 문학산 아래의 백제 우물터

제의 시설이 사람들의 왕래가 많은 삼호현에 설치된 것으로 볼 수 있다.[127]

　문학산 제사 유적은 청동기 시대부터 삼국시대와 통일신라시대를 거쳐

127　백종오, 2020, 「인천 문학산성의 연구성과와 역사적 가치」『역사문화연구』76, 7-8쪽.

고려시대까지의 유물들이 바위(노두)를 중심으로 한 지점에서 집중된다는 것은 선사시대부터 고려시대까지 삼호현 주변이 지속적으로 신성한 숭배의 대상이 되었다는 사실을 말해준다.

9. 백제 시조 구태仇台 건국 전승의 의미

이번 장에서는 중국 사서史書에서 백제의 시조로 인식되고 있었던 구태仇
台 전승의 의미에 대해 분석해 보고, 7장에서 살펴본 해부루解夫婁-우태優台-
비류沸流 전승과의 관계에 대해 살펴보고자 한다.

> J-① 백제는 그 선대先代가 대체로 마한馬韓의 속국이며 부여夫餘의
> 별종別種이다. 구태仇台라는 자가 처음으로 대방고지帶方故地에 나라
> 를 세우니, 그 땅의 경계는 동쪽으로 신라新羅에 닿는다. … 또 해마
> 다 네 번씩 그 시조 구태의 사당에 제사한다.[128]
>
> 〈『주서周書』 권49 열전41 이역異域 상上 백제百濟〉

> J-② 동명東明의 후손에 구태仇台라는 자가 있으니, 어질고 신의信
> 義가 두터웠다. 대방고지帶方故地에 처음으로 그 나라를 세웠다. 한漢
> 의 요동태수遼東太守 공손도公孫度가 딸을 아내로 삼게 하였다. 이로써
> 점차 번창하여 동이東夷 강국强國이 되었다. 처음에 백가百家가 바다
> 를 건넜으므로, 이로 인하여 백제百濟라 이름하였다. 십여 대 동안 대
> 대로 중국中國의 신하가 되었으니, 전사前史에 상세히 기록되어 있다.
> … 그 시조始祖 구태仇台의 사당을 국성國城에 세우고, 해마다 네 번씩

---

128 百濟者 其先蓋馬韓之屬國 夫餘之別種 有仇台者 始國於帶方故其地界 東極新羅 …
又每歲四祠其始祖仇台之廟〈『周書』卷49 列傳41 異域上 百濟〉여기서 "帶方故其地
界"를 "帶方故地其界"가 도치된 것으로 보면, 『隋書』의 "帶方故地"와 같은 기록이 된
다는 점에서(김성한, 2014, 「百濟의 건국과 仇台」, 『歷史學研究』56, 92쪽), 이 수정안
을 따르고자 한다.

제사한다.[129]

〈『수서隋書』권81 열전46 백제〉

J-③ 백제는 본래 부여扶餘의 별종別種으로 마한馬韓의 고지故地에 살았다. 그 후손으로 구태仇台라는 자가 있었는데, 고려高麗에 의해 격파되었다. 이에 백가百家가 바다를 건넜으므로, 이로 인하여 백제라 이름하였다.[130]

〈『당회요唐會要』권95 백제〉

J-④ 백제는 본래 부여왕夫餘王의 후손으로 구태仇台라는 자가 있었는데, 재차 고려高麗에게 격파되었다. 이에 백가百家가 바다를 건넜으므로, 이로 인하여 백제百濟라 이름하였다.[131]

〈『책부원구冊府元龜』권956 외신부外臣部 종족種族〉

J-①의 『주서周書』에서 구태仇台가 대방고지帶方故地에서 건국했다는 내용이 처음 등장하는데, J-②의 『수서隋書』에서는 요동태수遼東太守 공손도公孫度의 딸을 부인으로 삼은 이후 "점차 번창하여 동이東夷 강국強國이 되었다"는 내용이 부가되고 있다. 이는 구태가 후한말後漢末 공손씨公孫氏 정권과 밀접

---

129 東明之後 有仇台者 篤於仁信 始立其國于帶方故地 漢遼東太守公孫度以女妻之 漸以昌盛爲東夷强國 初以百家濟海 因號百濟 歷十餘代 代臣中國 前史載之詳矣 … 立其始祖仇台廟於國城 歲四祠之〈『隋書』卷81 列傳46 百濟〉

130 百濟者 本扶餘之別種 當馬韓之故地 其後有仇台者 爲高麗所破 以百家濟海 因號百濟焉〈『唐會要』卷95 百濟〉

131 百濟 本夫餘王之後 有仇台者 復爲高麗所破 以百家濟海 因號百濟〈『册府元龜』卷956 外臣部 種族〉

했다는 사실을 보여주고 있다. 이처럼『수서隋書』는『주서周書』에 없던 새로운 내용이 보인다는 점에서, 다른 자료도 이용하였음을 알 수 있다.[132]『주서』와『수서』는 당唐 태종太宗의 명에 의해 제齊, 주周, 양梁, 진陳, 수隋 등 다섯 왕조의 역사가 편찬되면서 함께 편찬된 기전체 정사로, 정관貞觀 10년(636)에 완성되었다.

J-③의『당회요唐會要』는 981년에 완성되었지만, 그 주요 부분은 정원貞元 연간年間(785~804)의 회요會要 40권과, 대중大中 7년(853)에 편찬된 속회요續會要 40권을 저본으로 하였다고 한다.[133] J-④의『책부원구冊府元龜』도 1013년에 완성되었지만, 그 저본 자료는 7세기 후반 백제 소멸기에 전문傳聞된 지식에 기초하였다고 한다.[134]『당회요』와『책부원구』에는 구태仇台가 고려高麗

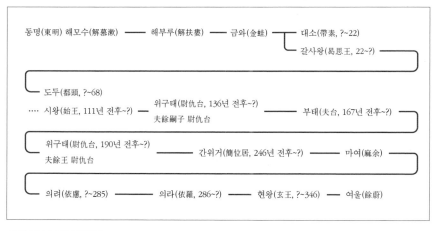

그림44 | 부여 왕계표

132 李康來 1998,「7세기 이후 中國史書에 나타나는 韓國古代史像」,『韓國古代史研究』 14, 212~220쪽.

133 李春植, 2003,「唐會要」,『中國學資料解題』, 신서원, 152쪽.

134 尹龍九, 2004,「仇台의 백제건국기사에 대한 재검토」,『百濟研究』39, 7쪽

(고구려)에 의해 격파되어 백제를 건국했다는 인식이 보이고 있어 주목되는데, 이에 대해서는 뒤에서 더 살펴보도록 하겠다.

여기서 요동태수遼東太守 공손도公孫度의 딸을 아내로 삼았다는『수서隋書』의 기록과 관련하여, 3세기 후반에 편찬된『삼국지三國志』부여전夫餘傳에서는 2세기 말 3세기 초의 부여왕夫餘王 위구태尉仇台가 공손도公孫度의 종녀宗女와 결혼한 것으로 기록되고 있음이[135] 주목된다. 한편,『후한서後漢書』부여국전夫餘國傳에서는 위구태尉仇台라는 인물이 120년에 후한의 궁성을 방문한 부여의 사자嗣子로도 기록되었다.[136]

2세기 전반에 활동한『후한서後漢書』의 '부여사자夫餘嗣子 위구태尉仇台'와 2세기 말에서 3세기 초에 활동한『삼국지三國志』의 '부여왕夫餘王 위구태尉仇台'는 연대상 차이가 있어 동일인으로 보기 어렵다. 이에 고구려어高句麗語에서 유사하다는 것을 '위位(尉)'라고 했던 것과 같이, 2세기 전반의 위구태尉仇台는 원래 '구태仇台'였으며, 2세기 말 3세기 초의 왕 이름을 그와 닮았다 하여 '위구태尉仇台'라 한 것으로 이해하는 견해가 있다.[137]

『삼국지三國志』부여전夫餘傳에 기록된 '부여왕夫餘王 위구태尉仇台'의 행적이『수서隋書』백제전百濟傳에 기록된 '백제 시조始祖 구태仇台'의 행적과 연결되는 것에 대해서는,『수서』의 찬자가『주서周書』백제전百濟傳에 기술된 '구태仇台'라는 인물을『삼국지』부여전의 '부여왕 위구태'로 잘못 알았기 때문

---

135 夫餘本屬玄菟 漢末公孫度雄張海東 威服外夷 夫餘王尉仇台更屬遼東 時句麗鮮卑彊
度以夫餘在二虜之間 妻以宗女〈『三國志』卷30 魏書30 烏丸鮮卑東夷傳 夫餘〉

136 至安帝永初五年 夫餘王始將步騎七八千人寇鈔樂浪 殺傷吏民 後復歸附 永寧元年
乃遣嗣子尉仇台 詣闕貢獻 天子賜尉仇台印綏金綵〈『後漢書』卷85 東夷列傳75 夫餘
國〉

137 李丙燾, 1976,「夫餘考」,『韓國古代史研究』, 博英社, 219~220쪽.

에 나타난 현상으로 보기도 한다.[138] 한편, 『수서』에는 '위구태'가 아니라 '구태'라고 하였으며, 『수서』의 찬자도 '위구태'라 할 경우 부여왕이면서 동시에 백제의 건국자가 되는 모순을 모를 리 없었다면서[139] 『삼국지』의 '위구태'와 『수서』의 '구태'를 분리해 보는 견해도 있다. 하지만, 『통전通典』에서 백제가 후한말後漢末 '부여왕夫餘王 위구태尉仇台'의 후손으로 기록된 점이나,[140] 『문헌통고文獻通考』에서 백제가 후한말後漢末 '부여왕夫餘王 구태仇台'의 후손으로 기록된 점에서[141] 위구태와 구태 사이에 착종이 있다는 점은 분명하다.

그리고 비류와 온조는 시조묘가 없음에 비하여, 구태仇台는 시조로 전승되면서 백제 사비기 국성國城에 시조묘始祖廟로 설치되어 사시四時로에 제사를 지내는 존재였다는 점이 매우 중요하다.

이에 성왕대聖王代 양梁의 육후陸珝를 통해 수용된 삼례三禮에 입각하여, 기존 동명묘東明廟를 대체하면서 새로운 중국적 시조관의 채용과 더불어 종묘宗廟로 구태묘仇台廟가 성립되었다는 견해가 있다. 이 견해에서는 구태仇台의 실체에 대하여, 『예기禮記』나 『의례儀禮』의 규정에 맞추어 백제사 속에서 태조太祖이자 시국자始國者의 위상을 가진 인물로, 부여사상夫餘史上 주목할 만한 위상을 가졌던 위구태尉仇台를 주목하였다. 그런데 백제의 시국자로 설정된 구태가 부여왕 위구태였으므로, 백제사상 실질적인 건국자로서의 위상을 갖지 못하는 것은 물론, 백제사와도 직결될 수 없었기 때문에, 성왕 시기 이후 오래지 않아 구태는 종묘에서 훼철되면서 지배층에게도 망각

---

138   李丙燾, 1959, 『韓國史-古代篇』, 震檀學會, 473쪽.
       兪元載, 1993, 『中國正史 百濟傳 研究』, 學研文化社, 68쪽.
139   尹龍九, 2004, 「仇台의 백제건국기사에 대한 재검토」, 『百濟研究』39, 4쪽.
140   百濟 卽後漢末夫餘王尉仇台之後〈『通典』卷185 百濟〉
141   百濟 卽後漢末夫餘王仇台之後〈『文獻通考』卷326 百濟〉

되었고, 그 이후 전혀 사적에 남지 않게 된 것으로 보았다.[142]

　중국식 종묘제宗廟制의 일환으로 구태묘仇台廟가 성립되었다는 견해는 설득력이 있다. 하지만, 구태묘의 주인공이 백제사와 직결될 수 없는 부여왕 위구태尉仇台였으며, 그에 따라 오래지 않아 종묘에서 훼철되어 사적에 남지 않게 되었다는 견해에는 동의하기 어렵다. 위구태가 백제사와 직결될 수 없었다면, 중국의 종묘제에 대해 잘 알고 있었을 백제에서는 처음부터 구태묘의 주인공으로 그를 설정하지 않았을 것이며, 잠깐 설치되었다가 없어진 것이라면, 많은 중국 사서에 구태仇台의 이름이 남지 않았을 것이기 때문이다. 그러므로 6~7세기 백제 사회의 정보가 유입되어 편찬된 중국 사서에 실려 있는 구태 전승은 당시 백제 사회에서 널리 공인되고 있었던 시조 전승임이 분명하며, 이러한 시조 구태가 국내의 전승 자료에 전해지지 않았을 가능성도 희박하다.

　이제 이와 같은 점을 염두에 두면서 구태仇台의 실체를 생각해보기로 하겠다. 일찍이 한치윤韓致奫은 『해동역사海東繹史』에서 구태를 시조 비류설에 나오는 비류의 아버지인 우태優台로 추정하였다. 이병도는 구태仇台와 고이古爾가 음흡이 유사한 점과 고이왕대의 업적을 들어 구태仇台를 백제 제8대 고이왕이라고 주장하였다. 즉, 구태仇台를 '구이'로 음독音讀하여 고이古爾와 연결시켰고, 고이왕은 관제官制, 복색服色, 법금法禁을 정비하여 국가 체제를 이룬 건국의 태조라고 할 만한 인물이기 때문에 그가 중국에 알려져서 백제 시조 구태仇台로 기록되었다는 것이다.[143] 이후 여러 학자들이 고이왕설

142　김병곤, 2007, 「中國 史書에 나타난 百濟 始祖觀과 始國者 仇台」, 『韓國古代史研究』 46.

143　李丙燾, 1976, 「百濟의 建國問題와 馬韓中心勢力의 變動」, 『韓國古代史研究』, 박영사, 472~475쪽.

을 따르고 있는데, 이는 고이왕대에 왕실 계보의 변동이 있었다는 점과, 그가 백제 중흥을 이끈 인물이라는 점에서 실제적 건국자로 보고자 한 것이다.[144]

이홍직은 부여 계통의 인명이나 관직명에 붙는 '태台'는 '치', '티'로 읽는 것이 옳다고 하여 이병도의 고이왕설에 이의를 제기하였는데,[145] 『태평환우기太平寰宇記』 기록에서는 위구태尉仇台가 '위구대尉仇臺'로 기록되고 있으므로,[146] 옳은 지적이라 할 수 있다. 그리고 고이왕대에 왕실 계보의 변동이 있었다는 점은 인정할 수 있으나, 그렇다고 고이왕을 바로 구태로 비정하는 것은 문제가 있다. 특히 고이왕의 재위 기간(234~286)은 구태仇台가 활동했다는 공손도公孫度의 치세治世(189~204)보다 한 세대 이상 늦다. 이에 대해서는 뒤에서 자세히 살펴볼 것이다.

한편, 출자 계보상으로 온조溫祚나 구태仇台가 모두 동명東明의 후예로 나타나는 점에서 『삼국사기』의 동명東明-온조溫祚 전승과 중국 사서에 전해지는 동명東明-구태仇台 전승을 동일한 전승으로 보아, 구태를 온조로 파악하기도 한다.[147] 건국 시조로 받들어져 국가적 제의 체계의 대상이 된 구태의

---

144 俞元載, 1993, 『中國正史 百濟傳 研究』, 학연문화사, 66~68쪽.
      김주성, 1998, 「百濟 泗沘時代 政治史 研究」, 『韓國古代史研究』 13, 143쪽.
      李鍾泰, 1998, 「百濟 始祖 仇台廟의 成立과 繼承」, 『韓國古代史研究』 13, 94~121쪽.
      이기동, 1996, 「百濟 建國史의 二, 三의 문제」, 『百濟史研究』, 일조각, 88~89쪽.
      김두진, 1999, 「百濟 建國神話의 復元試論_'祭天祀地'의 儀禮와 관련하여」, 『韓國古代의 建國神話와 祭儀』, 일조각, 172~174쪽.
      김기흥, 2004, 「백제의 정체성에 관한 일 연구」, 『역사와 현실』 54, 204~205쪽
      최광식, 2006, 「백제의 신화」, 『백제의 신화와 제의』, 주류성, 43~44쪽.
145 李弘稙, 1971, 「百濟 建國說話에 대한 再檢討」, 『韓國古代史의 研究』, 新丘文化社, 331~332쪽.
146 百濟國 卽後漢末夫餘王尉仇臺之後〈『太平寰宇記』卷172 百濟〉
147 林起煥, 1998, 「百濟 始祖傳承의 형성과 변천에 관한 고찰」, 『百濟研究』 28, 9~17쪽.

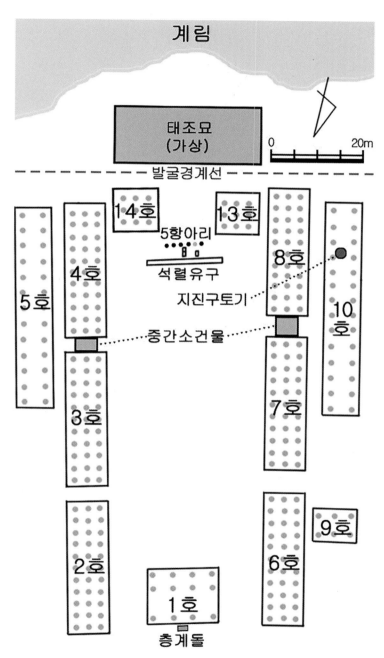

그림45 | 신라 종묘 추정지(정연식, 2011)

실체는 국가 체제를 정비한 왕이라는 실제적 성격으로 출현하는 것이 아니라 왕실의 유구성과 정통성을 과시하는 관념적 측면에서 그 위상이 부각되는 것이므로, 왕실 초대 왕의 존재를 무시하고 계보상 중간의 어떤 존재가 되기는 어렵다는 이 견해의 전제는[148] 충분히 고려되어야 한다.

하지만 왕실의 혈통이 바뀌어 나라의 시조와 왕실의 시조가 분화되면서, 고구려에서는 국조왕國祖王이라고도 불린 태조대왕太祖大王의 명칭을 새로 올리기도 했고,[149] 신라에서는 종묘宗廟(오묘五廟)에 모셔지는 시조始祖(태조太祖)를[150] 미추왕味鄒王으로 다시 설정하기도 했다.[151] 그런 점에서 백제 당시에는 왕실의 초대 왕으로 여겨졌는지조차 불분명한 온조를 구태묘의 주인공으로 볼 수는 없다.

서영대, 2000,「百濟의 五帝信仰과 그 意味」,『韓國古代史硏究』20, 123~126쪽.

박찬규, 2003,「百濟의 始祖 傳承과 出自」,『先史와 古代』19, 45쪽.

박현숙, 2005,「백제 建國神話의 형성과정과 그 의미」,『韓國古代史硏究』39, 49쪽.

148 林起煥, 1998,「百濟 始祖傳承의 형성과 변천에 관한 고찰」,『百濟硏究』28, 16쪽.

149 太祖大王[或云國祖王] 諱宮 小名於漱 琉璃王子古鄒加再思之子也 母大后扶餘人也 慕本王薨 太子不肖 不足以主社稷 國人迎宮繼立〈『三國史記』卷15 高句麗本紀3 太祖大王 卽位年〉

고구려 시조는 朱蒙이지만 태조대왕이 따로 있다는 점에서, 왕위가 연노부(소노부)에서 계루부로 넘어가면서 계루부 첫 왕에게 太祖 칭호가 올려졌다는 주장(金哲埈, 1975,「高句麗·新羅의 官階組織의 成立過程」,『韓國古代社會硏究』, 知識産業社)이 설득력을 얻고 있다.

150 始祖와 太祖 사이에는 약간의 구분이 있었다. 시조는 계보의 가장 上位에 加上되는 막연한 존재로 신성성이 부여되는 族祖的 성격을 지니고 있었으며, 태조는 계보상 혈연적으로 직접 연결되면서 왕실의 개창자나 그 기초를 마련한 인물로 家祖的 성격을 지녔다고 한다. 그러나 한국 고대에 그러한 구분은 확실하지 않았다. 이에 대해서는 李鍾泰, 1999,「新羅의 始祖와 太祖」,『白山學報』52 참조.

151 至第三十六代惠恭王 始定五廟 以味鄒王爲金姓始祖 以太宗大王文武大王 平百濟高句麗有大功德 並爲世世不毁之宗 兼親廟二爲五廟〈『三國史記』卷33 雜志1 祭祀〉

非末鄒之靈無以遏金公之怒 王之護國不爲不大矣 是以邦人懷德與三山同祀而不墜 躋秩于五陵之上稱大廟云〈『三國遺事』卷1 紀異1 未鄒王竹葉軍〉

그리고 중국 사서에 나타나는 구태仇台는 동명東明의 후손이면서 후한말後漢末의 인물로 나타난다는 점 또한 충분히 고려되어야 한다. 곧, 『주서周書』, 『수서隋書』 등의 기술대로라면, 부여夫餘 동명東明의 후손인 구태仇台가후한 말 공손씨가 요동을 지배하던 시기(189~238)에 바다를 건너 대방과 관련된 지역에서 백제를 건국하였다는 인식을 살펴볼 수 있다. 여기서 '대방고지帶方故地'라는 표현은 이것이 기록된 당시 중국인들의 지리 인식에서 백제의 건국지를 표현한 관념적인 용어로 해석할 수도 있다.[152] 하지만 백제와 대방 사이의 밀접한 관계로 보아 이를 실제의 지리적 상황이 반영된 표현으로 볼 수 있으며, 백제 건국이 대방 지역에서 이루어진 것으로 보는 견해가 있다.[153]

대방고지에서 건국하였다는 기록으로 보아 구태에 대하여 대방 지역을 공략한 근초고왕에 비정하거나,[154] 구수왕仇首王으로 비정하는 견해,[155] 부여신 하백녀河伯女로 보는 견해도 있다.[156]

---

152 隋는 삼국의 왕을 遼東郡公(고구려왕), 帶方郡公(백제왕), 樂浪郡公(신라왕)에 책봉하였다. 이는 과거의 중국군현명을 통하여 삼국을 蕃國으로 파악하려는 의도로 이해되므로, 帶方故地라는 표현을 과거 대방군의 지리적인 정확성을 전제로 한 표현으로 이해하기 보다는, 당시 隋의 中華의식과 관련하여 이해하여야 한다는 것이다(林起煥, 1998, 「百濟 始祖傳承의 형성과 변천에 관한 고찰」, 『百濟硏究』 28, 12쪽).

153 313년 낙랑과 대방군이 요서로 이동하자 패하(대동강)를 경계로 대방고지인 황해도재령의 장수산성 일대에 백제의 초기 수도가 건설되었다는 견해가(全榮來, 1998, 「百濟의 興起와 帶方故地」, 『百濟硏究』 28, 35~48쪽) 대표적이다. 김성한, 2014, 「百濟의 건국과 仇台」, 『歷史學硏究』 56, 94쪽에서도 백제가 실제로 대방군 지역에서 건국한 것으로 보았다.

154 金在鵬, 1976, 「百濟仇台考」, 『朝鮮學報』 78, 朝鮮學會.

155 丁謙, 1962, 「隋書四夷傳地理考證」, 『蓬萊軒地理學叢書』 2, 正中書局, 376쪽.
김성한, 2014, 「百濟의 건국과 仇台」, 『歷史學硏究』 56.

156 王民信, 1986, 「百濟始祖 仇台考」, 『百濟硏究』 17.

이러한 구태仇台의 실체는 비류의 아버지 우태優台로 보는 견해가[157] 자형字形이나[158] 발음상으로 가까울 뿐 아니라, 위와 같은 구태의 행적으로 보아서도 그 가능성이 가장 크다고 생각한다. 그렇다면, 온조 전승과 함께 끝까지 남아 『삼국사기』 백제본기에 채록된 해부루-우태-비류 전승은 구태 전승과 연결되면서 백제 건국 전승의 계통에서 중요한 영향력을 보여준다고 할 수 있다.

우태優台는 『삼국지三國志』 고구려전高句麗傳의 관명官名에도 나타나는데, 연장자年長者 등을 의미하는 형兄의 고유어로 추정된다.[159] 이 경우 백제의 우태는 인명人名이 아니라 존칭이 인명으로 여겨진 것일 수도 있다.

그렇다면 『후한서後漢書』에 나오는 2세기 전반 '부여夫餘 사자嗣子 위구태尉仇台'와 『삼국지三國志』에 나오는 2세기 말 3세기 초 '부여왕夫餘王 위구태尉仇台' 및 『수서隋書』에 나오는 2세기 말 3세기 초 '백제百濟 시조始祖 구태仇台' 사이의 관계를 정리할 수 있다. 먼저 나오는 '부여 사자 위구태'를 '구태'로 볼 수도 있지만, 고구려 관명官名 '우태優台'가 '구태仇台'와 연결된다면, 다음 장에서 살펴보듯이 이 관명은 1세기부터 등장하고 있다. 그렇다면 이는 이전부터 구태仇台(우태優台)라는 명칭을 사용했던 연속선상에서 이해해야 할 것이다. 곧, '부여 사자 위구태'와 '부여왕 위구태' 및 '백제 시조 구태'는 이전부

157　千寬宇, 1976, 「三韓의 國家形成」(下), 『韓國學報』 3, 143쪽.
　　　김기섭, 2000, 「백제의 왕실 계보와 근초고왕」, 『백제와 근초고왕』, 학연, 44~46쪽.
　　　정재윤도 우태와 구태 사이의 관계는 밝히지 못했지만, 우태와 구태가 동일한 인물일 개연성이 있다고 보았다(정재윤, 2008, 「구태 시조설의 성립 배경과 그 의미」, 『韓國古代史研究』 51).

158　'優'의 略字로 '优'를 쓴다는 점에서도 '優(优)台'와 '仇台'는 거의 흡사하다(정재윤, 2008, 「구태 시조설의 성립 배경과 그 의미」, 『韓國古代史研究』 51, 61쪽).

159　金哲埈, 1975, 「高句麗・新羅 官階組織의 成立過程」, 『韓國古代社會研究』, 知識産業社, 130쪽.

터 부여계 집단을 대표하는 수장首長의 명칭으로 써온 구태(우태)라는 명칭을 공유한 것으로 볼 수 있다.

여기서 '부여왕夫餘王 위구태尉仇台'와 '백제百濟 시조始祖 구태仇台'는 같은 시기에 같은 행적을 보이고 있어, 동일 인물로 볼 수 있는 여지가 있다. 곧, 『주서周書』에서 『수서隋書』 단계로 오면서 '백제 시조 구태'에 『삼국지』에 기록된 '부여왕 위구태'의 행적이 덧붙여진 것으로 이해할 수도 있다. 하지만 『삼국지』 단계에서는 '백제百濟'를 아직 인식하지 못하면서 '부여夫餘'만 인식하였기 때문에, 부여계 수장首長 출신이었던 '백제 시조 구태'의 행적이 '부여왕 위구태'의 행적으로 기록된 것일 수도 있다.

그렇다면, 부여계이면서 고구려와 관련을 가진 이들 해부루-우태-비류 세력이 곧 구태 집단과 연결될 수 있음을 말할 수 있다.

10. 해부루解夫婁-우태優台(구태仇台)-비류沸流 집단의 남하와 백제 고이왕계의 등장

이제 동부여계 해부루解夫婁-우태優台-비류沸流 집단, 곧 구태仇台 집단이 한반도 중부 백제 지역으로 남하하는 과정에 대하여 자세히 살펴보고자 한다. 해부루-우태(구태)-비류 집단의 남하 과정을 알아보기 위해서는『삼국사기』초기 기사에 나타나는 고구려와 동부여 사이의 관계를 먼저 살펴보아야 한다.

해부루解夫婁-금와金蛙-대소帶素로 이어지던 동부여는 AD 22년에 고구려 대무신왕의 공격으로 왕 대소가 죽고 나서 그의 동생은 갈사국曷思國을 세우고,[160] 사촌동생은 만여 명을 이끌고 고구려에 투항하여 왕에 봉해지고 연나부掾那部(椽那部)에 안치되어 낙씨絡氏 성을 받는다.[161]

『삼국사기』고구려본기에서는 2세기 후반에서 3세기에 걸쳐 제나부提那部 출신 귀족이 계루부桂婁部 왕실과 대대로 혼인 관계를 맺고 있는데, 이 제나부와 연나부掾那部(椽那部)를 같은 표기로 보면서『삼국지』고구려전에서 계루부 왕실과 여러 대에 걸친 혼인 관계를 맺어 왔다는 절노부絶奴部와 같은 실체로 보는 것이 일반적이다.[162] 그러나 제나부提那部와 연나부掾那部(椽那部)를 다른 표기로 보면서 제나부를 왕비족인 절노부絶奴部에 비정하고,『삼

---

160 夏四月 扶餘王帶素弟 至曷思水濱立國稱王 是扶餘王金蛙季子 史失其名 初 帶素之見殺也 知國之將亡 與從者百餘人至鴨淥谷 見海頭王出獵 遂殺之 取其百姓至此始都 是爲曷思王〈『三國史記』卷14 高句麗本紀2 大武神王 5年〉

161 秋七月 扶餘王從弟謂國人曰 我先王身亡國滅 民無所依 王弟逃竄 都於曷思 吾亦不肖 無以興復 乃與萬餘人來投 王封爲王 安置掾那部 以其背有絡文 賜姓絡氏〈『三國史記』卷14 高句麗本紀2 大武神王 5年〉

162 노태돈, 1999,「部體制의 성립과 그 구조」,『고구려사 연구』, 사계절, 105~106쪽.

국사기』기록에서 국상國相 명림답부明臨答夫나 명림어수明臨於漱, 명림홀도明臨笏覩 등의 활동으로 미루어 보아 그 세력이 매우 컸다고 짐작되는 연나부掾那部(椽那部)를 『삼국지』 고구려전에서 전 왕족으로 나타나고 있는 연노부涓奴部(소노부消奴部)로 비정하는 견해도 제기되고 있다.[163] 『삼국사기』에 기록된 고구려 부部의 명칭과 『삼국지』 등 중국 사서에 나타나는 부部의 명칭을 서로 연결시키는 문제는 고구려사의 입장에서 더 많은 논의가 필요할 것이므로, 여기서는 그 판단을 유보하기로 한다.

한편, 동부여의 분열 이후 갈사국曷思國을 세운 갈사왕曷思王의 손자 도두都頭는 태조왕太祖王 16년(68)에 고구려에 복속되어 우태于台(優台)에 임명되는데,[164] 그는 고구려에서 최초로 우태于台(優台)에 임명된 인물이다. 우태는 가부장 가족이 소속되어 있는 친족 공동체의 장,[165] 친족 집단의 장,[166] 수장층,[167] 중심 나국那國에 통합된 나국那國의 국도國都 세력을 편제하는 기준으로 작용한 관계官階[168] 등으로 파악된다. 갈사왕曷思王의 손자 도두都頭가 우태于台에 임명된 이후의 태조왕太祖王 때 기사에는 관나貫那 우태于台 미유彌

163 田美姬, 1992, 「高句麗 初期의 王室交替와 五部」, 『水邨朴永錫敎授華甲紀念 韓國史學論叢』上, 탐구당에서는 提那部=絶奴部, 掾那部(椽那部)=涓奴部(消奴部), 沸流部=桂婁部, 貫那部=灌奴部, 桓那部=順奴部로 연결시켰다.

164 秋八月 曷思王孫都頭 以國來降 以都頭爲于台〈三國史記』卷15 高句麗本紀3 太祖大王 16年〉

165 金哲埈, 1975, 『韓國古代社會硏究』, 知識産業社, 128쪽.

166 盧重國, 1979, 「高句麗國相考(上) -初期의 政治體制와 關聯하여-」, 『韓國學報』16, 19쪽.

167 金光洙, 1983, 『高句麗 古代集權國家의 成立에 관한 硏究』, 연세대 박사학위논문, 114쪽.

168 余昊奎, 1992, 「高句麗 初期 那部統治體制의 成立과 運營」, 『韓國史論』27, 서울대 국사학과, 52쪽.

儒와 환나桓那 우태于台 어지류菸支留가 나타나고 있는 것으로 보아,[169] 우태 于台(優台)는 나那(나부那部) 내 한 집단의 장長을 의미한다고 볼 수 있다.[170] 그렇다면 도두都頭도 나那(나부那部) 내에 편입된 우태于台(優台)로 볼 수 있는데, 이전에 동부여 대소왕의 사촌 동생이 안치되었던 연나부椽那部(椽那部) 또는 계루부 이전의 전 왕족이었던 연노부(涓奴部 : 消奴部) 내에 편입되었을 가능성이 있다.

그렇다면 백제 해부루解夫婁-우태優台-비류沸流 전승에서 해부루의 서손庶孫으로 나타나고 있는 우태優台는 바로 해부루의 방계 혈통인 이들 세력을 가리키는 것으로 볼 수 있다. 아마 이들의 후예가 한반도 중부 지역으로 남하하여, 먼저 남하하였던 동명-온조 집단과 연합하면서 형성된 것이 바로 국내 사서의 해부루-우태-비류 전승이자 중국 사서의 구태 전승으로 생각된다.

이제 이들의 남하 시기와 계기에 대하여 중국 사서의 구태仇台 관련 기록을 통해 더 살펴보고자 한다. 구태 관련 기록들에서는 부여夫餘 동명東明의 후손인 구태仇台가, 공손씨가 요동을 지배하던 시기(189~238)에 바다를 건너 대방고지에서 백제를 건국하였다는 인식을 살펴볼 수 있었다. 그런데 앞서 살펴본 J-③『당회요唐會要』권95 백제百濟의 "고려高麗에 의해 격파되었다. 이에 백가百家가 바다를 건넜으므로, 이로 인하여 백제라 이름하였다[爲 高麗所破 以百家濟海 因號百濟焉]"라는 기록과 J-④『책부원구冊府元龜』권956 외

---

169   秋七月 遂成獵於倭山 與左右宴 於是 貫那于台彌儒 桓那于台菸支留 沸流那皂衣陽 神等 陰謂遂成曰〈『三國史記』卷15 高句麗本紀3 太祖大王 80년〉

170   고구려 초기 관명 중 相加, 古雛加, 對盧, 沛者, 優台가 족장적 속성을 지니고 있으며, 이를 大加(相加, 古雛加, 對盧, 沛者)와 小加(優台)로 구분해 본 견해도 있다(문창로, 2009,「부여의 官制와 그 계통적 접근」『한국학논총』31, 30쪽).

신부外臣部 종족種族의 "재차 고려高麗에게 격파되었다. 이에 백가百家가 바다를 건넜으므로, 이로 인하여 백제百濟라 이름하였다[復爲高麗所破 以百家濟海 因號百濟焉]"는 기록을 통해, 구태의 백제 건국 계기가 고구려에게 격파된 상황 때문으로 나타나 있다는 점이 흥미롭다. 이는 고구려의 압박으로 인한 주민 이동이 몇 차례 있었음을 암시하고 있다.

그렇다면, 이 당시 고구려 및 구태와 연결된 세력으로 등장하는 공손씨 집단 사이의 관계 속에서 구태 관련 기록을 살펴볼 필요가 있다. 『삼국지』

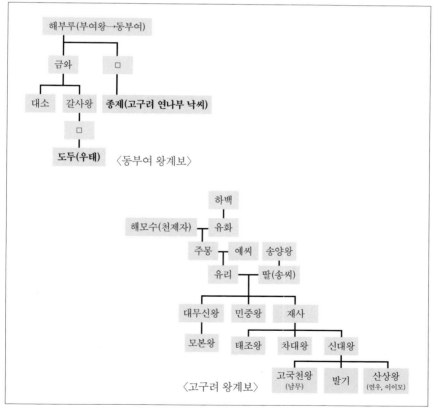

그림46 | 『삼국사기』 고구려본기에 의한 동부여와 고구려 왕계보

위서魏書 동이전東夷傳 고구려高句麗와 『삼국사기』 고구려본기에는 백고伯固 또는 고국천왕故國川王이 죽었을 때 고구려에서 일어난 내분을 설명하는 부분이 있는데, 이를 통해 이 시기 고구려와 공손씨 정권 사이의 관계를 살펴볼 수 있다.

K-① 백고伯固가 죽고 두 아들이 있었는데, 큰 아들은 발기拔奇, 작은 아들은 이이모伊夷模였다. 발기는 어질지 못하여, 국인國人들이 함께 이이모를 옹립하여 왕으로 삼았다. 백고 때부터 자주 요동遼東을 노략질하였고, 또 유망流亡한 호胡 5백여 가家를 받아들였다. 건안建安 연간(196~219 : 고구려 고국원왕故國川王 18~산상왕山上王 23)에 공손강公孫康이 군대를 보내어 공격하여 그 국國을 격파하고 읍락을 불태웠다. 발기는 형이면서도 왕이 되지 못한 것을 원망하여, 연노가涓奴加와 함께 각기 하호下戶 3만여 구口를 이끌고 공손강公孫康에게 투항하였다가 돌아와서 비류수沸流水 유역에 살았다. 항복했던 호胡도 또한 이이모를 배반하므로 이이모는 다시 새 나라를 세웠는데[更作新國] 오늘날 있는 곳이 이곳이다. 발기는 드디어 요동으로 가고, 그 아들은 구려 국句麗國에 머물렀으니, 지금 고추가古雛加 박위거駁位居가 바로 그 사람이다. 그 후에 다시 현도玄菟를 공격하므로 현도와 요동이 함께 공격하여 크게 격파하였다.[171]

---

171   伯固死 有二子 長子拔奇 小子伊夷模 拔奇不肖 國人便共立伊夷模爲王 自伯固時 數
      寇遼東 又受亡胡五百餘家 建安中 公孫康出軍擊之 破其國 焚燒邑落 拔奇怨爲兄而
      不得立 與涓奴加各將下戶三萬餘口詣康降 還住沸流水 降胡亦叛伊夷模 伊夷模更作
      新國 今日所在是也 拔奇遂往遼東 有子留句麗國 今古雛加駁位居是也 其後復擊玄
      菟 玄菟與遼東合擊 大破之〈『三國志』卷30 魏書30 烏丸鮮卑東夷傳 高句麗〉

K-② 처음에 고국천왕故國川王이 죽었을 때 왕후王后 우씨于氏가 비밀리에 초상난 것을 알리지 않고 … 다음날 새벽에 선왕先王의 명이라 속이고, 여러 신하들에게 명령하여 연우延優를 왕으로 삼았다. 발기發歧가 이를 듣고 크게 화가 나서 병력을 동원해서 왕궁을 포위하고 소리치기를 "형이 죽으면 아우가 잇는 것이 예이다. 네가 차례를 뛰어 넘어 왕위를 찬탈한 것은 큰 죄이다. 마땅히 빨리 나와라. 그렇지 않으면 처자식까지 목베어 죽일 것이다."라 하였다. 연우가 3일간 문을 닫고 있으니, 국인國人 또한 발기를 따르는 자가 없었다. 발기가 어려운 것을 알고 처자를 거느리고 요동으로 도망가서 태수 공손도公孫度를 보고 고하기를 "나는 고구려왕 남무男武의 친동생입니다. 남무가 죽고 아들이 없자 나의 동생 연우가 형수 우씨와 함께 모의하고 즉위하여 천륜의 의를 무너뜨렸습니다. 이 때문에 분하여 상국上國에 투항하러 왔습니다. 엎드려 원하건대 병사 3만을 빌려 주어, 그들을 쳐서 난을 평정할 수 있게 해주소서." 하였다. 공손도가 이에 따랐다. 연우가 동생 계수罽須를 보내 병력을 거느리고 막게 하였는데, 한의 병사가 크게 패했다. 계수가 스스로 선봉이 되어 패배자를 추격하니, 발기가 계수에게 고하여 말하기를 "네가 지금 차마 늙은 형을 해칠 수 있겠느냐?" 하였다. 계수가 형제의 정이 없을 수 없어 감히 해치지 못하고 말하기를 "연우가 나라를 양보하지 않은 것은 비록 의롭지 못한 것이지만, 당신이 한 때의 분함으로 종국宗國을 멸망시키려 하니 이는 무슨 뜻입니까? 죽은 후에 무슨 면목으로 조상들을 뵙

겠습니까?"라 하였다. 발기가 그 말을 듣고 부끄럽고 후회스러움을 이기지 못하여 배천裴川으로 달아나 스스로 목을 찔러 죽었다. 계수가 소리내어 슬피 울며 그 시체를 거두어 풀로 덮어 매장하고 돌아왔다.[172]

〈『삼국사기』권16 고구려본기4 산상왕山上王 즉위조卽位條〉

K-①의 『삼국지』에 기록된 백고伯固는 8대 신대왕新大王 백고伯固(89~179)가 아니라, 9대 고국천왕故國川王 남부男武(179~197)를 잘못 기술한 것으로 보는 것이 일반적이며, K-②의 『삼국사기』 기록에 따라 고국천왕이 죽었을 때

그림47 | 비류수로 추정되는 혼강 또는 부이강

172　初 故國川王之薨也 王后于氏秘不發喪 … 至翌日質明 矯先王命 令群臣 立延優爲
王 發歧聞之大怒 以兵圍王宮 呼曰 兄死弟及 禮也 汝越次簒奪 大罪也 宜速出 不然
則誅及妻孥 延優閉門三日 國人又無從發歧者 發歧知難 以妻子奔遼東 見太守公孫
度 告曰 某高句麗王男武之母弟也 男武死 無子 某之弟延優與嫂于氏謀 卽位 以廢天
倫之義 是用憤恚 來投上國 伏願假兵三萬 令擊之 得以平亂 公孫度從之 延優遣弟罽
須 將兵禦之 漢兵大敗 罽須自爲先鋒追北 發歧告罽須曰 汝今忍害老兄乎 罽須不能
無情於兄弟 不敢害之 曰 延優不以國讓 雖非義也 爾以一時之憤 欲滅宗國 是何意耶
身沒之後 何面目以見先人乎 發歧聞之 不勝慙悔 奔至裴川 自刎死 罽須哀哭 收其屍
草葬訖而還〈三國史記』卷16 高句麗本紀4 山上王 卽位條〉

그림48 | 공손씨가 다스리던 시기의 요동군

그 동생인 발기發歧(拔奇)와 10대 산상왕山上王 이이모伊夷模(延優, 197~227) 사이에 일어난 내분을 기술한 것으로 보는 것이 옳다.[173] 여기서 『삼국지』의 "발기拔奇는 형이면서도 왕이 되지 못한 것을 원망하여, 연노가涓奴加와 함께 각기 하호下戶 3만여 구口를 이끌고 공손강公孫康에게 투항하였다가 돌아와서 비류수沸流水 유역에 살았다"는 내용이 주목된다.

두 사료를 비교해 보면, 발기가 투항하여 귀부할 당시의 요동태수를 『삼국사기』에서는 공손도公孫度(189~204)로, 『삼국지』에서는 공손강公孫康(204~221)으로 각각 달리 표시하고 있다. 공손도公孫度의 아들인 공손강公孫

173   노태돈, 1999, 「娶嫂婚과 친족 집단」, 『고구려사 연구』, 사계절, 174쪽.

康이 아버지에 이어 요동태수가 된 것은 204년인데,[174] 『삼국지』의 기록대로라면 발기의 난이 204년 이후, 즉 산상왕이 즉위한지 8년이 지난 후에 일어난 것이 되므로 옳지 않으며, 『삼국사기』의 기록대로 고국천왕故國川王이 죽고 산상왕山上王이 즉위한 197년에 바로 발기가 난을 일으켰다고 보는 것이 옳다. 그렇다면 이때의 요동태수는 공손도公孫度가 맞다.

여기서 '연노가涓奴加'와 '하호下戶 삼만여구三萬餘口'의 행방에 주목하고자 한다. 『삼국지』에 의하면 연노가涓奴加가 하호下戶 삼만여구三萬餘口를 이끌고 발기拔奇의 편에 가담하였다가 돌아와 비류수沸流水에 거주했다고 표현하였으나, 『삼국사기』에서는 발기發歧가 병사 삼만三萬을 빌려달라고 하자 공손도公孫度가 이를 허락했다고 표현하였다. 같은 사건을 달리 표현한 것으로 보이는 이 서술은 당시 고구려 왕실과 요동태수 공손도公孫度 사이에서 갈팡질팡했던 연노가涓奴加와 하호下戶 삼만여구三萬餘口의 모습을 잘 보여주고 있다고 생각된다. 중국측 입장에서는 이들이 원래 고구려의 연노부涓奴部 세력이었다가 투항해온 무리로 간주하고 있으며, 산상왕山上王의 고구려 왕실에서는 이들을 이미 공손도公孫度의 세력으로 간주하고 있는 것이다.

발기拔奇와 연노가涓奴加의 난은 결국 실패했고, 산상왕山上王 이이모伊夷模는 '갱작신국更作新國(다시 새로운 나라를 세웠다)'하였다. 이때 비류수沸流水로 돌아온 발기拔奇, 연노가涓奴加와 하호下戶 삼만여구三萬餘口는 어떻게 되었을까. 중국측 입장에서는 이들을 정통으로 간주하면서 산상왕山上王 이이모伊夷模가 '갱작신국更作新國'했다고 이해하였으며,[175] 난의 실패 후 자살했다는

---

174   요동 공손씨 정권의 흥망에 대해서는 권오중, 2007, 「遼東 公孫氏政權의 興亡과 '夷人'問題」, 『東北亞歷史論叢』15 및 권오중, 2012, 『요동왕국과 동아시아』, 영남대학교 출판부 참조.

175   金哲埈, 1975, 「高句麗・新羅의 官階組織의 成立過程」, 『韓國古代社會硏究』, 知識産

『삼국사기』의 기록과는 달리『삼국지』에서는 발기拔奇가 요동遼東으로 갔다고 한다.

대체로『삼국지』의 연노부涓奴部는『후한서』의 소노부消奴部에 해당되며,[176]『삼국사기』에 비류수 상류에 위치한 집단으로 나타나는 송양松讓의 비류국沸流國과[177] 비류부沸流部로[178] 보고 있다. 『삼국지』에서 발기拔奇의 난 이후 연노가涓奴加와 하호下戶 삼만여구三萬餘口가 비류수沸流水로 돌아왔다는 점에서도 연노부涓奴部와 비류부沸流部가 서로 연결될 가능성이 크다. 연노부涓奴部는 주몽의 계루부가 왕위를 차지하기 이전의 전 왕족으로, 유리왕 때에는 왕비를 배출하였다.[179] 3세기 중엽에도 연노부는 자체적으로 종묘宗廟와 영성靈星 사직社稷에 제사를 지내는 등[180] 어느 정도 독자적인 기반을 유지하였다. 『삼국지』에 고구려 전체의 인구수가 "호戶 삼만三萬"으로 나타나 있는 것으로 보아,[181] 당시 연노가涓奴加를 따른 하호下戶 삼만여구三萬餘口가 대단히 많은 인구수였음도 알 수 있다.

業社, 228쪽.

최일례, 2015, 「산상왕의 혼인과 고구려의 정치」, 『歷史學硏究』58, 16~17쪽.

176 凡有五族 有消奴部絶奴部順奴部灌奴部桂婁部 本消奴部爲王 稍微弱 後桂婁部代之 〈『後漢書』東夷列傳 高句驪〉

177 王見沸流水中有菜葉逐流下 知有人在上流者 因以獵徃尋 至沸流國 其國王松讓出見 曰〈『三國史記』卷13 高句麗本紀1 東明聖王 卽位年〉

178 春三月 黜大臣仇都逸苟焚求等三人爲庶人 此三人爲沸流部長〈『三國史記』卷14 高 句麗本紀2 大武神王 15年〉

179 秋七月 納多勿侯松讓之女爲妃〈『三國史記』卷13 高句麗本紀1 琉璃王 2年〉

180 王之宗族 其大加皆稱古雛加 涓奴部本國主 今雖不爲王 適統大人 得稱古雛加 亦得 立宗廟 祠靈星社稷 絶奴部世與王婚 加古雛之號〈『三國志』卷30 魏書30 東夷傳 高 句麗〉

181 高句麗 在遼東之東千里 南與朝鮮濊貊 東與沃沮 北與夫餘接 都於丸都之下 方可 二千里 戶三萬〈『三國志』卷30 魏書30 東夷傳 高句麗〉

한편,『삼국사기』의 연나부椽那部는 차대왕을 시해한 명림답부明臨荅夫가 신대왕 2년(166)에 국상國相이 되면서[182] 세력을 확장하였다. 고국천왕 2년(180)에는 제나부提那部 우씨于氏가 왕비가 되었다.[183] 12년(190)에는 왕비의 친척이 4연나椽那와 함께 모반하였지만,[184] 왕비 우씨에 대한 처벌은 없었다.

이러한 시점에 고국천왕이 후사가 없이 죽었고, 우씨 왕후는 차기 왕위 계승권자인 맏동생 발기가 아닌 다음 동생 연우(산상왕)를 후계자로 내세웠다. 그러자 발기는 연노가와 함께 산상왕 정권을 이탈하여 요동 공손씨 정권과 연결되었다. 연노부는 발기의 지지 기반이었던 것이다.

여기에 공손도公孫度가 딸을 처妻로 주었다는 구태仇台의 기사를 연결시켜 해석해볼 필요가 있다. 하호下戶 삼만여구三萬餘口를 이끌고 발기의 편에 가담하였던 연노가涓奴加 세력은 연노부涓奴部 내의 가加로 공손도公孫度와 가까운 집단이었으므로, 우태于台(優台), 곧 구태仇台를 가리킨 것으로 볼 수 있다. 그렇다면,『당회요唐會要』와『책부원구冊府元龜』의 "고려소파高麗所破(고구려에 의해 파괴되었다)"라는 기록은 연노부涓奴部 내의 가加였던 우태于台(優台), 곧 구태仇台가 발기와 함께 공손도公孫度에게 투항한 후 고구려에게 공파된 것을 표현한 것으로 볼 수 있다. 이로 보면,『삼국지』의 연노가涓奴加 우태于台(優台)는 동부여東扶餘의 방계 세력들(해부루의 서손庶孫)을 이끌던 수장이었

---

182   冬十月 椽那皂衣明臨荅夫 因民不忍 弑王 號爲次大王〈『三國史記』卷15 高句麗本
         紀3 次大王 20年〉
             拜荅夫爲國相 加爵爲沛者 令知內外兵馬 兼領梁貊部落 改左右輔爲國相 始於此
         〈『三國史記』卷16 高句麗本紀4 新大王 2年〉
183   春二月 立妃于氏爲王后 后提那部于素之女也〈『三國史記』卷16 高句麗本紀4 故國
         川王 2年〉
184   秋九月 京都雪六尺 中畏大夫沛者於畀留評者左可慮 皆以王后親戚 執國權柄 其子
         弟並恃勢驕侈 掠人子女 奪人田宅 國人怨憤 王聞之 怒欲誅之 左可慮等與四椽那謀
         叛〈『三國史記』卷16 高句麗本紀4 故國川王 12年〉

던 것이다.

고구려와 공손씨 정권 사이에서 벌어진 이 사건을 계기로 연노부涓奴部의 동부여계 세력을 이끌던 수장이었던 우태于台(優台)가 백가百家를 이끌고 대방고지帶方故地로 이동하였다면, 중국 사서에 시조 구태설仇台說로 기록되었을 가능성이 충분하다. 그는 패수浿水와 대수帶水를 건너 대방군의 변경에 자리잡았는데, 그가 원래 비류수沸流水를 근거로 한 연노부涓奴部 내의 수장이었으므로 비류沸流가 미추홀彌鄒忽에 자리를 잡았다는 전승이 생겨난 것으로 볼 수 있다.

I의 비류 전승에 등장하는 대수帶水는 낙랑군의 속현인 함자현含資縣에 있는 하천으로, 서쪽으로 대방현帶方縣에 이르러 바다로 들어간다고 한다.[185] 함자현含資縣은 이후 대방군에 속하게 되므로, 대수帶水는 대방과 밀접한 관계가 있다.

특히 구태가 활동하던 시기에 공손강公孫康은 대방군帶方郡을 설치하고 공

그림49 | 대수(帶水)로 추정되는 황해도 서흥강(瑞興江)

---

185 樂浪郡 武帝元封三年開 莽曰樂鮮 屬幽州 戶六萬二千八百一十二 口四十萬六千七百四十八 有雲鄣 縣二十五 … 含資[帶水西至帶方入海]〈『漢書』卷28下 地理志8下〉

손모公孫模와 장창張敞 등을 보내 유민을 수습하게 하였다.[186] 여기서 공손모는 공손씨 일족으로 유민 수습을 지휘한 인물인 것으로 보아 대방태수帶方太守에 임명되었을 가능성이 크다. 이로 보아 당시『삼국지』에 기록된 부여왕 위구태尉仇台와 혼인했다는 공손도公孫度의 종녀宗女는 바로 대방태수 공손모의 딸이며, 이 전승이『삼국사기』백제본기 책계왕 즉위조의 대방왕녀帶方王女 보과寶菓와도[187] 연결될 수 있다는 견해가 있다. 이 견해에서는 '부여왕 위구태'가 '백제 시조 구태' 전승으로 변화하면서, 공손도의 종녀보다 격을 높여 딸과 혼인한 것으로 격상시켜 시조 전승을 구성한 것으로 보았다.[188] 그렇다면 대방과 백제의 밀접한 관계는 바로 이러한 구태 전승에서부터 비롯된 것으로 볼 수 있다.

공손씨가 대방군을 설치한 황해도 지역에는 2세기 후반부터 전축분塼築墳이 거의 완성된 형태로 갑자기 나타나는데, 이 전축분의 구조는 공손씨 세력권이었던 요동 일대에서 계보를 찾을 수 있다고 한다.[189] 이는 당시 요동에서 대방 지역으로의 주민 이동 결과로 볼 수 있다.

중국 사서에서 구태가 백제를 건국한 곳으로 전하는 대방고지帶方故地는 해부루-우태-비류계의 근거지와 깊이 관련되므로, 이곳을 미추홀 지역으로 이해할 수 있다.

대방고지(미추홀)의 위치에 대해서는 대방군帶方郡(황해도나 경기 북부)으로

---

186   建安中(196~220) 公孫康分屯有縣以南荒地爲帶方郡 遣公孫模張敞等收集遺民 興兵伐韓濊 舊民稍出 是後倭韓遂屬帶方〈『三國志』卷30 魏書30 烏丸鮮卑東夷傳 韓〉

187   高句麗伐帶方 帶方請救於我 先是 王娶帶方王女寶菓爲夫人 故曰 帶方我舅甥之國 不可不副其請 遂出師救之 高句麗怨 王慮其侵寇 修阿旦城蛇城備之〈『三國史記』卷24 百濟本紀2 責稽王 卽位年〉

188   김성한, 2014,「百濟의 건국과 仇台」,『歷史學硏究』56, 89~92쪽.

189   高久健二, 1995,『樂浪古墳文化硏究』, 學硏文化社, 188·219쪽.

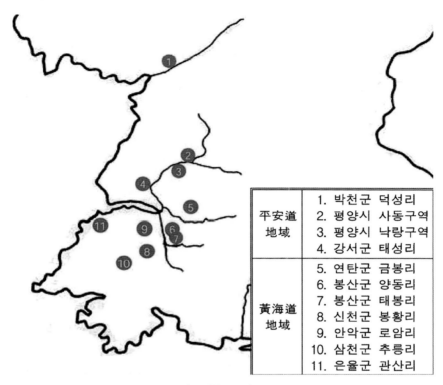

平安道 地域	1. 박천군 덕성리 2. 평양시 사동구역 3. 평양시 낙랑구역 4. 강서군 태성리
黃海道 地域	5. 연탄군 금봉리 6. 봉산군 양동리 7. 봉산군 태봉리 8. 신천군 봉황리 9. 안악군 로암리 10. 삼천군 추릉리 11. 은율군 관산리

그림50 | 서북한 지역의 전축분 분포도(오영찬, 2003)

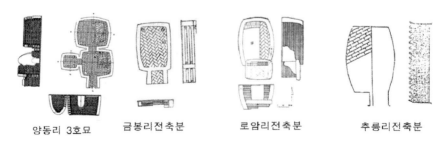

양동리 3호묘　　금봉리전축분　　로암리전축분　　추릉리전축분

그림51 | 황해도 지역의 전축분

보거나, 그에 근접한 지역이면서 고구려와 문화적으로 밀접한 관계가 있는
적석총이 축조된 경기도 서북부 황해 근처의 임진강 유역으로 보려는 견해

가 있다.[190] 구체적으로는 대방고지에 나라를 세웠다는 구태仇台를 곧 우태優台로 보면서, 이들 집단이 『삼국지』 한전韓傳에 기록된 우휴모탁국優休牟涿國에 자리잡았다는 견해도 있다.[191] 곧, 구태(비류 집단)의 일시적인 정착지(미추홀彌鄒忽, 대방고지帶方故地)는 서울 지역보다 이른 시기의 적석총인 삼곶리·학곡리 적석총과 육계토성, 칠중성 등이 위치한 임진강 유역에 있었을 가능성이 크다는 것이다.[192]

백제 초기 기록에 보이는 낙랑 및 말갈과의 잦은 충돌 기록도 서울 지역에 있던 백제가 임진강 유역까지 출병하여 대결한 사실을 나타낸 것이라기보다는, 구태(비류 집단)의 활동 중심지가 이 지역이었기 때문으로 보는 견해가[193] 타당할 것이다.

그렇다면, 해부루解夫婁-우태優台(구태仇台)-비류沸流 집단의 남하南下와 대방고지帶方故地에의 정착 과정을 설득력 있게 받아들일 수 있을 것이다. 이들 집단은 부여계이면서 비류수 유역에 있던 고구려 전 왕족 연노부涓奴部 세력의 일원이었다가 2세기 말에서 3세기 초 사이에 임진강 유역으로 남하하였다. 이들은 고구려의 일원으로 오랜 기간 존재했었기 때문에 고구려 지역의 묘제인 적석총을 쓰게 된 것으로 볼 수 있다.

---

190 李賢惠, 1991, 「馬韓 伯濟國의 形成과 支配集團의 出自」, 『百濟研究』 22, 24쪽.
李賢惠, 1997, 「3세기 馬韓과 伯濟國」, 『百濟의 中央과 地方』, 忠南大學校 百濟研究所, 9~11쪽.
全榮來, 1998, 「百濟의 興起와 帶方故地」, 『百濟研究』 28, 36~37쪽.
金起燮, 1993, 「漢城時代 百濟의 王系에 대하여」, 『韓國史研究』 83, 25쪽.
191 金起燮, 2002, 「백제의 국가성장과 沸流系의 역할」, 『淸溪史學』 16·17合, 502~503쪽.
金起燮, 2007, 「백제의 건국시기와 주체세력」, 『先史와 古代』 27, 17쪽.
192 文安植, 1997, 「百濟의 對中國郡縣關係 一考察」, 『전통문화연구』 4, 172쪽.
193 李賢惠, 1997, 「3세기 馬韓과 伯濟國」, 『百濟의 中央과 地方』, 忠南大學校 百濟研究所.

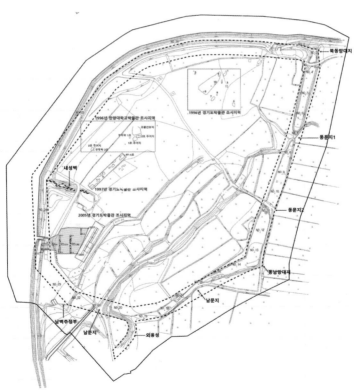

그림52 | 파주 주월리 육계토성

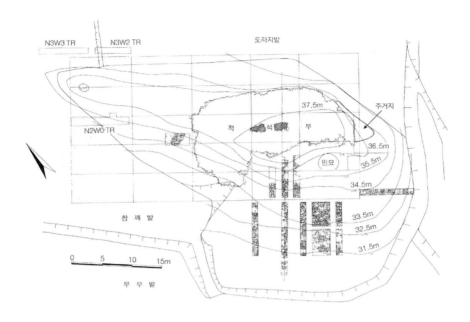

그림53 | 연천 삼곶리 적석묘 발굴 도면(상) 및 발굴사진(하)

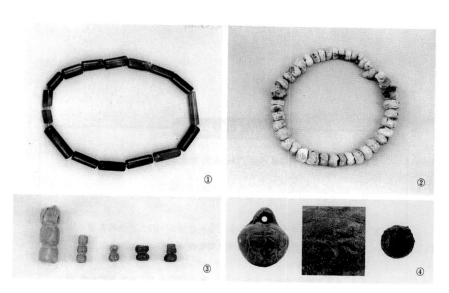

그림54 | 연천 학곡리 적석묘 발굴도면(상) 및 출토유물(하 ① 3호곽 마노제 구슬 ② 2호곽 석제 구슬 ③ 연주옥 ④ 4호곽 청동방울)

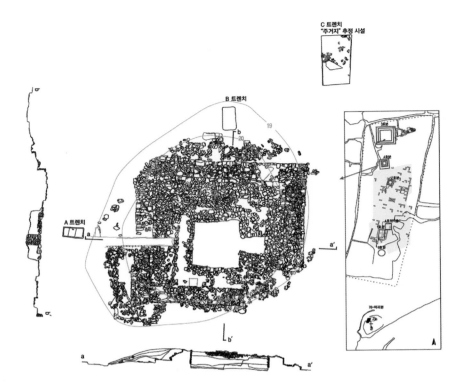

그림55 | 서울 석촌동 4호분

　그리고 예성강禮成江·임진강臨津江 유역 일대에 자리잡았던 비류沸流 집
단이 한군현漢郡縣과 충돌하던 중 고이왕대古爾王代(234~286)에 서울 풍납동
토성, 몽촌토성, 석촌동 고분군 일대의 한강 유역으로 이주하였다는 견해가
있는데,[194] 설득력을 가진다고 생각된다. 그렇다면 비류沸流 집단集團을 서
부西部에만 연결시키는 종래의 편견에서 벗어나 북부北部의 해씨解氏와 연결

194　文安植, 1995, 「百濟 聯盟王國 形成期의 對中國郡縣關係 硏究」, 東國大 碩士論文,
　　　33~39쪽.
　　　李賢惠, 1997, 「3세기 馬韓과 伯濟國」, 『百濟의 中央과 地方』, 忠南大學校 百濟硏究
　　　所, 9~11쪽.

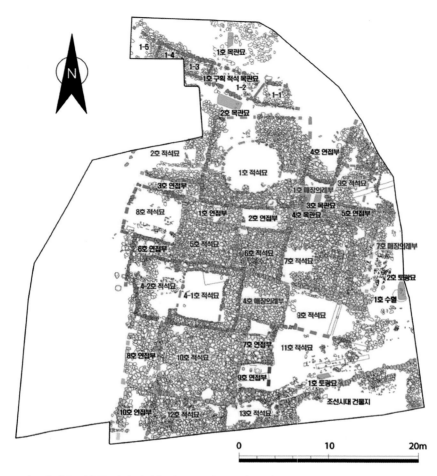

그림56 | 서울 석촌동 연접 적석총 발굴 유구(2019년 현재)

될 개연성도 있다.[195]

　정리하면, 한반도 중부지역으로 남하한 동부여계의 해부루解夫婁-우태優
台(구태仇台)-비류沸流 집단이 2세기 말 3세기 초 즈음에는 임진강 유역 일대
에 자리잡았다가, 3세기 중반 고이왕 때에 한강 유역으로 유입하여 북부여-

195　김기섭, 1998, 「彌鄒忽의 位置에 대하여」, 『韓國古代史研究』 13, 97쪽.

졸본부여계의 동명-온조 집단과 연합한 것이다. 이후 고이왕계 왕실이 지배해 가는 시기에 비류는 온조의 형으로 자리하면서 해부루-우태-비류 전승을 백제의 신화 체계 속에 성립시켰다.

해부루解夫婁-우태優台-비류沸流 전승에서 우태優台의 부인으로 나오고 있는 소서노召西奴의 실체도 이와 관련하여 이해할 수도 있겠다. 소서노召西奴의 '노奴'가 '나那'와 연관되면서 집단의 명칭으로 볼 수 있다는 견해가 있으므로,[196] 소서노召西奴는 한 명의 인물이라기보다는 집단을 상징화해서 표현되었을 가능성도 있다. 그렇다면 비류수沸流水 유역에 거주하던 부여계 집단인 연노부涓奴部 내의 수장인 우태優台(구태仇台)와 고구려 사이에서 갈등하던 집단의 모습이, 우태와 주몽을 남편으로 하면서 고구려 건국에 큰 도움을 주고도 그에게 배신당한 후 백제 건국에 힘을 쏟았다는 소서노召西奴라는 여인의 모습으로 회자된 것이 아닌가 한다.

---

196 李龍範, 1966, 「高句麗의 成長과 鐵」, 『白山學報』 1.
    문안식, 2004, 「백제의 시조전승에 반영된 왕실교대와 성장과정 추론」, 『東國史學』 40.

11. 마무리

온조溫祚는 졸본부여 지역에서 한강 유역으로 남하하여 부아악에 올라 지세를 살핀 후 하남 위례성에 백제를 세웠다. 그는 백제를 건국하자마자 고구려보다 먼저 동명묘東明廟를 세워 제사하였고, 여기서 구연된 신화는 동명 신화였다. 따라서 백제 당시에 신화 상의 시조로 인식된 인물은 온조가 아닌 부여의 시조 동명이었다. 이러한 면모를 잘 보여주는 자료는 일본 사서에 백제 원조 또는 태조로 전하고 있는 도모 전승이다. 그리고 중국 사서에서는 백제를 부여 동명의 후손인 구태가 건국한 것으로 기록되었다.

고구려의 주몽과 부여의 동명은 다른 실체이며, 고구려가 자신의 정통성 확립을 위해 부여 동명 신화를 차용한 주몽 신화를 만들었다면, 백제의 동명 신화는 고구려보다 부여 동명 신화의 원형에 더 가까운 모습이었다.

온조의 백제 건국 이후 백제 한성기 왕실 계보의 변동은 건국 신화상의 계보에 반영되었으니, 부여계이면서 고구려와 관련을 가진 해부루-우태-비류 세력이 고이왕대에 유입하였을 때에는 그들이 우세하여 형으로 위치되면서, 부여에서 먼저 남하하여 한강유역에 정착한 동명(해모수)-온조계를 아우로 설정한 건국 신화의 계보가 마련되었다.

한편, 해부루解夫婁의 서손庶孫으로 나타나고 있는 우태優台는 고구려의 관계官階인 우태于台(優台)와 연결될 수 있으며, 중국 사서의 구태仇台와 연결될 수 있음을 알 수 있었다. 이에 따라 동부여東扶餘의 분열과 고구려 초기의 정치적 변동 및 공손씨 정권과의 관련 속에서 해부루解夫婁-우태優台(구태仇台)-비류沸流 집단의 백제 유입 과정에 대하여 알아보았다.

해부루解夫婁-금와金蛙-대소帶素로 이어지던 동부여는 고구려 대무신왕大武神王의 공격으로 대소왕帶素王이 죽음을 당하고 분열하게 된다. 그 가운데 대소의 막내 동생은 갈사국葛思國을 세우고, 대소의 사촌동생은 고구려 연나부椽那部에 편입된다. 그리고 갈사국을 세운 갈사왕葛思王의 손자 도두都頭는 태조왕太祖王 때에 고구려에 복속되어 우태于台(優台)에 임명된다. 우태于台(優台)는 나那(나부那部) 내부 한 집단의 장長을 의미하며, 이때 우태于台(優台) 도두都頭는 이전에 대소의 사촌 동생이 연나부에 편입되었던 예와 마찬가지로 나那(나부那部) 내에 편입되었을 가능성이 높다. 그렇다면 백제 해부루解夫婁-우태優台-비류沸流 전승에서 해부루解夫婁의 서손庶孫으로 나타나고 있는 우태優台는 바로 해부루의 방계 혈통인 이들을 가리킨다고 볼 수 있다.

이들의 백제 유입 과정은 중국사서에 나타나고 있는 구태仇台 전승을 통해 살펴볼 수 있었는데, 공손도公孫度 정권 시기에 있었던 고구려의 왕위 계승 분쟁과 연관시켜 살펴보았다. 곧, 발기와 함께 한 연노가涓奴加와 하호下戶 삼만여구三萬餘口 세력이 고구려의 분열 속에서 대방帶方과 관련된 지역에 자리잡게 된 사실이 구태 전승으로 자리잡게 된 것으로 보았다. 이들은 고구려의 비류수沸流水 지역을 중심으로 한 전 왕족 연노부涓奴部 세력이었기에, 해부루解夫婁의 서손庶孫 우태優台와 그 아들 비류沸流의 전승이 생겨난 것으로 볼 수 있었다. 이들 집단은 남하하여 대방고지(미추홀)인 임진강 유역에 자리잡고 있다가, 고이왕古爾王 때에 백제 왕위를 차지한 것으로 볼 수 있다.

제3장
백제의 왕과 그 업적

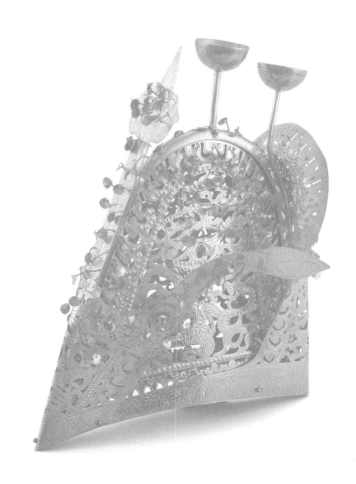

1. 머리말

필자는 서울시 소속 한성백제박물관의 백제학연구소에 근무하고 있는 관계로, 같은 서울시 소속인 송파구청 등으로부터 일반인들을 위해 활용할 수 있는 백제 역사에 대한 요청을 받기도 한다. 서울 송파구는 국제관광 도시를 내세우면서 백제 역사를 활용한 여러 사업들을 진행하고 있는데, 2017년 11월에는 올림픽공원 내 평화의 광장에 야간 관광 명소화 조성 사업의 일환으로 "한성백제의 빛"이라는 경관 조형물을 세우면서 그곳에 백제 31명의 왕에 대한 간단한 업적을 소개하였다. 필자는 여기에 사용될 문구에 대한 감수를 진행하였는데, 담당 공무원과 시공 업체가 작성해온 문구 내용을 살펴보니 잘못된 내용이 많아 전면적으로 다시 작성해야 했다. 그

그림1 | 서울 올림픽공원 평화의 광장 "한성백제의 빛" 점등식

그림2 | 서울 올림픽공원 평화의 광장 "한성백제의 빛" 조형물

러한 과정에서 일반인들에게 간단하면서도 정확한 백제 왕들의 업적을 소
개할 필요성을 느꼈다.

　역사 교육은 초·중·고등학교에서만 이루어지는 것이 아니며, 대중들도
역사에 대한 호기심이 매우 많지만 그에 부응할 수 있는 적당한 자료가 많
지 않다. 중·고등학교 역사 교과서의 백제사 서술에 대한 분석 연구는 많
이 있다.[1] 하지만 전체 교과서 내에서 백제에 대한 서술은 매우 짧고 단편

1　김주성, 2017, 「백제 정치사 논쟁점과 현장교육의 발문」, 『韓國古代史探究』 26.
　　임기환, 2016, 「백제 遼西진출설과 역대 교과서 서술 검토」, 『한국사학보』 63.
　　박현숙, 2015, 「2009 개정 교육과정 중학교 『역사(1)』 교과서의 백제사 쟁점에 대한 서
　　술 검토」, 『선사와 고대』 46.

적이어서, 일반 대중들이 활용할 수 있
는 부분이 적다. 따라서 학생들 및 일반
인들에게 학계의 연구 성과가 반영되면
서도 정확하고 간단히 정리된 자료의
필요성이 절실하다.

　시중에서 대중들이 쉽게 접할 수 있
는 백제사 책으로는 이도학의 백제사와[2]
박현숙의 백제이야기가 있다.[3] 박영규
의 백제왕조실록은[4] 전공자가 아닌 관
점에서 자료를 자의적으로 정리하다보
니 검증되지 않은 부분에 대한 왜곡이
많다. 백제사는『삼국사기』백제본기의
기록이 너무나 소략하여 이를 통해서는
백제의 실상을 알기가 쉽지 않다. 그래

그림3 | 조형물 내 백제 왕 업적 기술

서 필연적으로 중국 정사의 기록들과[5] 함께『일본서기』,[6]『속일본기』,[7]『신

　　이민식, 2006,「고등학교 국사 교과서 분석 -백제사를 중심으로」,『韓國思想과 文化』
　　33.
2　이도학, 1997,『(새로 쓰는)백제사』, 푸른역사; 2003,『(살아있는)백제사』, 휴머니스트.
3　박현숙, 1999,『(잊혀진 우리의 역사) 백제이야기』, 대한교과서.
4　박영규, 2000,『(한권으로 읽는) 백제왕조실록』, 웅진닷컴.
5　유원재, 1995,『中國正史 百濟傳 硏究(增補版)』, 學硏文化社.
6　이근우, 1994,『『日本書記』에 引用된 百濟三書에 관한 硏究』, 韓國精神文化硏究院 박사
　　논문.
　　연민수・김은숙・이근우・정효운・나행주, 2013,『역주 일본서기』1・2・3, 동북아역사
　　재단.
7　스가노노 마미치 외, 이근우 역, 2012,『속일본기』1・2・3・4, 지식을만드는지식.

찬성씨록』과[8] 같은 일본 기록에 대한 깊이 있는 이해가 필수적이다.

전공학자가 쓴 백제 왕대 주요 업적 검토는 이도학의 백제인물사가 있으나,[9] 모든 왕들을 다루지 않으면서 일부 잘 알려진 왕들과 다른 인물들을 함께 다루고 있다. 최근 이희진의 백제왕조실록은[10] 백제 모든 왕들을 다루고 있으면서『삼국사기』나『삼국유사』외에 중국 기록과 함께『일본서기』를 적극적으로 활용하여 서술하고 있는 점이 볼만한데, 문고의 특성상 서술의 근거가 되는 참고 자료가 제시되지 않은 점이 아쉽다.

최근 발간된 백제사 전공 서적으로 노중국은『백제정치사연구』를[11] 출간한 지 30년 만에 그동안의 연구 성과들과 새로 발굴된 고고학 자료들을 반영하여『백제정치사』로 재정리하여 출간하였다.[12] 전덕재는『삼국사기 본기의 원전과 편찬』이라는 단행본을 출간하면서 "백제본기 기록의 기본 원전과 개찬改撰" 부분을 실었다.[13] 이도학은 그동안 백제 도성 관련한 논문들을 모아『백제 도성 연구』라는 단행본을 발간하였다.[14]

이번 장에서는 31명의 백제 왕들이 다스리던 시기에 있었던 일들 중 학계에서 인정될 수 있는 업적들을 간단히 정리하고, 논란이 되는 부분에 대한 근거를 제시하여 각종 역사 교육에 참고 자료로 활용되도록 하고자 한다.

---

8   洪思俊, 1977,「新撰姓氏錄의 百濟人姓氏考」,『馬韓 百濟文化』2.
     洪淳昶, 1982,「日本書記, 新撰姓氏錄 所載의 百濟記事」,『人文研究』1.
     서보경, 2017,「『신찬성씨록(新撰姓氏錄)』의 기초적 연구」,『翰林日本學』30.
     연민수, 2020,『신찬성씨록』상·중·하, 동북아역사재단.

9   이도학, 2004,『백제인물사』, 주류성.

10   이희진, 2017,『백제왕조실록』1·2, 살림.

11   盧重國, 1988,『百濟政治史研究』, 一潮閣.

12   노중국, 2018,『백제정치사』, 일조각.

13   전덕재, 2018,『三國史記 본기의 원전과 편찬』, 주류성.

14   이도학, 2018,『백제 도성 연구』, 서경문화사.

2. 백제 한성기 왕대王代 주요 업적

백제는 고구려, 신라, 가야와 달리 건국 신화로 불릴 만한 것이 부족하며, 건국 과정에서의 신성성이 결여되어 있는 점이 특징이다.[15] 아울러 관련 기록들이 매우 복잡하고 시조로 언급되고 있는 인물도 일반적으로 알려져 있는 온조溫祚와 비류沸流 형제 외에 동명東明, 도모都慕, 우태優台, 구태仇台 등이 나타나고 있어 매우 복잡하다.[16] 그동안의 연구를 통해 백제 당시에는 온조나 비류보다 부여의 시조인 동명(도모)이 시조 또는 태조로 여겨졌으며, 그에 대한 동명묘 제사를 지냈음이 밝혀졌다.

백제 역사 중에서도 초기에 대해서는 학계에서 『삼국사기』의 기사를 크게 신빙하지 않고 있으며 논란도 많다. 백제본기에는 시조 온조왕이 마한 지역의 북쪽 변방에 자리를 잡은 지 얼마 되지 않아 곧 마한을 정복한 이후 그에 대한 기록이 사라지는데,[17] 과연 이때 마한을 멸망시킬 수 있었는지에 대한 문제, 2대 다루왕 때부터 신라와의 교섭과 전쟁을 진행하고 있는 점, 왕들의 재위 연수가 지나치게 길고 계보 관계가 상식적으로 이해하기 힘든 부분이 있다는 점 등이 그러하다.

그리고 『일본서기』에는 백제왕의 이름이 근초고왕부터 언급되고 있다는 점에서, 일제 강점기에는 근초고왕 이전의 백제 역사를 부정하였다. '근

---

15 최광식, 2006, 『백제의 신화와 제의』, 주류성.

16 복잡한 백제 시조에 대한 논의에 대해서는 이장웅, 2017, 『신화 속에 깃든 백제의 역사』, 학연문화사 참조.

17 26년(8) … 冬10月 왕이 사냥을 간다고 하면서, 군사를 출동시켜 馬韓을 기습하였다. 마침내 마한의 國邑을 아울렀는데, 오직 圓山과 錦峴 두 성만은 굳게 수비하고 항복하지 않았다. 27년(9) 夏4月 두 성이 항복하였다. 그곳의 백성들을 漢山의 북쪽으로 이주시켰다. 마한이 마침내 멸망하였다. 〈『三國史記』卷23 百濟本紀1 溫祚王〉

'近'자가 붙여진 후대 왕(근초고왕, 근구수왕, 근개루왕(개로왕))과 붙여지지 않은 전대 왕(초고왕, 구수왕, 개루왕)이 있다는 점에서, 후대 왕을 근거로 전대 왕을 부회시킨 것으로 보기도 했다.

이후 한국학계에서도 구태仇台 시조설을 이용하여 백제의 실질적인 건국을 고이왕으로 보거나,[18] 근초고왕 때에 외부 세력의 정복에 의한 왕실 교체를 이야기하는 등[19] 지금도 백제 초기의 역사를 제대로 이해하기는 쉽지 않다.

온조의 백제 건국 이후 『삼국사기』 초기 기록에 나타나는 백제 왕들의 존재에 대해서는 잘 인정하지 않으려는 경향이 있다. 하지만 일본쪽 기록과 비교하여 검토해 보면, 이들이 허구의 왕이 아니었음을 알 수 있다.

『속일본기續日本記』 환무천황桓武天皇 연력延曆 9년(790) 7월 기사를 보면, 귀수왕貴須王(근구수왕近仇首王)이 백제가 처음 일어난 태조太祖 도모대왕都慕大王으로부터 16세世 왕으로 기록되어 있는데,[20] 온조와 비류 위에 도모왕都慕王(동명왕)을 역대의 수에 포함시킨다면, 근구수왕을 14대代 왕으로 기록한 『삼국사기』와 대략 들어맞는다. 야마토 지배 씨족들의 조상에 대한 기록

---

18   李丙燾, 1976, 「百濟史上의 諸問題」, 『韓國古代史研究』, 博英社.
      仇台 전승에 대한 최근 논의는 이장웅, 2016, 「百濟 始祖 仇台·沸流 傳承의 성립과 高句麗·公孫氏 관계」, 『백제문화』 55 참조.
19   李基東, 1981, 「百濟 王室交代論에 대하여」, 『百濟研究』 12.
      이도학, 1990, 「백제의 기원과 국가형성에 관한 재검토」, 『한국고대국가의 형성』, 민음사.
20   秋7月 辛巳 … 眞道 等은 本系가 百濟國 貴須王에서 나왔습니다. 貴須王은 百濟가 처음 일어난 때로부터 16世 王입니다. 대저 百濟의 太祖 都慕大王은 日神이 내려온 분으로, 扶餘에 머물러 나라를 열었습니다. 天帝가 錄을 주어 여러 韓을 거느리고 王을 칭하게 하였습니다. 시대를 내려와 近肖古王에 이르러 멀리서 聖朝의 교화를 사모하여 비로소 貴國에 朝聘을 시작하였습니다. 이는 神功皇后가 섭정하던 해의 일입니다. 〈『續日本紀』 延曆 9年(790)〉

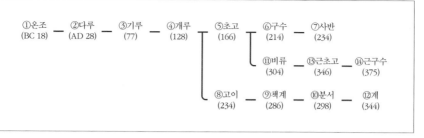

그림4 | 『삼국사기』 백제본기에 나타난 1~14대까지의 백제왕계표(괄호 안은 즉위년도)

으로 815년에 편찬된 『신찬성씨록新撰姓氏錄』에도 혜왕惠王이 도모왕都慕王의 30세손, 문연왕汶淵王(문주왕文周王)이 24세손으로 되어 있으므로,[21] 『삼국사기』에 혜왕이 28대, 문주왕이 22대 왕으로 기록된 것과 거의 차이가 없다.

특히 『신찬성씨록』에서는 춘야련春野連과 문사씨汶斯氏가 속고왕速古王의 후손인 ⑪비류왕比流王의 후손이라고 했으므로,[22] 속고왕은 ⑬근초고왕이 아닌 ⑤초고왕을 가리킨 것으로 볼 수 있다. 그리고 석야련石野連의 출자는 백제국 사람 근속왕近速王의 후손 억뢰복류憶賴福留라고 기록한 점에서,[23] 이 근속왕은 ⑬근초고왕을 가리킴을 알 수 있다. 이처럼 속고왕速古王(⑤초고왕 肖古王, 재위 166~214)과 근속왕近速王(⑬근초고왕近肖古王, 재위 346~375)을 분명하게 구별하여 모두 인정하고 있으므로, 이를 통해서도 『삼국사기』 백제본기에 기록된 초기 왕들이 후대 왕 이름을 바탕으로 가공한 인물이 아님이 증명된다.

한편, 『일본서기』 권14 웅략천황雄略天皇 2년(458)조에 인용된 『백제신찬

21　百濟朝臣 出自百濟國都慕王三十世孫惠王也 百濟公 出自百濟國都慕王二十四世孫汶淵王也〈『新撰姓氏錄』 左京諸番下〉

22　春野連 出自百濟速古王孫比流王也 汶斯氏 春野連同祖 速古王孫比流王之後也〈『新撰姓氏錄』 右京諸番下〉

23　石野連 出自百濟國人近速王孫憶賴福留也〈『新撰姓氏錄』 左京諸番下〉

百濟新撰』에 "기사년(429?)에 개로왕이 즉위하였다"는[24] 기록을 통해, 여기의 개로왕을 을미년(455)에 즉위한 ㉑개로왕蓋鹵王(근개루왕)이 아니라, 무진년 (128)에 사망한 ③기루왕己婁王의 뒤를 이어 기사년(129)에 즉위한 것으로 볼 수 있는 ④개루왕蓋婁王으로 보면서,『백제신찬』기록에 ④개루왕의 즉위 관련 기록이 있었음을 유추한 연구도 있다.[25]

그리고 백제의 역사에서 ⑧고이왕의 등장은 대개 계통이 다른 왕계보가 등장한 것으로 보고 있다.[26] 고이왕의 즉위에 대해『삼국사기』에서는 ⑥구수왕의 장자인 ⑦사반왕이 왕위를 계승하였으나 어려서 정사를 볼 수 없었으므로 ④개루왕의 둘째 아들이자 ⑤초고왕의 '모제母弟'인 고이왕이 즉위하였다고 기록하였다.[27] 고이왕은 초고왕과 형제임에도 불구하고, 형인 초고왕의 아들인 구수왕을 이어서, 초고왕의 손자인 사반왕을 대신하여 왕위에 올라 53년간이나 통치하고 있다. 이를 액면 그대로 믿는다면, 그가 개루왕이 죽은 해인 166년에 출생하였다 하더라도 286년 사망시에는 무려 120세나 되니, 이와 같은 일은 상식적으로 이해하기 힘들다.[28] 이뿐만 아니라 고

---

24 秋七月 百濟池津媛 違天皇將幸 婬於石川楯[舊本云 石河股合首祖楯] 天皇大怒 詔大伴室屋大連 使來目部張夫婦四支於木 置僕廐上 以火燒死[百濟新撰云 己巳年 蓋鹵王立 天皇遣阿禮奴跪 來索女郎 百濟莊飾慕尼夫人女 曰適稽女郎 貢進於天皇]〈『日本書紀』卷14 雄略天皇 2年(458)〉

25 이재석, 2001,『일본서기』속의 백제 왕력 소고 -『백제신찬』의『기사년개로왕립』기사에 대한 일해석」,『일본학』20.

26 천관우, 1989,『古朝鮮史・三韓史硏究』, 一潮閣, 327쪽.
    이장웅, 2006,「百濟 漢城期 王室의 變動과 建國神話의 變化 過程」, 고려대 한국사학과 석사논문.

27 蓋婁王의 둘째 아들이다. 仇首王이 재위 21년에 사망하자, 長子인 沙伴이 왕위를 이었으나 나이가 어려 정사를 잘 처리하지 못하였으므로 肖古王의 母弟인 고이가 즉위하였다.〈『三國史記』卷24 百濟本紀2 古尒王 卽位年〉

28 李基東, 1981,「百濟王室 交代論에 대하여」,『百濟硏究』12, 59쪽.

이왕 9년에는 숙부 질質을 우보右輔로 삼았다고 하는데,[29] 그것이 사실이라면 질은 적어도 고이왕의 할아버지인 ③기루왕이 죽은 해(128) 이전에는 출생했어야 하므로, 질이 우보가 된 고이왕 9년(242)에는 나이가 최소 114세 이상이 되어 역시 이해하기 어렵게 된다.

만약 백제 왕실 계보를 작성한 사람이 왕위 계승 관련 기록을 마음대로 조정할 수 있었다면 이러한 불합리한 현상이 『삼국사기』 백제본기에 그대로 기재되기는 어려웠을 것이다. 따라서 ⑤초고왕-⑥구수왕-⑦사반왕, ⑪비류왕-⑬근초고왕과 ⑧고이왕-⑨책계왕-⑩분서왕-⑫계왕으로 이어지는 세대 계승은 비교적 분명하게 기억된 계보였을 것이며,[30] 이렇게 기억된 역사가 백제 당시에 공인된 계보로 인정되었을 것이다. 이러한 점에서 고이왕의 즉위는 이전의 동명-온조-초고계 왕실과는 다른 계통의 왕실이 등장한 것으로 볼 수 있고, 이와 함께 기존의 왕실 계보에 그들의 계보를 연결시킨 것으로 보는 것이 합리적이다.

『삼국사기』 백제본기 초기 기사에 나타나는 신라와의 전쟁 기사에 대한 이해 문제도 중요하다. 어떤 학자들은 이를 후대에 있었던 기사가 앞 시기에 부회된 것으로 보기도 하나, 이를 경주 지역으로 남하하는 과정에 있던 진한계 집단과 백제의 관계로 보거나,[31] 실제 그 가능성을 합리적으로 이해하고자 하는 시도도 이루어진 바 있다. 그러므로 외부자의 관점에서 기록한 중국 정사 『삼국지』 기록과 내부자의 관점에서 기록한 『삼국사기』 기사를 함께 최대한 신뢰하면서 왕대 업적을 서술할 필요가 있다.

---

29   夏四月 以叔父質爲右輔〈『三國史記』卷24 百濟本紀2 古尒王 9年〉
30   김기섭, 2000, 「백제의 왕실 계보와 근초고왕」, 『백제와 근초고왕』, 학연문화사, 46~59쪽.
31   천관우, 1989, 『古朝鮮史·三韓史硏究』, 一潮閣, 178-188쪽.

근초고왕에 대해서는 일반인들의 인식이 지대하지만, 정작『삼국사기』등에 직접 기록된 그의 행적은 매우 적다. 그의 행적으로 널리 알려져 있는 마한 정복과 전라도 남해안 일대까지의 지배력 확장, 낙동강 유역 가야제국에 대한 영향력 확립과 같은 문제는『일본서기』신공황후 49년 기사를[32] 합리적으로 해석하면서 나온 것이다. 근초고왕 때에 왜에 하사한 것으로 알려져 있는 칠지도에[33] 대한 문제도 아직 논란 중에 있다.[34] 근초고왕은 중국사서에 처음 부여씨인 "여구餘句"라는 이름으로 등장하고 있으며, 낙랑태수

---

32 곧 木羅斤資와 沙沙奴跪[이 두 사람은 그 姓을 모르는데, 다만 木羅斤資는 백제 장군이다]에게 精兵을 이끌고 沙白·蓋盧와 함께 가도록 명하였다. 함께 卓淳에 모여 신라를 격파하고, 比自㶱·南加羅·喙國·安羅·多羅·卓淳·加羅의 7국을 평정하였다. 또 군대를 옮겨 서쪽으로 돌아 古奚津에 이르러 南蠻 忱彌多禮를 도륙하여 백제에 주었다. 이에 왕 肖古와 왕자 貴須가 군대를 이끌고 와서 만났다. 이 때 比利·辟中·布彌支·半古의 四邑이 스스로 항복하였다.〈『日本書紀』卷9 神功皇后 49年(249+120) 春3月〉

33 秋9月 丁卯朔 丙子에 久氐 等이 千熊長彦을 따라와서 七枝刀 1자루와 七子鏡 1개 및 여러 가지 귀중한 보물을 바쳤다. 그리고 (백제왕의) 啓에는 "臣國의 서쪽에 시내가 있어 근원이 谷那 鐵山으로부터 나오는데, 그곳은 7일 동안 가도 이르지 못할 정도로 멉니다. 이 물을 마시다가 문득 이 산의 철을 얻어서 성스러운 조정에 길이 바치겠습니다. 이에 손자 枕流王에게 '지금 내가 통교하는 海東의 貴國은 하늘이 열어준 나라이다. 그래서 天恩을 내려 海西를 나누어 우리에게 주었으므로 나라의 기틀이 길이 굳건하게 되었다. 너도 마땅히 우호를 잘 다져 土物을 거두어 공물을 바치는 것을 끊이지 않는다면 죽더라도 무슨 한이 있겠느냐'라 일러두었습니다"라고 하였다. 이 이후로 매년 계속해서 조공하였다.〈『日本書紀』卷9 神功皇后 52年(252+120)〉
泰口四年十一月十六日丙午正陽造百練[銕]七支刀[帶]辟百兵宜供供侯王口口口口作〈七支刀 앞면〉
先世以來未有此刀百濟王世[子]奇生聖音故爲倭王旨造傳示後世〈七支刀 뒷면〉
〈鈴木勉·河內國平, 2006,『復元七支刀-古代東アジアの鉄·象嵌·文字』, 雄山閣, 168~172쪽.〉

34 한성백제박물관·동아시아비교문화연구회, 2016.10.21,『칠지도에 대한 새로운 이해』국제학술회의 자료집.

樂浪太守로 책봉받았다.[35]

중국 남조계 사서에 기록된 백제의 요서遼西 진출 문제는[36] 당시 요서 지역의 여러 세력 집단에 대해 면밀히 검토해 본다면 대체로 부정적이지만, 일시적인 진출이었거나 교역 거점일 수는 있다.[37] 요서 지역의 정치적 동향을 면밀하게 살핀 백제와 요서와의 관계에 대한 연구도 있다. 이들 연구에

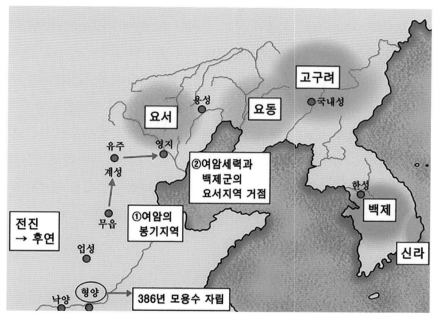

그림5 | 백제의 요서 진출 관련 지역과 인물

35 春正月辛丑 百濟林邑王各遣使貢方物 … 六月 遣使拜百濟王餘句爲鎭東將軍領樂浪太守〈『晉書』권9 帝紀 簡文帝 咸安 2年(372)〉

36 百濟國은 본래 高驪와 함께 遼東의 동쪽 千餘里에 있었다. 그 후 高驪는 요동을 경략하여 차지하였고, 백제는 遼西를 경략하여 차지하였다. 백제가 통치한 곳은 晉平郡 晉平縣이라 한다.〈『宋書』卷97 列傳57 夷蠻 東夷 百濟國〉

37 최근의 백제 요서 진출 관련 논의는 한성백제박물관, 2015, 『백제와 요서지역』, 백제학연구총서 쟁점백제사 7에 잘 정리되어 있다.

서는 백제의 요서 진출에 대해 부정의 입장이 조금 더 강하지만[38] 비록 잠깐이라 할지라도 긍정적으로 보려는 입장도 있어[39] 논의가 좁혀지지 못하고 있는 추세이다.

최근 백제의 요서 진출을 긍정적으로 보려는 이전 논문의[40] 연장선상에서 요서 지역에 보이는 백제의 실체에 대한 논문이 발표되었다.[41] 백제의 요서 지역 동향과 관련하여 주목되는 것은 이 지역에 사민된 부여왕 여현餘玄에서부터 부여씨扶餘氏를 칭한 이후, 부여왕자扶餘王子 여울餘蔚, 385년 여암餘巖의 반란 등 부여 계통 이주민들의 활동상이 보인다는 점이다. 백제도 근초고왕 시기에 동진과 교류하면서 왕이 부여씨를 칭하였는데, 이는 고구려를 의식하면서 요서 지역에 있는 부여계 이주민과의 친연성을 강조하기 위한 표방으로 보았다. 백제가 동진과 통교 가능했던 것은 우선 중간 기착지인 요서 지역에 거점이 마련되었기 때문으로 보았다. 낙랑과 대방군의 퇴각 이후 이들 지역을 둘러싼 백제와 고구려의 대립은 요하를 경계로 둔 요서 지역에서도 전개되었고, 이것이 요서 경략설이 진나라 말기에 생성된 이후 과장되는 배경이 되었다고 한다.

① 제1대 시조 온조왕始祖溫祚王(재위 BC 18~AD 28년)

온조는 졸본부여 지역에서 고구려 2대 유리왕과의 왕위 계승 경쟁에 밀려 형 비류와 함께 한반도 중부의 마한 지역으로 남하하였다. 비류는 미추

38　余昊奎, 2001, 「百濟의 遼西進出說 再檢討」, 『진단학보』 91.

39　강종훈, 2003, 「4세기 백제의 遼西 지역 진출과 그 배경」, 『韓國古代史研究』 30.

40　정재윤, 2005, 「中國 史書에 보이는 百濟의 遼西進出에 대한 고찰」, 『漢城百濟 史料研究』, 경기문화재단.

41　정재윤, 2018. 「중국 遼西 지역에 보이는 백제의 실체」, 『東北亞歷史論叢』 61.

홀에 자리잡았고, 온조는 위례성에 도읍을 정했다. 아버지는 부여 사람인 우태이며, 어머니는 연타발의 딸 소서노이다.

소서노는 처음에 우태와 결혼하여 비류와 온조를 낳았고, 이후 고구려 시조 주몽과 재혼하였지만, 고구려의 왕위 계승 경쟁에서 아들 비류와 온조가 부여에서 남하한 유리에게 밀리자 아들들과 함께 남하하였다.

온조는 처음에 나라 이름을 십제라 하였고, 나중에 세력이 커지면서 백제로 고쳤다. 부여 시조 동명왕東明王의 후계자임을 내세우면서 동명왕의 사당을 세워 나라의 안녕을 빌었다.

재종숙부 을음乙音을 우보右輔에 임명하여 군사 관계 일을 맡겼다. 북쪽의 말갈과 동쪽의 낙랑이 변경을 자주 침략하였고, 남쪽의 마한 지역을 공략하기도 했다. 검소하면서도 누추하지 않고, 화려하면서도 사치스럽지 않은 궁실을 지었다.

그림6 | 백제 한성 왕궁의 기와(서울 풍납동 토성 미래마을 마-1호 건물지, 한성백제박물관)

② 제2대 다루왕多婁王(재위 28~77년)

　다루왕多婁王은 온조왕溫祚王의 맏아들이다. 도량이 넓고 명망이 높았다. 30년과 31년에 말갈과 싸워 승리했으며, 34년과 55년에도 말갈이 침략하였다. 33년(다루왕 6년)에는 맏아들 기루己婁를 태자로 세우고, 죄수들을 크게 사면하였다. 남쪽 지역의 논에서 쌀농사를 짓도록 하였다. 63년에는 신라

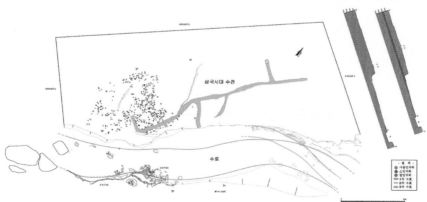

그림7 | 백제 한성기 논 유적인 화성 송산동 농경 유적(한신대학교박물관, 2009)

왕에게 사신을 보내 만나기를 요청하였으나 거절당했고, 이후 64년, 66년, 70년, 74년, 75년에는 신라를 공격하기도 했다.

③ 제3대 기루왕己婁王(재위 77~128년)

기루왕己婁王은 다루왕多婁王의 맏아들이다. 뜻과 식견이 넓고 원대하여, 사소한 일에 마음을 두지 않았다. 가뭄과 홍수, 지진이 자주 일어나 혼란하여, 백성들이 서로 잡아먹을 지경에 이르기도 하였다. 85년에 신라의 변경을 침공하였고, 105년과 113년에는 신라에 화친을 요청하기도 했다. 125년에는 신라가 말갈의 침략을 당해 구원병을 요청하자 구원하였다.

④ 제4대 개루왕蓋婁王(재위 128~166년)

개루왕蓋婁王은 기루왕己婁王의 아들이다. 성격이 공손하고 품행이 단정하였다. 132년에 북한산성을 쌓았다. 155년에 신라의 아찬 길선이 반란을 일으켜 백제로 도망하자 그를 받아들이고 돌려보내지 않았으며, 이에 신라왕이 노하여 쳐들어왔으나 잘 방어하였다.

⑤ 제5대 초고왕肖古王(재위 166~214년)

초고왕肖古王은 개루왕蓋婁王의 아들이다. 167년에 신라의 서쪽 변경을 공격하자 신라도 반격하여 한수漢水까지 진격해왔다. 170년에도 신라의 변경을 침공하였다. 188년에는 신라의 모산성母山城을 공격하였고, 189년에는 신라와 구양狗壤에서 싸우다가 패했다. 190년에는 신라의 원산향圓山鄉과 부곡성缶谷城을 공격했다. 199년에도 신라를 공격하였고, 204년에는 신라의 요거성腰車城을 공격하였다. 210년에는 말갈의 침입에 대비해 적현성赤峴城과 사도성沙道城을 쌓고 동부의 백성을 이주시켰다. 210년에는 말갈이 사도성沙道城을 공격하였고, 214년에 북부의 진과眞果에게 말갈의 석문성을 습격하게 하자 말갈군이 술천述川까지 침입하였다.

⑥ 제6대 구수왕仇首王(재위 214~234년)

구수왕仇首王은 귀수왕貴須王이라고도 불렸으며, 초고왕肖古王의 맏아들이다. 신장이 7척이고 풍채가 특이하였다. 216년 말갈이 적현성赤峴城을 공격하자, 왕이 정예 기병을 이끌고 추격하여 사도성沙道城 밖에서 격파하였다. 218년에는 신라의 장산성獐山城을 공격했으나 패했다. 220년에는 말갈이 북쪽을 침입했으며, 221년에는 한수 서쪽에서 대대적으로 군사를 사열하였다. 222년에는 신라의 우두진牛頭鎭을 공격하여 이겼고, 224년에는 신라가 침입하였으나 이기지 못했다. 229년에는 말갈이 우곡牛谷을 약탈하였다. 제방을 쌓고 농사를 장려하여 백성들의 생활을 안정시키려고 노력하기도 했다.

⑦ 제7대 사반왕沙伴王(재위 234~234년)

사반왕沙伴王은 구수왕의 맏아들로 왕위를 계승하였지만, 어려서 정사를 잘 처리하지 못한다는 이유로 폐위되었다.

⑧ 제8대 고이왕古爾王(재위 234~286년)

고이왕은 4대 개루왕의 둘째 아들이자 5대 초고왕의 동생으로 기록되어 있다. 그러나 고이왕이 개루왕 말년에 태어났다 하더라도, 다음 5대 초고왕이 48년간 재위하였고, 6대 구수왕이 20년간 재위한 이후에 즉위하여 53년간 재위한 이후에 사망하였으므로, 그는 최소 123년 이상 생존한 것이 된다. 그러므로 고이왕의 즉위는 계통이 다른 왕통이 등장한 것으로 보인다.

고이왕은 국가 체제의 정비와 왕권의 강화에 주력하여 백제의 국가적 기반을 다져놓은 인물로 평가받고 있다. 246년에는 위魏나라 유주자사幽州刺史 관구검毌丘儉이 낙랑태수 유무劉茂, 대방태수 왕준王遵과 함께 고구려를 공격하는 틈을 이용하여 좌장 진충眞忠에게 낙랑의 변방 주민들을 습격하여 잡아오게 하였으나, 유무가 분개하자 잡아온 사람들을 다시 돌려보냈다. 260년에는 6좌평과 16품의 관등을 제정한 것으로 기록되었다. 261년 정월에는 왕이 자주빛으로 된 큰 소매 달린 도포와 푸른 비단 바지를 입고, 금화金花로 장식한 오라관을 쓰고, 흰 가죽띠를 두르고, 검은 가죽 신을 신고, 남당南堂에 앉아서 정사를 처리하였다. 262년에는 관리가 뇌물을 받거나 도적질한 자는 그 세 배를 배상하며 종신 금고형禁錮刑에 처하라는 명령을 내렸다.

고이왕은 『진서』 마한전에서 서진西晉(265~317)과 교섭했던 마한의 맹주로 이해되며, 이를 통해 당시 백제가 마한의 중심국으로 성장하였음을 알 수 있다. 나라의 남쪽 소택지에 논을 개간하도록 하여 농업 생산력의 증대를 장려하기도 했다.

⑨ 제9대 책계왕責稽王(재위 286~298년)

책계왕責稽王은 청계왕靑稽王으로도 불렸다. 고이왕의 아들이며, 왕비는 대방왕의 딸 보과寶菓이다. 286년에 위례성을 보수했고, 고구려가 대방을 치자 대방의 요청으로 군사를 보내 고구려를 물리쳤다. 고구려의 침략을 염려하여 아차성阿且城과 사성蛇城을 수축하여 방비하였다. 298년 한漢이 맥인貊人을 이끌고 침략하자 왕이 직접 나가 방어하다가 살해당했다.

⑩ 제10대 분서왕汾西王(재위 298~304년)

분서왕汾西王은 책계왕의 맏아들이다. 304년 낙랑의 서쪽 현縣을 기습하여 빼앗았으나, 낙랑태수가 보낸 자객에게 살해당했다.

⑪ 제11대 비류왕比流王(재위 304~344년)

비류왕比流王은 6대 구수왕의 둘째 아들이자 사반왕의 아우로 기록되어 있다. 성격이 너그럽고 인자하여 사람을 아끼며 힘이 세고 활을 잘 쏘았다. 오랫동안 평민으로 살면서 명성을 떨쳤으며, 분서왕이 사망하자 비록 여러 명의 아들이 있었으나 모두 어려서 왕으로 세울 수 없었기 때문에, 신하와 백성들의 추대에 의하여 왕위에 올랐다.

그런데 구수왕이 사망하는 234년에 비류왕이 출생했더라도, 70세에 왕위에 올라 41년간 재위하다가 110세로 사망하기는 어렵다. 그러므로 고이왕계의 왕실로 볼 수 있는 책계왕과 분서왕이 연이어 살해된 후 이루어진 비류왕의 즉위는, 초고왕계 왕실이 다시 왕위를 차지한 것으로 보고 있다. 비류왕은 백성의 어려움을 잘 살폈으니, 홀아비, 과부, 고아, 자식 없는 늙은이들로서 자력으로 살 수 없는 자들에게 일인당 곡식 3석씩을 주기도 했다.

⑫ 제12대 계왕契王(재위 344~346년)

계왕契王은 10대 분서왕의 맏아들이다. 천성이 강직하고 용맹스러웠으며, 말 달리고 활쏘기를 잘했다. 분서왕이 사망하였을 때는 계왕이 어려서 왕위에 오를 수 없었는데, 비류왕이 재위 41년에 사망하자 그가 즉위하였다. 비류왕 사후 초고왕계가 계속 왕위를 잇지 못하고 고이왕계인 계왕이 왕위에 오른 점에 대해서는, 근초고왕에 의해 그가 실권을 상실한 상태에서 명목상 잠시 즉위한 것으로 보기도 한다. 즉위 3년 만인 346년에 사망하였다.

⑬ 제13대 근초고왕近肖古王(재위 346~375년)

근초고왕近肖古王은 11대 비류왕의 둘째 아들로 기록되었다. 『진서晉書』에는 여구餘句(부여구扶餘句)로, 『일본서기日本書紀』에는 초고왕肖古王, 속고왕速古

王으로, 『신찬성씨록新撰姓氏錄』에는 근속왕近速王으로, 『고사기古事記』에는 조고왕照古王으로 기록되어 있다.

근초고왕은 사방으로 백제의 영토 확장에 힘써 전성기를 이끈 군주이다. 『일본서기』 신공기 49년 기사를 해석하면, 369년 무렵에 마한 지역을 정복하여 전라도 남해안 일대까지 지배력을 미쳤으며, 낙동강 유역에도 진출하여 가야제국에 대한 영향력도 확립했음을 알 수 있다. 371년에는 고구려의 평양성을 공격하여 고국원왕을 죽이는 전과를 올렸다. 372년에는 중국 남조 동진東晉으로부터 진동장군鎮東將軍 령領 낙랑태수樂浪太守라는 작호를 받았다.

한편, 아직기와 왕인을 왜에 보내 왕세자에게 학문을 가르쳐 주었고 『천자문』과 『논어』 등 선진 문물을 전하도록 했다. 또한 박사 고흥은 역사책인

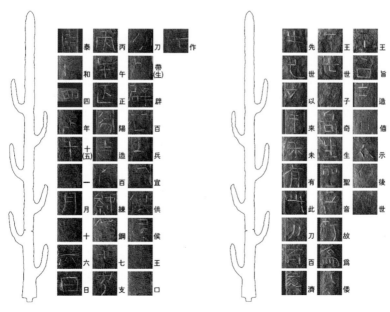

그림8 | 칠지도 앞면   그림9 | 칠지도 뒷면

그림10 | 광개토왕릉 비문 (주운태 탁본)

『서기』를 저술하였다. 근초고왕 때에 왜왕에게 칠지도七支刀를 하사한 것으로 보기도 한다.

⑭ 제14대 근구수왕近仇首王(재위 375~384년)

근구수왕近仇首王은 근초고왕의 아들이며, 왕비는 아이부인阿尒夫人이다. 태자 시절부터 아버지 근초고왕을 도와 정복 활동에 적극적으로 참여했으니, 특히 고구려와의 369년 치양雉壤 전투, 371년 평양성 전투에서 크게 활약하였다. 즉위한 뒤에는 377년에 군사 3만 명으로 고구려의 평양성을 침공하였다. 382년에는 심한 가뭄으로 백성들이 굶주려 자식을 파는 자가 나타나자, 왕이 나라의 곡식을 내어 대신 값을 물어 주기도 했다.

⑮ 제15대 **침류왕**枕流王(재위 384~385년)

침류왕枕流王은 근구수왕의 아들이며, 어머니는 아이부인阿尒夫人이다. 384년에 동진에서 인도 승려 마라난타가 오자 그를 궁중으로 맞아들여 우대하고 공경하면서 불교가 시작되었다. 385년 한산에 불교 사원을 세우고, 10명의 승려를 두었다.

⑯ 제16대 **진사왕**辰斯王(재위 385~392년)

진사왕辰斯王은 14대 근구수왕의 둘째 아들이자 침류왕의 동생이다. 침류왕이 죽고 태자가 어린 까닭에 용맹하고 총명하며 지략이 뛰어난 숙부 진사가 왕위에 올랐다. 『진서晉書』에는 그의 이름이 여휘餘暉로 기록되었다.

386년에는 남진해 오는 고구려와의 치열한 싸움에 대비해 청목령靑木嶺에서 북으로 팔곤성八坤城, 서로는 바다에 이르는 방책을 쌓았다. 그러나 고

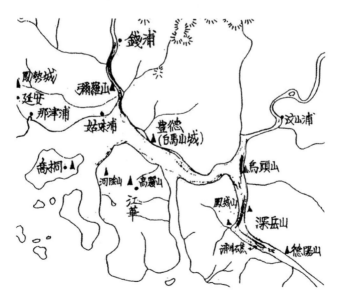

그림11 | 한강 하류의 관미성 추정지

구려 광개토대왕의 침입으로 392년 석현성 등 10여 성과 한수 북쪽의 여러 부락, 그리고 관미성을 빼앗겼다.

비정상적으로 즉위한 진사왕은 빈번한 토목공사와 전쟁으로 왕실의 위엄을 과시하려 했으나, 무리한 토목공사와 고구려전의 패배로 인한 지배세력의 동요로 392년에 구원의 행궁에서 죽게 된다.

⑰ 제17대 아신왕阿莘王(재위 392~405년)

아신왕阿莘王은 아방왕阿芳王 또는 아화왕阿花王이라고도 하며, 침류왕의 맏아들이다. 그가 한성 별궁에서 태어났을 때 신비로운 빛이 밤을 밝혔으며, 장성하자 의지와 기풍이 호방하였고 매 사냥과 말타기를 좋아하였다고 한다. 침류왕이 사망했을 때 나이가 어리다는 이유로 숙부인 진사가 먼저 즉위했다가 죽은 후에 그가 즉위하였다. 393년, 394년, 395년에 계속 고구려를 공격하였으나 고구려 광개토왕의 반격으로 크게 패했고, 왕이 다시 보복하려 직접 군사를 이끌고 한수를 건너 청목령 아래에 진을 쳤으나 큰 눈을 만나 회군하였다. 397년에 한수 남쪽에서 대대적으로 군대를 사열한 이후, 398년과 399년에도 고구려를 공격하려 했으나 뜻을 이루지 못했다.

⑱ 제18대 전지왕腆支王(재위 405~420년)

전지왕腆支王은 아신왕의 맏아들이고, 왕비는 팔수부인八須夫人이다. 그는 태자로 있을 때인 397년에 왜의 군사 지원을 위한 볼모로 왜에 보내졌다. 아신왕이 죽자 왜에 인질로 체류하고 있던 태자 전지가 8년 만에 귀국길에 올랐고, 큰 아우인 훈해訓解가 일시 섭정을 하면서 그를 기다리고 있었다. 이때 작은 아우인 첩례諜禮가 형 훈해를 죽이고 왕위를 찬탈하였으나, 한성 사람 해충解忠과 지지세력에 의해 진압되고 전지가 왕위에 올랐다.

대외적으로 중국 동진이나 왜와의 우호 관계를 계속 유지했으며, 408년
에는 여신餘信을 상좌평에 처음 임명하여 군사와 정사를 맡겼다.

⑲ 제19대 구이신왕久尔辛王(재위 420~427년)

구이신왕久尔辛王은 전지왕의 맏아들이며, 어머니는 팔수부인八須夫人이
다. 왕이 어려서 즉위하여 어머니가 섭정하였는데, 목라근자木羅斤資의 아들
목만치木滿致가 왕의 어머니와 음란한 관계를 가지면서 국정을 농단하였다.

⑳ 제20대 비유왕毗有王(재위 427~455년)

비유왕毗有王은 18대 전지왕의 서자이며 구이신왕의 동생이다. 용모가 훌
륭하고 말을 잘하여 사람들이 따르고 귀중히 여겼다고 한다. 중국 남조 송
및 왜와의 우호 관계를 유지하였고, 433년에는 신라 눌지왕에게 화친 사절
을 파견하여 고구려에 대항하는 제라(나제) 동맹이 이루어졌다.

㉑ 제21대 개로왕盖鹵王(재위 455~475년)

개로왕盖鹵王은 근개루왕近蓋婁王이라고도 하며, 비유왕의 맏아들이다.

왕권을 확립하고자 왕족 출신의 인물들을 대거 등용하여 친위세력으로
삼으려 하였고, 고구려의 압력에 대한 적극적인 외교책도 추진하였다. 461
년에는 동생 곤지琨支(군군軍君)를 왜에 파견하였고, 472년에는 북위北魏에
구원병 파견을 요청하는 국서를 보내, 북위가 백제와 함께 고구려를 공격하
면 성공할 수 있다고 설득하였으나 실패하였다. 결국 475년에 고구려 장수
왕의 침입으로 한성 일대(송파구 풍납동 토성과 몽촌토성 지역)를 빼앗기고 왕
은 포로가 되어 아차산성 아래에서 살해되었다.

개로왕은 성곽과 궁실을 짓고 부왕父王의 능묘陵墓를 새롭게 조영하는 등

그림12 | 풍납동 토성, 몽촌토성, 아차산성, 아차산보루 위치

대토목공사를 일으켰는데, 이는 백제의 국력을 피폐하게 하기 위한 고구려 첩자 도림道琳의 계책에 의한 것이었다고 기록되었다. 또한, 개로왕의 협박에 넘어가지 않고 끝까지 정절을 지켰다는 도미都彌부인에 대한 기록도 전하고 있다.

3. 백제 웅진기 왕대王代 주요 업적 검토

백제는 5세기에 들어서면서 강성해진 고구려의 공격을 연이어 받았고, 결국 475년에는 고구려 장수왕의 공격으로 남성南城(몽촌토성)과 북성北城(풍납동 토성)으로 이루어진 한성漢城(=하남 위례성)이 함락되고, 남성에서 개로왕(455~475)이 항복하여 아차산성으로 끌려가 죽으면서 한성기가 종결되었다. 한성 함락과 개로왕의 죽음 이후, 신라에 구원병을 청하러 갔다가 돌아온 문주는 고구려를 피해 수도를 남쪽 금강 유역의 웅진으로 옮기게 되었다. 백제는 한강 유역을 상실하면서 왕권이 급격히 약화되었고, 진씨, 해씨 등 왕비족을 비롯한 귀족들에 의하여 국정이 주도되면서 정치를 불안정하게 하였다.

시련기를 거쳐 백제의 부흥을 꾀한 이는 동성왕이다. 그는 연씨燕氏, 백씨苩氏, 사씨沙氏 등 웅진 근처의 토착 신흥세력을 바탕으로 왕권을 회복하려 하였다. 그러나 동성왕의 왕권 강화 노력은 귀족들의 반발에 의한 그의 피살로 마무리되지 못하였고, 동성왕의 이복형으로 왜국의 섬 가카라시마各羅島에서 태어난 무령왕이 즉위하면서 백제 중흥의 기반이 마련된다. 그는 중국 남조의 양梁에 사신을 보내 고구려군을 여러 번 격파하여 백제가 다시 강국이 되었음을 알리면서 국교를 강화하였고, 양으로부터 '사지절도독使持節都督 백제제군사百濟諸軍事 영동대장군寧東大將軍'의 관작을 받았다.[42]

---

42 普通 2년(521) 王 餘隆이 비로소 다시 사신을 파견하여 표문을 올려, "여러 번 句驪를 깨뜨리고 이제 비로소 우호관계를 맺게 되었습니다."라고 하니, 百濟가 다시 강국이 된 것이다. 그 해 高祖가 이렇게 조서를 내렸다. "行都督百濟諸軍事 鎭東大將軍 百濟王 餘隆은 海外에서 藩方을 지키며 멀리서 職貢의 예를 닦아 그 정성이 이르렀으니, 朕이 이를 가상히 여기는 바이오. 마땅히 前例에 따라 영예로운 관직을 내리노니, 使持節 都

백제 한성기 말 웅진기 초의 개로왕, 문주왕, 곤지의 관계와 동성왕, 무령왕의 출자 관련 문제는 「무령왕릉武寧王陵 지석誌石」과 『일본서기』를 통해서 대략 정리되었다. 곧, 「무령왕릉 지석」에 그의 사망시 나이가 62세라는 기록을 통해 추산해 보면, 무령왕은 461년에 태어났다. 이에 따라 ㉕무령왕을 ㉔동성왕의 둘째 아들로 기록한 『삼국사기』보다 개로왕의 아들 또는 동성왕의 배다른 형이라 기록한 『일본서기』와 그곳에 인용된 『백제신찬(百濟新撰)』에 나타난 계보를 따를 수 있게 되었다. 아울러 ㉑개로왕-㉒문주왕-㉓삼근왕, ㉔동성왕-㉕무령왕이 각각 부계父系로 이어지고 있는 『삼국사기』의 계보보다 ㉑개로왕, ㉒문주왕, 그리고 ㉔동성왕의 아버지인 곤지昆支가 형제 관계로 나타나고 있는 『일본서기』의 기록을 비판적으로 수용하는 것이 합리적이라는 점이 밝혀졌다.[43] 다음에 이와 관련된 사료들의 원문과 해석문을 제시하여 참고 자료로 삼는다.

A. 영동대장군寧東大將軍 백제 사마왕斯麻王은 나이가 62세 되는 계
묘년癸卯年(523) 5월 병술丙戌이 초하루인 7일 임진壬辰에 돌아가셨다.
을미년乙巳年(525) 8월 계유癸酉가 초하루인 12일 갑신甲申에 등관登冠
대묘大墓(가족 공동묘지)에 안치되어 기록하기를 이와 같이 한다.[44]

〈「무령왕武寧王 지석誌石」〉

督百濟諸軍事 寧東大將軍 百濟王의 관직을 허락하오."〈『梁書』卷54 列傳48 諸夷 東
夷 百濟〉

43 李丙燾, 1976, 「百濟武寧王陵 出土 誌石에 대하여」, 『韓國古代史研究』, 博英社.
李道學, 1984, 「漢城末 熊津時代 百濟王系의 檢討」, 『韓國史研究』 45.

44 寧東大將軍百濟斯麻王 年六十二歲 癸卯年五月丙戌朔七日壬辰崩 到乙巳年八月癸酉
朔十二日甲申 安厝登冠大墓 立志如左〈武寧王陵 誌石〉

그림13 | 무령왕 지석 탁본

B. 여름 4월夏四月 ··· 군군軍君(곤지)은 "임금의 명을 어기지 않겠습니다. 원컨대 임금의 부인을 내려주시면 그런 후에 떠나라는 명을 받들겠습니다"라고 대답하였다. 가수리군加須利君(개로왕)은 곧 임신한 부인을 군군軍君에게 주며 말하길, "나의 임신한 아내는 이미 해산할 달이 되었다. 만약 도중에 해산하게 되면, 바라건대 한 척의 배에 태워서 도착한 곳이 어느 곳이든 속히 나라로 보내도록 하라"고 하였다. 마침내 작별하고 조정에 파견되는 명을 받들었다. 6월六月 병술삭丙戌朔에 임신한 부인이 과연 가수리군加須利君의 말대로 축자筑紫의 각라도各羅嶋에서 아이를 낳았다. 인하여 이 아이의 이름을 도군嶋君

이라 하였다. 이에 군군軍君은 곧 한 척의 배로 도군嶋君을 나라에 보냈는데, 이가 무령왕武寧王이 되었다. 백제인은 이 섬을 주도主嶋라고 부른다. 가을 7월秋七月 군군軍君이 서울에 들어왔다. 이윽고 다섯 아들을 두었다.[『백제신찬百濟新撰』에 이르길, 신축년辛丑年(461)에 개로왕蓋鹵王이 아우 곤지군昆支君을 보내 대왜大倭에 가서 천왕天王을 모시게 했는데, 형왕兄王의 우호를 닦기 위해서였다고 한다.][45]

〈『일본서기日本書紀』권卷14 웅략천황雄略天皇 5년年(461)〉

C. 이 해 백제 말다왕末多王(동성왕)이 무도無道하여 백성百姓에게 포학하니 국인國人이 마침내 제거하고 도왕嶋王을 세우니 이가 무령왕武寧王이다.[『백제신찬百濟新撰』에 이르길, 말다왕末多王이 무도無道하여 백성에게 포학하니 국인國人이 함께 제거하였다. 무령왕武寧王이 즉위하였는데, 휘諱는 사마왕斯麻王이고 곤지왕자琨支王子의 아들이니, 즉 말다왕末多王의 이모형異母兄이다. 곤지琨支가 왜倭로 갈 때에 축자도筑紫嶋에 이르러 사마왕斯麻王을 낳았다. 섬으로부터 돌려보냈는데, 서울에 이르지 못하고 섬에서 낳았으므로 그렇게 이름하였다. 지금 각라各羅의 바다 가운데에 주도主嶋가 있는데, 왕이 태어난 섬이므로 백제인은 주도主嶋라고 부른다. 지금 생각컨대 도왕嶋王은 곧 개로왕

---

45 夏四月 … 軍君對曰上君之命不可奉違 願賜君婦 而後奉遣 加須利君則以孕婦嫁與軍君曰 我之孕婦 旣當產月 若於路產 冀載一船 隨至何處 速令送國 遂與辭訣 奉遣於朝 六月丙戌朔 孕婦果如加須利君言 於筑紫各羅嶋產兒 仍名此兒曰嶋君 於是 軍君卽以一船 送嶋君於國 是爲武寧王 百濟人呼此嶋曰主嶋君 秋七月 軍君入京 旣而有五子[百濟新撰云 辛丑年 蓋鹵王遣弟昆支君 向大倭 侍天王 以脩兄王之好也]〈『日本書紀』卷14 雄略天皇 5年(461)〉

蓋鹵王의 아들이고, 말다왕末多王은 곤지왕琨支王의 자子이다. 여기서
이모형異母兄이라고 한 것은 미상未詳이다.][46]

〈『일본서기日本書紀』권卷16 무열천황武烈天皇 4년年(502)〉

사료 B의『일본서기』본문과, B와 C에 세주로 인용된『백제신찬』의 내용
에는 약간의 차이가 보인다. 즉,『일본서기』찬자는 무령왕을 개로왕의 아

그림14 | 백제 곤지왕(琨支王)을 모신 오사카부(大阪府) 하비키노시(羽曳野市)의 아스카베(飛鳥戶) 신사

---

46   是歲 百濟末多王無道 暴虐百姓 國人遂除 而立嶋王 是爲武寧王[百濟新撰云 末多王
無道 暴虐百姓 國人共除 武寧王立 諱斯麻王 是琨支王子之子 則末多王異母兄也 琨支
向倭 時至筑紫嶋 生斯麻王 自嶋還送 不至於京 産於嶋 故因名焉 今各羅海中有主嶋
王所産嶋 故百濟人號爲主嶋 今案 嶋王是蓋鹵王之子也 末多王 是琨支王之子也 此曰
異母兄 未詳也]〈『日本書紀』卷16 武烈天皇 4年(502)〉

들로 인식하였으며, 『백제신찬』은 무령왕을 동성왕의 배다른 형異母兄이자 곤지昆支의 아들로 인식하였다. 이들 기록을 함께 합리적으로 이해하고자 한다면, 무령왕은 실제 곤지의 아들이자 동성왕의 배다른 형이었지만, 한성기 왕통과의 직접적인 연결을 위한 개로왕의 아들이라는 전승도 존재했던 것이다. 이와 같은 무령왕의 출생담은 현재까지 일본 가카라시마加唐島 지역에 전승되고 있다.[47]

이러한 점들을 반영하여 아래에 백제 웅진기 왕들의 주요 업적을 제시한다.

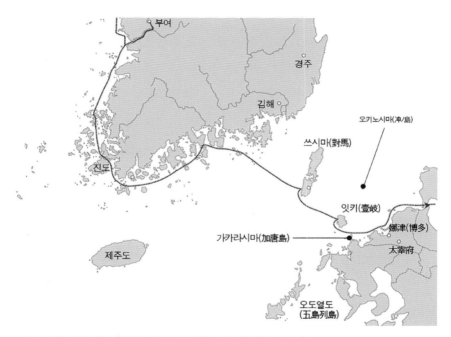

그림15 | 백제와 왜의 항로와 가카라시마(加唐島) (윤용혁, 2014)

---

[47] 무령왕의 탄생지로 추정되는 현 鎭西町의 加唐島에는 무령왕 탄생 전설이 매우 구체적으로 전해지고 있다. 이 섬에는 무령왕의 생모가 급한 산기와 진통으로 섬에 상륙하여 무령왕을 낳았다는 동굴이 섬 북단 한반도 쪽을 향하여 있으며, 골짜기에는 해산 후 시마왕(武寧王)을 목욕시켰다고 전하는 샘물도 있다(文暻鉉, 2000, 「百濟 武寧王의 出自에 대하여」, 『史學研究』 60, 59쪽).

㉒ 제22대 **문주왕**文周王(재위 475~477년)

　문주왕文周王은 개로왕의 동생으로, 개로왕 시기에는 최고 관직인 상좌평上佐平을 맡아 활동했다. 475년 고구려 장수왕이 침략하자 개로왕은 한성을 굳게 수비하면서 문주를 신라에 보내 구원을 요청하였고, 그는 구원병 1만 명을 얻어 돌아왔다. 그러나 이미 고구려에 의해 한성이 함락되어 한강 유역 일대를 빼앗겼고, 군사는 비록 물러갔지만 개로왕을 비롯한 왕족들이 몰살되었다. 이에 문주가 왕위에 올랐는데, 그의 성격은 우유부단하였으나 백성을 사랑하였다.

　문주왕은 곧 웅진熊津으로 도읍을 옮기고 혼란을 수습하고자 노력하였다. 하지만 문주왕은 한성에서 남하한 부여계 구 귀족인 해씨解氏, 진씨眞氏 세력과 충청도 지역에 기반을 두고 있던 사택씨沙宅氏, 연씨燕氏 등 마한계馬韓系 신진 귀족 사이의 갈등을 제어하지 못했다. 결국 정권을 잡은 병관좌평 해구解仇가 477년에 사냥을 기회로 삼아 문주왕을 살해하고 맏아들 삼근三斤을 옹립하였다.

㉓ 제23대 **삼근왕**三斤王(재위 477~479년)

　삼근왕三斤王은 문주왕의 맏아들로, 477년에 문주왕이 병관좌평 해구解仇에 의해 살해되자 13세의 어린 나이로 옹립되었다. 이에 모든 군사 업무와 정사의 권한을 해구에게 맡겼지만, 그는 1년도 안되어 은솔 연신燕信과 함께 대두성을 거점으로 반란을 일으켰다. 해구의 반란은 좌평 진남眞男과 덕솔德率 진로眞老 등 진씨眞氏 세력에 의해 평정되었고, 왕은 반역 세력에 의해 옹립되었다는 이유로 폐위되었다.

㉔ 제24대 동성왕東城王(재위 479~501년)

동성왕東城王은 22대 문주왕의 동생인 곤지昆支의 아들이다. 해구의 반란을 제압한 진씨眞氏 세력은 해구에 의해 옹립되었던 삼근왕을 폐위시키고, 왜倭에 머물고 있어서 국내에 정치적 기반이 없었던 그를 왕으로 옹립하였다.

동성왕은 점차 정치적 혼란을 수습하면서 사씨沙氏, 연씨燕氏, 백씨苩氏 등 금강유역의 토착 신진세력들을 등용하여, 한성에서 내려온 구 귀족과 균형을 유지하도록 했다. 그는 웅진 주변에 우두성牛頭城, 사현성沙峴城, 이산성耳山城을 쌓아 방어를 강화하였으며, 궁실을 중수하고 웅진교熊津橋를 가설하였으며 임류각臨流閣을 세우는 등 대토목공사를 통해 왕도 웅진의 위상을 강화하고자 하였다. 외교적으로는 중국 남제南齊로부터 책봉을 받아 우호관계를 유지하였으며, 신라 이찬伊湌 비지比智의 딸과 결혼 동맹을 맺고 고구려의 침입을 저지하였다.

이후 동성왕은 웅진 지역 토착 신진세력들을 견제하고자 사비로 도읍을

그림16 | 곤지왕계 도왜인의 무덤으로 추정되고 있는 관음총(觀音塚) 고분

그림17 | 부여 가림성(성흥산성) 성벽 발굴 조사(2015)

옮기려는 계획을 세우고 왕권 중심의 정치를 운영하려 하였다. 그 일환으로 웅진 지역에 기반을 두고 있던 위사좌평衛士佐平 백가苩加를 가림성加林城으로 보내 그 세력을 경계하려 하였으나, 실패하고 501년에 백가에 의해 피살되었다.

㉕ 제25대 무령왕武寧王(재위 501~523년)

무령왕武寧王은 22대 문주왕의 동생인 곤지昆支의 아들이며 동성왕의 이복 형이다. 일설에는 21대 개로왕의 아들로 보기도 한다. 공주 송산리 무령왕릉에서 발견된 지석誌石에 따르면 그는 개로왕 8년(462)에 태어나 40세(501)에 즉위하였고, 영동대장군寧東大將軍 백제百濟 사마왕斯麻王으로 기록되었다. 왕은 즉위 후 동성왕을 살해하고 반란을 일으킨 백가苩加를 처단하고

그림18 | 무령왕릉 연도와 현실 북벽

왕권의 안정과 국력 부흥에 힘썼다. 그는 신진세력의 권한을 일정하게 억제하면서 귀족 세력들의 세력 균형을 추구하였다. 그리고 22개의 담로擔魯

에 왕의 자제子弟와 종족宗族을 파견하여 지방통치를 담당하게 하였다.

　　재정의 안정적인 확보를 위해 수리시설을 넓혀 금강 유역과 호남평야를 개발하였고, 전쟁과 기근으로 고향을 떠나온 농민이 다시 돌아가 농사지을 수 있게 하였다. 대외적으로는 중국의 양梁으로부터 작호를 받고 고구려와 말갈을 여러 차례 격파하였으며 가야지역에 백제의 영향력을 확대하였다. 이에 『양서』 백제전에는 "백제가 다시 강국이 되었다百濟更爲强國"고 기록하였다.

4. 백제 사비기 왕대王代 주요 업적 검토

백제가 본격적인 중흥을 이룬 것은 성왕 때이다. 그는 좁은 웅진에서 벌판인 사비泗沘(부여)로 수도를 옮겼고(538), 부여를 계승한다는 의미에서 국호를 '남부여南扶餘'로 개칭하였다.[48] 아울러 수도의 5부, 지방의 5방으로 지방 제도를 정비하고, 22부의 중앙 관청을 확대, 정비하였다.

성왕은 신장된 국력을 바탕으로 대외적인 팽창을 꾀하여, 29년(551)에 신라와 협동작전을 통해 고구려에 빼앗겼던 한강 하류의 6군을 탈환하였다. 그러나 31년(553)에 신라 진흥왕의 배신으로 인해 한강 유역의 땅을 신라 진흥왕에게 다시 빼앗기는 비운을 맞이하였다. 신라의 배신 행위에 분격한 성왕은 이듬해 친히 군사를 이끌고 신라를 치다가 관산성(충북 옥천) 전투에서 전사하니(554), 백제의 중흥은 큰 타격을 입게 되었다. 이때부터 백제는 동맹국이던 신라를 적으로 삼아 고구려와 연결하여 전쟁을 계속하게 된다.

성왕 때 활동한 승려 겸익과 계율 관련 문제는 이능화李能和의 『조선불교통사朝鮮佛敎通史』에 채록된 「미륵불광사적기彌勒佛光事蹟記」를 통해 살필 수 있다. 이에 의하면, 인도에 갔던 구법승 겸익謙益이 성왕 4년(526)에 인도의 바달다삼장倍達多三藏과 함께 귀국하자 성왕은 그를 교외에서 맞이하여 흥륜사興輪寺에 살게 하고 국내의 유명한 승려 28인과 함께 율부律部 72권을

48　성왕은 사비 천도 전후에 국호를 '扶餘'로 변경하여 이미 멸망한 만주 扶餘의 정통성을 계승하고자 하였음이 『日本書紀』 卷17 繼體天皇 23年 春3月 기사를 통해 보여지고 있다. '南扶餘'는 만주 부여와의 구별을 위해 접두어를 붙인 것으로 보인다. 한편, 부여족 동질의식을 가지기 힘든 신진 귀족들이나 토착 주민들에 대한 배려로 성왕은 마한과 관련된 '鷹準'이라는 국호를 표방하기도 했다. 이에 대해서는 趙法鍾, 1989, 「百濟 別稱 鷹準考」, 『韓國史研究』 66 참조.

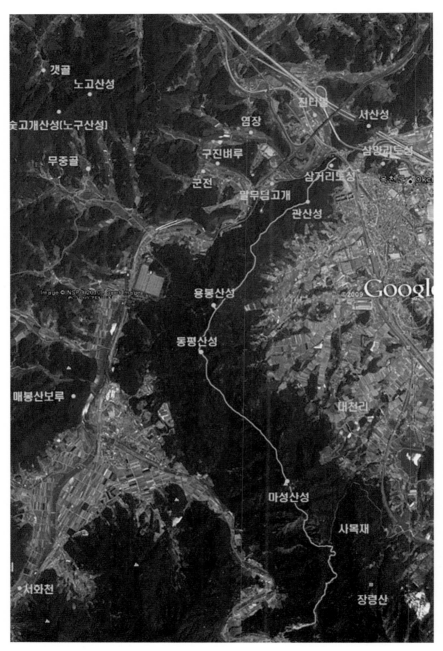

그림20 | 옥천 관산성 일대의 성곽 분포도

번역하게 하였으며, 겸익은 백제 율
종律宗의 비조鼻祖가 되었다고 한다.
이때 담욱曇旭·혜인惠仁 두 법사가
율소律疏 36권을 지어 왕에게 바치자
왕도 비담毗曇 신율新律의 서序를 지어
태요전台耀殿에 보관하였다고 한다.[49]

위덕왕 시기에는 능산리사원에서
발견된 「창왕명昌王銘 석조石造 사리
감舍利龕」을[50] 통해 아버지 성왕을 추
복하던 모습과 성왕릉이 능산리 고분
군에 위치하였음을 알게 되었다. 죽
은 왕자를 추복하기 위해 왕흥사 지

그림21 | 부여 능산리사원의 창왕명 석조 사
리감

역에 건립된 목탑 사리기 명문을[51] 통해서는, 『삼국사기』와 『삼국유사』에 법
왕 때 창건된 것으로 기록된 왕흥사가 자리한 지역에 그 이전 위덕왕 시기
인 577년에 이미 목탑이 건립되었음을 알게 되었고, 위덕왕에게 일찍 죽은
왕자가 있었음도 알게 되었다. 위덕왕이 성왕의 죽음에 대한 책임으로 왕
위에 오르지 않고 출가하려 하였고, 결국 신하들의 만류로 100명을 출가시
키는 것으로 대신하고 왕위에 올랐다는 사실도 『일본서기』를 통해 복원할

49   윤선태, 2008, 「彌勒佛光事蹟記」, 『百濟史資料譯註集(韓國篇Ⅱ)』, 충청남도역사문화
      연구원, 431쪽.
50   百濟昌王十三秊太歲在 丁亥妹兄公主供養舍利 〈「昌王銘石造舍利龕」〉
51   丁酉年二月 十五日百濟 王昌爲亡王 子立刹本舍 利二枚葬時 神化爲三 〈「王興寺址 舍
      利器 銘文」〉

그림22 | 부여 왕흥사지 사리기

수 있다. [52]

　위덕왕의 동생으로 왕위에 올랐던 혜왕은 고령으로 인해 왕위에 오른 지 얼마 되지 않아 사망했을 가능성이 높다. 이러한 왕위 계승이 벌어진 것은 혜왕의 장자인 법왕이 위덕왕 시기부터 활동하면서 왕위에 야심을 가지고, 자신보다 왕위 계승 서열에 가까웠던 아버지 혜왕을 먼저 즉위시킨 뒤에 다

52　百濟 餘昌은 여러 신하들에게 "少子는 이제 돌아가신 父王을 받들기 위해 出家하여 불도를 닦고자 하오."라고 말하였다. 여러 신하와 백성들이 "지금 君王께서 출가하여 불도를 닦고자 하신다면 일단 명령을 받들겠습니다. 아! 미리 잘 생각하지 못해 후환을 입었으니 누구의 잘못입니까? 무릇 百濟國은 高麗와 新羅가 경쟁적으로 멸망시키고자 하고 있습니다. 개국한 이래 올해까지 계속되고 있습니다. 지금 이 나라의 宗廟社稷을 장차 어느 나라에게 주려고 하십니까? 모름지기 도리를 명확하게 보여주십시오. 만약 耆老의 말을 들었다면 어찌 이런 상황에까지 이르렀겠습니까? 앞의 잘못을 뉘우치시고 속세를 떠나지 마시기 바랍니다. 만약 원하시는 바를 이루고자 한다면 모름지기 國民을 출가시키면 됩니다."라고 대답하였다. 여창이 "좋소."라고 대답하고, 곧 신하들과 방법을 의논하였다. 신하들은 마침내 상의하여 100명을 득도시키고 幡盖를 많이 만들어 여러 가지 공덕을 쌓았다. 〈『日本書紀』卷19 欽明天皇 16年 8月〉

음 왕위를 전망한 것으로 볼 수 있다.[53] 법왕의 시기에는 지방에서 이루어
진 국가 제사지였던 오악 제사 지역이 불교사원으로 변화한다는 점도 중요
하다.[54] 그의 단명短命은 불교를 이용한 급격한 개혁과 이로 인한 귀족 세력
들과의 충돌 때문으로 보기도 한다.

　무왕의 부인이 신라 진평왕의 셋째 딸인 선화공주라는 설화는 익산 미륵
사지 석탑 해체 수리시에 발견된 사리봉안기에 무왕비가 좌평佐平 사택적덕
沙乇積德의 딸로 기록되면서[55] 논란이 거듭되고 있다.[56] 무왕의 계보도 설화
를 따라 불분명한 것으로 보기도 하나, 『삼국사기』 백제본기, 『삼국유사』 법

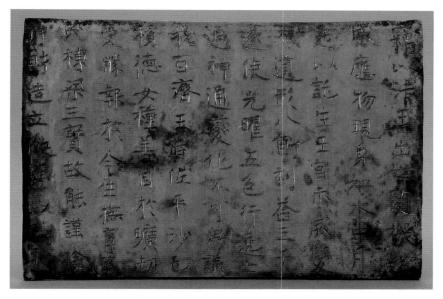

그림23 | 익산 미륵사지 서탑 출토 사리봉안기

53　이장웅, 2018, 「백제 法王의 정치와 불교」, 『지방사와 지방문화』 21-1.
54　이장웅, 2017, 「백제 五岳 제사와 佛教寺院」, 『百濟研究』 66.
55　我百濟王后佐平沙乇積德女 種善因於曠劫受勝報於今生 撫育萬民棟梁三寶 故能謹捨淨
　　財造立伽藍 以己亥年正月卄九日 奉迎舍利 〈익산 미륵사지 서탑 출토 사리봉안기〉
56　이에 대해서는 이장웅, 2012, 「百濟의 馬韓 薯童(武康王) 神話 수용과 益山 彌勒寺」,

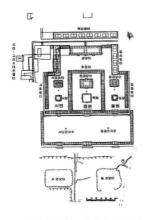
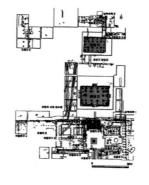
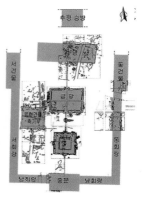

그림24 | 익산 미륵사지 가람   그림25 | 익산 대관사지 가람   그림26 | 익산 제석사지 가람
배치도   배치도   배치도

왕금살法王禁殺, 『수서隋書』, 『한원翰苑』 등의 기록에 법왕의 아들로 분명히 기
록되어 있다. 무왕은 익산 지역에도 깊은 관심을 가지고 있었으니, 특히 일
본에서 발견된 「관세음응험기觀世音應驗記」에 보이는 지모밀지枳慕密地(현재
익산)로의 천도 기사를[57] 통해 『삼국사기』 등에 보이지 않는 익산 관련 사실
을 단편적이나마 알 수 있다. 익산에는 왕궁과 함께 미륵사, 대관사, 제석사
등의 불교사원들이 건립되었다.

의자왕에 대해 일반인들에게 잘 알려지지 않은 사실은 『일본서기』 권24
황극천황皇極天皇 원년(642) 2월의 기록을 통해,[58] 의자왕 초기에 어머니國主

『역사민속학』 38 참조.

57　百濟 武廣王은 枳慕蜜地로 遷都하고 새롭게 精舍를 경영하였다. 貞觀 13년 歲次 己亥
　　冬11月에 하늘에서 크게 천둥과 함께 비가 내려 드디어 재해가 있었는데, 帝釋精舍와 佛
　　堂, 七級浮圖와 회랑과 승방에 이르기까지 한번에 모두 불타버렸다. 〈觀世音應驗記〉

58　지난 해 11월 大佐平 智積이 죽었습니다. 또 백제 사신이 崑崙의 사신을 바다 속에 던
　　졌습니다. 금년 정월에 국왕의 어머니[國主母]가 죽었고, 또 아우 王子의 아들 翹岐와
　　그 누이동생[母妹女子] 4명, 內佐平 岐味, 그리고 이름 높은 사람 40여 명이 섬으로 추
　　방되었습니다. 〈『日本書紀』 卷24 皇極天皇 元年(642) 2月〉

母(사택적덕의 딸)가[59] 죽자 그와 관련된 인물들을 내쫓은 친위정변이 있었다는 내용이다.[60]

무엇보다 백제의 멸망과 관련하여 항상 이야기되는 의자왕의 방탕한 생활과 삼천궁녀의 한이 얽힌 낙화암의 고사와 관련해서도 실제 역사적 사실과 후대의 부회에 대한 구분을 제대로 알 필요가 있다. 역사는 승자의 기록이기 때문에 이는 정복자가 자신의 정당성을 주장하는 동시에 멸망의 필연성을 강조하기 위한 목적에서 의도적으로 위조하거나 과장하여 남겨놓은 것이기 때문이다.

고려 후기 일연—然(1206~1289)이 1281년(충렬왕 7)경에 쓴 『삼국유사』에서는 『백제고기百濟古記』를 인용하여, 의자왕과 여러 후궁들이 화를 면하지 못할 것을 알고 차라리 자진自盡할지언정 남의 손에 죽지 않겠다면서 서로 이끌고 이곳에 이르러 강에 몸을 던져 죽었으므로 타사암墮死岩이라 했다는 전승이 기록되었다.[61] 이승휴李承休(1224~1300)가 1287년(충렬왕 13)에 한국과 중국의 역사를 시로 표현한 역사책인 『제왕운기』에는 수많은 궁녀들이 청류淸流에 몸을 던지니, 낙화암洛花巖만이 대왕포大王浦에 솟아있다고 기록

---

59   의자왕의 어머니인 國主母가 사택적덕의 딸이라는 사실에 대해서는 이장웅, 2018, 「신라 眞平王 시기 백제 관계와 薯童 說話 -역사의 충돌과 설화의 화해」, 『新羅史學報』 44 참조.

60   金壽泰, 1992, 「百濟 義慈王代의 政治 變動」, 『韓國古代史硏究』 5.
     李道學, 2004, 「百濟 義慈王代의 政治 變動에 대한 檢討」, 『東國史學』 40.

61   『百濟古記』에 이르기를 "扶餘城 북쪽 모서리에 큰 바위가 있는데, 아래는 강물과 만난다. 서로 전하여 내려오기를 義慈王과 여러 後宮들이 화를 면하지 못할 것을 알고 서로 일컬어 말하기를 '차라리 自盡을 할지언정 남의 손에 죽지 않겠다.' 하여 서로 이끌고 이곳에 이르러 강에 몸을 던져 죽었으므로 속칭 墮死岩이라 한다."라고 했으나, 이것은 속설이 와전된 것이다. 다만 宮人들은 떨어져 죽었으나 義慈는 당나라에서 죽었음이 『唐史』에 명백히 쓰여 있다. 〈三國遺事〉 卷1 紀異1 太宗春秋公〉

그림27 | 부여 낙화암(타사암) 글씨

하여,[62] 낙화암落花岩이란 명칭이 처음 보인다.[63] 이후 고려 말기에 활동한
이곡李穀(1298~1351)이 부여扶餘를 회고懷古하며 쓴 시詩에 "千尺翠岩名落花
(천척 푸른 바위 낙화라 이름했네)"라는 표현이 보인다.[64]

　　삼천궁녀三千宮女에 대한 내용은 고려시대의 기록에서 찾아볼 수 없다.
삼천三千이란 숫자가 들어간 첫 기록은 조선시대인 15세기 후기에 김흔金訢
(1448~1492)이 낙화암에 대한 시를 쓰면서 "三千歌舞委沙塵(삼천궁녀들이 모

62　幾多紅粉墮淸流 落花巖聳大王浦[浦以王常遊 得名 岩以宮女墮死 得名 臣因出按 親
　　遊其處]〈『帝王韻紀』卷下 百濟紀〉
63　신종원, 2016, 「고대사 사료로서의 『제왕운기』」, 『韓國史學史學報』34, 137~139쪽.
64　『東文選』卷5 七言古詩 扶餘懷古; 『稼亭集』卷14 古詩 扶餘懷古.

래에 몸을 맡기니)"이라는 표현으로 나타나며,[65] 이어서 16세기 초 민제인閔齊仁(1493~1549)의 「백마강부白馬江賦」에서 "望三千其如雲(구름같은 삼천궁녀 바라보고)"이라는 표현을 쓰고 있다.[66] 결국 낙화암과 관련시켜 삼천궁녀라는 표현을 쓴 예는 조선시대에 들어와서 시적인 문장 속에서만 나타나고 있다.[67] 그러므로 백제 멸망 한참 뒤에 그 비극적인 역사를 김흔이나 민제인과 같은 조선시대 문인들이 시의 소재로 삼으면서 "삼천"이라는 문학적인 표현수법을 동원하여 극적인 효과를 꾀한 것으로 보는 것이 사실에 가까울 것이다.

백제 멸망의 원인과 관련된 당대의 기록을 살펴보면, 멸망 직후인 660년에 소정방의 전적비紀功碑로 정림사지 오층석탑의 1층 탑신에 새겨진 「대당평백제국비명大唐平百濟國碑銘」에는 백제가 지세가 험함을 믿고 감히 천륜天倫을 어지럽혀 동쪽으로는 가까운 이웃을 쳐서 가까이 중국의 조칙詔勅을 어겼다고 하였다. 그리고 밖으로는 곧은 신하를 버리고 안으로는 요부祅婦를 믿어 오직 충성되고 어진 사람한테만 형벌이 미치며 아첨하고 간사한 사람이 먼저 총애와 신임을 받았다고 기록하였다.[68]

『일본서기』에는 요녀妖女 군군 대부인大夫人이 무도하여 마음대로 국가의 권력을 빼앗고 훌륭하고 어진 신하들을 죽였기 때문에 백제가 스스로 망하는 화를 불렀다고 기록하였다. 그리고 백제왕 의자, 그 처 은고恩古, 그 아들 융隆 등, 그 신하 좌평佐平 천복千福, 국변성國辨成, 손등孫登 등 모두 50여 명이 가을 7월 13일에 소장군蘇將軍에게 사로잡혀 당唐에 보내졌다고 하였

---

65   『續東文選』卷5 七言古詩 落花岩; 『顔樂堂集』卷1 詩 落花岩.
66   『立巖集』卷6 賦 白馬江賦.
67   양종국, 2001, 『백제 멸망의 진실』, 주류성, 78-109쪽.
68   恃斯險阨 敢亂天常 東伐親隣 近違明詔 … 況外棄直臣 內信祅婦 刑罰所及 唯在忠良 寵任所加 必先諂倖 〈大唐平百濟國碑銘〉

그림28 | 무령왕릉 출토 "대부인大夫人" 왕비 은팔찌("庚子年 二月 多利作 大夫人 分二百卅主耳")

다.[69]

이 기록들에는 '요부祅婦'와 '요녀妖女'로 표현된 군君 대부인大夫人을 믿어 권력을 농단하고 곧은 신하를 버린 점을 공통적으로 들고 있다. 이 요녀妖女 군君 대부인大夫人은 유일하게 의자義慈의 처첩妻로『일본서기』에 이름이 등장하고 있는 은고恩古일 가능성이 크다.

한편, 백제의 멸망 원인을 승자의 논리에 따른 필연적인 내부 문제가 아니라 좀 더 객관적인 요인에서 찾으려는 노력도 전개되었다. 곧, 백제는 나라가 쇠퇴하여 망한 것이 아니라, 중화와 대등할 정도로 문화의 최고 수준

---

69 秋七月 庚子朔 乙卯 … 或曰 百濟自亡 由君大夫人妖女之無道 擅奪國柄 誅殺賢良故
召斯禍矣 … 冬十月 … 百濟王義慈 其妻恩古 其子隆等 其臣佐平千福 · 國辨成 · 孫登
等 凡五十餘 秋七月 十三日 爲蘇將軍所捉 而送去於唐國〈『日本書紀』卷26 齊明天皇
6年(660)〉

에서 그 오만으로 인해 갑자기 멸망한 것이라는 견해가 제기되었다.[70] 의자왕은 멸망 직전까지 특별한 실정失政을 하지 않았으며, 다만 나당 연합군이 사비성을 공격했을 때 둘째 아들 태泰에게 성을 맡기고 그가 태자와 함께 웅진성으로 피난하면서 벌어진 내분으로 인해 멸망한 것이라는 최근의 논저도 있다.[71] 의자왕에 대한 서술에서는 이러한 점들을 반영하고자 하였다.

㉖ 제26대 성왕聖王(재위 523~554년)

성왕聖王은 무령왕의 아들로 명농明穠 혹은 성명왕聖明王으로도 불렸다. 538년에 사비로 도읍을 옮기고 국호를 남부여南扶餘라 하였다. 천도를 전후로 하여 중앙 관제와 지방통치제도를 정비했다. 중앙은 16관등제와 22부의 관서로 정리하였고, 수도를 5부로 구획하고 그 아래에 5항을 두었으며, 지방을 방方-군郡-성城 체제로 구획하였으니, 『삼국사기』 지리지에는 백제 말기에 5방 37군 200성이 있었다고 기록하였다.

이외에 승려로 인도 유학 후 돌아온 겸익謙益과 양나라 유학 후 돌아온 발정發正을 등용하여 불교의 진흥을 꾀했으며, 대외적으로 중국 남조의 양梁과 왜倭와의 관계를 강화하였다. 양나라로부터는 예학 전문가인 육후陸詡 등을 통해 새로운 문물을 받아들였고, 왜에게는 불교와 함께 오경五經 박사, 의醫 박사, 역易 박사, 역曆 박사 등 여러 방면의 기술자를 보내주었다.

551년에는 신라군 및 가야군과 연합하여 고구려를 공격하여 한강 하류 지역의 6군을 회복하였다. 그러나 553년에 신라 진흥왕이 배신하고 백제를 기습 공격하여 한강 유역을 빼앗겼다. 이에 분격한 성왕은 554년에 대가야

---

70 윤선태, 2007, 『목간이 들려주는 백제 이야기』, 주류성, 219~225쪽.
71 이희진, 2017, 『백제왕조실록』 1·2, 살림.

군대와 함께 신라를 공격하였으나 관산성管山城에서 전사하면서 크게 패하고 말았다.

㉗ 제27대 위덕왕 威德王(재위 554~598년)

위덕왕威德王은 성왕의 맏아들로 이름은 창昌이다. 성왕 시기에 위덕왕은 왕자 신분으로 귀족 세력들인 기로耆老의 의견을 듣지 않고 신라와의 관산성 전투를 강행하였는데, 이에 따라 아버지 성왕의 전사와 전쟁의 패배에 따른 정치적 어려움을 타개하고자 출가出家하겠다는 결심을 밝히기도 했다. 이에 위덕왕 집권 초기에는 기로耆老로 대표되는 귀족들의 발언권이 강해졌지만, 그들과 타협하면서 불교를 통해 어려움을 극복하고자 하였고, 오랫동안 재위하면서 점차 왕권과 국가의 위상도 높아지게 된다.

최근 발굴 결과 567년에는 사비 도성의 동쪽 외곽에 능산리사원을 건립하였고, 577년에는 죽은 왕자를 위해 왕흥사 지역에 목탑을 세웠음이 밝혀졌다. 대외적으로는 남조의 진陳 및 북조의 북제北齊와 남북조 다변 외교를

그림29 | 일본 법흥사(비조사飛鳥寺) 복원도

전개하면서 정치적 발전과 왕권 신장을 꾀하였으며, 중국에 통일 왕조인 수·당이 들어서자 대외관계를 다변화하면서 한반도 정세에 탄력적으로 대응하였다. 왜에도 588년에 승려 혜총惠總과 각종 기술자를 보내 법흥사法興寺, 飛鳥寺, 元興寺를 짓도록 하여 596년에 준공하였다.

㉘ 제28대 혜왕惠王(재위 598~599년)

혜왕惠王은 26대 성왕의 둘째 아들이며 위덕왕의 동생이다. 계季 또는 헌왕獻王으로도 불렀다. 597년에 위덕왕이 왕자 아좌阿佐를 일본에 보냈고, 다음해인 598년에 위덕왕이 죽자 70세 정도의 고령인 동생 혜왕이 즉위하였다. 아마 당시 50세 전후였을 혜왕의 아들 법왕 효순孝順이 정국 운영의 주도권을 쥐고 있었고, 위덕왕의 동생이자 효순의 아버지인 연로한 혜왕을 명목상 즉위시킨 후 다음 왕위를 노린 것으로 보인다.

㉙ 제29대 법왕法王(재위 599~600년)

법왕法王은 혜왕의 맏아들이며, 이름은 선宣 혹은 효순孝順이다. 불교를 깊이 믿어 살생을 금하고 민가에서 기르는 매를 놓아 주었으며, 사냥 도구들을 태워버리라는 명령을 내렸다. 600년에는 왕이 칠악사漆岳寺에 행차하여 기우제를 지냈고, 왕흥사王興寺를 크게 재창건하였다. 북악北岳 오합사烏合寺를 비롯한 오악五岳 지역에 불교사원을 지어 불교 이념을 지방에까지 확대시켰으니, 수덕사와 금산사 등도 이때 창건된 것으로 전한다.

㉚ 제30대 무왕武王(재위 600~641년)

무왕武王은 법왕의 아들로 무광왕武廣王으로도 불렀다. 설화에서는 어릴 때 서동으로 활동하면서 신라 진평왕의 셋째 딸인 선화공주와 혼인한 것으로 전하기도 하나, 최근 익산 미륵사지 석탑에서 사리봉안기가 발견되면서 무왕비는 좌평 사택적덕沙宅積德의 딸로 밝혀졌다.

무왕은 왕권을 회복하기 위한 수단으로 전쟁과 외교를 이용하였다. 신라에 대한 공세를 강화하여 전라북도 남원시 운봉 방면의 아막성阿莫城, 母山城 일대, 전라북도 무주 방면의 가잠성椵岑城 일대, 경상남도 함양 방면의 속함성速含城 일대를 수십 년 동안 공격하였다. 또한, 수隋에 사신을 보내 고구려를 토벌하기 위한 원병을 요청하기도 했다.

무왕은 익산 지역에 많은 관심을 기울여 왕궁과 함께 거대한 불교사원인 미륵사, 제석사, 왕궁사(대관사)를 건설하였다. 602년에는 왜에 승려 관륵觀勒을 보내 역본曆本, 천문지리서, 둔갑遁甲과 방술方術에 관한 책을 전했다.

㉛ 제31대 의자왕義慈王(재위 641~660년)

의자왕義慈王은 무왕의 맏아들로, 용감하고 대담하며 결단성이 있었고 부모에게 효도하고 형제간에 우애가 있어서 당시에 해동증자海東曾子로 불렸다. 즉위 초인 642년에 어머니(사택적덕의 딸)가 돌아가시자, 동생의 아들 교기翹岐를 비롯하여 누이의 딸 4명과 내좌평內佐平 기미岐味 등 유명 인사 40여 명을 섬으로 추방하는 정치적 변혁을 단행하여 왕권을 강화하였다.

642년에는 신라의 미후성彌猴城 등 40여 개의 성을 함락시켰으며, 윤충尹忠을 보내 신라의 주요 군사 요충지인 대야성을 함락시키고 성주 품석品釋 부부를 죽였다. 643년에는 고구려와 연합하여 신라의 당항성黨項城 공격을 계획하기도 했다. 이후에도 신라와 전쟁을 계속하였으며, 655년에는 고구려·말갈의 연합군과 함께 신라의 북쪽을 공격하여 30여 성을 함락시켰다.

하지만 의자왕은 서자 41명을 좌평으로 임명하고 각각 식읍食邑을 주는 등 과도한 왕권 강화 작업을 진행하였고, 왕실의 사치·방종으로 통치 질서가 붕괴되었다. 좌평 성충成忠, 좌평 홍수興首 등 충신의 말을 듣지 않았고, 왕비인 군君 대부인大夫人 은고恩古는 국가 권력을 마음대로 하면서 훌륭하고 어진 신하들을 죽였다.

결국 660년 김유신과 소정방이 이끄는 나당 연합군의 침공을 막지 못하고 계백階伯의 5천 결사대가 무너지면서 백제는 멸망하였고, 의자왕은 당나라에 압송되어 그곳에서 병사하였다.

5. 마무리

지금까지 역사 교육과 활용을 위한 백제 각 왕대의 주요 업적을 살펴보면서 한성기, 웅진기, 사비기로 나누어 학계에서 논란이 되고 있는 부분들에 대한 간단한 소개와 검토를 함께 진행하였다. 앞으로 학계의 연구 성과가 제대로 반영되면서도 일반 대중들에게 쉽게 활용될 수 있는 역사 교육 자료를 확보하기 위하여 학계와 교사들을 비롯한 역사 교육 담당자들이 보다 많은 노력을 기울여야 할 것이다.

제4장
한성백제와 중국의 문화 교류

1. 머리말

백제는 건국과 성장이 모두 해양 교류와 밀접한 관련을 가지고 있으며, 특히 바닷길을 통한 중국과의 교류를 통해 해양 강국으로 발전하였으니, '백제百濟'라는 국호 자체에 "백가가 바다를 건넜다[百家濟海]"는 뜻을 지니고 있다는 기록도 있다.[1] 따라서 백제사에서 교류의 역할은 매우 크다.

'교섭交涉'은 정치·외교·군사적인 문제에 대해 서로 의논하고 절충하는 것이고, '교류交流'는 경제·문화·사상 등에서 근원이 다른 물줄기가 한데 섞여 흐르는 것을 말한다.[2] '교류'란 집단과 집단이 담합해서 유무有無를 통하게 하기 위해 재화(물자·정보·기술 등)를 교환하고 인간이 왕래하는 활동으로 정의되며, 집단끼리 담합하는 정치적 행위인 '교섭'과 재화를 교환하는 경제적 행위인 '교역'으로 구분하기도 한다.[3]

국가 간의 교류는 물품 교환만이 아니라, 그에 수반되는 문화와 사상 등의 추상적인 정보까지 교환된다는 점에서, 본고에서는 정치적 '교섭'과 경제적 '교역' 자료를 통해 문화 '교류'의 양상을 살펴보고자 하며, 특히 위세품을 중심으로 한 고고학 자료들을 적극 이용하고자 한다.

고대의 경제에서 위세품의 생산, 교역, 소비를 조절하는 중요한 요인은 가격이 아닌 소수 권력자의 의사 결정이라는 점에서, 위세품은 권력의 재생

---

1   東明之後 有仇台者 篤於仁信 始立其國于帶方故地 漢遼東太守公孫度以女妻之 漸以昌
    盛 爲東夷强國 初以百家濟海 因號百濟 〈『隋書』卷81 列傳46 東夷 百濟〉
2   노중국, 2012, 『백제의 대외 교섭과 교류』, 지식산업사, 20쪽.
3   後藤直, 2003, 「總括-論点の整理と研究の展望」 『東アジアと日本の考古學 Ⅲ-交流と交
    易』, 同成社, 261쪽(박준형, 2014, 「고조선~삼국시기 교역사 연구의 검토」 『한국고대사
    연구』 73, 8쪽에서 재인용).

산에 기여한다. 다만 그 교역 방식은 중앙 정부가 직접 생산과 유통을 관리하는지, 지방 권력에 의해 통제되는지, 생산자(전문 장인 집단) · 유통자 · 소비자가 각자의 이득을 위해 직접 참여하는지 여부에 따라 다양한 양상을 보인다. 특히 국가 형성기의 교역에는 다양한 집단이 다양한 의도를 가지고 참여하므로, 이들의 정치 · 경제적 전략이 복잡하게 얽히게 된다.[4]

마한馬韓 제국諸國을 구성하는 한 '국國'이었던 백제국伯濟國이 어느 시기부터 마한을 대표하는 '백제百濟'로 자리잡게 되는지, '백제'라는 이름이 본격적으로 등장하기 이전의 중국 기록에 등장하는 마한 집단의 교류 양상을 어디까지 백제 중앙 정부의 교류로 이해할 수 있는지에 대해서는 그동안 다양한 의견들이 개진되었다.[5] 다만 서울 풍납동 토성, 몽촌토성, 석촌동 고분군에서 3세기 후반의 중국산 물품이 대거 출토된다는 점에서, 대개 이때 마한馬韓 백제국伯濟國에서 백제百濟로의 전환이 이루어진 것으로 보고 있다.[6]

기록상 '백제百濟'라는 이름으로는 동진東晉(317~420)과 처음 공식적인 교류를 시작한 것으로 나타나고 있는데,[7] 이전에도 비록 '백제'라는 이름이 명시되지는 않았지만, 대체로 조위曹魏(220~265) 시기에는 낙랑樂浪을 거쳐[8] 유주자사부幽州刺史府를 통해, 서진西晉(265~316) 시기에는 274년에 유주幽州

---

4 김장석, 2004, 「고대국가의 물류시스템과 대외교류에 대한 고고학적 접근」『한성기 백제의 물류시스템과 대외교섭』, 학연문화사, 32-43쪽.

5 이에 대한 연구사 정리는 임동민, 2018, 「『晉書』馬韓 교섭기사의 주체와 경로」『韓國古代史硏究』89, 6-8쪽 참조.

6 권오영, 2003, 「百濟의 對中交涉의 진전과 문화변동」『강좌 한국고대사』4, 가락국사적개발연구원.

7 春正月辛丑 百濟林邑王 各遣使 貢方物 … 六月 遣使拜百濟王餘句爲鎭東將軍領樂浪太守〈『晉書』卷9 帝紀9 簡文帝 咸安 2年(372)〉.

8 景元二年(261) 秋七月 樂浪外夷韓穢貊 各率其屬來朝貢〈『三國志』卷4 魏書4 三少帝紀 陳留王〉

를 분할하여 설치한 평주平州에 부속된 동이교위부東夷校尉府를 통해 마한주馬韓主의 이름으로 중국과 교류한 것으로 보고 있다.

한편, 이보다 이른 시기를 기록한『삼국지三國志』위서魏書 동이전東夷傳 한韓에서는 마한의 54개 국 중 하나로 백제국伯濟國의 국명만을 전하고 있는데,『후한서後漢書』동이열전東夷列傳 한韓에서는 "凡七十八國 伯濟是其一國焉"이라고 표현하여 백제伯濟를 삼한의 대표적인 '국國'으로 특별히 주목하여 기록하고 있다. 이는 범엽范曄(398~445)이 살았던 남조 동진東晉 및 유송劉宋과 활발히 교섭했던 삼한三韓 지역의 정치체는 백제가 유일했기 때문으로 볼 수 있다.[9] 이처럼 기록에는 국가 간의 교섭과 문화 교류를 통한 당시 사람들의 인식이 반영되어 있다.

그동안에는 280년 무렵 진수陳壽(233~297)가 편찬한『삼국지』를 대본으로 하여 범엽의『후한서』가 이를 윤색한 것으로 보아,『삼국지』에 사료적 가치를 두는 견해가 대세였다.[10] 이에 따라 마한馬韓 제국諸國 내에서 목지국目支國의 위상을 약화시켜 보았고, 백제국도 마한 제국을 이루는 하나의 '국國'일 뿐, 다른 마한 제국보다 우위에 있었는지에 대해서 회의하는 연구가 많아졌다.

그러나『삼국지』의 사료 작성 시점이 빠르다고 하여 그 신빙성이 당연하게 높은 것은 아니며,『후한서』가 보여주는 인식에도 다시 주목해볼 필요가 있다.[11] 최근에는 범엽이『삼국지』의 기사를 고증한 일종의 연구 보고서로

9   윤용구, 2018, 「부여 구태와 마한 진왕 -백제가 표방한 두 개의 출자관」『초기 백제사의
     제문제』, 동북아역사재단, 26쪽.
10   全海宗, 1980,『東夷傳의 文獻的 硏究-魏略·三國志·後漢書 東夷關係 記事의 檢討』,
     一潮閣.
     金貞培, 1986,『韓國古代의 國家起源과 形成』, 高麗大學校出版部.
11   기수연, 2005,『『後漢書』東夷列傳 硏究-『三國志』東夷傳과의 비교를 중심으로』, 백산
     자료원.

『후한서』를 작성한 것이며, 이에 따라『삼국지』의 내용이 후대 기록에 전혀 채용되지 못했던 것에 비해서『후한서』의 내용은 당대 이후 근대 학문 이전의 삼한 관련 기록에 대부분 채용되었음을 부각한 연구도 제시되었다.[12]

이렇게 볼 수 있다면, 3세기 이전 마한 제국 내에서 백제국의 위상을 좀 더 높이 평가할 수 있다. 그리고 이는『삼국사기』초기 기록을 합리적으로 이해하는 데에도 중요하다. 외부자의 관점에서 기록된『삼국지』,『후한서』등 중국 정사 기록과 내부자의 관점에서 기록된『삼국사기』초기 기록은 함께 최대한 신뢰하면서 상호 보완하여 백제사를 이해할 필요가 있다.

본고는 이러한 관점에서 백제 한성기 중국과의 문화 교류 모습을 기존보다 조금 이른 시기부터 살펴보고자 한다. 곧, 기존에는 대개 빨라야 서진 시기부터 백제의 역할을 부각시켜 보았으나, 여기서는 중국 사서의 시조 구태 전승과『삼국사기』의 책계왕 즉위 이전 대방왕녀帶方王女와의 혼인 기사에 주목하여 후한 공손씨와 조위 시기부터 중국과의 문화 교류를 상정하고자 한다. 이후 백제와 서진西晉, 동진東晉, 16국 중 전연前燕과 전진前秦, 유송劉宋, 북위北魏까지 문화 교류의 양상을 위세품을 위주로 하여 정리해보고자 한다.

　　서의식, 2010,「『後漢書』辰國·辰王 記事의 點檢과 理解」『新羅의 政治構造와 身分編制』, 혜안.

12　　윤용구, 2018,「부여 구태와 마한 진왕 -백제가 표방한 두 개의 출자관」『초기 백제사의 제문제』, 동북아역사재단, 28쪽.

2. 백제와 후한後漢 공손씨公孫氏, 조위曹魏의 문화 교류

『삼국사기』와『삼국유사』에는 부여·고구려(졸본부여)와의 관계 속에서 온조와 비류가 기원전 1세기에 백제를 건국한 것으로 기록하고 있지만, 중국 사서에서는 부여 동명의 후손인 시조 구태가 2세기 말 3세기 초에 중국과의 관계 속에서 백제를 건국한 것으로 기록하고 있다.[13]

『주서周書』에 의하면, 구태仇台는 대방고지帶方故地에서 백제를 건국한 시조로, 사비 도읍기에는 국성國城에 시조始祖 구태묘仇台廟가 설치되어 사시四時로 제사를 받는 존재였다.[14] 그리고『수서隋書』에는 동명東明의 후손인 구태仇台가 대방고지帶方故地에서 백제를 건국하고 후한後漢 요동태수遼東太守 공손도公孫度(189~204)의 딸과 결혼한 것으로 기록되었다.[15]

그런데『삼국지三國志』부여전夫餘傳에서는 2세기 말 3세기 초의 부여왕夫餘王 위구태尉仇台가 공손도公孫度의 종녀宗女와 결혼한 것으로 기록되고 있음이[16] 주목된다. 한편,『후한서後漢書』부여국전夫餘國傳에서는 위구태尉仇台라는 인물이 120년에 후한後漢의 궁성을 방문한 부여의 사자嗣子로도 기록

---

13 백제의 건국 신화에 대해서는 이장웅, 2017,『신화 속에 깃든 백제의 역사』, 학연문화사 참조.

14 百濟者 其先蓋馬韓之屬國 夫餘之別種 有仇台者 始國於帶方故其地界 東極新羅 … 又每歲四祠其始祖仇台之廟〈『周書』卷49 列傳41 異域上 百濟〉여기서 "帶方故其地界"를 "帶方故地其界"가 도치된 것으로 보면,『隋書』의 "帶方故地"와 같은 기록이 된다는 점에서(김성한, 2014,「百濟의 건국과 仇台」『歷史學研究』56, 92쪽), 이 수정안을 따르고자 한다.

15 東明之後 有仇台者 篤於仁信 始立其國于帶方故地 漢遼東太守公孫度以女妻之 漸以昌盛爲東夷强國 初以百家濟海 因號百濟 歷十餘代 代臣中國 前史載之詳矣 … 立其始祖仇台廟於國城 歲四祠之〈『隋書』卷81 列傳46 百濟〉

16 夫餘本屬玄菟 漢末公孫度雄張海東 威服外夷 夫餘王尉仇台更屬遼東 時句麗鮮卑彊 度以夫餘在二虜之間 妻以宗女〈『三國志』卷30 魏書30 烏丸鮮卑東夷傳 夫餘〉

되었다.[17] 여기서 2세기 전반에 활동한 『후한서』의 '부여夫餘 사자嗣子 위구태尉仇台'와 2세기 말에서 3세기 초에 활동한 『삼국지』의 '부여왕夫餘王 위구태尉仇台'는 연대상 차이가 있어 동일인으로 보기 어렵다. 이에 고구려어高句麗語에서 유사하다는 것을 '위(位 또는 尉)'라고 했던 것과 같이, 2세기 전반의 위구태尉仇台는 단지 '구태仇台'였으며, 2세기 말 3세기 초의 왕 이름을 그와 닮았다고 하여 '위구태尉仇台'라 한 것으로 이해하고 있다.[18] 필자는 '구태仇台'가 고구려高句麗 관명官名에도 등장하는 '우태優台'와 관련되며, 부여계 집단을 대표하는 수장首長의 명칭을 공유하여 쓴 것으로 보고 있다.[19]

그리고 『삼국지』 부여전에 기록된 '부여왕 위구태'의 행적은 『수서』 백제전에 기록된 '백제 시조 구태'의 행적과 연결될 수 있다. 이에 대해서는 『수서』의 찬자撰者가 『주서』 백제전에 기술된 '구태'라는 인물을 『삼국지』 부여전의 부여왕 위구태로 잘못 알았기 때문에 나타난 현상으로 보기도 한다.[20] 『통전通典』에서 백제가 후한말後漢末 부여왕夫餘王 위구태尉仇台의 후손으로 기록된 점이나,[21] 『문헌통고文獻通考』에서 백제가 후한말後漢末 부여왕夫餘王 구태仇台의 후손으로 기록된 점에서[22] 부여왕 위구태와 백제 시조 구태 사이에 착종이 있다는 점은 분명하다. 이 역시 '구태仇台' 혹은 '위구태尉仇台'라는 부여계 수장首長의 명칭을 공유하여 썼기 때문에 벌어진 현상으로 볼 수

---

17   至安帝永初五年 夫餘王始將步騎七八千人寇鈔樂浪 殺傷吏民 後復歸附 永寧元年 乃 遺嗣子尉仇台 詣闕貢獻 天子賜尉仇台印綬金綵 〈『後漢書』卷85 東夷列傳75 夫餘國〉

18   李丙燾, 1976, 「夫餘考」 『韓國古代史研究』, 博英社, 219-220쪽.

19   이장웅, 2016, 「百濟 始祖 仇台·沸流 傳承의 성립과 高句麗·公孫氏 관계」 『百濟文化』 55, 20쪽.

20   李丙燾, 1959, 『韓國史-古代篇』, 震檀學會, 473쪽.
      兪元載, 1993, 『中國正史 百濟傳 研究』, 學研文化社, 68쪽.

21   百濟 卽後漢末夫餘王尉仇台之後 〈『通典』卷185 百濟〉

22   百濟 卽後漢末夫餘王仇台之後 〈『文獻通考』卷326 百濟〉

있다.

후한 말 요동군을 지배하던 공손도公孫度(189~204)의 아들인 공손강公孫康 (204~221)은 204~207년 사이에 대방군帶方郡을 설치하고[23] 공손모公孫模와 장 창張敞 등을 보내 유민을 수습하게 하였다.[24] 여기서 공손모는 공손씨 일족 으로 유민 수습을 지휘한 인물인 것으로 보아 대방군의 태수로 임명되었을 가능성이 높다. 이렇게 볼 수 있다면 당시 『삼국지』에 부여왕 위구태尉仇台 와 혼인했다고 기록된 공손도公孫度의 종녀宗女는 바로 대방 태수 공손모의 딸이며, 이후 '부여왕 위구태'가 '백제 시조 구태' 전승으로 변화하면서, 공손 도의 '종녀'보다 격을 높여 '딸'과 혼인한 것으로 백제 시조 전승을 구성한 것 으로 보인다.[25]

백제와 대방의 혼인 전승은 이후 『삼국사기』 백제본기에 나타나는 책계 왕責稽王(재위 286~298)의 즉위 전 대방왕녀帶方王女 보과寶菓와의 혼인 기록과 도[26] 연결 고리를 찾을 수 있다. 곧, 구태仇台가 대방군과 혼인을 맺은 것은 공손도公孫度(189~204) 시기로 3세기 초이고, 책계왕과 대방왕녀와의 혼인은 3세기 중반경에 이루어졌으므로, 백제와 대방은 오랜 기간 동안 혼인 동맹 을 이루고 있었던 것이다. 그렇다면 백제와 대방의 밀접한 관계는 후한말 공손씨 정권 시기를 배경으로 하고 있는 시조 구태 전승에서부터 비롯된 것 으로 볼 수 있다.

---

23 권오중, 2011, 「요동 공손씨정권의 대방군 설치와 그 의미」『대구사학』105, 10쪽.
24   建安中(196~220) 公孫康分屯有縣以南荒地爲帶方郡 遣公孫模張敞等收集遺民 興兵 伐韓濊 舊民稍出 是後倭韓遂屬帶方〈『三國志』卷30 魏書30 烏丸鮮卑東夷傳 韓〉
25 김성한, 2014, 「百濟의 건국과 仇台」, 『歷史學研究』56, 89~92쪽.
26   高句麗伐帶方 帶方請救於我 先是 王娶帶方王女寶菓爲夫人 故日 帶方我舅甥之國 不可不副其請 遂出師救之 高句麗怨 王慮其侵冦 修阿旦城蛇城備之〈『三國史記』卷24 百濟本紀2 責稽王 卽位年〉

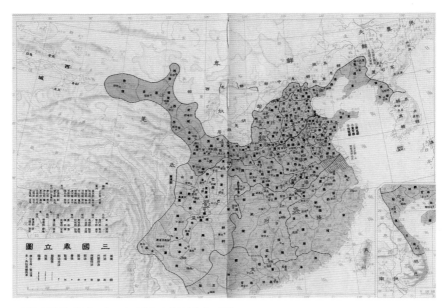

그림1 | 중국의 위·촉·오 삼국시대와 백제 지역

　백제와 대방의 혼인 동맹이 이루어진 것은 이 시기 중국 군현에게 백제가
삼한의 여러 나라 중 가장 유력한 존재로 인식되고 있음을 시사한다.[27] 백
제는 공손씨 정권에 의해 설치된 대방군과 혼인 동맹을 맺으면서 황해 연안
항로를 따라 교류할 수 있었다.

　공손씨 정권을 멸망시킨 조위曹魏는 경초(237~239) 중에 대방태수帶方太守
유흔劉昕과 낙랑태수樂浪太守 선우사鮮于嗣를 보내 낙랑군樂浪郡과 대방군帶方
郡을 평정하고, 마한의 신지臣智를 비롯한 유력 세력들에게 읍군邑君과 읍장
邑長의 인수印綬를 수여하였다. 그런데 246~247년 무렵에 유주幽州 부종사部
從事 오림吳林이 진한辰韓 8국을 분할하여 교섭 창구를 낙랑樂浪으로 바꾸도
록 하는 과정에서 관리들의 통역 중 오해가 생기면서 마한馬韓 제국諸國과

27　강종훈, 2004, 「백제의 성장과 對中國郡縣 관계의 추이」『한국고대사연구』34, 170쪽.

그림2 | 『진서』지리지에 나타난 낙랑군과 대방군 등의 호구 수와 서한 시기의 호구 수 비교

중국 군현 사이에 대방군帶方郡 기리영埼離營에서 충돌이 발생하였고, 마한의 여러 국들는 대방태수帶方太守 궁준弓遵과 낙랑태수樂浪太守 유무劉茂가 참전한 전투에서 궁준弓遵을 전사시키는 성과도 있었지만 큰 타격을 입었다. 이 기리영埼離營 전투를 주도한 세력에 대해서는 백제국설, 목지국目支國설, 신분고국臣濆沽國설이 있는데, 최근의 『삼국지』 판본 분석 결과로 보아[28] 대체로 신분고국이 주도하면서 백제국을 비롯한 마한의 여러 국들이 동참한 것으로 볼 수 있겠다.

---

28   部從事吳林以樂浪本統韓國 分割辰韓八國以與樂浪 吏譯轉有異同 臣幘沽韓忿 攻帶方郡埼離營 時太守弓遵・樂浪太守劉茂興兵伐之 遵戰死 二郡遂滅韓 〈『三國志』卷30 魏書30 烏丸鮮卑東夷傳 韓〉
      최근 중국 북경의 국가도서관 善本書庫에 소장된 남송대(1127~1279)의 3종(蜀刻本・紹興本・紹熙本) 판본이 소개되었고, 그중 현존 最古의 판본인 蜀刻小字本에 '臣幘沽韓忿'으로 나온다는 사실이 확인되었다(윤용구, 2015, 「3세기 이전 마한백제의 성장과 중국」『백제의 성장과 중국(백제학연구총서 쟁점백제사5)』, 한성백제박물관, 33-35쪽).

이 전투에서 백제 고이왕은 조위曹魏의 유주자사幽州刺史 관구검毋丘儉이 낙랑태수樂浪大守 유무劉茂, 대방태수帶方大守 왕준王遵과 함께 고구려를 정벌하는 틈을 타서 좌장左將 진충眞忠을 보내 낙랑樂浪 변민邊民을 습격했다가 돌려보냈다.[29] 이는 백제가 낙랑·대방군과의 교섭에서 벗어나 조위의 내륙으로 직접 교류하기 위해 낙랑 변민을 이용하여 해로를 개척하고자 했기 때문에 일어난 사건으로 볼 수 있다.

이 시기에 해당하는 중국계 유물인 백색 토기는 산동반도 동북부와 요동반도 남단, 한반도 서북부 낙랑과 대방 지역에서 발견되고 있으며, 낙랑 지역 백색 토기는 기원전 1세기 후반에 출현하여 기원후 3세기 전반에 이르기까지 생활 유적과 고분 부장품으로 출토된다고 한다. 따라서 백색 토기의 분포권은 요동 공손씨의 세력 범위 및 존속 시기와 겹치고 있다.[30]

한편, 한강 유역에서도 백색 토기가 출토되고 있어 주목된다. 곧, 연천 학곡리 적석묘 출토 백색 토기(백색 소지로 제작된 소형 평저호와 동체 파편)와 김포 운양동 1-11지점 27호, 인천 운서동 는들 유적, 김포 양촌, 파주 갈현리 3호 구에서 백색 토기가 출토되고 있는데, 이들은 낙랑 지역보다 산동반도에서 주로 발견되는 것으로, 양한兩漢 교체기에 일시 통제가 어려웠던 산동반도의 정치·사회적 환경과 관련되어 동아시아 각지로 유통된 것이라고 한다. 산동 용구시龍口市 주변은 백색 토기 생산지이기 때문에 다양한 종류의 백색 토기가 확인되지만, 소비지인 산동시 주변과 요동지역, 그리고 낙

---

29 秋八月 魏幽州刺史毋丘儉與樂浪大守劉茂朔方大守王遵 伐高句麗 王乘虛 遣左將眞忠 襲取樂浪邊民 茂聞之怒 王恐見侵討 還其民口〈『三國史記』卷24 百濟本紀2 古尒王 13년(246)〉
30 박순발, 2012, 「考古資料로 본 山東과 韓半島의 古代 海上交通」『백제와 주변세계』, 진인진, 443-445쪽.

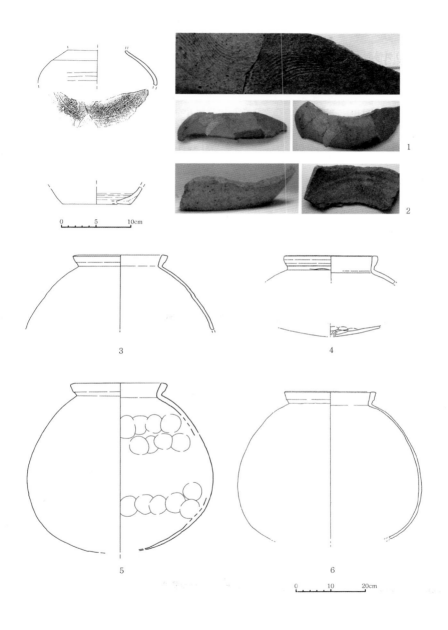

그림3 | 한강 유역 출토 백색 토기

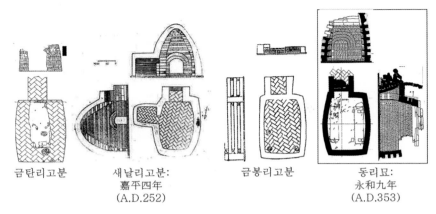

금탄리고분　　　새날리고분:　　　금봉리고분　　　동리묘:
　　　　　　　　　嘉平四年　　　　　　　　　　　　　永和九年
　　　　　　　　　(A.D.252)　　　　　　　　　　　　(A.D.353)

그림4 | 낙랑 · 대방 지역의 전실묘

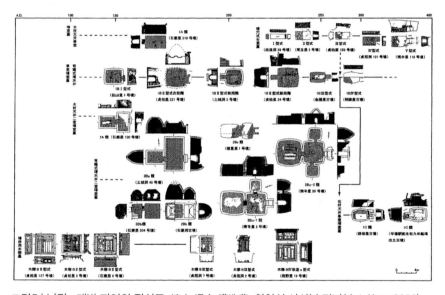

그림5 | 낙랑 · 대방 지역의 전실묘, 塼木 混合 構造墓, 횡혈식 석실분 편년(高久健二, 2006)

랑 지역과 한강 유역에서는 거의 대부분 컨테이너의 기능이 강조된 저장용
의 옹형 토기만 출토된다고 한다.[31]

31　정인성, 2016, 「원사시대 동아시아 교역시스템의 구축과 상호작용-貿易陶器 ‘白色土

그리고 황해도 지역에는 2세기 후반부터 전축분塼築墳이 거의 완성된 형태로 갑자기 나타나는데, 이 전축분의 계보를 공손씨 세력권이었던 요동 일대에서 찾을 수 있다고 한다.[32] 그렇다면 이는 요동태수 공손강이 대방군을 설치하면서 요동에서 대방 지역으로의 주민 이동 결과로 볼 수 있다. 이들 전축분은 이후 백제 지역에도 영향을 미쳤으니, 4세기 중·후반경 한강 유역을 중심으로 도입된 백제 횡혈식 석실분의 기원을 대개 대방 지역의 횡혈식 전실묘塼室墓로 보고 있으며,[33] 여기에 고구려적 요소 등 다양한 계통도 복합된 것으로 연구되고 있다.[34]

형태가 동일한 물품이 둘 이상의 지점에 출현하는 것에 대하여 물자의 직접 이동인지, 원재료의 이동인지, 기술이나 양식의 이전인지, 생산 집단의 이주인지 판단하기는 쉽지 않지만,[35] 백색 토기와 전축분의 양상으로 보아 요동 공손씨 정권이 2세기 말에서 3세기 전반에 걸쳐 산동, 요동, 낙랑, 대방 지역을 장악하고 이들 지역 간의 무역을 관장한 것으로 볼 수 있다. 그리고 백제를 포함한 한강 유역의 마한 제국諸國도 이들 교역권의 영향력 아래에 있었던 것으로 볼 수 있다. 요동 공손씨 정권은 손오孫吳와도 교류하였으니, 후한後漢 건안建安 연간(196~220)부터 229년, 232년, 233년의 교섭 이후 239년 조위의 공격을 받아 멸망하기 직전의 공손연을 구하기 위한 출병까지 이어

器'의 생산과 유통을 중심으로」『원사시대 사회문화 변동의 본질』, 韓國上古史學會 제44회 학술대회 자료집, 114-120쪽.

32 高久健二, 1995, 『樂浪古墳文化研究』, 學研文化社, 188·219쪽.

33 成正鏞, 2009, 「중부지역에서 백제와 고구려 석실묘의 확산과 그 의미」『횡혈식석실분의 수용과 고구려 사회의 변화』, 동북아역사재단.

34 朴信映, 2019, 「백제 한성기 횡혈식석실묘의 도입과 확산과정」『百濟研究』70, 76쪽.

35 김장석, 2004, 「고대국가의 물류시스템과 대외교류에 대한 고고학적 접근」『한성기 백제의 물류시스템과 대외교섭』, 학연문화사, 43-45쪽.

지는데, 그 영향도 한강 유역의 외래 유물에 영향을 준 것으로 보인다.

서울 석촌동 대형 토광묘에서는 낙랑 지역 목곽묘 출토품과 기형상器形上으로 큰 차이가 없는 2세기 후반의 칠기漆器 이배耳杯와 반盤이 출토되었으므로, 이는 낙랑 칠기의 직·간접 영향을 받은 것으로 볼 수 있다. 다만 세부적인 문양이나 시문 기법에서 차이가 보인다는 점에서, 기원전 3세기 초의 아산 남성리 출토 칠편漆片에서 기원전 2세기 초의 함평 초포리 출토 칠기 칼집과 기원전 1세기 후반의 창원 다호리 출토 흑칠黑漆 고배高杯로 이어지는 칠기 전통의 영향도 있다고 한다. [36]

서울 석촌동 3호분 동쪽의 즙석분구묘葺石墳丘墓에서는 나무로 만든 노가 출토되었는데, 노의 주인공은 배를 소유하고 중국과의 교류를 담당한 사람이었을 가능성이 크다. 서울 가락동 2호분으로 대표되는 마한-백제권의 즙석분구묘가 중국 양자강 유역의 토돈묘와 관련이 있을 가능성은 오래 전부터 거론되었지만,[37] 두 지역 사이의 공간적·시간적 격차로 인해 주목되지 못하였다. 그런데 중국 강남 지역 토돈묘의 매장 주체시설이 지상에 안치

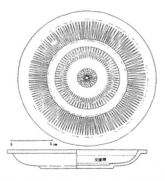

그림6 | 석촌동 대형 토광묘 출토 칠기 반

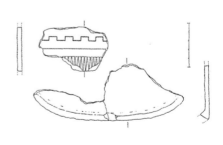

그림7 | 석촌동 대형 토광묘 출토 칠기 이배

36   임영진, 1988, 「서울石村洞出土 百濟漆器와 中國漆器와의 關係」『震檀學報』66, 198쪽.
37   강인구, 1984, 『삼국시대 분구묘 연구』, 영남대출판부.

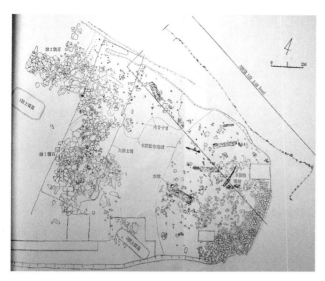

그림8 | 석촌동 3호분 동쪽 즙석분구묘

그림9 | 석촌동 3호분
동쪽 즙석분구묘 출토
목제 노 복원품

된 점, 여러 차례 추가장이 이루어지면서 거대한 분구를 형성한 점, 흑색토
기가 반출된 점[38] 등에서 상호 관련성이 다시 언급되고 있다.[39] 마한의 대표
적인 기종인 양이부호兩耳附壺를 중국 강서 지역의 후한 시기 평저 양이부호
가 수용된 결과로 보는 견해도 제기되었는데,[40] 직접 교류인지 낙랑을 통한
간접 교류의 결과인지 정확히 알 수는 없지만, 당시 마한-백제 지역과 중국
강남 지역과의 관계에 대해 살펴볼 수 있다.

한반도에서는 기원전 1세기경부터 소형 마탁馬鐸이 출토되고 있는데, 그
형태가 중국 동북 지방에서는 눈강嫩江 유역에 위치한 대도삼가자大道三家子

38　楊楠, 1998,『江南土墩遺存研究』, 民族出版社.

39　임영진, 2007,「馬韓 墳丘墓와 吳越 土墩墓의 比較 檢討」『中國史研究』51.

40　김종만, 1999,「마한권역출토 양이부호 소고」『고고학지』10.

묘장墓葬 출토 동령(BC 4세기)을 제외하면 확인되지 않지만, 산동성 일대에서는 국가촌國家村 45호 전국戰國 및 한대漢代 묘장(BC 4세기~BC 3세기), 제저시濟宁市 옥황정玉皇頂 5호 서한묘西漢墓(BC 1세기), 양곡현陽谷縣 오루吳樓 1호 한묘漢墓(BC 1세기), 형태시邢台市 청리清理(BC 1세기) 출토 동령銅鈴 및 뉴종鈕鐘, 내몽골의 준격이기准格尔旗에서 출토된 동령이 비슷한 형태를 띠고 있다는 점에서, 이들이 산동성 일대에서 한반도 서부 낙랑 지방으로 유입되어 한반도 남부에 전파되었다고 한다.[41]

청주 봉명동 52호 토광묘에서 출토된 3세기경의 '대길大吉'명銘 마탁馬鐸은 백제 중앙이나 마한 제국의 한 집단이 한漢이나 낙랑樂浪과의 교류를 통해 입수한 것으로 보인다. '대길大吉'은 한漢의 방울에서 흔히 보이는 길상구로, 낙양洛陽 서교西郊 출토 '대길大吉'명 청동 방울이 있고, 요령성遼寧省 북표현北漂縣에서 출토된 '대길리大吉利 의우마宜牛馬'명銘 동탁과 비교하면서 모용선

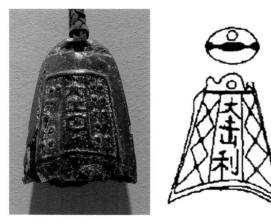
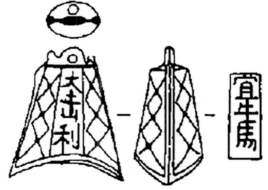

그림10 | 청주 봉명동 52호 토광   그림11 | 요령성 북표현 출토 '大吉利 宜牛馬'명 동탁
묘 출토 '대길(大吉)'명 마탁

---

41   최유정, 2014, 「한반도 동탁과 마탁의 변천」『韓國青銅器學報』15, 158쪽.

비와 교섭의 산물로 보는 견해도 있다.[42] 청주 봉명동 52호묘 출토품 외에
청주 산남동 원22호묘, 청원 오창 상평리 5호 토광묘, 화천 원천리 29·30

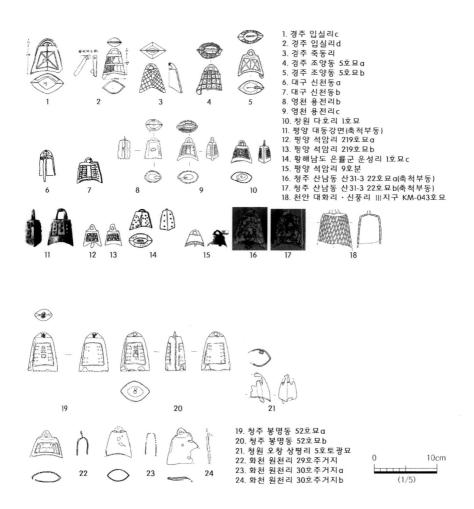

1. 경주 입실리c
2. 경주 입실리d
3. 경주 죽동리
4. 경주 조양동 5호묘a
5. 경주 조양동 5호묘b
6. 대구 신천동a
7. 대구 신천동b
8. 영천 용전리b
9. 영천 용전리c
10. 창원 다호리 1호묘
11. 평양 대동강면(축척부동)
12. 평양 석암리 219호묘a
13. 평양 석암리 219호묘b
14. 황해남도 은률군 운성리 1호묘c
15. 평양 석암리 9호분
16. 청주 산남동 산31-3 22호묘a(축척부동)
17. 청주 산남동 산31-3 22호묘b(축척부동)
18. 천안 대화리·신풍리 III지구 KM-043호묘

19. 청주 봉명동 52호묘a
20. 청주 봉명동 52호묘b
21. 청원 오창 상평리 5호토광묘
22. 화천 원천리 29호주거지
23. 화천 원천리 30호주거지a
24. 화천 원천리 30호주거지b

0   10cm

(1/5)

그림12 | 한반도 출토 3~5세기 마탁

42   국립청주박물관, 2000, 『한국 고대의 문자와 기호유물』, 통천문화사, 25쪽.

호 주거지에서도 3~5세기의 마탁이 무기, 마구, 농공구, 토기와 함께 출토
되었다.

익산益山 평장리平章里에서는 반리문경蟠螭文鏡이 발견되었으며,[43] 익산 연
동리蓮洞里 태봉사胎峰寺에서는 내부가 반절 이상 파손되었으나 "…가인민식
家人民息 호강제멸천하복胡羌除滅天下復 풍우風雨…"라는 글자가 새겨진 반룡
경盤龍鏡이 발견되었다.[44] 이 동경銅鏡에 대해서는 서진西晉 태강太康 3년(282)
6월에 제작된 반원방형태半圓方形帶 신수경神獸鏡의 명문銘文과 비교하여 이
와 비슷한 시기에 제작되었다는 견해가 있고,[45] 장사長沙 월량산묘月亮山墓에

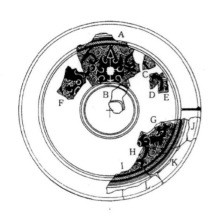

그림13 | 익산 평장리 출토 반리문경

그림14 | 익산 연동리 태봉사 출토 盤龍鏡

---

43 全榮來, 1987, 「錦江流域 靑銅器文化圈 新資料」 『馬韓・百濟文化』 10.

44 반룡경은 뿔이 있는 용과 뿔이 없는 호랑이의 문양을 부조로 장식한 거울로, 용호경이라
    고도 부른다. 평양의 장진리 30호, 석암리 218호, 정백동 11호, 토성동 3호, 45호묘 등에
    서도 출토되었다. 익산 연동리 출토 반룡경은 지름 14.3㎝로, 주 문양은 2龍 1虎를 장식
    하였는데, 일본 五島美術館 소장품 및 중국 陝西省 西安 漢森寨 출토 반룡경의 명문과 주
    문 구성이 똑같다는 점에서, 결실된 원래의 명문은 "龍氏作竟四夷服 多賀君家人民息 胡
    羌除滅天下復 風雨時節五 官位尊顯蒙錄食 長保二親樂無已"로 복원할 수 있다(成正鏞・
    南宮丞, 2001, 「益山 蓮洞里 盤龍鏡과 馬韓의 對外交涉」 『考古學誌』 12, 12쪽).

45 佑相, 1966, 「胎峰寺出土 晉鏡에 對한 小考」 『호남문화연구』 4.

서 출토된 명문과 비교하여 후한경後漢鏡으로 보기도 한다.[46] 일본 오조미술
관五鳥美術館 소장품과 중국 섬서성陝西省 서안西安 한삼채漢森寨 출토 반룡경
을 익산 연동리 출토품과 동범품으로 보면서 후한 환제桓帝와 영제靈帝 시기
(147~189)에 한예韓濊가 강성해지면서 유입된 것으로 보기도 한다.[47] 편년에
이견이 있기는 하지만, 대개 후한 시기부터 이러한 위세품이 마한 제국의
한 중심지로 알려진 익산 지역에서 발견된다는 점에서, 당시 마한 제국이
교류를 통해 선진 문물을 영위한 면모를 확인할 수 있다.

한편, 5세기로 편년되는 고흥 길두리 안동고분에서는 후한 1세기부터 3
세기 중반까지 제작된 연호문경連弧文鏡이 출토되었다. 중앙에 있는 원형 손
잡이를 박쥐형의 받침 문양이 감싸고 있고 그 사이에 '장의자손長宜子孫'이라
는 명문이 있다. 바깥에는 "명여일월明如日月 위지삼공位之三公" 명문이 새겨

그림16 | 고흥 길두리 안동고분 후한 연호문
경 '長宜子孫' '明如日月 位之三公'

그림15 | 고흥 야막 고분 출토 쌍두용문경

---

46   金貞培, 1986, 「三韓社會의 "國"의 解釋問題」『韓國古代의 國家起源과 形成』, 高麗大
     學校出版部.
47   成正鏞 · 南宮丞, 2001, 「益山 蓮洞里 盤龍鏡과 馬韓의 對外交涉」『考古學誌』12,
     31-32쪽.

져 있다.[48] 이 고분 근처에 자리하면서 역시 5세기로 편년되는 고흥 야막 고분에서도 후한 말인 2세기 중엽에서 4세기 후반까지 유행한 "위지삼공位之三公"이 새겨진 쌍두용문경雙頭龍文鏡이 출토되었다.

이들 유물은 대개 이 지역 토착 마한제국에 의해 이루어진 중국과 문화 교류의 결과로 보고 있지만,[49] 마한제국의 일원이었던 백제도 이들과 비슷한 시기에 교류를 시작한 것으로 볼 수 있다. 이와 관련하여 최근 서울 아차산성 망대지 4호 건물지 기단석 아래 매납 유물로 후한대後漢代 동경편銅鏡片이 출토되어 주목된다. 여기서는 수혈을 파고 바닥에 적갈색 기와편을 깐 다음 그 위로 대부 직구 인화문호를 거꾸로 놓고 주변에 뚜껑, 부가 구연 장경호 등을 매납한 후 건물지 기단석을 올려 기초 시설을 마무리하였는데, 이곳에서 후한대 동경편이 출토된 것이다.[50]

이로 보아 후한 공손씨, 조위 시기는 백제를 비롯한 마한 제국들이 동시다발적으로 중국과 문화 교류를 시작한 시기로 판단된다.

---

48   기경량, 2015, 「고흥 안동고분 출토 문자자료」 『한국고대 문자자료연구』 백제(상) 지역별, 419쪽.

49   성정용·남궁승, 2001, 「익산 연동리 반룡경과 마한의 대외교섭」 『고고학지』 12.

50   손설빈, 2018, 「아차산성 망대지 일대 발굴조사 성과」 『아차산성 발굴 성과와 출토 기와』, 한국기와학회·한강문화재연구원·한국고고환경연구소, 41-47쪽.

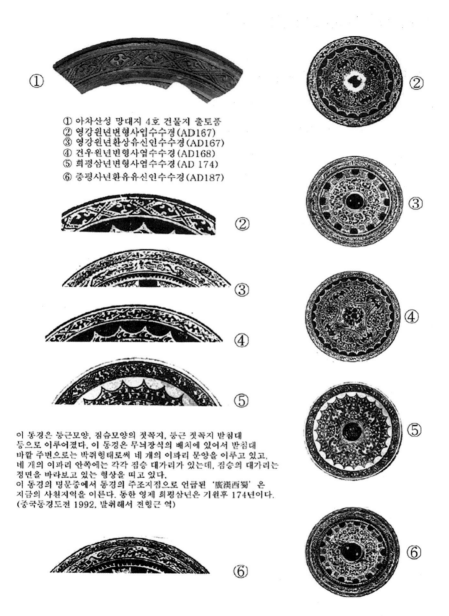

① 아차산성 망대지 4호 건물지 출토품
② 영강원년변형사엽수수경 (AD167)
③ 영강원년환상유신인수수경 (AD167)
④ 건우원년변형사엽수수경 (AD168)
⑤ 희평삼년변형사엽수수경 (AD 174)
⑥ 중평사년환유신인수수경 (AD187)

이 동경은 둥근모양, 짐승모양의 젖꼭지, 둥근 젖꼭지 받침대
등으로 이루어졌다. 이 동경은 무늬장식의 배치에 있어서 받침대
바깥 주변으로는 박쥐형태로써 네 개의 이파리 문양을 이루고 있고,
네 개의 이파리 안쪽에는 각각 짐승 대가리가 있는데, 짐승의 대가리는
정면을 바라보고 있는 형상을 띠고 있다.
이 동경의 명문중에서 동경의 주조지점으로 언급된 '廣漢西蜀' 은
지금의 사천지역을 이른다. 동한 영제 희평삼년은 기원후 174년이다.
(중국동경도전 1992, 발췌해서 전형근 역)

그림17 | 서울 아차산성 망대지 후한대 동경편과 비교 자료

3. 백제와 서진西晉의 문화 교류

『진서晉書』에는 276년에서 291년까지 동이東夷의 여러 국국들이 서진西晉과 20여 차례 교섭한 기록이 있다.[51] 그런데 동이와 서진의 교섭 기사에는 교섭을 주도한 정치체나 국가의 명칭을 명시하지 않고, "동이東夷 몇 국국이 귀화歸化・내부內附・내헌來獻・조헌朝獻하였다(『진서』본기[52])", 또는 "그 주主(왕王)가 자주 사신을 파견하여 입공入貢하였다(『진서』마한전[53]과 진한전[54])"와 같이 기록되었다. 특히 서진과 교섭한 '국국'의 수는 2국에 불과한 경우도 있지만, 대체로 5~17국 전후이며, 20국 이상인 경우도 있다.

---

51 『晉書』本紀, 張華列傳, 馬韓傳, 辰韓傳 등에 나오며, 『册府元龜』『通典』『通志』『太平御覽』등에도 산재되어 있다. 윤용구, 2014, 『진서』동이 조공기사의 재검토」『한국고대사 연구의 자료와 해석』(노태돈교수정년기념논총 2), 사계절, 332-333쪽의 표에 잘 정리되어 있다.

52 咸寧 2年(276) 二月 東夷八國歸化 … 秋七月 東夷十七國內附
    咸寧 3年(277) 是歲 西北雜虜及鮮卑匈奴五溪蠻夷 東夷三國前後十餘輩 各帥種人部落內附
    咸寧 4年(278) 三月 東夷六國來獻 … 是歲 東夷九國內附
    太康 元年(280) 六月 甲申 東夷十國歸化 … 秋七月 東夷二十國朝獻
    太康 2年(281) 三月 東夷五國朝獻 夏六月 東夷五國內附
    太康 3年(282) 九月 東夷二十九國歸化 獻其方物
    太康 7年(286) 八月 東夷十一國內附 … 是歲 扶南等二十一國 馬韓等十一國 遣使來獻
    太康 8年(287) 八月 東夷二國內附
    太康 9年(288) 九月 東夷七國詣校尉內附
    太康 10年(289) 五月 鮮卑慕容廆來降 東夷十一國內附 … 是歲 東夷絶遠三十餘國 西南夷二十餘國來獻
    太熙 元年(290) 二月 辛丑 東夷七國朝貢〈『晉書』권3 帝紀3 武帝〉
    元康 元年(291) 是歲 東夷十七國 南夷二十四國 並詣校尉內附〈『晉書』권4 帝紀4 惠帝〉

53 武帝 太康元年(280)二年 其主頻遣使入貢方物 七年八年十年 又頻至 太熙元年(290) 詣東夷校尉何龕上獻 咸寧三年(277) 復來 明年又請內附〈『晉書』卷97 列傳67 四夷 馬韓〉

54 武帝 太康元年(280) 其王遣使獻方物 二年復來朝貢 七年又來〈『晉書』卷97 列傳67 四夷 辰韓〉

그리고 이전까지는 낙랑군, 대방군과 같은 변군邊郡에서 중원 왕조와 교섭하였지만, 서진西晉이 요동遼東의 양평襄平에 동이교위를 설치한 이후부터는 동이교위로 내부內附·조공하고 있다. 태강太康 6년(285)에 부여夫餘가 모용외慕容廆에게 습격당했을 때, 호護 동이교위東夷校尉 선우영鮮于嬰이 부여를 구하지 않았다는 이유로 파면되고 하감何龕이 대신 임명되어 모용외를 물리치고 부여를 복국한 사건이 있었으므로,[55] 동이교위는 대체로 태강太康 연간(280~285)에 설치된 것으로 볼 수 있다.[56]

『진서晉書』마한전의 '기주其主'라는 표현으로 보아, 이 시기에는 대체로 마한주馬韓主가 교섭을 주도한 것으로 파악하고 있는데, 이 마한주의 실체에 대해서는 백제국설과[57] 마한설이[58] 있고, 목지국과 백제[59] 또는 3개 이상의 소국 연맹체를 동시에 상정하기도 한다.[60] 하지만 3세기 후반 서진西晉과의

---

55 至太康六年(285) 爲慕容廆所襲破 其王依慮自殺 子弟走保沃沮 帝爲下詔曰 夫餘王世守忠孝 爲惡虜所滅 甚愍念之 若其遺類足以復國者 當爲之方計 使得存立 有司奏護東夷校尉鮮于嬰不救夫餘 失於機略 詔免嬰 以何龕代之 明年 夫餘後王依羅遣詣龕 求率見人還復舊國 仍請援 龕上列 遣督郵賈沈以兵送之 廆又要之於路 沈與戰 大敗之 廆衆退 羅得復國〈『晉書』권97 東夷 夫餘〉

56 윤용구, 2005, 「고대중국의 東夷觀과 고구려 -東夷校尉를 중심으로」『역사와 현실』55, 64-66쪽.

57 천관우, 1976, 「삼한의 국가형성(하)」『한국학보』3;1989, 『고조선사·삼한사 연구』, 일조각, 341-343쪽; 이기동, 1987, 「마한 영역에서의 백제의 성장」『마한·백제문화』10, 60-62쪽.
   노중국, 1990, 「목지국에 대한 일고찰」『백제논총』23, 88쪽에서 282년의 마한만은 영산강 유역의 신미국 세력으로 파악하였다.

58 이도학, 1995, 『백제 고대국가 연구』일지사, 40-43쪽.
   유원재, 1994, 『『진서』의 마한과 백제』『한국상고사학보』17, 150-152쪽에서는 282년을 기준으로 그 이전은 금강 이남의 마한 잔여세력, 그 이후는 신미국 중심의 영산강 유역 마한 세력으로 보고 있다.

59 권오영, 1996, 『삼한의 國에 대한 연구』, 서울대 박사학위논문, 217쪽.

60 이현혜, 1997 「3세기 마한과 백제국」『백제의 중앙과 지방』, 충남대학교 백제연구소,

교섭이 낙랑・대방군이 아닌 동이교위부東夷校尉府를 중심으로 전개되면서, 점차 백제국이 원거리 교섭을 수행하는 중심 세력으로 인정받고 있다.[61]

다만 이 시기의 교섭을 기록한 문헌 사료에 '백제百濟'라는 국명은 확인되지 않으며, 견사遣使와 관련한 국명國名이 구체적으로 기술된 몇몇 사례는 교섭 주체가 다른 정치 세력이었던 사례도 보이고 있다. 곧, 282년의 '동이東夷 29국國이 귀화歸化하여 방물方物을 바쳤다'는[62] 기록의 견사 주체는 백제로 보기도 하나,[63] 『진서』 장화전張華傳과[64] 비교해 보면 마한馬韓의 신미국新彌國으로 보아야 한다. 또한 290년의 '동이東夷 7국國이 조공했다'는[65] 기록의 견사 주체를 백제로 보기도 하나,[66] 『진서』 동이전의 비리裨離 등等 십국十國이나[67] 『태평어람太平御覽』 남만전南蠻傳의 모노牟奴 등等 칠국七國[68] 기록을 종

25-29쪽에서는 백제국 중심의 소국 연맹체, 신미국 중심의 영산강 유역 정치 조직, 이에 속하지 않은 제 3의 집단을 동시에 상정하였다.

61 김수태, 1998, 「3세기 중・후반 백제의 발전과 마한」『馬韓史研究』, 충남대학교 출판부, 210-212쪽.
임기환, 2000, 「3세기-4세기초 위・진의 동방정책」『역사와 현실』 36, 24-30쪽.
임동민, 2018, 「『晉書』 馬韓 교섭기사의 주체와 경로」『韓國古代史研究』 89.

62 九月 東夷二十九國歸化 獻其方物 〈『晉書』 권3 帝紀3 武帝 太康 3년(282)〉

63 김수태, 1998, 앞의 글, 210-212쪽.

64 東夷馬韓新彌諸國依山帶海 去州四千餘里 歷世未附者二十餘國 並遣使朝獻 於是遠夷賓服 四境無虞 頻歲豐稔 士馬強盛 〈『晉書』 권36 列傳6 衛瓘 張華〉

65 二月辛丑 東夷七國朝貢 〈『晉書』 권3 帝紀3 武帝 太熙 元年(290)〉

66 권오영, 2001, 「백제국에서 백제로의 전환」, 『역사와현실』 40, 50-51쪽.
임기환, 2004, 「한성기 백제의 대외교섭」『한성기 백제의 물류시스템과 대외교섭』, 학연문화사, 97쪽.

67 裨離國在肅慎西北 馬行可二百日 領戶二萬 養雲國去裨離馬行又五十日 領戶二萬 寇莫汗國去養雲國又百日行 領戶五萬餘 一群國去莫汗又百五十日 計去肅慎五萬餘里 其風俗土壤並未詳 泰始三年 各遣小部獻其方物 至太熙初 復有牟奴國帥逸芝惟離 模盧國帥沙支臣芝 於離末利國帥加牟臣芝 蒲都國帥因末 繩全國帥馬路 沙樓國帥釤加 各遣正副使 詣東夷校尉何龕歸化 〈『晉書』 권97 列傳67 四夷 東夷 裨離等十國〉

68 晉起居注曰 太熙元年正月 牟奴等國大小口十七萬九千餘人 各遣正副使 詣護東夷校

합해 보면, 모노국牟奴國으로 보는 것
이 타당하다.[69] 특히 이 기록에서 290년
에 서진과 교섭한 7국이 17만 9천여 명
을 거느렸다고 하므로, 상당히 넓은 공
간에 분포한 지역 집단을 상정할 수 있
다. 이러한 점에서 문헌 사료에 보이는
3세기 후반 동이 지역과 서진의 교섭은
대개 백제가 중심이면서도 다수의 지역
집단이 함께 참여한 것으로 볼 수 있다.

『삼국지三國志』한전에는 "하호下戶들
도 군에 가서 조알朝謁할 때 모두 의책衣
幘을 빌려 입었으니 스스로 인수印綬와
의책을 착용한 자가 천여 명"이라는 기
록이 있는데,[70] 이들이 모두 공식적인
사신일 수는 없으므로 교역의 성격이
수반되었을 가능성이 높다.[71] 이와 관련
하여『한서漢書』서역전과『돈황敦煌 현

그림18 | 敦煌 懸泉置 漢簡 "永光五年
康居王 使者 自言 獻駝直 不如實冊"
"康居王使者楊佰刀 副扁闐 蘇薤王使者姑
墨 副沙囷即 貴人爲匿等 皆叩頭自言 前
數爲王奉獻橐佗 入敦煌關 縣次續食 至
酒泉 昆歸官 大守與楊佰刀等雜平直肥瘦
今楊佰刀等復爲王奉獻橐佗 入關行 直不
得食 至酒泉 酒泉大守獨與小吏直畜 楊佰
刀等不得見所獻橐佗 姑墨爲王獻白牡橐
佗一匹 牝二匹 以爲黃 及楊佰刀等獻橐
佗皆肥 以爲瘦 不如實 冤"(『敦煌 懸泉置
漢簡』永光五年康居王使者訴訟册)

尉何龕 上獻方物〈『太平御覽』권787 南蠻3 牟奴 등 7국〉

69 윤용구, 2014, 앞의 글, 342-345쪽.
70 其俗好衣幘 下戶詣郡朝謁 皆假衣幘 自服印綬衣幘千有餘人〈『三國志』卷30 魏書30
    烏丸鮮卑東夷傳 韓〉
71 李賢惠, 1998,「三韓의 對外交易체계」『韓國 古代의 생산과 교역』, 一潮閣, 265-268쪽.
    尹龍九, 1999,「三韓의 朝貢貿易에 대한 一考察-漢代 樂浪郡의 교역형태와 관련하여」
    『歷史學報』162, 6쪽.

천치懸泉置 한간漢簡』에 의하면,[72] 한漢에 간 사신들이 기본적으로 상인이라는 점에서『진서晉書』에 나오는 많은 사신들 역시 모두 공식적인 사신은 아닐 가능성이 있다고 한다.

『진서晉書』 사이전四夷傳에는 진한왕辰韓王이 태강太康 7년(286)에 "우래又來"했다고 기록하였는데,[73] 『진서』 무제기武帝紀 태강太康 7년조에는 "동이東夷 11국國이 내부內附했다"고 한 후, "이 해에 부남扶南 등 21국國, 마한馬韓 등 11국國이 내헌來獻했다"고 기록하였다.[74] 이로 보면, "동이 11국"이라는 표현 속에는 정치적 동맹 관계라고 할 수 없는 마한과 진한 등이 한꺼번에 들어가 있는 것으로 볼 수 있다.

당시 중국과의 교류는 한漢이 먼저 교통로를 따라 사신을 보내면서 조공을 할 국가의 사신을 함께 데리고 오는 형식을 취했으므로, 함께 들어오는 여러 나라들은 하나의 교통로 상에 위치하고 있는 특징이 있다고 한다. 그러므로 동이의 여러 나라 사신들도 기본적으로 변방의 군인 낙랑이나 대방으로 들어온 뒤에 그곳에서 통행증을 발급받고 각종 음식과 교통편을 제공받으면서 동이를 관장하는 중심지인 동이교위부로 가게 하였으며, 그곳에서 호시互市를 할지 귀화歸化를 할지, 황제가 있는 서울로 갈지의 여부를 결정하여 처리하고, 되돌아갈 때도 편의를 제공하였는데, 이때 한漢의 상인도

---

72   客大月氏 大宛 疏勒 于闐 莎車 渠勒 精絶 扜彌王使者十八人 貴人□人〈『敦煌懸泉置漢簡』〉
      김병준, 2011, 「敦煌 懸泉置漢簡에 보이는 漢代 변경무역-삼한과 낙랑군의 교역과 관련하여-」『한국 출토 외래유물 ②: 초기철기~삼국시대』, 한국문화재조사기관협의회.
73   武帝 太康元年(280) 其王遣使獻方物 二年(281) 復來朝貢 七年(286) 又來〈『晉書』卷97 列傳67 四夷 辰韓〉
74   太康 7年(286) 八月 東夷十一國內附 … 是歲 扶南等二十一國 馬韓等十一國 遣使來獻〈『晉書』권3 帝紀3 武帝〉

사신을 칭하면서 같이 돌아갔다고 한다. 이로 보면, 엄격한 통제가 있었음에도 불구하고 충분한 교역이 가능했으며, 조공은 주변 세력의 자발적 의지보다 한漢이 제공하는 인프라에 의해 결정된 측면이 강하다고 한다. 이처럼 한漢이 모든 인프라를 제공하는 조공 무역 시스템 속에서는 조공하러 잠깐 와서 받아가기만 한 것이 아니라 몇 달이나 몇 년 동안 호시互市에서 장사를 하고, 또 반대로 한漢 쪽에서도 상인들이 주변으로 다수 이동하여 장사를 하는 과정이 있었으므로, 정치적 측면보다 그 과정에서 발생하는 교역의 측면이 더 중요하다고 한다.[75] 이로 보면, 군현이나 한漢의 조정에서 통제하는 교역이 기본이긴 했지만, 중앙에서 인지하지 못하던 다양한 교역의 형태가 존재할 가능성이 높다.[76]

이 시기 백제와 서진 동이교위부와의 문화 교류와 관련된 물증으로는 서울 풍납동 토성에서 다수 출토된 시유施釉(전문錢文) 도기陶器가 있다.[77] 이는 서진대西晉代 중국 남방의 절강浙江-강소江蘇에서 생산된 것으로 알려져 있으며, 대체로 손오孫吳와 요동 공손씨 사이의 교류에서부터 시작하여, 손오가 진에 멸망된 280년 이후 본격적으로 유입된다고 한다.[78]

백제 한성기에 출토된 전문 도기 및 전문 와당은 중국 남방의 손오孫吳~동진東晉 시기 무덤과도 비교된다. 249년에 죽은 손오 주연朱然의 묘에서는 약

75 　이상의 서술은 김병준, 2014, 「종합토론문」『백제의 성장과 중국(백제학연구총서 쟁점백제사 5)』, 한성백제박물관, 286-300쪽과 김병준, 2011, 「敦煌 懸泉置漢簡에 보이는 漢代 변경무역-삼한과 낙랑군의 교역과 관련하여-」『한국 출토 외래유물 ②: 초기철기~삼국시대』, 한국문화재조사기관협의회를 참조하여 서술함.

76 　정인성, 2014, 「종합토론문」『백제의 성장과 중국(백제학연구총서 쟁점백제사 5)』, 한성백제박물관, 297쪽.

77 　권오영, 2002, 「풍납동 토성 출토 외래유물에 대한 검토」『백제연구』36, 26-29쪽.

78 　박순발, 2012, 「考古資料로 본 山東과 韓半島의 古代 海上交通」『백제와 주변세계』, 진인진, 448쪽.

6,000매의 동전이 출토되었고, 문양전에도 동전 문양이 있다. 절강성 구현 가로촌街路村 원강 8년(298)묘 출토 갈유호는 몽촌토성 출토품과 흡사하며, 강소성 단도현 고자공사高資公社 출토 전문 회도는 동전 약 280kg이 매납된 채 발굴되었다.[79] 전문錢文 도기陶器가 발굴된 풍납동 토성 경당지구 196호 유구와 같은 시기로 판단되는 101호 유구에서도 오수전五銖錢이 출토되었으므로, 백제에서도 전문 도기가 화폐 납입과 관련될 수 있다.[80]

전문錢文 도기陶器의 분포범위가 양자강揚子江 이남에 국한된다는 사실에 주목하여, 한강 유역의 지배 계층이 3세기 말경 이후 남조의 정치 세력과 직접 교섭했을 가능성도 제기되었다.[81] 흑유나 흑갈유 도기 및 전문 도기는 강남 일대에서 유행한 육조 시기의 일상 용기인데, 이들은 서진 시기부터 점차 감소하여 동진 시기에는 도기를 대신하여 청자가 생활 용기로 사용되었으므로, 백제에서 출토된 시유 도기는 동진보다 빠른 시기의 것이라고 한다.[82]

그런데 풍납동 토성 경당지구 196호에서 출토된 시유(전문) 도기는 3세기 후반에서 4세기 전반에 해당하며, 다른 지역 출토품은 이보다 늦다는 견해도 있다.[83] 중국학자의 연구 성과에 따르면 전문錢文 도기陶器는 서진부터 남북조 시기까지 계속 유행하였는데, 풍납동 토성 출토 전문 도기를 서진이 아닌 동진 시기로 편년하면서 도면 배치에서는 동진 중·후반의 단도丹徒 동진東晉 교장窖藏 유적 출토품보다 후행하는 양식으로 상정하였다.[84] 특히 남경南

79 門田誠一, 2002,「百濟と南北朝時代の中國との交渉」『古代日本と百濟』, 大巧社.

80 권오영, 2002,「풍납동 토성 출토 외래유물에 대한 검토」『백제연구』36, 29쪽.

81 박순발, 1999, 앞의 글, 35-37쪽.

82 임영진, 2007,「한성기 중국과의 문물교류」『百濟의 文物交流(百濟文化史大系 研究叢書 10)』, 충청남도역사문화연구원, 210쪽.

83 한지수, 2010,「백제 풍납동 토성 출토 시유도기 연구」『백제연구』51, 25-34쪽.

84 賀雲翔·馮慧·李洁, 2008,「東亞地區出土早期錢文陶瓷器的研究」『考古與文物』

京 지역에서 출토된 시유(전문) 도기와 비교 분석한 연구 성과에 따르면, 풍납동 토성 출토품은 대부분 유송대劉宋代에 해당하며, 동진 중·후기에 해당하는 것은 일부에 불과하다는 견해도 제기되었다.[85] 이러한 견해를 따른다면, 이제 풍납동 토성과 몽촌토성에서 출토된 시유(전문) 도기의 제작 시기를 서진 시기나 동진 초로 단정하고 논의를 진행할 수는 없게 된다.[86]

그렇다면 시유施釉 도기陶器만이 아닌 다른 도자기에도 주목할 필요가 있

그림19 | 산동 鄒城市 劉寶墓 狮子形器

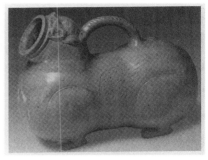

그림20 | 산동 鄒城市 劉寶墓 청자 호자

그림21 | 평양 東山洞 壁画墓 狮子形器

그림22 | 전 개성 출토 청자 호자

2008-2, 90-91쪽 및 90쪽의 도21 참조.

85   王志高, 2012, 「풍납동 토성의 세 가지 문제에 대한 시론」『동아시아 속의 풍납동 토성』, 학연문화사, 87-121쪽.

86   권오영, 2014, 「몽촌토성을 통해본 백제 왕궁의 실치」『한성 백제의 왕궁은 어디에 있

다. 이와 관련하여 산동 추성시鄒城市 유보묘劉寶墓에서 출토된 사자형기獅子形器가 평양 동산동東山洞 벽화묘壁畫墓 출토품과 비교되고, 이곳 출토 청자호자가 전 개성 출토품과 비교된다는 점이 중요하다. 곧, 서진의 청자 사지형기獅子形器(제사지낼 때 망자가 생전에 사용하던 물건을 상징적으로 만든 상생象生의 한 종류로 벽사, 촛대, 주전자, 장명등의 기능)가[87] 산동 추성시鄒城市의 301년에 사망한 서진西晉 안북장군安北將軍 유보묘劉寶墓에서 발견되었는데, 2010년 평양 낙랑구역 동산동東山洞 벽화묘壁畫墓에서 비슷한 양식의 서진 청자사자형기獅子形器가 출토되었다. 그리고 이 유보묘劉寶墓에서는 청자 호자虎子도 함께 출토되었는데, 백제 지역에 해당하는 전 개성 출토 호자와 아주흡사하여 주목된다. 이는 조위에 이어 낙랑과 대방을 관할한 서진 시기 산동과 한반도 사이의 교류를 보여주는데, 서진의 문물이 백제 중앙으로 들어와 분배되었거나, 개성 지역이 마한의 일원으로 교섭에 함께 참여한 증거로 볼 수 있다.[88] 서진 시기에 백제를 포함한 마한과의 교류는 동이교위부를 통해서 이루어졌으므로, 장강 이남의 청자 산지→산동→요동 동이교위부→한 군현 및 백제로 이어지는 루트를 상정할 수 있다.

기원전 1세기~기원후 1세기경으로 편년되는 인천 영종도 운북동 2호 주거지에서는 오수전 20점, 철경 동촉 10점, 환두 소도가 출토되었고, 인접한 1호 수혈에서는 분형 토기, 옹형 토기 등 외래계 토기편과 철부, 철겸, 도자, 찰갑 등 금속기가 다수 출토되었다. 3세기경으로 편년되는 인천 영종도 운

---

87 赵俊杰·김지현, 2015, 「북한 내 신출토 청자 獅子形器 및 관련문제」『CHINA 연구』 18, 141쪽.

88 박순발, 2012, 「考古資料로 본 山東과 韓半島의 古代 海上交通」『백제와 주변세계』, 진인진, 443-447쪽.

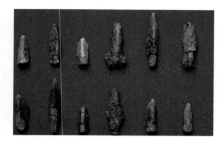

그림24 | 인천 운북동 출토 오수전과 삼릉형 철경 동촉(김기옥, 2013)

남동 패총에서는 오수전, 철경 동촉과 함께 이중 구연 토기·양이부호 등의 마한 토기, 심발형 토기·장란형 토기·삼족기·고배 대각·흑색 마연 토기 등 백제 한성기 토기도 출토되었으며, 복골卜骨의 흔적도 발견되었다.[89] 영종도 지역은 이 시기 마한과 낙랑의 교류 루트에 해당되며, 점차 백제의 영향권에 들어가는 모습을 보여준다.

　2세기 중·후반경으로 편년되는 김포 운양동 1-11지점 27호 분구묘에서는 철제 장검, 철모, 철촉과 함께 세형 동검, 낙랑계 옹이 출토되었다.[90] 3세기 중엽~4세기로 편년되는 김포 양촌 유적 2-3지점 나-1호 분구묘의 부장칸에서는 낙랑계 토기로 추정되는 토기 옹이 출토되었고, 2-3지점 나-5호 동혈 합장묘에서는 환두 대도, 철모, 철촉과 함께 낙랑계 토기와 직구 단경호, 심발형 토기, 유리옥 등이 출토되었다. 인천 연안 일대는 영종도 운남동 패총 이후 구월동, 중산동, 동양동, 불로동 유적 등에서 백제의 영향이 확인

89　이희인, 2019, 「인천 연안의 초기철기~원삼국시대 유적」『百濟의 對中 外交와 凌虛臺(2019 백산학회 추계 학술회의 자료집)』, 백산학회.

90　김포 운양동, 양촌 지역에 분포하는 2세기 중후반~3세기 중후반경의 분묘군에서 대량으로 발굴되고 있는 철제 무기들을 부여·고구려계로 파악하면서, 이들 정치 집단의 주체를 마한 신분고국으로 보는 견해가 있다(김길식, 2014, 「2~3世紀 漢江 下流域 鐵製武器의 系統과 武器의 集中流入 背景」『百濟文化』50, 165-169쪽).

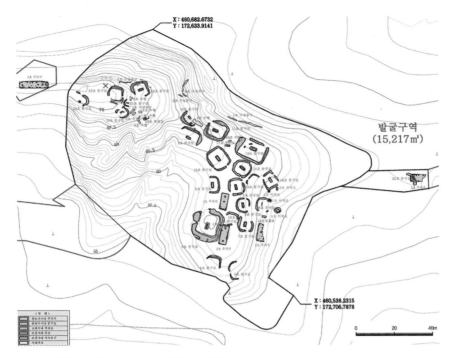

그림25 | 김포 운양동 1-11지점 분구묘 분포도

되는데, 3세기 후반부터 점차 분구묘가 감소하면서 4세기경 백제의 직·간
접적인 영역이 된 것으로 보고 있다.[91]

　백제 지배 계층이 동이교위부를 매개로 서진西晉과 교류하면서, 2세기 중
엽~3세기 말경 요서 지역에서 유행하던 기종器種의 영향을 받아 흑색黑色 마
연磨研 기법을 채용한 백제 한성기 토기(직구 단경호, 직구 광견호, 삼족기 등)가
출현하였다는 견해가 제기되었다.[92] 또한, 한강 유역에서는 2세기 후반경
격자 타날 기종이 등장한 다음, 3세기 전반경에 새로운 자비煮沸 용기用器인

91　이희인, 2019, 앞의 논문.
92　박순발, 1999, 「한성 백제의 대외관계」『백제연구』30, 30-35쪽.

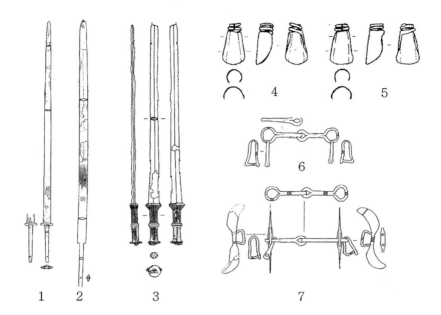

그림26 | 김포 운양동, 청주 오송·봉명동, 충주 금릉동 출토 부여계 유물
1:운양동 1-11-13호묘, 2:운양동 1-11-3호묘, 3:오송 15-17호묘, 4~5:운양동 2-9-1호묘,
6:봉명동 C-31호묘, 7:금릉동 78-1호묘

장란형 토기나 심발형 토기가 출현하는데, 이는 낙랑 지역 주민들의 이동 이후 현지에서 생산되어 확산된 것이라고 한다.[93] 이처럼 백제 토기류는 기종 구성·기형·제작술 등에서 한 군현과 관련이 있다.[94]

한편, 경기 남부 지역인 화성 기안리 제철 유적 출토품은 낙랑계 토기가 60%를 넘는데, 중도식 무문 토기가 잔존하면서 백제 한성기 양식의 토기는 보이지 않는다는 점에서 3세기 전·중반경 공인 집단의 이주와 관련된다고

---

93   박순발, 2003, 「백제토기 형성기에 보이는 낙랑토기의 영향」『백제와 낙랑』, 충남대학교 백제연구소.
94   권오영, 2004, 「물자·기술·사상의 흐름을 통해 본 백제와 낙랑의 교섭」『한성기 백제의 물류시스템과 대외교섭』, 학연문화사.

한다.[95] 하지만 이후 백제 중앙의 한 군현 및 서진 동이교위부를 통한 교류가 계속되면서 경기도 일대에서 백제 중앙의 영향력이 점차 커지게 된다.

정리해 보면, 백제와 서진의 문화 교류는 기존에 알려진 시유施釉 전문錢文 도기陶器가 아니더라도 청자 사자형기獅子形器와 호자虎子, 낙랑 및 요서 지역 서진 토기의 영향을 받은 백제 토기의 등장과 확산 과정을 통해 살펴볼 수 있다.

---

95   김무중, 2004, 「고고자료를 통해 본 백제와 낙랑의 교섭」 『백제시대의 대외관계(제9회 호서고고학회 학술대회 발표문)』, 호서고고학회.

4. 백제와 전연前燕·전진前秦의 문화 교류

서진西晉의 지배질서가 8왕의 난(291~306)을 기점으로 급속하게 붕괴되면서, 4세기 북중국에서는 흉노匈奴와 선비鮮卑 등이 5호 16국을 이루는 격변을 겪었으므로, 이 시기 백제와 중국 지역의 교류도 이러한 중국의 정세 변

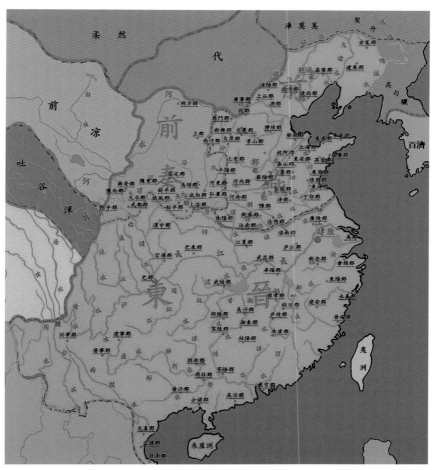

그림27 | 전연, 전진, 동진과 백제

화와 밀접하게 연관되어 살펴보아야 한다.

이때까지 백제는 한반도 황해안과 중국 대륙 동해안을 따라 이동하는 연안沿岸 해로海路를 위주로 중국과의 교류를 전개하였으므로, 그 중간 기착지에 해당하는 요령遼寧-하북河北 일대의 정치적 동향이 중요하다.

건흥建興 연간(313~317)에 모용선비가 요서 지역에서 급속도로 세력을 키워가자, 서진西晉의 마지막 황제 민제愍帝는 모용외에게 진군장군鎭軍將軍 창려昌黎・요동遼東 이국공二國公을 내려 이 지역을 모용선비에게 맡겼다. 이후 강남으로 내려간 동진東晉 원제元帝도 비록 모용외가 사양하긴 했지만, 건무建武(317-318) 초初에 "가절假節 산기상시散騎常侍 도독요좌잡이유인제군사都督遼左雜夷流人諸軍事 용양장군龍驤將軍 대선우大單于 창려공昌黎公"을 내린다. 당시 요동에는 스스로 상서령尚書令이 된 왕준王浚이 임명한 최비崔毖가 동이교위 겸 평주자사平州刺史의 직職을 가지고 있었는데, 그는 319년에 고구려 및 우문선비와 함께 모용외를 공격하다가 실패하고 고구려로 도망한다. 이후 동진은 모용외에게 320년에는 "감평주제군사監平州諸軍事 안북장군安北將軍 평주자사平州刺史"를, 321년에는 "사지절使持節 도독유주동이제군사都督幽州東夷諸軍事 거기장군車騎將軍 평주목平州牧 요동군공遼東郡公"을 더해 수여한

時期	山東東北部	遼東半島
327年	後趙 東牟郡	東晋
366年	前燕 東牟郡	前燕
395年	後燕 東牟郡	後燕
409年	南燕 東牟郡	高句麗
449年	劉宋 東萊郡	高句麗

그림28 | 16국 시기 산동 동북부와 요동반도의 점유 세력 변화

다. 이때 작호에 포함된 평주자사平州刺史와 도독유주동이제군사都督幽州東夷諸軍事는 동진이 모용외에게 중국 동북의 이민족에 대한 업무을 위임하겠다는 표시이다. 그러므로 모용선비가 임명한 동이교위는 진晉을 대신한다고 볼 수 있다. 이후 선비가 세운 국가는 모두 동이교위를 임명하였으며, 동이교위를 담당한 자들은 모두 권력의 중추에 있는 인물이었다고 한다.[96]

이러한 점으로 보아, 문헌 사료에서 직접 확인되지는 않지만, 백제가 4세기 전반에 모용선비慕容鮮卑(전연前燕)에[97] 귀부한 낙랑・대방계 유민을 매개로 중국과의 교류를 진행했을 가능성이 높다.[98] 백제는 진晉의 작호를 받고 낙랑군을 받아들인 전연前燕과 교류한 것이다.

한반도 중서부에서 널리 확인되는 4세기 전반~중엽의 선비 계통 마구류는 이러한 과정에서 모용선비 계통의 문화가 유입된 것으로 볼 수 있다. 곧, 북표北票 북구北溝 8호묘의 판비板轡는 뚜렷한 타원형橢圓形 경판鏡板과 철봉鐵棒 사이 간격이 있는 짧은 2조선條線 인수引手, 횡橫으로 가로지른 함유금구銜留金具 등이 천안 두정동의 것과 매우 유사하며, 조양朝陽 왕자분산王子墳山 M9001호묘에서도 천안 두정동의 것과 같이 가는 철봉鐵棒을 여러 번 꼬은 함銜이 확인되는데, 이 무렵 요서 지역과의 원거리 교역을 통한 기승문화騎乘文化 도입을 실현할 수 있는 정치체는 백제 이외에 생각하기 어렵다고

---

96 정지은, 2019, 「3~4세기 백제(百濟)의 대중(對中)교섭과 동이교위(東夷校尉)」『역사와 현실』112, 152-153쪽.

97 鮮卑 慕容部는 3세기 말경부터 흥기하여 337년에 慕容皝이 '燕王'을 자칭하였고, 341년에는 東晉으로부터 '燕王'에 책봉된다. 이에 337년을 기준으로 그 이전은 慕容部(모용선비), 그 이후는 前燕이라고 한다.

98 김기섭, 2000, 『백제와 근초고왕』, 학연문화사, 209-211쪽.
  여호규, 2014, 「4세기-5세기 초엽 백제의 대중교섭 양상」『백제의 성장과 중국(백제학 연구총서 쟁점백제사 5)』, 한성백제박물관, 143쪽.

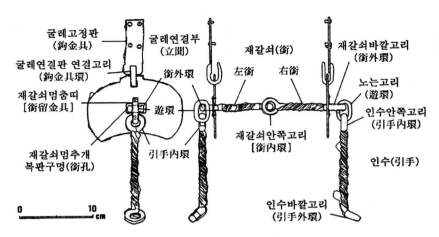

굴레고정판
(鉤金具)
굴레연결부
(立聞)
재갈쇠(銜)
재갈쇠바깥고리
(銜外環)

굴레연결판 연결고리
(鉤金具環)
衛外環
左銜
右銜
노는고리
(遊環)

재갈쇠멈춤띠
[銜留金具]
遊環
인수안쪽고리
(引手內環)

재갈쇠멈추개
복판구멍(銜孔)
引手內環
재갈쇠안쪽고리
[銜內環]
인수(引手)

0   10
cm

인수바깥고리
(引手外環)

그림29 | 재갈(판비)의 부분 명칭(성정용, 2009)

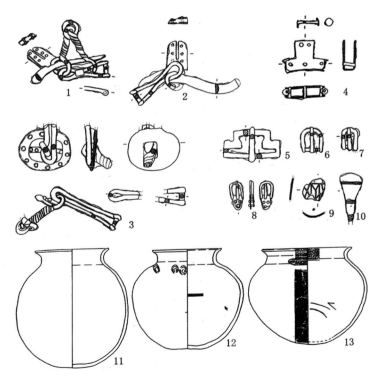

그림30 | 천안 두정동 I-5호묘 출토 표비와 타원형 판비, 공반 유물 각종

한다.[99]

한편, 『자치통감資治通鑑』에 의하면 380년에 전연前秦의 유주자사幽州刺史 부락苻洛이 반란을 일으켰을 때 참모인 평규平規가 군대를 동원할 것을 건의한 나라들 가운데 하나로 백제가 등장한다는 점에서,[100] 그 이전부터 전진과도 공적인 국가 관계가 있었을 가능성이 크다.

이와 관련하여 황제가 아닌 '천왕天王'의 칭호를 사용한 전진前秦의 부견苻堅(357~385)이 수여한 것으로 추정되는 "천왕조여백제왕동호부제天王詔與百濟王銅虎符第○"가 알려져 있는데,[101] 이 백제왕百濟王 동호부銅虎符를 통해 백제와 전진의 교섭이 늦어도 370년대의 근초고왕 시기에 이루어졌으며, 이는 동진 및 전진과의 다면 외교를 보여준다는 견해가 있다.[102]

당시 호부虎符 및 절節의 성격은 지방 관원인 장군將軍, 태수太守, 자사刺史, 도독都督 등에게 병력 징발에 관한 권한을 부여한 것이지만, 역외域外 지역에 주었을 가능성도 있다. 다만 16국 시기 전진前秦의 부견苻堅이 병력 동원을 위해 절節을 수여한 대목은 『진서晉書』에 일부 확인되고 있으나[103] 호부虎符를 준 사실은 나타나지 않는 것으로 보아, 이 시기부터 점차 절節이 호부虎符를 대체했을 것이라 한다.[104] 하지만 이보다 후대인 남제南齊 무제武帝 영

99　성정용, 2003, 「漢城期 百濟馬具의 編年과 그 起源」 『國史館論叢』 101, 18-21쪽.

100　太元五年(380) … 分遣使者征兵於鮮卑·烏桓·高句麗·百濟·新羅·休忍諸國 遣兵三萬助北海公重戍薊〈『資治通鑑』卷104 晉紀26〉

101　羅振玉 撰集, 1934, 『貞松堂集古遺文(補遺)』 卷下 漢以後器.
　　方善柱, 1973, 「薉·百濟關係 虎符에 對하여」 『史叢』 17·18合.

102　노중국, 2012, 『백제의 대외 교섭과 교류』, 지식산업사, 161쪽.

103　苻堅別將寇彭城 復以將軍假節·監江北軍事 鎭廣陵 遷右將軍·宣城內史·假節 鎭姑孰 穆之以爲成在近畿 無復軍警 不宜加節 上疏辭讓 許之〈『晉書』卷81 列傳51 毛寶 附 毛穆之〉

104　車發松, 1985, 「十六國時期地方行政機構的軍鎭化」 『晉陽學刊』 6; 조윤재, 2014, 「고

그림31 | 백제왕 동호부, 명문, 山東 東平縣 출토 晉代 虎符

명永明 8년(490)에도 백제 동성왕 모대牟大가 남제로부터 절節과 함께 동호부
銅虎符와 죽사부竹使符(황제가 중앙으로 사람을 징소徵召할 때 사용하였던 부신符信)
각각 넷을 받은 기록이 보이고 있다.[105]

고자료로 본 한성백제와 양진, 십육국의 대외교섭」『백제의 성장과 중국(백제학연구
총서 쟁점백제사 5)』, 한성백제박물관, 186-187쪽에서 재인용.

105   制詔 行都督百濟諸軍事 鎭東大將軍百濟王牟大 今以大襲祖父牟都爲百濟王 卽位章
綬等玉銅虎竹符四『南齊書』卷58 列傳39 東夷 百濟〉
송진, 2018, 고대 동아시아의 使臣 왕래와 符節 崇實史學 40, 347-349쪽 참조.

이처럼 백제와 전연, 전진 등 16국과의 교류는 관련 문헌 자료는 물론 고고 자료도 빈약하고, 동호부銅虎符의 출처와 실물 소재 역시 파악하기 어렵기 때문에 아직 적극적으로 말하기는 어렵지만, 앞으로 백제와 16국과의 교섭을 좀 더 적극적으로 상정할 필요가 있다.

5. 백제와 동진東晉의 문화 교류

　백제와 중국의 공식적인 교류는 372년 1월에 근초고왕近肖古王이 동진東晉에 사신을 파견하고, 이해 6월 동진의 책봉을 받으면서 시작된 것으로 기록되었다.[106] 그런데 다음의 이유로 372년 이전부터 공식적인 교류가 있었다고 보기도 한다. 곧, 372년 이전에 동진과 교섭한 국가나 정치 세력은 과거 서진西晉의 판도를 기준으로 크게 두 그룹으로 대별하여 살펴야 한다고 한다. 동진은 과거 서진의 판도 내부에서 흥기한 국가나 정치체가 칭신稱臣하거나 내속來屬하면 책봉호를 수여하였지만, 그 외부의 정치체는 견사遣使하여 조헌朝獻해도 책봉호를 수여하지 않았다는 것이다. 그러므로 만약 백제가 372년 이전에 동진과 공식적인 교섭을 가졌다고 하더라도 동진으로부터 책봉호를 수여받았을 가능성은 희박하다고 한다.[107]

　한편, 이 시기 백제 지역에서 확인된 남조 물품을 들여온 교섭 주체로는 대개 백제 왕실을 상정하고 있지만, 다른 가능성을 상정하기도 한다.[108] 또한, 4세기 초 백제와 동진 간의 공식적인 조공-책봉 기록이 보이지 않는다는 점에서 이 시기 백제 왕실과 도자류를 교역한 동진의 교역 주체를 황실

106　『晉書』권9 簡文帝紀9 咸安 2년 春正月 및 六月.

107　여호규, 2014, 「4세기-5세기 초엽 백제의 대중교섭 양상」『백제의 성장과 중국(백제학
　　　연구총서 쟁점백제사 5)』, 한성백제박물관, 121-122쪽. 동진 건국 초부터 교섭한 遼寧
　　　-河北 지역의 鮮卑 慕容部(前燕)와 段部 및 河西 지역의 前涼, 340년대 후반부터 교섭
　　　한 漢中 지역의 前仇池, 건국 이전에 동진과 잠시 교섭한 前秦의 苻氏나 後秦의 姚氏
　　　등은 기본적으로 종전의 西晉 판도 내부에서 흥기한 정치체이며, 고구려, 숙신, 임읍,
　　　부남 등은 西晉의 판도 외부에 있던 정치체이다.

108　박윤선, 2011, 「백제와 중국왕조의 관계에 대한 연구현황과 과제」『백제문화』45,
　　　72-73쪽.

이 아닌 절강 지역의 귀족이나 군벌 세력으로 추정한 견해도 있다.[109] 하지만 서진西晉의 판도 외부에서 흥기한 정치체는 동진東晉에 견사遣使해도 책봉호를 수여하지 않았다면, 비록 사서에 기록되지는 않았어도 백제와 동진 간의 공식적인 교역 활동이 보다 일찍부터 있었음을[110] 인정할 수 있겠다.

기록상 당시 남조에 대한 삼국의 견사 횟수는 백제 37회, 고구려 20회, 신라 12회, 가야 1회인데, 지금까지 출토된 남조 도자기의 수는 백제 200여 점, 고구려 20여 점, 신라 2점, 가야 1점이므로 백제가 압도적으로 많다. 이에 남조로의 견사 횟수가 출토된 도자기의 수와 크게 관련되지 않는다는 점에서, 도자기가 중국 황실의 답례품이 아니라 견사에 동참한 지역 세력들의 필요에 따라 개별적·선택적으로 구입한 것이라는 견해도 있다.[111]

백제 한성기에는 한강 유역을 중심으로 지방 거점에 이르기까지 다양하고 많은 양의 동진제 도자기들이 출토되었다. 곧, 3~5세기에 유행한 청자, 흑자가 서울 풍납동 토성, 몽촌토성, 석촌동 고분군, 원주 법천리 고분군, 포천 자작리 유적, 천안 용원리 고분군과 용원리 유적 C지구, 천안 화성리 고분군, 홍성 신금성, 공주 수촌리 유적, 익산 입점리 고분군 등지에서 출토되었다.

서울 석촌동 8호 토광묘 외부에서는 4세기 전반이나[112] 말로 추정되는[113] 사이호四耳壺가 출토되었다. 석촌동 3호분 출토 청자 반구호는 중국 남경 사가산司家山 6호묘에서 출토된 영초永初 2년(421) 제작품과 비슷하지만, 구연

---

109   안성진, 2011, 「陶瓷를 통해 본 4세기 초 百濟와 東晉의 交流」 『한국사학보』 42, 26쪽.
110   강종원, 2002, 『4세기 백제사 연구』, 서경문화사, 270쪽.
111   임영진, 2019, 「百濟와 六朝의 關係-考古資料를 중심으로」 『百濟學報』 27, 86-87쪽.
112   권오영, 1988, 「고고자료를 중심으로 본 백제와 중국의 문물교류-강남지방과의 관계를 중심으로」 『진단학보』 66.
113   성정용, 1998, 「금강유역 4~5세기 분묘 및 토기의 양상과 변천」 『백제연구』 28.

그림36 | 석촌동 8호 토광묘 외부 四耳壺

그림37 | 석촌동 87-2호 석곽묘 흑유 계수호

그림33 | 석촌동 3호분 지반축토층 출토 청자 반구호

그림32 | 남경 司家山 6호묘 출토 청자 반구호

그림34 | 몽촌토성 3호 저장공 직구 청자 이부호

그림35 | 몽촌토성 출토 청자 벼루편

부 형태로 보아 동진 중기인 4세기 중엽 경으로 편년할 수 있다고 한다. 최근 재정리된 석촌동 87-2호 석관묘 출토품은 흑유 계수호일 가능성이 큰데, 기년 자료와 비교해보면 대략 360~370년대 무렵으로 편년된다고 한다.[114] 몽촌토성에서는 3호 저장공에서 4세기 말에 유행한 직구 청자 이부호가 출토되었고, 육조 청자 벼루편도 출토되었다.

천안 화성리 출토 반구호는 나팔형 경부頸部가 둥근 호형壺形을 이루며 저부까지 사선을 이루면서 좁아지는 형태로, 견부肩部 양쪽에 한쌍씩 귀가 있고 귀 위에 점채點彩 장식이 있는데, 이는 4세기 중반 이후 동진 반구호의 중요한 특징이라고 한다.[115]

천안 용원리 9호 석곽묘에서는 4세기 중반에서 5세기 초에 중국 절강성浙江省 덕청요德淸窯에서 만들어진 것으로 추정되는 흑유 계수호가 출토되었

그림38 | 천안 용원리 9호 석곽묘 흑유 계수호

그림39 | 공주 수촌리 4호 횡혈식 석실묘 흑유 계수호

114 박순발, 2017, 「백제 한성기 도성과 묘역의 문제」『한성백제사 다시보기(백제학연구총서 쟁점백제사10)』, 한성백제박물관, 132-135쪽.

115 국립공주박물관, 2011,『中國 六朝의 陶瓷』, 국립공주박물관, 90쪽.

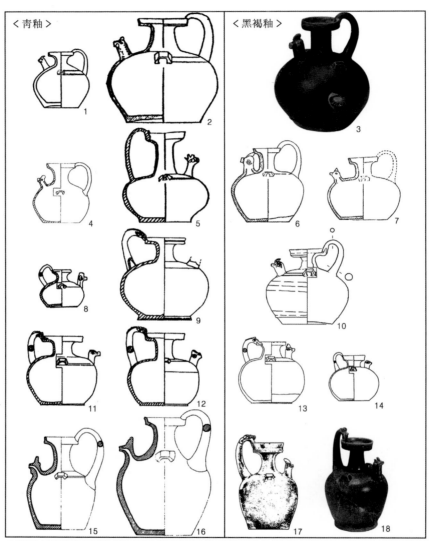

<青釉> <黑褐釉>

1. 南京 象山 5호묘(368년：袁俊卿 1972), 2. 南京 東晉 穆帝陵 (361년：朱蘭霞 1983), 3. 杭州 老和山墓 (364년：梅福根 1961；浙江省博物館
(編)2000), 4. 南京 象山 8호묘(368년：姜林海 張九文 2000), 5. 鎭江 東晉墓 (366년：林留根 1989), 6 7. 無錫 東晉墓 (370년：馮普仁 錢宗
奎1985), 8 11 12. 南京 ‘謝 ’묘(421년：華國榮 1998), 9. 南京 ‘謝球’묘(416년：阮國林 李毅2000), 10. 韓國 公州 水村里 4호묘, 13 14.
南京 ‘謝溫’묘(406년：華國榮 張九文 1998), 15 16. 廣東 新興 南朝墓 (435년：古運泉 1990), 17. 杭州 黃岩秀嶺水庫 M49호 묘(447년：朱
伯謙 1958), 18. 揚州 平山村 (徐良玉 (編)2001)

그림40 | 중국 紀年 계수호와 한국 출토품 비교(박순발, 2017)

고,[116] 공주 수촌리 4호 횡혈식 석실묘에서는 강소성江蘇省 무석無錫의 태화太和 5년(370) 출토품이나 남경 사가산司家山 M4호 '사구謝球' 부부 합장묘의 의회義熙 12년(416) 출토품과 유사하여 대략 370년에서 400년 전후에 만들어진 것으로 추정되는 흑유 계수호가 출토되었다.[117] 원광대학교 박물관과 국립중앙박물관에는 출토지를 알 수 없지만 4세기 중반경에 만들어진 청자 계수호가 소장되어 있다.[118]

익산 입점리 86-1호 횡혈식 석실분 출토 청자 사이호는 447년 제작으로 추정되는 중국 절강성浙江省 황암현黃巖縣 수령秀嶺댐에서 발굴된 49호 전실묘 출토품과 비슷하다고 한다.[119]

완 혹은 잔과 같은 소형 청자는 서울 몽촌토성에서 동진 전기에 해당하는

그림41 | 천안 화성리 출토 반구호

그림42 | 익산 입점리 1호분 출토 청자 사이호

116   이남석, 1999, 「고분출토 흑유계수호의 편년적 위치」『호서고고학』창간호, 134-135쪽.
117   정상기, 2013, 「韓半島 出土 鷄首壺의 製作 年代에 대한 초보적 檢討」『겨레문화연구』2, 91쪽.
118   국립부여박물관, 2004, 『百濟의 文物交流』, 예맥출판사.
119   임영진, 2007, 「한성기 중국과의 문물교류」『백제의 문물교류(百濟文化史大系 硏究

그림43 | 천안 용원리 C지구 횡혈식 석실분 출토 연꽃문 청자 발과 무문 청자 잔

그림44 | 공주 수촌리 출토 청자 잔

것이 발견되었고, 천안 용원리 C지구 횡혈식 석실분에서는 남조 시기의 연꽃문 청자 발과 무문 청자 잔이 발굴되었다. 공주 수촌리 4호 석실분 출토품은 4세기 말~5세기 초에 해당하는 중국 남경 사가산 6호분 출토품과 비슷하다고 한다.[120]

원주 법천리 출토 청자 양형기羊形器는 중국 남경의 4세기 상산像山 7호묘 출토품과 상통하는 월주요 청자이다. 중국 남조에서는 청자 양형기와 함께 신정호神亭壺·곡창관穀倉罐·혼병魂瓶 등이 부장되었는데, 신정호는 사자死者의 혼을 천상으로 보내려는 중국 토착 호족 사회의 장송 의례를 반영한다고 한다.[121] 육조 청자가 제작된 요지는 절강성 일대를 중심으로 강소성·

　　叢書 10)』, 충청남도역사문화연구원, 208쪽.

120　　임영진, 2007, 앞의 논문, 208쪽.

121　　小南一郎, 1993, 「神亭壺と東吳の文化」『東方學報』65.

그림45 | 원주 법천리 출토 청자 양형기   그림46 | 남경 像山 7호묘 출토 청자 양형기

강서성·호남성·사천성·복건성 등지에 있으며, 특히 절강성浙江省 소흥紹興·상우上虞·여요余姚 지방의 요窯는 계속 발전하여 당 시기에는 월주요越州窯로 불렸다. 백제 지방에서 출토된 이들 청자는 백제 왕실이 중국과의 조공 무역을 통해 입수한 청자를 지방 세력에게 위세품으로 사여하여 간접 지배를 한 것으로 볼 수 있다.[122]

고창 봉덕리 1호분 4호 석실에서는 동진~유송 초로 추정되는 청자 반구호와 함께, 투공을 가진 광구호廣口壺 어깨에 광구廣口 소호小壺 4개가 배치된 소호小壺 장식裝飾 유공호有孔壺가 출토되었다.[123] 이는 피장자의 영혼이 출입하도록 하는 상징적 장치라고 하며, 복부腹部에 하나 혹은 복수의 투공을 가진 강남 지역 오련관五聯罐을 모방하여 제작된 것으로 보고 있다.[124] 중

122   권오영, 1988, 「4세기 백제의 지방통제방식 일례-동진청자의 유입경위를 중심으로」 『한국사론』 18, 서울대학교 국사학과.
　　　이난영, 1998, 「백제 지역 출토 중국도자 연구-고대의 교역도자를 중심으로」 『백제연구』 28.
　　　성정용, 2003, 「백제와 중국의 무역도자」 『백제연구』 38.
123   원광대학교 마한백제문화연구소, 2012, 『고창 봉덕리 1호분』.
124   임영진, 2019, 「百濟와 六朝의 關係-考古資料를 중심으로」 『百濟學報』 27, 90-91쪽.

그림47 | 고창 봉덕리 1호분 4호 석실 청자 반구호

그림48 | 고창 봉덕리 1호분 4호 석실 小壺 裝飾有孔壺

그림49 | 중국 동오 시기의 오련관(南京市 江寧區 東山街道 上坊社區)

국의 오련관은 곡창관穀倉罐, 퇴소관堆塑罐, 장관葬罐, 혼병魂瓶 등으로 불리는 명기明器의 일종으로 동오東吳, 진晉 시기를 중심으로 절강, 강소 등 중국 남부 지역에서 유행하였다고 한다.

백제 한성기에 도자기 이외의 동진계 위세품으로 과대와 초두를 들 수 있다. 서울 몽촌토성에서 출토된 진식晉式 금동 과대를 4세기 1/4분기로 편년한 다음, 책봉을 통한 동진과의 공식적인 외교 관계가 372년 이전에 이미 이루어졌다고 보는 견해도 있다.[125] 이에 의하면 몽촌토성 출토품과 동일한 예가 중국 호북성 한양현 웅가령熊家嶺 동진묘에서 발견되었는데,[126] 강소성 의흥 주처묘周處墓(297) 출토 은제품이나 광주 대도산묘大刀山墓 출토품보다

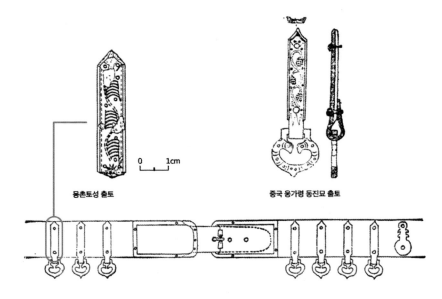

몽촌토성 출토   중국 웅가령 동진묘 출토

0   1cm

그림50 | 서울 몽촌토성과 중국 웅가령 동진묘 출토 금동 과대

125   박순발, 2004, 「한성기 백제 대중교섭 일례-몽촌토성 출토 금동과대금구 추고」『호서고고학』11, 12-13쪽.
126   劉森淼, 1994, 「湖北漢陽出土的晉代鎏金銅帶鉤」『考古』1994-10.

그림51 | 풍납동 토성 출토 청동 초두

그림52 | 원주 법천리 1호분 출토 청동 초두

그림53 | 서산 부장리 고분 출토 철제 초두

사실적이라는 점에서 4세기 초로 편년되며, 안악 3호분 벽화 장하독帳下督의 착용품과도 유사하다는 점에서 이를 착용한 자는 3품 관작의 고급 무관으로 추정되었다.

청동 초두는 서울 풍납동 토성과 원주 법천리 1호분에서 출토되었는데, 동진제 수입품일 가능성이 크지만 방제품일 가능성도 있다고 한다.[127] 백제 지역 청동 초두의 유입은 동진 시기부터 이루어졌을 가능성이 높으나[128] 중국 출토 초두와의 비교를 통해 그 유입 시기를 5세기 후반으로 늦추어 보려는 견해도 있다.[129] 서산 부장리 고분에서는 철제 초두도 출토되었다. 최근 서울 풍납동 토성과 몽촌토성에서 멀지 않은 하남 감일동 횡혈식 석실분에서도 청자 호수호虎首壺, 청자 계수

---

127 국립부여박물관, 2004,『百濟의 文物交流』, 예맥출판사, 54쪽.

128 박순발, 2005,「鐎斗考」『東亞考古論壇』창간호, 충청문화재연구원.

129 박보현, 2005,「풍납동 토성출토 초두의 편년적 위치『호서고고학보』12, 11쪽.

그림54 | 하남 감일동 1-③지점 11호 석실 출토 청자 虎首壺

그림55 | 하남 감일동 2-⑤지점 1호 석실 출토 청자 鷄首壺

호鷄首壺, 노기弩機, 부뚜막형 토기 등의 동진제 유물들이 출토되었다.[130] 그중 노기는 장강 유역의 육조 시기 고분에서 매우 빈번하게 부장되면서 일정한 정형성이 보이는데, 동진 시기 남경의 문벌세족인 왕씨王氏, 안씨顔氏, 고씨高氏, 산동山東 임기臨沂 왕씨王氏 가족묘族葬墓에서 모두 동제

그림56 | 하남 감일동 2-⑤지점 1호 석실 출토 쇠뇌

銅製 혹은 석제石製 노기弩機가 부장된다는 점에서 실용기보다는 수예殊禮(특별한 예우)의 의미로 부장된 특수 기물로 볼 수 있다.[131]

하남 감일동 2-⑤지점 1호 석실 출토 노기弩機(쇠뇌)는 동진과의 교류 과정에서 유입된 것으로, 청자 호수호虎首壺와 청자 계수호鷄首壺가 손잡이와

---

130   강태홍, 2019, 「하남 감일동 백제고분군 발굴조사 성과」 『백제학보』 27.

131   조윤재, 2019.9.27., 「中國 六朝 博室墓와 감일동 횡혈식 석실분」 『하남 감일동 백제고분군의 위상(하남역사박물관 하남 역사정체성 찾기 학술대회 자료집)』, 156쪽.

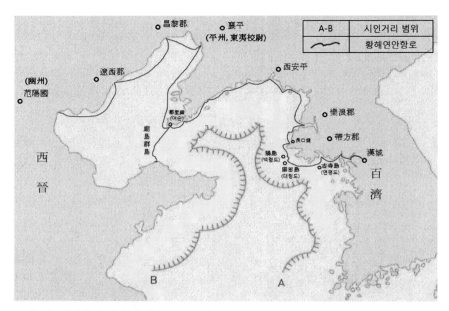

그림57 | 3세기 후반 백제 항로(임동민, 2014)

주둥이 부분이 인위적으로 훼손하여 매납한 점과 함께 동진의 상장 의례가 백제 고분의 기물 부장 양상에 영향을 주었을 가능성도 있다.

또한, 하남 감일동 1-②지점 5호 석실과 1-③지점 15호 석실에서 출토된 부뚜막형 토기는 서진 및 동진 시기 장강 중·하류 지역인 호북성湖北省 악주鄂州, 강소성江蘇省 남경南京, 절강성浙江省 길안吉安(육조六朝 단양군丹陽郡 고장현故鄣縣) 등지에서 보이는 평면 주형舟形 부뚜막 토기와 매우 유사하며, 적어도 동진 이전의 토제 부뚜막 전통을 구비한 상태에서 부장된 것이라고 한다.[132]

백제와 동진의 문화 교류는 황해 바닷길을 통해 이루어졌는데, 당시 백제와 동진 사이에는 적대국인 고구려와 5호胡 제국諸國이 웅거하고 있었다.

132　조윤재, 2019. 9. 27., 앞의 논문, 152-153쪽.

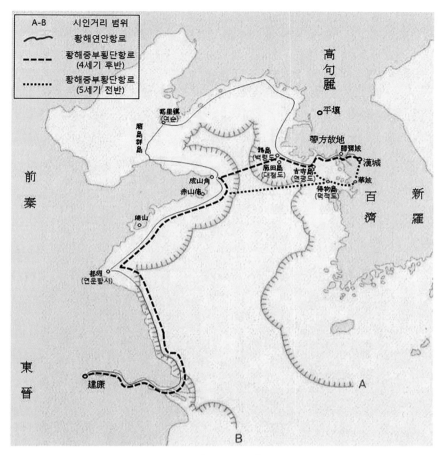

그림58 | 4세기 후반~5세기 전반 백제 항로(임동민, 2014)

앞서 살펴본 대로 백제와 서진의 교류까지는 낙랑과 대방 및 동이교위부를 통해서, 그리고 동진으로 쫓겨 내려간 초기까지는 진을 대신한 모용선비(전연)의 동이교위부를 통해 황해 연안 항로를 통한 중국과의 문화 교류가 어느 정도 가능하였다. 그러나 이 시기에 황해를 따라 요동반도遼東半島 서남단까지 간 다음, 이곳에서 묘도열도廟島列島를 거쳐 산동반도山東半島로 건너고, 다시 산동반도의 성산각成山角을 돌아 양자강揚子江 하구로 가는 원거리 루트는 오랜 시간이 걸리는 것은 물론, 정치적 위험성도 매우 큰 항로이다.

그러므로 한반도 서해안에서 산동반도山東半島로 직접 건너가는 황해 중부 횡단 항로의 개척 필요성이 증대된다. 황해 중부 횡단 항로는 5세기 초에 개설된 것으로 보기도 하지만,[133] 4세기 후반부터 동진과의 교섭에 활용되었다는 견해도 제기되었다. 곧, 백제 근초고왕대에는 '장산곶-산동반도'의 횡단 항로를, 임진강 이북 상실 이후에는 '한강 하구-연평도-산동반도'의 횡단 항로를, 개로왕 시기에는 '남양만-덕적군도-산동반도'의 횡단 항로를 활용한 것으로 보았다.[134] 백제가 황해도 남부를 장악하고 대방 지역 재지 세력의 일부가 백제로 유입되면서 372~386년 동진과의 교섭에서는 한강 수로와 황해도 남부를 거쳐 황해 중부 횡단 항로를 활용하였고, 백제가 황해도 남부와 관미성을 상실하여 한강 수로를 통한 황해 출입이 차단되는 386~406년에 잠시 단절되었다가, 이후 406~416년 동진과의 교섭부터는 화성 일대를 출발하여 덕적군도를 경유하는 새로운 경로로 황해를 횡단했다는 견해도 제기되었다.[135] 이에 필자는 근초고왕 시기부터 황해 횡단 항로를 사용했다는 견해가 더 설득력이 있다고 본다.

18세기 『여지도서輿地圖書』에는 고구려에 의해 백제 사행로使行路(조천지로 朝天之路)가 막히자 인천 능허대凌虛臺 아래의 대진大津에서 등주登州와 내주 萊州로 건너갔다는 기록이 있다.[136] 문학산과 인접한 인천항(옛 제물진濟物津)

133   박순발, 2012,「考古資料로 본 山東과 韓半島의 고대 해상교통」『백제와 주변세계』, 진인진.
       박순발, 2013,「연운항 봉토석실묘의 역사 성격」『백제연구』57, 91-92쪽.
134   문안식, 2015,「백제의 동아시아 해상교통로와 기항지」『사학연구』119, 122-124쪽.
135   임동민, 2016,「백제와 동진의 교섭 항로」『百濟學報』17.
136   大津 在府西十里多所面 三國鼎峙時 百濟朝天之路爲高句麗所梗 故使臣之入中國 自此泛海 達于登萊州云 凌虛臺 在府西十里遠又尒面 青凉山餘入海邊 阧起百餘尺 其

그림59 | 인천 능허대 현재 모습

그림60 | 인천 능허대 앞에 복원된 백제 사신선

부근에 위치한 능허대는 3세기 연안항로의 출항지였고,[137] 372년 이후에는 이 일대에서 뱃길을 출발하여 대방 유민들의 도움을 받아 황해도 장산곶

---

137 문안식, 2015, 「백제의 동아시아 해상교통로와 기항지」『사학연구』119, 120쪽.

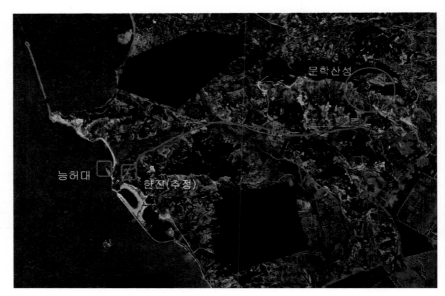

그림61 | 능허대와 한진에서 이어지는 사행로 추정(허의행, 2020)

그림62 | 1930년대의 능허대 주변

에서 산동반도를 향해 직항하는 황해 횡단항로를 활용하였을 가능성이 높다.[138] 그러므로 『여지도서』의 사행로 전승은 조선시대까지 지속된 등주로 登州路 활용의 경험에서 비롯된 것으로 보고 있다.[139] '능허대-문학산성-광명 소하리유적-안양천'의 교통로를 백제 한성기 대외 교섭과 연결시킨 견해도 있다.[140]

한편, 남양만 연안에 위치한 화성 백곡리 고분을 백제 한성기 대외교류의 출발지로 주목하기도 한다.[141] 이곳 근처에 자리한 길성리 토성은 4세기 전반에 초축된 대형 토성이며,[142] 인근의 사창리에서는 4세기로 편년되는 진

그림63 | 화성 사창리 금동제 과대금구

그림64 | 화성 요리 금동관

　　上可坐數三十人 極望大洋〈『輿地圖書』上 京畿道 仁川 形勝〉
　　凌虛臺 在府西十里 臨海邊高起百餘尺 極望大洋無邊 下有大津 三國鼎峙之時 百濟朝天之路爲高句麗所梗 故使臣之入中國 自次泛海 達于登萊云〈『仁川府邑誌』古跡〉
138　朴廣成, 1974, 「凌虛臺에 대하여」『畿甸文化硏究』4, 38-45쪽.
　　임동민, 2016, 「백제와 동진의 교섭 항로」『百濟學報』17.
139　尹龍九, 2003, 「仁川 凌虛臺와 中國使行路」『仁荷史學』10.
140　박종서, 2011, 「한강하류 고대 교통로에 대한 검토-경기 남서부와 인천지역의 최근 발굴자료를 중심으로-」『겨레문화연구』2.
141　韓國精神文化硏究院發掘調査團, 1994, 『華城白谷里古墳』.
142　한신대학교박물관, 2003, 『길성리토성』; 한신대학교박물관, 2010, 『화성 길성리토성』I.

그림65 | 화성 백곡리 주변 유적 분포도(황보경, 2019)

꿈 계통의 금동제 과대금구가 수습되었고,[143] 바로 인근의 요리 고분군에서
는 백제 중앙과 관련되는 금동관과 같은 위세품이 출토되었다.[144] 이로 보
면, 이 지역 역시 백제 중앙과 밀접하게 연관되면서 문화 교류가 행해진 지
역으로 볼 수 있다.

이처럼 백제와 동진은 황해 바닷길을 통한 공식적인 문화 교류가 매우 활
발히 이루어지면서 도자기, 과대, 초두, 쇠뇌, 토기 등에서 그 양상이 광범
위하게 보이고 있음을 확인할 수 있다.

---

143 權五榮·權度希, 2003, 「사창리 산10-1번지 출토 유물의 소개」『吉城里土城』, 한신大
學校博物館.

144 한국문화유산연구원·한국토지주택공사, 2018,『華城 料里 古墳群-화성 향남2지구
동서간선도로 내 문화유적 발굴조사 보고서』, 한국문화유산연구원.

6. 백제와 유송劉宋, 북위北魏의 문화 교류

5세기에 들어와 동아시아는 420년 유송劉宋의 건국, 427년 고구려의 평양 천도, 439년 북위北魏의 화북 통일 등으로 새로운 국면을 맞게 된다. 유송은 북위에 대한 공동 견제를 위해 백제보다 고구려와 긴밀한 관계를 유지하였으니,[145] 이 시기에 백제는 고구려의 절반 정도 횟수로 유송과 교류하였다. 백제 지역에 5세기 초까지의 동진 청자들이 자주 보이지만, 5세기 중엽 이후부터 중국 문물이 급격히 감소하는 것은 이러한 변화를 반영한다고 볼 수 있다.

백제 비유왕毗有王 24년(450, 원가元嘉 27)에는 유송劉宋 태조太祖 문제文帝에게『역림易林』, 식점式占과 함께 요노腰弩를 요구하여 입수한 기록이 있다.[146]『역림』과[147] 식점은[148] 도교의 술수術數나 제사 관련 도구이며, 이 시기에 유송의 원가력元嘉曆도 도입되었다.[149] 요노腰弩에 대해서는 고구려와의 전투

中部考古學研究所, 2013,『華城 吉城里土城』.

145 임기환, 2004,「한성기 백제의 대외교섭-3~5세기를 중심으로」『한성기 백제의 물류시스템과 대외교섭』, 한신대학교 학술원.

146 二十七年 毗上書獻方物 私假臺使馮野夫西河太守 表求易林式占腰弩 太祖並與之〈『宋書』卷97 列傳57 夷蠻 百濟國〉

147 『易林』16卷은 前漢 시기에 焦延壽이 쓴 책으로, 64卦를 나누어 日用事에 연계하여 風雨寒溫 등의 기상의 변화를 徵候로 삼아 미래를 예측하는 易書인 繇辭集이라고 한다(정해왕, 2006,「焦延壽의 易學思想과『易林』」『大同哲學』35, 75쪽).

148 六壬·太乙·雷公의 세 종류 占卜의 총칭으로, 式盤을 사용하여 占을 치기 때문에 式占이라고 한다.『唐六典』大卜署에 "凡式占 辨三式之同異 一曰雷公式 二曰太乙式 並禁私家畜 三曰六壬式 士庶通用之"라고 기록하였다. 평양 석암리 201호분과 205호분(王旴墓)에서 1세기의 式盤이 출토되었다(장인성, 2001,『백제의 종교와 사회』, 서경문화사, 93-94쪽).

149 又解陰陽五行 用宋元嘉曆 以建寅月爲歲首 亦解醫藥卜筮占相之術〈『周書』卷49 列傳41 百濟〉

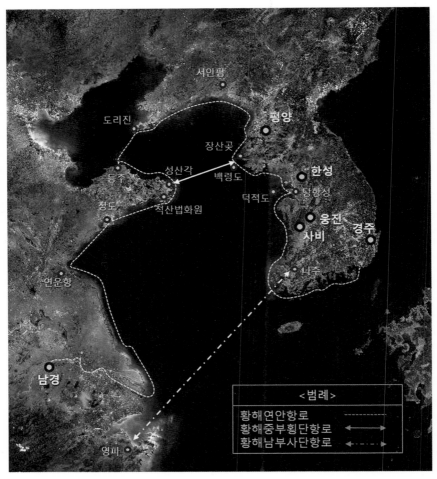

그림66 | 백제와 유송의 교류 항로(임동민, 2020)

를 준비하기 위한 신무기의 도입이라는 실용적 측면에서 이해하기도 하나,[150] 앞장에서 살핀 것처럼 노기弩機(쇠뇌)가 특수한 상장 의례 부장품의 의미를 지닌다면 요노腰弩도 제의적 의미를 가지는 특수 기물로 볼 여지가

---

150 박윤선, 2008, 「백제와 송·제·양 교섭기사에 대한 고찰」『역사문화연구』31, 12-16쪽.

그림67 | 평양 석암리 205호분(王旴墓) 출토 式盤

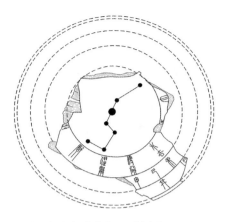

그림68 | 평양 석암리 201호분 출토 式盤

크다.

백제 개로왕蓋鹵王 4년(458, 대명大 明 2)에는 행관군장군行冠軍將軍 우현 왕右賢王 여기餘紀 등 11명이 유송劉宋 으로부터 장군호將軍號를 받았다.[151] 이와 관련하여 백제의 지방에 해당 하는 정읍 운학리 고분 출토 금동 대 금구는 진식 대금구의 용무늬보다 간략화된 것으로, 『송서宋書』, 『남제

그림69 | 고창 신지매 5호 석실 '伏義將軍之印'

서南齊書』에 나오는 왕·후·장군호의 책봉과 같은 교섭물로 도입되었을 가

---

151 二年 慶遣使上表曰 臣國累葉 偏受殊恩 文武良輔 世蒙朝爵 行冠軍將軍右賢王餘紀等 十一人 忠勤宜在顯進 伏願垂愍 並聽賜除 仍以行冠軍將軍右賢王餘紀爲冠軍將軍 以行 征虜將軍左賢王餘昆·行征虜將軍餘暈並爲征虜將軍 以行輔國將軍餘都·餘乂並爲輔 國將軍 以行龍驤將軍沐衿·餘爵並爲龍驤將軍 以行寧朔將軍餘流·麋貴並爲寧朔將軍 以行建武將軍于西·餘婁並爲建武將軍〈『宋書』卷97 列傳57 夷蠻 百濟國〉

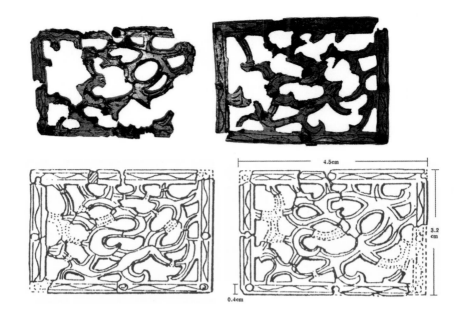

그림70 | 정읍 운학리 C호분 출토 금동 대금구

능성이 크다고 한다.[152] 그리고 이보다 조금 후대의 유물이기는 하지만, 고창 신지매 5호 석실에서 양梁의 '복의장군지인伏義將軍之印'이 새겨진 청동 인장이 출토된 예로 보아,[153] 이 지역에 백제 중앙을 통해 중국의 장군호와 위세품을 받는 문화 교류 루트가 있었음을 알 수 있다.

백제는 고구려와 유송劉宋의 빈번한 교류를[154] 견제하고, 당시 지속적으로 유송에 사신을 보내 한반도 남부의 도독제군사都督諸軍事 칭호를 요청하

152　임영진, 2019, 「百濟와 六朝의 關係-考古資料를 중심으로」 『百濟學報』 27, 84쪽.

153　조윤재, 2009, 「高敞 出土 銅印考」 『韓國考古學報』 71.

154　백다해, 2016, 「5세기 국제정세와 장수왕대 대송관계(對宋關係)의 성격」 『역사와 현실』 102.
　　　김철민, 2016, 「高句麗 長壽王代의 對宋外交와 그 背景」 『한국사학보』 63 참조.

는 왜도[155] 견제하려는 목적에서 유송과 문화 교류를 행했다. 그런데 백제가 유송과 교류하기 위해서 반드시 지나가야 하는 교통의 요충지인 산동반도를 두고 북위와 유송은 계속 대립하고 있었다.

산동 동남부에 속하는 청주青州 지역은 동진 및 5호 16국 시대 후기에 남연南燕에 속해 있었으며, 동진 의희義熙 5년(409) 유유劉裕가 남연을 정벌하면서 410년부터 동진과 유송劉宋의 남조 세력권에 들어갔다. 이후 유송과 북위 사이에 대립이 지속되다가 북위가 황흥皇興 3년(469) 청주 관할의 동양성東陽城을 점령하면서부터 북조의 영역이 되었다. 다만 이 지역은 북위에 점령된 이후에도 남조의 영향이 지속되었으니, 산동의 유명 사족인 청하 최씨가 남조의 동족들과 모종의 관계를 계속 유지하였으며, 불교 의학義學에 뛰어난 산동 승려들이 남조에 가서 활동하는 경우도 많았다고 한다.[156]

그렇지만 산동반도가 북위北魏의 영역이 된 시기에 맞추어 백제가 개로왕 18년(472) 북위(439~534)에 사신을 보내 고구려의 침략을 호소하고 도움을 청했다는 점은[157] 매우 주목된다. 다만 당시 북위는 고구려와의 관계로 백제의 요구를 받아들이지 않았고, 이후 백제는 북위와의 교류를 단절하였다. 이처럼 문헌 기록에서는 백제와 북위의 교류가 잘 이루어지지 못한 것처럼 보이지만, 서울 풍납동 토성 출토 연화문 와당의 제작 기법과 문양이 북위 초기 도성인 내몽골 화림격이和林格爾 성락성盛樂城에서 출토된 와당과 비슷하며, 이와 밀접한 연관이 있는 얇은 선조문線條紋의 연화문 와당도 몽

---

155 이에 대해서는 홍성화, 2019, 『왜 5왕 -수수께끼의 5세기 왜국 왕』, 살림 참조.
156 소현숙, 2018, 「6세기 百濟와 山東의 佛敎文化 交流에 대한 再考」『한국고대사탐구』29.
157 472년 백제의 對北魏外交에 대한 연구사 정리는 박찬우, 2018, 「472년 백제의 對北魏外交 관련 사료 분석과 請兵外交의 계기」『韓國史學報』70, 180-183쪽 참조.

그림71 | 풍납동 토성 출토 연화문 와당　　　그림72 | 몽촌토성 출토 연화문 와당

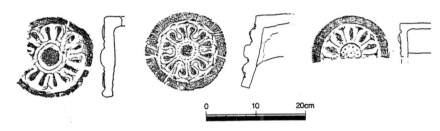

그림73 | 북위의 연화문 와당(雲岡石屈, 北魏 洛陽城 1號房址, 河北 鄴北城)

촌토성에서 확인되었다는 점에서,[158] 문화 교류의 양상이 확인된다.

　469년부터 산동이 북위에 편입되었기 때문에, 남조로 가는 백제와 고구려의 사행使行은 산동 지역에 체류하기 어렵게 되었다. 494~498년 사이에 남제南齊로 향하던 고구려 사신단이 산동의 동래東萊 태수에게 잡혔다가 남제의 지원군에 의해 풀려나 건강健康에 가는 고초를 겪기도 했고, 북위 정광正光 초(520~524) 양梁에 파견되었다가 돌아오던 고구려 사신단이 산동의 광주光州를 지나다가 바다에서 북위군에게 잡혀 낙양으로 압송되기도 했다.[159] 백제가 475년에 고구려에 쫓겨 웅진으로 천도한 이후에는 유송劉宋

158　박순발, 2010, 「北魏 平城 斷想」『백제학보』 3, 76쪽; 조윤재, 2014, 앞의 논문, 182쪽.
159　僞東萊太守鞠延僧數百人據城 劫留高麗獻使 懷珍又遣寧朔將軍明慶符與廣之擊降

과 남제南齊에 보낸 사절단이 고구려에게 포획되는 일도 발생하였다.[160] 이처럼 고구려 지역과 산동 지역의 정세가 모두 백제에 우호적이지 않게 된 것이다.

백제 한성기 말 중국과의 문화 교류와 관련된 대표적인 유적으로는 부안 죽막동 제사 유적을 들 수 있다. 이 제장祭場은 황해안 가장 서쪽 끝 돌출부 절벽 위에 위치하여 항로를 가장 용이하게 조망할 수 있어, 항로 및 군사적 요충지와 깊은 관계가 있다. 이곳 절벽 정상 위에 제사용 토기들을 올려놓고 항해의 안전을 비는 노천 제사를 거행했던 것이다.[161]

죽막동에서 출토된 각종 무기, 마구馬具, 토기 등을 함께 고려하면, 3~4세기경부터 제사가 시작되어 5~6세기경에 국제적인 제사가 가장 활발하게 거행되었다고 한다. 이곳은 백제 중앙과 재지 세력의 협력 하에 황해안 교역의 안전을 기원하는 국가적 규모의 제의가 행해진 곳이므로, 한·중·일을 잇는 동아시아 문화 교류와 관련하여 시사하는 바가 매우 크다.

5세기 후반~6세기 전반에는 대형 옹기 속에 무기류나 마구류 등 각종 공헌품을 봉헌하는 백제의 제사 의식이 강화되었고, 중국 남조 양식의 청자, 가야 양식의 마구, 왜 양식의 석제 모조품과 방제경倣製鏡 등 외국 양식 공헌

延僧 遣高麗使詣京師《『南齊書』券27 列傳8 劉懷珍》

正光初 光州又于海中執得梁所授安寧東將軍衣冠劍珮及使人江法盛等 送京師《『北史』卷94 高句麗傳》

박순발, 2016, 「백제의 해상 교통과 기항지 - 對中國 航路를 중심으로」『백제학보』16, 10쪽.

160　三月 遣使朝宋 高句麗塞路 不達而還《『三國史記』卷26 百濟本紀4 文周王 2年 (476)》

秋七月 遣內法佐平沙若思 如南齊朝貢 若思至西海中遇高句麗兵 不進《『三國史記』卷26 百濟本紀4 東城王 6年(484)》

161　국립전주박물관, 1994,『부안 죽막동 제사유적』, 239~261쪽.

그림74 | 부안 죽막동 제사유적 출토 흑유호편과 청자 사이호편

품의 봉헌이 많아진다. 이로 보면, 백제의 한성 함락을 전후로 하여 장거리 항해의 안정적인 운영이 더욱 중요시되면서, 죽막동 지역에서의 국가적 제의 활동도 강화되었음을 알 수 있다.

죽막동 유적을 백제 근초고왕 이래 군사적 요충지에 자리한 국가 제사의 중사中祀에 해당하는 제장으로 보는 견해가 있다.[162] 신라 중대에는 죽막동보다 약간 북쪽에 중사의 사해四海 중 서쪽에 해당하는 시산군屎山郡의 미릉변未陵邊이[163] 자리하고 있다는 점이 참고된다. 『삼국사기三國史記』 권卷36 잡지雜志5 지리地理3 신라新羅 전주全州에는 "임피군臨陂郡 본백제시산군本百濟屎山郡 경덕왕개명景德王改名 금인지今因之 영현삼領縣三"이라 하였으므로, 미릉변이 속해 있다는 시산군屎山郡은 임피군臨陂郡(현재 군산시 임피면)의 백제 때 이름임을 알 수 있다. 중사 중 사해四海는 바다의 사방 변경에 위치하면서 전략적으로 외적을 방어하기 좋은 곳에 위치하였는데, 백제 멸망 이후 신라

---

162   崔光植, 1998,「百濟의 國家祭祀와 竹幕洞 祭祀遺蹟의 性格」『扶安 竹幕洞 祭祀遺蹟 研究』, 國立全州博物館, 138-140쪽.

163   四海 東阿等邊[一云斤烏兄邊] 退火郡] 南兄邊[居柒山郡] 西未陵邊[屎山郡] 北非禮山 [悉直郡] 〈『三國史記』卷32 雜志1 祭祀〉

중대에는 죽막동 유적에서 약간 북쪽에 자리한 미릉변이 사해에 해당하는 제장이 된 것이다.

『삼국지三國志』위서魏書 왜인전倭人傳에는 중국에 갈 때 지쇠持衰라는 사람을 두어 항해가 순조로우면 그냥 두고 질병이나 폭풍을 만나면 그를 죽이고자 한 안전 기원 의식을 전하고 있다.[164] 신라 하대의 예이지만, 진성여왕眞聖女王 시기 중국과의 교류를 위한 해양 제사와 관련하여『삼국유사三國遺事』의 거타지居陀知 설화도[165] 참고된다. 이에 의하면, 신라의 견당사가 서해안에서 풍랑이 일어 항해가 어렵게 되자 고도鵠島에 들러 점을 치고 신지神池에 제사를 지냈는데, 꿈에 나타난 노인老人의 지시에 따라 제비뽑기로 거타지를 섬에 남겨놓은 채 출발하였고, 남은 거타지는 서해약西海若(용龍)의 청을 들어주고 용의 호위를 받으며 무사히 당에 도착하였다고 한다. 이들 기록은 중국과의 교류를 위한 안전한 항해를 기원하는 제사 의식이 지속적으로 매우 중요하게 행해졌음을 잘 보여준다.

백제와 유송劉宋의 교류는 동아시아의 정세 변화에 따라 고구려에 비해

---

164   其行來渡海詣中國 恆使一人 不梳頭 不去蟣蝨 衣服垢污 不食肉 不近婦人 如喪人 名之為持衰 若行者吉善 共顧其生口財物 若有疾病 遭暴害 便欲殺之 謂其持衰不謹 〈『三國志』魏書30 烏丸鮮卑東夷傳 倭人〉

165   此王代阿飡良貝王之季子也 奉使扵唐 聞百濟海賊梗扵津島 選弓士五十人隨之 舡次鵠島 鄉云骨大島 風濤大作信宿浹旬 公患之 使人卜之曰 島有神池 祭之可矣 扵是 具奠扵池上 池水湧髙丈餘 夜夢有老人謂公曰 善射一人留此島中 可得便風 公覺而以事諮於左右曰 留誰可矣 衆人曰 冝以木簡五十片書我輩名 沉水而闖之 公從之 軍士有居陁知者名沉水中 乃留其人 便風忽起舡進無滯 居陁愁立島嶼 忽有老人從池而出 謂曰 我是西海若 每一沙弥日出之時從天而降 誦陁羅尼三繞此池 我之夫婦子孫皆浮水上 沙弥取吾子孫肝腸食之盡矣 唯存吾夫婦與一女爾 來朝又必來 請君射之 居陁曰 弓矢之事吾所長也 聞命矣 老人謝之而没 居陁隱伏而待 明日扶桑旣暾 沙弥果來 誦呪如前 欲取老龍肝 時居陁射之 中沙弥即變老狐 墜地而斃〈『三國遺事』卷2 紀異2 眞聖女大王 居陁知〉

그림75 | 부안 죽막동 제사 유적

활발하지 못했지만, 『역림易林』, 식점式占, 노기弩機(쇠뇌), 원가력元嘉曆이 도
입되었고, 개로왕의 신하들이 유송으로부터 장군호將軍號를 받기도 했다.
산동반도가 북위北魏의 영역이 되면서 백제와 북위의 교류도 이루어졌다.
이러한 급격한 정세 변화에 따라 항해의 안전을 빌기 위한 부안 죽막동 유
적에서의 제사 의례도 주목된다.

7. 마무리

지금까지 백제 한성기 중국과의 문화 교류 모습을 위세품을 중심으로 하여 문헌 자료를 함께 살펴보았다. 기존에는 백제와 서진西晉(265~316) 및 동진東晉(317~420)과의 교류에 대해 많이 주목하였다면, 본고에서는 이 시기와 함께 백제 시조始祖 구태仇台 전승을 통해 후한後漢(25~220) 공손씨公孫氏와 조위曹魏(220~265) 시기까지 중국과 문화 교류의 폭을 조금 더 넓혀보고자 노력하였으며, 5호 16국(304~439) 시기 전연前燕과 전진前秦과의 교류 양상도 살펴보고자 하였다. 475년의 웅진 천도 이전에 이루어진 남조 유송劉宋, 북조 북위北魏와의 문화 교류도 간단히 알아보았다.

백제가 서진西晉을 거쳐 4세기 후반 동진東晉과 통교한 이후에는 신라, 가야, 왜가 백제를 경유하거나 그 주선에 의해 중국과 교류할 수 있었다. 남조 유송劉宋과 북조 북위北魏와의 교류 이후 6세기 초 『양직공도梁職貢圖』에서 신라, 가야 지역이 백제의 방소국旁小國으로 기재된 것은,[166] 남조와의 교섭에서 백제의 우월성이 잘 드러난 것으로 볼 수 있다. 『양서梁書』백제전에는 백제가 삼한 중 마한 54국의 하나로 점차 강대해져 여러 소국小國들을 통합한 것으로 기록되었다.[167]

백제는 한성 함락 전후에 남중국까지 왕래하면서 동남아시아 사절 및 상인들과의 접촉도 이루어진 것으로 보인다. 최근 한성기의 풍납동 토성, 화

---

166 旁小國有叛波·卓·多羅·前羅·新羅·止迷·麻連·上己文·下枕羅等 附之〈『梁職貢圖』〉

167 百濟者 其先東夷有三韓國 一曰馬韓 二曰辰韓 三曰弁韓 弁韓辰韓各十二國 馬韓有五十四國 大國萬餘家 小國數千家 總十餘萬戶 百濟卽其一也 後漸强大 兼諸小國〈『梁書』卷54 列傳48 諸夷 百濟〉

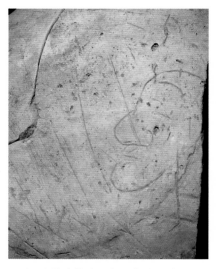

그림76 | 함평 창서유적 토기 완의 서역인

성 마하리, 완주 상운리, 오산 수청동 출토품과 웅진기 무령왕릉 및 사비기 부여 능산리와 익산 미륵사지 출토 유리 구슬의 착색제에 포함되어 있는 납 동위원소 분석을 통하여, 고대 부남扶南 지역에 해당하는 타일랜드 광산에서 생산된 납이 포함되었다는 성과가 알려지면서, 백제가 동남아시아와도 문화 교류가 있었다는 견해가 제기되었다.[168] 사비기에는 성왕이 부남의 재물財物과 노예 2명을 왜에 보냈다는 점에서,[169] 백제와 동남아시아에서 왜로 이어지는 교류를 확실히 알 수 있다. 이 시기 백제의 겸익謙益은 남중국을 거쳐 중인도中印度까지 왕래하였다.[170] 함평군 해보면 대창리 창서 유적에서 수습된 토기 완에는 서역 사람을 닮은 얼굴이 새겨져 있어, 백제와 서역 사이의 활발했던 인적·물적 교류를 잘 보여준다.[171] 백제는 점차 중국을 넘어 동남아시아 및 서역과도 직·간접으로 교류한 것이다.

---

168   이도학, 2009, 「百濟의 東南아시아 交流論은 妄想인가?」 『경주사학』 30.
       권오영, 2019, 「무령왕릉의 유물은 무엇을 말하는가」 『무령왕릉 다시보기(백제학연구총서 쟁점백제사 15)』, 한성백제박물관, 204-207쪽.
169   秋九月 百濟聖明王遣前部奈率眞牟貴文護得己州己婁與物部施德麻奇牟等 來獻扶南財物與奴二口 〈『日本書紀』 CE19 欽明天皇 4年(543)〉
170   이능화, 1918, 「彌勒佛光寺事蹟」 『朝鮮佛教通史』, 신문관.
171   호남문화재연구원, 2003, 『함평 창서유적』, 130쪽.
       권오영, 2012, 「百濟와 西域의 文物交流에 대한 試論」 『百濟研究』 55.

그림77 | 함평 마산리 표산 전방후원형 고분 출토 시유 도기

　최근 5세기 후엽으로 편년되는 영산강 유역의 해남 용두리 전방후원형 고분, 함평 마산리 표산 전방후원형 고분, 나주 정촌 방대형 고분 등의 상부에서도 중국 남조의 시유 도기편들이 출토되었다. 이들 고분은 왜와 깊은 관계에 있는 고분들인데, 중국 남조의 시유 도기가 고분 상부에서 발굴된 것은 제사 의례와 관련된 것으로 볼 수 있다. 이는 백제 중앙을 통했는지 독자적으로 중국 상인에게 구입했는지 모르지만, 한·중·일 사이의 활발한 문화 교류를 보여준다.

　인천 능허대凌虛臺 아래 대진大津에서 등주登州와 내주萊州로 건너갔다는 조선 후기『여지도서輿地圖書』의 기록은 백제 당시의 항로나 문화 교류 관련 기록이 많이 남아 있지 않다는 점에서 매우 중요한 기록으로 주목하여 음미해야 하며, 앞으로 이를 뒷받침해 줄 수 있는 다양한 문헌 기록과 고고 자료들을 폭넓게 살피면서 백제와 중국과의 문화 교류 양상을 복원해야 할 것이다.

제5장
사료로 보는 한성백제

1. 『삼국사기三國史記』

『삼국사기三國史記』는 고려 국가가 편찬한 역사서로 왕위의 세습을 중심으로 하여 정치·경제·사회·문화 전반에 대하여 체계적으로 기술하고 있어, 한국 고대의 역사를 연구하는 데 가장 기초적인 자료이다.

1145년(고려 인종 23) 김부식金富軾(1075~1151) 등이 왕명王命을 받아 신라新羅·고구려高句麗·백제百濟 삼국의 역사를 50권 10책으로 편찬한 기전체 정사이다. 본기本紀 28권, 연표年表 3권, 잡지雜志 9권, 열전列傳 10권으로 구성되어 있으며, 본기는 신라본기 12권, 고구려본기 10권, 백제본기 6권으로 구성되어있는데, 중요 기사에는 사론史論 31편을 붙였다.

잡지雜志 중 가장 상세한 부분은 4권으로 구성된 지리지와 3권으로 구성된 직관지이다. 하지만 다른 부분에 대해서는 자료의 부족으로 인하여 제사와 음악을 합쳐 한 권으로 싣고, 색복色服, 거기車騎, 기용器用, 옥사屋舍 등 여러 가지 항목을 한 권에 묶어 편찬하였기 때문에 '잡지雜志'라고 칭했다.

열전 10권에는 총 52명의 전기와 34명의 부수인附隨人이 기술되어 있다. 그중 특히 김유신전은 3권이나 달하여 열전 중에서 가장 강조된 부분이다. 열전 제4의 을지문덕, 거칠부, 거도, 이사부, 김인문, 김양, 흑치상지, 장보고, 사다함은 외적의 침입으로부터 국가를 지키거나 영토를 넓혀 국가에 큰 공을 세운 사람들을 뽑아 놓았다. 열전 제5의 을파소, 김후직, 녹진, 밀우, 유유, 명림답부, 석우로, 박제상, 귀산, 온달은 어진 재상, 충성스런 신하, 충언을 한 직신, 생명을 바친 신하를 모아 놓았다. 열전 제6의 강수, 최치원, 설총은 문장가를 모아 놓았다. 열전 제7의 해론, 소나, 취도, 눌최, 설계두, 김영윤, 관창, 김흠운, 열기, 비녕자, 죽죽, 필부, 계백은 전쟁에서 장렬한 죽음을 맞이한 자를 모았다. 열전 제8의 향덕, 성각, 실혜, 물계자, 백결선생,

검군, 김생, 솔거, 효녀 지은, 설씨녀, 도미는 효향, 음악가, 화가, 서가, 정조를 지킨 인물들이다. 열전 제9의 창조리와 개소문은 역신전이며, 열전 제10의 궁예와 견훤은 반신전이다.

편찬이 완료되어 국왕에게 바칠 때 '진삼국사기표進三國史記表'라는 별도의 글을 지어 올렸다. 현전하고 있는 원본은 중종 임신본(1512)으로 불리고 있는 16세기의 목판본이다.

『삼국사기』 편자가 이용한 기본 자료는 『고기古記』인데, 『구삼국사』를 기본으로 하면서 중국 측의 자료와 신라 측의 자료를 검토하여 기록이 상이할 경우에는 주로 『고기』를 언급하였다.[1]

『삼국사기』에 『고기』로 언급한 내용은 고려 초기에 삼국의 역사를 총정리하여 편찬된 『구삼국사』를 지칭했다는 견해도 있다.[2]

1   이강래, 1996, 『三國史記 典據論』, 民族社.
2   정구복, 2006, 「삼국사기의 원전 자료와 사료비판」 『韓國古代史研究』 42.

1) 권23 백제본기百濟本紀 1 시조온조왕始祖溫祚王

백제百濟[3] 시조는 온조왕溫祚王[4]이다. 그 아버지 추모鄒牟[5]는 혹 주몽朱蒙이

---

3 百濟:『삼국사기』에 의하면, 十濟에서 百濟로 국호가 변하면서 발전한 것으로 나타나며, 『후한서』와『삼국지』에는 마한 54개 국 중 하나로 '伯濟國'이 나온다. 백제라는 국호가 생겨 나게 된 배경에 대해서는 '百姓樂從說'과 '百家濟海說'이 있다. 중국 사서에는 馬韓을 구 성하던 54국 중 하나인 '伯濟國'(『三國志』권30 魏書 東夷傳)으로 나오다가, 동진 때 백제 왕 여구(餘句, 근초고왕)에게 진동장군(鎭東將軍) 영(領) 낙랑태수(樂浪太守)를 제수하 면서 처음 백제의 명칭이 보이고,『宋書』단계부터 百濟전이 입전되고 있다.『일본서기』에 는 백제를 구다라(クダラ)로 훈독하고 있는데, 4세기 후반 근초고왕 시기에 해당하는 신공 황후 시기부터 백제라는 국호가 쓰여지고 있다. 538년 聖王이 사비로 천도하면서 한때 국 호를 南夫餘로 고친 적이 있었으며, 그밖에 '鷹準'(『帝王韻紀』卷下, "後王或號南夫餘 或 稱鷹準"), '鷹遊'(『三國遺事』권3 興法篇 皇龍寺九層塔)로 부르기도 했다. 응준은 '매'와 관 련 있는 용어로 백제가 馬韓 지역을 영유하면서 그 지역에 광범위하게 퍼져있는 '매' 관련 문화를 수용하게 되면서 이 같은 국호를 사용한 것이다(趙法鍾, 1989,「百濟別稱鷹準考」, 『韓國史研究』66).

4 溫祚王:백제의 시조로 재위 기간은 BC 18~28년이다.『帝王韻紀』卷下에는 '殷祚'로 나온 다.『삼국사기』백제본기 온조왕 즉위년조의 본문에서는 주몽과 졸본부여 왕녀와의 사이 에서 출생한 것으로 되어 있으나, 細注에는 우태과 졸본인 延陀勃의 딸 召西奴와의 사이 에서 태어난 것으로 되어 있다. 주몽이 부여에 있을 때 禮氏 부인이 낳은 유리가 졸본부여 로 내려와서 태자가 되자, 형 비류와 함께 어머니를 모시고 남쪽으로 내려와 BC 18년에 한 강 유역에 정착하여 백제를 세웠다.

5 鄒牟:고구려의 시조 朱蒙으로, 활을 잘 쏘는 사람을 뜻한다. '추모'라는 표기는「廣開土王 陵碑」,「牟頭婁 墓誌」,『신찬성씨록』3 右京諸蕃下 高麗에도 나온다. 다른 이름으로 '鄒蒙' (『삼국유사』권1 왕력), '中牟'(『삼국사기』권6 문무왕 10년조 안승의 册文), '仲牟'(『일본서 기』권27 천지기 7년)로도 썼다. 중국 사서에는『위서』이후 '주몽'으로 표기하였고, 부여와 고구려 시조를 각각 동명과 주몽으로 구분하여 인식하였다. 고구려·백제에서 동명 신화나 이것이 변형된 주몽 신화가 전해지는 것은, 이들 국가가 모두 부여 계승을 내세웠기 때문 이다.

라고도 한다.[6] 북부여北扶餘[7]에서 난을 피하여 졸본부여卒本扶餘[8]에 이르렀

6 온조는 주몽의 아들 : 북부여에서 내려온 유리 집단에 밀린 졸본부여 지역의 비류와 온조
   집단은 남하하여 백제를 세운다. 온조가 주몽의 아들로 표현된 것은, 『삼국사기』가 편찬된
   고려시대에 동명을 주몽과 동일시하면서 발생한 것이며, 실제 백제에서 온조는 주몽의 아
   들이 아닌 부여 시조 동명의 후손으로 인식되었다(이장웅, 2008, 「百濟 系統 資料로 본 卒
   本扶餘의 東明神話」, 『白山學報』81).
7 北扶餘 : 부여는 BC 3세기경부터 494년까지 松嫩 평원 지역에 존재한 국가이다. 『論衡』과
   『三國志』권30 魏書 夫餘傳에 인용된 『魏略』, 『후한서』에는 시조 동명이 북이 탁리국(고리
   국, 색리국)에서 이동한 동명이 건국한 것으로 되어 있다. 『삼국지』夫餘傳에 나타난 부여
   의 위치는 서쪽으로 烏桓·鮮卑와 접하고, 동쪽으로 읍루와 접해 있으며, 남쪽으로 고구려
   와 이웃하고, 서남쪽으로 요동의 중국 세력과 연결된 것으로 기록되었다. 탁리국 문화로
   보이는 흑룡강성 조원현의 백금보·한서 문화 중 동명 집단이 제2 송화강 중류로 남하하여
   길림성을 중심으로 서단산 문화를 누리던 부여 선주민을 융합하여 대략 BC 3세기경에 부
   여를 세운 것으로 추정된다. 그 중심지는 길림시를 중심으로 한 동단산 남성자 고성과 용
   담산성 일대로 보고 있다. 그 후 『자치통감』 기록에 의하면, 346년에 부여는 백제로 표현된
   세력에 의해 서쪽으로 수도를 옮겼다. 이때 옮겨간 부여의 후기 왕성은 현재 農安 부근설
   과 西豊縣 城山子山城說이 있다. 주몽의 출신지를 북부여 출자로 본 기록은 5세기 대에
   쓰여진 「광개토왕릉비」와 「모두루 묘지」이다. 한편 주몽의 동부여 출자설이 『구삼국사』와
   『삼국유사』권1 紀異篇 북부여조에 전하고 있다. 이에 의하면 동부여는 천제의 아들을 자
   칭한 解慕漱를 피해 BC 59년에 해부루가 동쪽으로 옮겨 세운 나라로 나온다. 부여는 285
   년에 모용선비의 공격을 받아 왕실이 북옥저 방면으로 피난하였다가 돌아온 일이 있는데,
   이때 돌아오지 않은 일부 집단이 두만강 유역에서 동부여를 세웠다는 설도 있다. 東扶餘
   는 高句麗 또는 졸본부여를 기준으로 하여 그 동쪽에 위치한 국명이고, 길림 방면의 부여
   는 北扶餘라고 불렸다. 「廣開土王陵碑」에 의하면 東夫餘는 "鄒牟王의 屬民이었는데, 중
   간에 조공하지 않으므로" 廣開土王 20년에 고구려에 의해 정벌되었다고 한다. 주몽의 북
   부여 출자설이 정립된 시기는 고구려 초기의 왕계 정립과 함께 4세기 후반으로 보고, 동부
   여 출자설은 6세기 중반 이후 양원왕 즉위과정에서 승리한 집권세력에 의해 제기되어 600
   년 경 『新集』 편찬 단계에서 공식화된 것으로 보는 견해가 있다(노태돈, 1999, 『고구려사 연
   구』, 사계절, 28~52쪽).
8 卒本扶餘 : 부여족의 일파가 卒本 지역에 세운 나라. 『삼국유사』권1 紀異篇 고구려조에는
   "高句麗卽卒本扶餘"라 하여 고구려=졸본부여로 보고 있다. 본 기사에는 주몽이 졸본부여
   로 도망와서 왕녀와 결혼하였다가, 졸본부여왕이 죽자 그 뒤를 이어 왕위에 오른 것으로
   나온다. 주몽이 난을 피하여 정착한 곳에 대해 본 기사에는 졸본부여로, 『삼국사기』권13
   고구려본기 동명성왕 즉위년조에는 卒本川으로, 『三國遺事』권1 紀異篇 高句麗條에는
   卒本州로, 「광개토왕릉비」에는 忽本西城山으로 나온다. 『魏書』권100 열전 고구려전

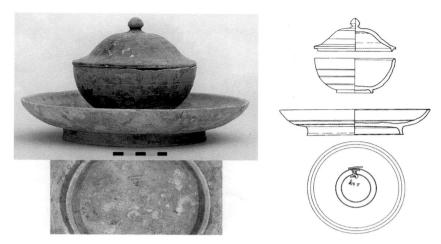

그림1 | 나주 복암리 1호분 연도 출토 녹유탁잔의 '응준(鷹準)'

다. 부여왕은 아들이 없고 단지 딸만 셋이 있었는데, 주몽을 보고는 보통 사람이 아니라는 것을 알고 둘째 딸을 아내로 삼게 하였다.[9] 얼마 지나지 않아 부여 왕이 죽자 주몽이 왕위를 이었다. 두 아들을 낳았는데 첫째는 비류沸流라 하고, 둘째는 온조溫祚라 하였다[10][혹은 주몽이 졸본에 도착하여 월군

에는 紇升骨城으로 나오는데, 고구려가 처음 이곳에 도읍한 사실을 적은 이래 『周書』·『北史』·『通典』 등이 이를 따르고 있다. 『삼국사기』는 紇升骨城과 卒本을 같은 곳으로 이해하고 있지만, 『三國遺事』 권1 紀異 高句麗에서는 흘승골성을 북부여가 도읍한 곳으로, 졸본주는 고구려가 도읍한 곳으로 각각 구분하여 보고 있다. 졸본의 위치는 현재 중국 요령성 渾江(비류수) 상류의 桓因 지방으로 보고 있다. 졸본부여에 대해서는 이장웅, 2008, 「百濟系統 資料로 본 卒本扶餘의 東明神話」, 『白山學報』 81 참조.

9 졸본부여왕 … 둘째 딸을 아내로 삼게 하였다 : 이와 비슷한 내용이 『삼국사기』 권13 고구려본기 동명성왕 즉위년조에 細註로 간략히 나온다. 주몽이 졸본부여왕의 둘째 딸과 결혼한 후 졸본부여왕이 죽자 그 뒤를 이어 왕이 되었다고 하는 것은 주몽이 이 지역의 토착세력과 공존하다가 이를 흡수한 것을 반영한다.

10 비류와 온조의 형제 관계 : 『三國遺事』 王曆篇에는 "東明第三子 一云第二子"로 나온다. 『삼국유사』에서 제3자라고 한 것은 주몽의 전처 소생인 儒留(瑠璃)까지 넣어서 계산한 것이다. 백제의 건국 설화에 비류와 온조가 형제로 나오는 것은 실제 의형제라기보다는 비류

녀越郡女를 아내로 맞아들여 두 아들을 낳았다고도 한다]. 주몽이 북부여에 있을 때 낳은 아들(유류孺留)이 와서 태자가 되자, 비류와 온조는 태자에게 용납되지 못할까 두려워 마침내 오간烏干·마려馬黎 등 열 명의 신하[11]와 더불어 남쪽으로 갔는데, 백성들이 따르는 자가 많았다. 드디어 한산漢山[12]에 이르러 부아악負兒嶽[13]에 올라가 살 만한 곳을 바라보았다. 비류가 바닷가에 살고자 하니 열 명의 신하가 간하였다.

"이 강 남쪽의 땅은 북쪽으로는 한수漢水[14]를 띠처럼 띠고 있고, 동쪽으로

를 시조로 하는 집단과 온조를 시조를 하는 집단이 한강 하류 지역에서 연합한 후 이를 합리화하기 위해 만들어진 설화이다.

11   10臣 : 온조의 건국을 도왔다는 10臣에 대해서는 ①온조의 가신(이종욱, 1977, 「백제왕국의 성장」, 『대구사학』12·13합, 67쪽), ②온조를 따라온 10개의 친족 집단(노태돈, 1975, 「삼국시대 부에 관한 연구」, 『한국사론』 2, 59쪽), ③위례 지역에 선주한 10개 읍락의 토착 집단(노중국, 1988, 『百濟政治史硏究』, 일조각, 52~53쪽)으로 보는 설이 있다.

12   漢山 : 이 기록의 한산은 백제가 하남 위례성으로 천도한 온조왕 14년 이전의 기사로 서울 삼각산 일대로 비정되는 負兒岳을 포함한 북한산 일대(丁若鏞, 『我邦疆域考』3 慰禮考)임을 알 수 있다. 그런데 근초고왕 26년(371) 백제가 평양성 전투에서 고구려의 고국원왕을 전사시키는 대승을 거둔 직후에 수도를 한산으로 옮긴[移都漢山] 일이 있다. 이 한산을 한강 북쪽으로 보는 설은 『삼국유사』 기이 2 남부여·전백제조에 인용된 『古典記』에 처음 보이는데, 당시 백제가 팽창하던 시기이므로 대(對) 고구려전을 주도하기 위한 북진책의 일환으로 한강 이북으로 천도하였다는 것이다. 한편, 고구려의 침공을 염려하여 한강 남안의 산성으로 보는 설도 있다. 이 경우 처음에는 '한산'이란 명칭이 있다가 후대에 이에 대비하여 '북한산'이란 명칭을 사용한 것이라 하였다. 4세기 이후 백제의 도성은 통칭으로 '위례성'이란 명칭을 사용하고 북성 풍납동 토성과 남성 몽촌토성의 도성 구조를 가진 것으로 파악되는데, 371년 '移都漢山'기사를 군사방어적 성격을 가진 남성(몽촌토성)으로 옮긴 것으로 이해하면서 몽촌토성을 한산에 비정하는 견해도 있다. 한편, 웅진도읍기인 동성왕대에도 한산성 관련 기사가 나오는데, 이때의 한산성은 한북 지역 민호의 사민으로(문주왕 2년 춘2월) 한때 위례성으로도 불리어졌던 현재 충남 천안시 직산 지역(『新增東國輿地勝覽』권16 稷山縣 建置沿革)으로 비정하는 견해가 있다.

13   負兒嶽 : 현재의 서울 북한산(삼각산)을 말한다.

14   漢水 : 한수의 다른 이름으로는 阿利水(「광개토왕릉비」), 郁里河(『삼국사기』권25백제본기 개로왕 20년) 등이 있다.

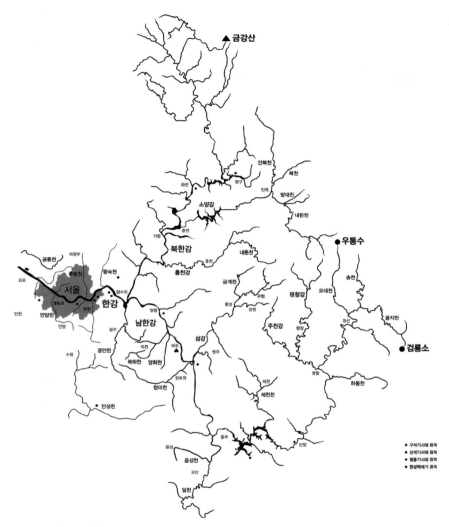

그림2 | 한강의 물줄기

는 높은 산을 의지하였으며, 남쪽으로는 비옥한 벌판을 바라보고, 서쪽으로
는 큰 바다에 막혔으니, 이렇게 하늘이 내려 준 험준함과 지세의 이점은 얻
기 어려운 형세입니다. 여기에 도읍을 세우는 것이 또한 좋지 않겠습니까?"

비류는 듣지 않고 그 백성을 나누어 미추홀彌鄒忽[15]로 돌아가 살았다. 온조는 하남河南 위례성慰禮城[16]에 도읍을 정하고 열 명의 신하를 보좌로 삼아 국호를 십제十濟라 하였다. 이때가 전한前漢[17] 성제成帝[18] 홍가鴻嘉[19] 3년(BC 18)이었다. 비류는 미추홀의 땅이 습하고 물이 짜서 편안히 살 수 없었는데, 위례성慰禮城에 돌아와 보니 도읍이 안정되고 백성들도 평안하므로 마침내 부끄러워하고 후회하다가 죽으니, 그의 신하와 백성들은 모두 위례성으로

---

15 彌鄒忽 : 현재의 仁川을 말한다. 「광개토왕릉비」에 고구려가 영락 6년(396)에 백제를 공격하여 공취한 58성 중에 彌鄒城이 있다. 『삼국사기』 권 35 잡지 地理2의 漢州 栗津郡 邵城縣條에 "邵城縣 本高句麗買召忽縣景德王改名今仁州[一云 慶原買召一作彌鄒]"라 하였고, 『高麗史』 권56志 10 地理 一楊廣道 仁州條에 "仁州本高句麗買召忽 一云彌鄒忽"이라 하였다.

16 河南 慰禮城 : 위례성의 명칭 기원에 대해 '위례'는 '우리' 또는 '울타리'를 뜻하는 것이라는 견해(丁若鏞, 『我邦疆域考』; 成周鐸, 1984, 「漢江流域 百濟初期 城址硏究」, 『百濟硏究』 14), 阿利水·郁里河의 阿利·郁里가 '大'의 뜻을 가지고 있으므로 여기에서 기원하였다고 보는 견해(都守熙, 1991, 「百濟의 國號에 관한 몇 問題」, 『百濟硏究』 22), '왕성' 내지는 '大城'을 뜻하는 것으로 보고 왕을 뜻하는 於羅瑕에서 유래한 것으로 보는 견해(이병선, 1982, 『한국 고대 국명·지명연구』, 형설출판사, 199쪽) 등이 있다. 『三國遺事』 王曆에는 "都慰禮城一云蛇川 今稷山"으로, 권2 紀異 南扶餘·前百濟條에는 "彌鄒忽仁州 慰禮 今稷山"이라 하여 위례성의 一名이 蛇川임을 전하면서 현재의 충청남도 천안시 稷山으로 비정하고 있다. 위례성＝직산설은 조선후기까지 대체로 받아들여졌으나 丁若鏞은 한강유역설을 주장하면서 이 견해를 부정하였다. 위례성＝직산설은 웅진 천도 이후 한성 지역 민호를 이곳으로 사민한 사실을 반영해 주는 것으로 이해된다(이기백, 1978, 「웅진시대 백제의 귀족세력」, 『백제연구』 9, 15쪽). 하남 위례성의 위치는 현재 송파구 풍납동 토성과 몽촌토성 일대로 보고 있다.

17 前漢 : 西漢이라고도 하며, 존속 기간은 BC 202~8년이다. 高祖 劉邦이 秦을 멸하고 초패왕 項羽를 패사시킨 다음에 長安에서 제위에 오른 이후, 王莽에게 찬탈되기까지의 漢을 말한다.

18 成帝 : 중국 漢 제12대 황제. 元帝의 태자. 字는 太孫. 재위 기간은 BC 33~BC 8년.

19 鴻嘉 : 前漢 成帝 때의 연호로 BC 20~17년까지이므로, 홍가 3년은 BC 18년이다.

돌아왔다.[20] 그 후 백성들이 올 때 즐겨 따랐다고 하여 국호를 백제百濟[21]로 고쳤다. 그 세계世系는 고구려와 함께 부여扶餘에서 나왔기 때문에[22] 부여扶餘를 성씨로 삼았다.[23]

또는 시조가 비류왕沸流王[24]이라고 한다. 그 아버지는 우태優台[25]로 북부

---

20   비류는 … 백성들은 모두 위례성으로 돌아왔다 : 비류가 미추홀에 정착하고 온조가 위례에 정착하였다는 것은 이들이 각각 미추홀과 위례 지역에서 '국'을 세운 것이며, 비류와 온조가 형제로 나오는 것은 두 집단이 연합한 것을 의미한다. 또한 비류가 형으로 나오는 것은 비류 집단이 주도권을 잡았던 시기가 있었음을 반영한다. 비류가 죽자 그를 따르던 집단이 모두 위례에 귀부하였다는 것은 위례 집단이 미추홀 집단을 병합한 것을 뜻한다.

21   국호를 백제로 고쳤다 : 백제라는 국호가 나오게 된 배경에 대해 본 기사에는 "百姓樂從"으로 나오고, 『隋書』권81 열전 百濟傳에는 "百家濟海 因號百濟"라 하여 百家가 바다를 건넜다는 데서 나왔다고 하였다.

22   그 世系는 고구려와 함께 扶餘에서 나왔다 : 백제 왕실은 스스로 출자를 부여로 밝히고 있다. 이는 개로왕이 북위에 보낸 국서에서 "臣與高句麗源出扶餘"라 한 기사(『삼국사기』권25 백제본기 蓋鹵王 18년조 및 『魏書』권100 열전 백제전), 538년 백제 성왕이 사비천도와 함께 국호를 일시적으로 南扶餘로 고친 사실 등에서도 입증된다. 백제 왕실은 고구려를 의식하면서 자신이 부여의 정통 적자임을 강조하였으니, 이는 동명 신화를 건국신화로 삼은 것과 동명묘 제사를 지낸 점에서 잘 드러난다.

23   扶餘를 성씨로 삼았다 : 백제 왕실은 扶餘 출신이라는 의미에서 扶餘를 姓으로 하였는데, 중국 사서에는 줄여서 '餘'씨로 표현하였다. 그런데 『삼국유사』권1 紀異篇 남부여·전백제조에는 "其世系與高句麗同出扶餘 故以解爲氏"라 하여 解氏설도 전하고 있다. 이에 대해 해씨는 沸流 집단이 칭한 성씨이고, 부여씨는 온조 집단이 칭한 성씨이며, 이 두 집단이 수장을 배출하였기 때문에 해씨와 부여씨가 왕성이 되었다는 견해가 있다. 백제의 王姓을 扶餘氏와 優氏(=해씨)로 파악하고, 부여씨는 주몽-온조-초고계의 성씨로, 우씨는 우태-비류-고이계의 성씨로 백제 왕계를 이원적으로 파악하는 견해도 있다(천관우, 1976, 「三韓의 國家形成」(下), 『韓國學報』3, 일지사, 134~137쪽).

24   시조는 沸流王 : 『海東高僧傳』에는 '避流'로 나온다. 본 기사는 비류가 미추홀에 정착하여 나라를 세운 비류 중심의 건국 설화이다. 비류의 조상이 解扶婁와 優台로 나오고 있는 것으로 보아, 비류 집단의 성은 解氏(=優氏)로 추정된다. 온조를 시조로 하는 건국 설화와 비류를 시조로 하는 건국 설화가 남게 된 것은 두 집단이 각각 집단을 이룬 후 연합한 것을 반영한다. 비류 집단은 압록강 유역에서 주몽으로 대표되는 계루부 집단과 다투면서 비류수(渾江) 유역에 있던 송양의 비류국(소노부)과 연결시켜볼 수도 있다.

25   優台 : 해부루의 庶孫. 해부루의 이름으로 보아 우태의 성은 해씨로 추정된다. 그는 卒本人 연타발의 딸 召西奴와 결혼하여 沸流와 溫祚를 낳았다고 한다. 우태의 실체에 대해

여왕 해부루解扶婁[26]의 서손庶孫이었고, 어머니는 소서노召西奴로 졸본인卒本人 연타발延陀勃[27]의 딸이었다. 처음에 우태에게 시집가서 아들 둘을 낳았는데 첫째는 비류라 하였고, 둘째는 온조라 하였다. 우태가 죽자 졸본에서 과부로 지냈다. 뒤에 주몽이 부여扶餘에서 용납되지 못하자 전한前漢 건소建昭[28] 2년(BC 37) 봄 2월에 남쪽으로 도망하여 졸본에 이르러 도읍을 세우고 국호를 고구려高句麗라고 하였으며, 소서노를 맞아들여 왕비로 삼았다. 주몽은 그녀가 나라를 창업하는 데 잘 도와주었기 때문에 총애하고 대접하는 것이 특히 후하였고, 비류 등을 자기 자식처럼 대하였다. 주몽이 부여에 있을 때 예씨禮氏에게서[29] 낳은 아들 유류孺留[30]가 오자 그를 세워 태자로 삼았고, 왕위를 잇기에 이르렀다. 이에 비류가 동생 온조에게 말하였다.

"처음에 대왕이 부여에서의 난을 피하여 이곳으로 도망해 왔을 때 우리

『周書』 권49 열전 백제전에 나오는 仇台로 보는 견해, 尊長者를 뜻하는 관명이 인명화한 것으로 고구려의 于台(優台)라는 관명과 동일한 것으로 보는 견해 등이 있다.

26 解扶婁 : 동부여를 건국한 왕. 그의 출자에 대해서는 북부여의 시조이자 天帝之子를 자칭한 解慕漱의 아들이라는 설(『三國遺事』 권1 紀異 북부여)도 있고, 壇君과 西河河伯女 사이에서 태어난 아들이라는 설(『三國遺事』 권1 紀異 고구려)도 있다. 원래 북부여의 왕이었던 해부루는 天帝의 계시를 받은 재상 阿蘭弗의 권유에 의해 東海 가의 迦葉原으로 옮겨 동부여를 세웠다(『三國遺事』 권1 紀異 북부여·동부여 및 『삼국사기』 권13 고구려본기 동명성왕 즉위년 참조). 그는 늙도록 아들이 없다가 鯤淵 부근의 큰 바위 밑에서 金色蛙形의 아이를 얻어 그를 金蛙라 이름을 짓고 태자로 삼았다(『三國遺事』 권1 紀異 동부여 및 『삼국사기』 권13 동명성왕 즉위년).

27 延陀勃 : 卒本 지역의 首長으로, 주몽이 도망해 왔을 당시의 卒本扶餘王과 동일한 존재로 보기도 한다. 그의 딸 召西奴는 우태와 결혼하여 비류와 온조를 낳았다.

28 建昭 : 前漢의 제10대 황제인 元帝의 연호. BC 38~BC 34년. 건소 2년은 BC 37년이다.

29 禮氏 : 주몽이 북부여에 있을 때 맞이한 부인. 고구려 제2대 王인 琉璃를 낳았다.

30 孺留(BC 19~18) : 주몽과 禮氏부인 사이에서 태어난 아들. 주몽이 부여로부터 고구려로 도망한 이후에 부여에서 출생하여 아버지를 찾아 고구려에 와서 주몽의 뒤를 이어 고구려 제2대 王이 되었다. 『삼국사기』에는 琉璃·類利 등으로 표기되었고, 『삼국유사』 권1 왕력편에는 瑠璃·累利로도 표기하였다.

어머니께서 집안의 재산을 기울여 나라를 세우는 것을 도와 그 애쓰고 노력함이 많았다. 그런데 대왕이 세상을 떠나시고 나라가 유류孺留에게 속하게 되었으니, 우리들은 한낱 혹처럼 답답하게 지내기보다는 차라리 어머니를 모시고 남쪽으로 가서 땅을 택하여 따로 나라의 도읍을 세우는 것만 같지 못하다."

마침내 아우와 함께 무리를 이끌고 패수浿水[31]와 대수帶水[32]를 건너 미추홀彌鄒忽에 이르러 살았다.

『북사北史』[33]와 『수서隋書』[34]에서는 모두 다음과 같이 기록하였다. 동명東

---

31   浿水 : 浿河 또는 浿江이라고도 하는데, 그 위치는 시대에 따라 달라졌다. 고조선 시기의 패수에 대해서는 ① 淸川江說(李丙燾, 1976, 「眞番郡考」『韓國古代史硏究』, 박영사), ② 鴨綠江說(丁若鏞, 『我邦疆域考』浿水考), ③遼西지방의 大凌河說(이지린, 1963, 『고조선 연구』 등이 있다. 『삼국사기』백제본기에 나타나는 패수는 『高麗史』권58 志12 지리3 黃州牧 平州條의 "平州本高句麗大谷郡[一云多知忽] … 又號東陽有猪淺[一云浿江]"이라 한 기사와 『新增東國輿地勝覽』권41 황해도 平山都護府 山川條에 "猪灘 … 高麗史云 猪川 一云浿江 … 按百濟 始祖十三年 自慰禮城都移都漢山下定疆域北至浿河 … 若平壤浿河 則在高句麗都城傍 豈得爲百濟之境所謂浿河疑則此水"라고 한 기사에 보이는 '猪川'또는 '猪灘'으로 현재의 禮成江을 말한다(이병도, 1977, 앞의 책, 355쪽).

32   帶水 : 『漢書』卷28下 地理志8下에는 "樂浪郡 武帝元封三年開 莽曰樂鮮 屬幽州 戶六萬二千八百一十二 口四十萬六千七百四十八 有雲鄣 縣二十五 … 含資[帶水西至帶方入海]"라는 기록이 있다. 따라서 帶水는 낙랑군의 속현인 含資縣에 있는 하천으로, 서쪽으로 帶方縣에 이르러 바다로 들어간다고 한다. 含資縣은 이후 대방군에 속하게 되므로, 帶水는 대방과 밀접한 관계가 있다.

33   『北史』: 중국의 正史 二十五史의 하나. 北魏·北齊·北周·隋나라 4왕조 242년 동안의 역사책. 唐나라 李延壽가 편찬하였는데, 총 100권이다.

34   『隋書』: 隋나라의 역사를 정리한 正史로서 중국의 二十五史의 하나. 魏徵이 당 태종의 명을 받아 636년에 완성하였는데, 총 85권이다.

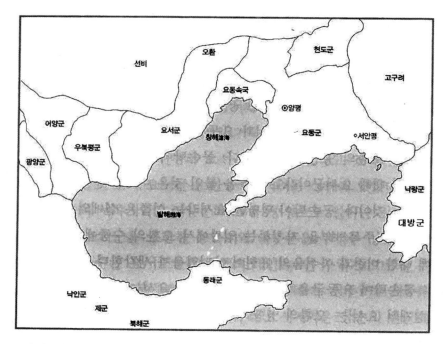

그림3 | 공손씨 시기의 요동군

明[35]의 후손에 구태仇台[36]라는 사람이 있었는데, 매우 어질고 신의가 돈독하였다. 처음에 나라를 대방의 옛 땅(대방고지帶方故地)[37]에 세웠는데, 한漢 요동

---

35   東明 :『論衡』吉驗篇,『후한서』동이열전 부여,『三國志』권30 魏書 東夷傳 부여에 인용된
      『魏略』에 의하면 扶餘의 시조이다.『삼국사기』권 13 고구려본기 동명성왕 즉위년에는 고
      구려의 시조로도 나오고 있으며, 백제의 시조로도 여겨진 인물이다. 이처럼 동명은 夫餘
      族의 族祖로 부여·고구려·백제의 공통 시조로 여겨졌다.

36   仇台 : 백제의 시조로 등장하는 인물의 하나. 구태의 실체에 대해 ①仇台를 '구이'로 읽어
      백제의 제8대 古爾王과 동일한 인물로 보는 견해(이병도, 1976, 앞의 책, 476쪽)와 ②비류
      중심의 건국설화에 보이는 優台와 동일인으로 보는 견해(천관우, 1976, 앞의 책, 143쪽) 등
      이 있다.『周書』권49 열전 백제전에는 "又每歲四祠其始祖仇台之廟"라 하여 시조 仇台廟
      제사 기록가 나오는데, 이 仇台廟는 대체로 왕실의 宗廟로, 성왕의 사비 천도를 전후로 하
      여 이루어진 유교식 체제 정비 과정의 일환으로 설치된 것으로 보고 있다.

37   帶方故地 : 帶方郡이 설치되었던 지역을 말한다. 대방군은 後漢말 遼東 지역에 웅거하였
      던 公孫康이 204년경에 屯有縣 이남의 荒地에 설치한 郡으로, 현재의 황해도 봉산군 사리

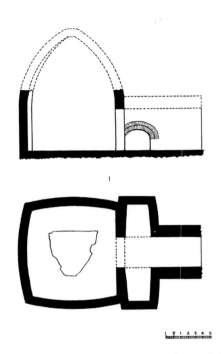

그림4 | 그동안 대방태수의 무덤으로 알려졌으나 최근 고구려묘로 밝혀진 장무이묘

원 지방의 지탑리 토성 일대를 그 治所로 하였다. 일제 강점기에 沙里院驛 부근의 한 고분에서 "帶方太守張撫夷"라는 銘文이 새겨진 塼이 발견되어 그 증거로 보았으나, 최근 이 무덤은 고구려 형식의 고분으로 밝혀진 바 있다(정인성, 2010, 「대방태수 張撫夷墓의 재검토」,『한국상고사학보』 69). 대방군은 백제가 건국될 당시에는 아직 설치되지 않았기 때문에 백제가 대방고지에 나라를 세웠다는 것은 연대가 맞지 않으므로, 본 기사에 나오는 '대방의 옛 땅'이라 한 것은 백제가 건국된 곳이 대방군의 전신인 옛 진번군의 일부분이었기 때문으로 보는 견해가 있다(이병도, 1977, 앞의 책, 355쪽). 백제의 또 다른 시조로 주장되는『주서』권49 백제전에 나오는 구태가 건국한 지역이 대방고지였다는 점에 주목하여, 이를 백제가 고구려와 대방고지에 대한 영유권 다툼에서 구태의 시조설을 내세워 대방고지에 대한 영유권을 주장하기 위한 것으로 보는 견해도 있다(이현혜, 1991, 「마한 백제국의 형성과 지배집단의 출자」,『백제연구』 22, 24~25쪽), 이후 대방은 백제 지역을 지칭하는 포괄적인 표현이 되었다.

태수遼東太守 공손도公孫度[38]가 자기 딸을 아내로 삼게 하였으며,[39] 마침내 동이東夷[40]의 강국이 되었다고 한다. 어느 것이 옳은지 모르겠다.[41]

원년(BC 18) 여름 5월에 동명왕묘東明王廟[42]를 세웠다.

2년(BC 17) 봄 정월에 왕이 여러 신하에게 말하였다.

---

38 公孫度 : 중국 後漢末의 인물로, 요동태수가 되어 190년에 요동군을 遼西와 中遼로 나누고 스스로 遼東侯 平州牧을 칭하였다. 그의 아들 公孫康과 손자 公孫淵代에 와서는 요동의 覇者가 되었으나 魏나라 장군 司馬懿의 공격을 받아 멸망하였다. 이에 대해서는『三國志』권8 魏書 公孫度傳 附康·淵傳을 참조.

39 公孫度가 자기의 딸을 [구태의] 아내로 삼게 하였다 : 이 기사는『三國志』권30 魏書 東夷 부여조에 "扶餘王尉仇台更屬遼東 時句麗鮮卑强 度以扶餘在二虜之間 妻以宗女"에 의거하여 기록된 것이다. 이 기사는『北史』나『隋書』의 편찬자가 백제의 구태를 扶餘의 尉仇台로 誤認한 데서 비롯된 것으로 보기도 한다.

40 東夷 : 중국이 주로 동방 지역에 위치한 異民族을 낮추어 일컫던 명칭. 중국 正史에서 사방의 이민족을 東夷·西戎·南蠻·北狄으로 부른 것은『三國志』부터이다. 후한대 허신이 지은『說林』에 의하면 東夷의 '夷'字를 '大'와 '弓'의 合字로 보고 중국인이 활을 잘 쏘는 동쪽의 종족을 東夷라고 불렀다는 주장이 있다. 동이의 뜻에 대해서는『후한서』권85 열전 동이전 序에 "王制云 東方曰夷 夷者也 言仁而好生萬物地而出"라 하여 동쪽을 뜻하는 것이다. 夷에는 9種이 있는데, 燔夷·于夷·方夷·黃夷·白夷·赤夷·玄夷·風夷·陽夷가 있다고 한다(『후한서』권85 열전 동이전 序참조).

41 어느 것이 옳은지 모르겠다. : 백제의 시조에 대해서는 5가지의 설이 있다. ①시조 온조설(『삼국사기』권23 백제본기 온조왕 즉위년조 본문), ②시조 沸流說(『삼국사기』권23 백제본기 온조왕 즉위년조의 細注), ③시조 優台說(『삼국사기』권32 잡지 제사), ④시조 仇台說(『周書』권49 열전 백제전과『隋書』권81 열전 백제전), ⑤太祖 東明=都慕說(『삼국사기』권32 제사조 및『續日本紀』권40 延曆 9년 秋7월)이 그것이다.『삼국사기』백제본기에서는 백제 시조를 특정하지 못했지만,『삼국사기』권32 제사지에서는 "按海東古記 或云始祖東明 或云始祖優台 北史及隋書皆云 東明之後有仇台 立國於帶方 此云始祖仇台 然東明爲始祖 事迹明白 其餘不可信也"라 하여 시조 동명설을 취신하고 나머지 설은 믿을 수 없는 것으로 보았다.

42 東明王廟 : 백제는 온조왕 원년(BC 18)에 부여의 族祖인 東明王의 祠堂을 세워 배알하였는데,『삼국사기』백제본기와『삼국사기』권32 잡지 제사조에 의하면 전지왕 2(406)까지 새로운 왕이 즉위할 때 동명묘에서 배알 의식을 거행하여 부여족의 공통 시조인 동명의 권위를 정통적으로 계승하였음을 천명하는 즉위 의례를 진행하였다. 온조를 모신 사당은 전혀 나오지 않는다는 점에서, 백제 당시에는 동명을 시조로 여겼으며 온조는 시조로 여겨지지 않았음을 알 수 있다.

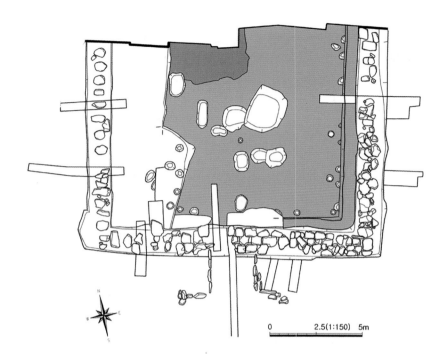

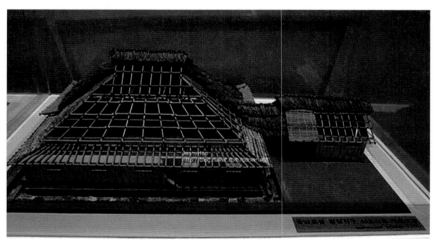

그림5 | 동명묘로 추정하기도 하는 풍납동 토성 경당지구 44호 건물지와 복원도(한성백제박물관)

"말갈靺鞨[43]은 우리 북쪽 경계에 연접하여 있고, 그 사람들은 용감하고 속임수가 많으니 마땅히 병장기를 수선하고 곡식을 저축하여 막아 지킬 계획을 세워야 할 것이다."

3월에 왕은 재종숙부(족부族父) 을음乙音이 지식과 담력이 있다고 하여 우보右輔[44]로 삼고 병마兵馬에 관한 업무를 맡겼다.

3년(BC 16) 가을 9월에 말갈이 북쪽 경계를 넘어 쳐들어 왔다. 왕은 굳센 병사를 거느리고 나가 급히 쳐서 크게 이겼다. 적은 살아서 돌아간 자가 열에 한둘이었다.

겨울 10월에 우뢰가 쳤고, 복숭아꽃과 오얏꽃이 피었다.

4년(BC 15) 봄과 여름에 가물어 기근이 들고 전염병이 돌았다.

가을 8월에 사신을 낙랑樂浪[45]에 보내 우호를 닦았다.

---

43   靺鞨 : 중국 동북 지역에 거주하였던 퉁구스族의 일파. 先秦시대에는 肅愼으로, 漢 때에는 挹婁로, 北魏代에는 勿吉로 불리다가 唐 高祖 武德(619~626) 이후로는 말갈로 총칭되었다. 말갈족은 松花江 동쪽에서 長白山에 이르는 지역에 거주하였다. 원래 7部로 나뉘어져 있었고 각각 추장이 통솔하였으나 당나라 초에 이르러 7부 가운데 黑水를 중심으로 한 黑水靺鞨과 粟末水를 중심으로 하는 粟末靺鞨의 2部가 강성하였다. 그런데『삼국사기』초기 기록에 보이는 말갈은 당 시기의 말갈과 같이 볼 수 없다. 백제는 건국 초부터 주로 북쪽이나 동북쪽에서 말갈의 빈번한 침입에 시달려 왔다. 백제가 하남 위례성으로 천도한 배경도 낙랑과 말갈의 침입 때문이었다. 백제본기나 신라본기에 나오는 말갈의 계통에 대해서는 ①예족설(정약용, 「말갈고」,『여유당전서』등), ②고구려 내의 말갈설(서병국, 1974, 「말갈의 한반도 남하」,『광운전자공과대학논문집』3), ③영서 지역의 토착세력설(문안식, 1996, 「영서예 문화권의 설정과 역사지리적 배경」,『동국사학』30), ④마한 소국설(윤선태, 2001, 「마한의 진왕과 臣濆沽國·嶺西濊 지역의 역사적 추이와 관련하여」,『백제연구』34, 16쪽) 등이 있다. 대체로 '東濊 = 僞靺鞨'로 파악한 정약용의 예족설을 따르고 있다.

44   右輔 : 백제 초기의 관제로 左輔와 함께 설치되었는데, 고구려에도 이 관직이 보인다. 좌·우보에는 왕족을 비롯한 유력한 인물들이 임명되었고, 전임자가 사망한 후 후임자가 임명되었기 때문에 임기는 종신제였다. 국왕을 도와 군사와 행정 업무를 포함한 국정 전반을 총괄하였다. 고이왕 27년(260)에는 좌·우보를 개편하여 좌평을 두어 국정을 총괄케 하였다.

45   樂浪 : 중국의 漢 武帝가 衛滿朝鮮을 멸망시키고 BC 108년에 설치한 4郡 중의 하나. 낙

5년(BC 14) 겨울 10월에 북쪽 변방을 순행하면서 백성들을 위무하였는데, 사냥하다가 신비로운 사슴(神鹿)[46]을 잡았다.

6년(BC 13) 가을 7월 그믐 신미일에 일식日食[47]이 있었다.

8년(BC 11) 봄 2월에 말갈 적병 3천 명이 와서 위례성慰禮城을 포위하자, 왕은 성문을 닫고 나가 싸우지 않았다. 열흘이 지나 적이 양식이 떨어지자 돌아갔다. 왕은 날랜 병사를 뽑아 대부현大斧峴[48]까지 추격하여 한 번 싸워

랑군의 위치에 대해서는 현재의 평양을 중심으로 한 평안도 지역으로 비정하는 견해(이병도, 1976, 앞의 책, 133~157쪽)와 한사군의 위치를 모두 遼東지역에 비정하는 견해(이지린, 1963, 『고조선연구』) 등이 있다. 평안도 지역으로 비정하는 견해에 의하면 낙랑군의 郡治는 현재의 평양지역의 土城里 일대였다고 하며, 遼東지역에 비정하는 견해에 의하면 낙랑군의 중심지는 大凌河 동쪽 1백리 되는 遼河 부근에 있었다고 한다. 설치 당시의 낙랑군에 속한 縣은 朝鮮·遂成 등 11개 현이 있었는데, 그중 朝鮮縣이 首縣으로 郡治가 되었다. 이 낙랑군은 BC 82년에 臨屯郡을 합쳐 25縣을 거느린 큰 郡이 되었으나, BC 8년에 낙랑의 土人 王調가 반란을 일으킨 것을 계기로 都尉制가 폐지되면서 18縣으로 줄었다. 낙랑군은 313년 고구려 미천왕에 의해 멸망되기까지 400여 년간 존속하였다. 한편 중국 군현인 낙랑군이 아닌 토착인이 세운 樂浪國도 있었다. 이 낙랑국은 崔理가 다스렸는데, 고구려 대무신왕의 아들 호동에 의해 멸망되었다.

46 神鹿 : 부여가 사슴의 뜻에서 유래했다는 견해가 있듯이(白鳥庫吉, 1934, 「濊貊民族の由來を述べて, 夫餘高句麗及び百濟の起源に及ぶ」, 『史學雜誌』 45-12) 백제를 비롯한 扶餘族들은 사슴을 신성하게 여겼다. 부여의 중심지인 '鹿山'이 만주어에서 사슴을 뜻하는 말인 'puhu'와 몽골어에서 사슴을 뜻하는 'pobgo'라는 말에서 비롯한 것으로 보고 있는 것이다. 고려 후기 李奎報의 「東明王篇幷序」에 "東明西巡時 偶獲雪色䴠(大鹿曰䴠) 倒懸蟹原上 敢自呪而謂天不雨沸流 漂沒其都鄙我固不汝放 … 鹿鳴聲甚哀 上徹天之耳 淋雨注七日 若傾淮泗"이라 하여 동명이 사슴을 매달아 비를 오게 하였다는 설화를 통해서 고구려도 사슴을 신성하게 여기고 있었음을 보여주고 있다.

47 日食 : 일식은 天變 가운데 가장 중대한 咎徵으로 간주된다. 『삼국사기』 백제본기에는 일식 기사가 26건이 기록되어 있다. 『漢書』 권26 天文志 제6에 "星傳曰 日者德也 月者刑也 故曰日食修德 月食修刑"이라 하여 일식이 일어나면 천자는 덕을 닦아야 한다고 하였다. 그리고 『禮記』 권61 昏義 제44에도 "是故日食 則天子素服 而修六官之職 蕩天下之陽事"라 하여 천자의 근신을 기록하고 있다.

48 大斧峴 : 대부현은 『삼국사기』 온조왕 22년(4)에 말갈과 전투를 벌인 '斧峴', 그리고 '斧壤縣'(『삼국사기』 권35 잡지 지리 2 신라 漢州富平郡平康縣)과 같은 곳으로 보고 현재의 강

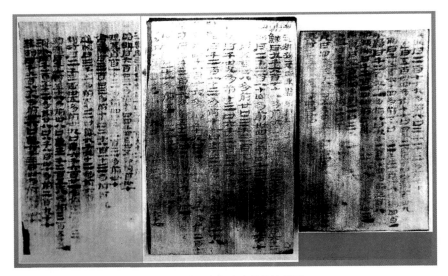

그림6 | 평양 정백동 364호분 출토 초원 4년명 낙랑 호구부 목간

이겼으며, 500여 명을 죽이거나 사로잡았다.

가을 7월에 마수성馬首城[49]을 쌓고 병산책甁山柵[50]을 세웠다. 낙랑태수樂浪
太守가 사신을 보내 말하였다.

"지난날 서로 예를 갖추어 방문하고 우호를 맺어 뜻이 한 집안과 같았는

　　원도 平康郡 平康面에 비정하고 있다(천관우, 1976, 「삼한의 국가형성(하)」 『한국학보』3,
　　일지사, 118~120쪽; 이병도, 1977, 앞의 책, 356쪽).

49　馬首城 : 마수성은 『삼국사기』권35 잡지 지리 2 漢州 堅城郡의 고구려 때 지명인 馬忽郡
　　과 음이 비슷하여 같은 곳으로 볼 때 현재의 경기도 抱川郡 郡內面에 비정할 수 있다. 그
　　밖에 말갈의 마수성(책) 공격 기사는 다루왕 3년(30)과 7년(34), 그리고 무령왕 3년(503)에
　　도 나오고 있어 『삼국사기』 무령왕대의 영역 관련 기사가 한성시대의 영역관을 투영한 것
　　이라 하여 이를 부정하는 견해가 있다(이도학, 1984, 「한성말 웅진시대 백제왕계의 검토」,
　　『한국사연구』45, 23~25쪽). 그러나 이 루트는 말갈의 상시적인 주요 백제 공격로였다는 점
　　에서, 비슷한 기사라 하여 이를 부정할 근거는 없다.

50　甁山柵 : 병산책은 마수성과 이웃한 곳이므로 포천 부근으로 비정된다(酒井改藏, 1970,
　　「三國史記の地名考」, 『朝鮮學報』54).

데, 지금 우리 영토에 다가와 성과 목책을 만들어 세우는 것은 혹시 야금야금 먹어 들어올 계책이 있어서인가? 만일 옛날의 우호를 저버리지 않고 성을 허물고 목책을 깨뜨려 버린다면 시기하고 의심할 바가 없겠지만, 혹시 그렇게 하지 않는다면 청하건대 한 번 싸워서 승부를 결정짓도록 하자."

이에 왕이 회답하였다.

"요새를 설치하여 나라를 지키는 것은 예나 지금이나 일상적인 도리인데, 어찌 감히 이 때문에 화친과 우호를 저버리겠는가? 마땅히 집사執事[51]께서 의심할 바가 아닌 것 같다. 만일 집사가 강함을 믿고 군사를 낸다면 소국小國도 또한 이에 대응할 것이다."

이로 인하여 낙랑과 우호를 잃게 되었다.

10년(BC 9) 가을 9월에 왕이 사냥을 나가서 신비로운 사슴(神鹿)을 잡아 마한馬韓[52]에 보냈다.

---

51 執事 : 여기서는 문맥으로 보아 낙랑태수를 지칭한다.
52 馬韓 : 三韓의 하나로 BC 1세기 이전의 어느 시기부터 3세기 경까지 한강 유역에서부터 충청도·전라도 지역에 위치하였던 정치 집단의 통칭이다. 마한을 구성한 國들로는 伯濟國·目支國 등을 포함하여 54개의 국이었다. 마한 지역은 한강 유역권·아산만 유역권·금강 유역권·영산강 유역권 등 4개의 문화권역으로 나눌 수 있다. 마한을 구성한 國의 규모는 大國은 1萬餘家이고 小國은 數千家였다. 여러 '국'의 지배자 칭호는 대국은 臣智라 하였고, 소국은 邑借라 하였다. 3세기 중엽경까지 이 마한의 맹주는 辰王으로 불렸으며 진왕의 治所는 目支國이었다. 목지국의 위치에 대해서는 충남 稷山설·禮山설·천안설, 전북 益山설, 전남 羅州설 등이 있는데, 고고학적으로 3세기 대의 주구 토광묘가 집중 분포하는 천안-예산-청주 일대를 포괄하는 아산만 일대의 직산설이 타당하다. 『삼국지』 권30 위서 동이전 辰韓條에는 "辰王常用馬韓人作之世世相繼 辰王不得自立爲王"이라 하여 진왕의 지위는 세습되는 것이 아니라 여러 '국' 臣智들의 추대나 선출에 의해 이루어진 것을 보여준다. 마한의 성립에 대해서는 고조선의 準王이 남하하여 마한을 성립시켰다는 견해(이병도, 1976, 「三韓問題의 硏究」『韓國古代史硏究』 박영사)가 있고, 遼東 지역에 있던 北馬韓이 남으로 이동하여 마한을 성립시켰다는 견해(천관우, 1976, 「三韓考 제1부-三韓의 成立過程-」『史學硏究』 26)도 있다.

그림7 | 평양 석암리 9호분 출토 낙랑의 곰모양 상다리

겨울 10월에 말갈이 북쪽 경계를 노략질하였다. 왕은 병사 200명을 보내서 곤미천昆彌川[53] 가에서 막아 싸우게 하였는데, 우리 군사가 패배하여 청목산靑木山[54]을 의지하며 스스로를 지켰다. 이에 왕이 친히 정예 기병 100명

---

53 昆彌川 : 현재의 경기도 禮成江으로 비정하는 견해(천관우, 1976, 앞의 글(下), 120쪽)와
     임진강 상류설(酒井改藏, 1970, 앞의 글)이 있다.
54 靑木山 : 청목산의 위치에 대해『新增東國輿地勝覽』권4 開城府 上 山川 松嶽조에서는
     송악산 二龍의 하나가 靑木이 되었다는 故事와 관련하여 현재의 경기도 開城市 松岳山
     으로 비정하였고, 安鼎福은『東史綱目』제1 上 壬子 馬韓 百濟始祖 十年조에서 開城·金
     川 경계의 靑石洞(현재의 경기도 開豊郡 嶺南面 天摩山)으로 추정하였다. 永平 지역으로
     추정하는 견해(李丙燾, 1976, 앞의 책, 355쪽)도 있다.

을 이끌고 봉현烽峴[55]으로 나가 구원하니 적들이 보고는 곧 물러갔다.

11년(BC 8) 여름 4월에 낙랑이 말갈을 시켜 병산책甁山柵을 습격하여 깨뜨리고는 100여 명을 죽이거나 사로잡았다.

가을 7월에 독산책禿山柵[56]과 구천책狗川柵[57]의 두 목책을 세워 낙랑으로 통하는 길을 막았다.

13년(BC 6) 봄 2월에 왕도王都에서 늙은 할멈(老嫗)[58]이 남자로 변하였고, 다섯 마리의 범이 성 안으로 들어왔다. 왕의 어머니가 돌아가셨는데, 나이가 61세였다.

여름 5월에 왕이 신하에게 말하였다.

"우리나라의 동쪽에는 낙랑이 있고 북쪽에는 말갈이 있어[59] 번갈아 우리

---

55 烽峴 : 봉현의 위치에 대해서는 ①경기도 漣川郡 旺澄面 일대설(『大東地志』 권3 麻田 및 漣川의 山水), ②개성 청목산 서쪽설(酒井改藏, 1970, 앞의 글)이 있다.

56 禿山柵 : 경기도 죽산 일대로 보는 견해가 있으나(酒井改藏, 1970, 앞의 글), 낙랑의 침입로와는 거리가 있다. 『삼국사기』 권24 근초고왕 28년(373)조에 나오는 禿山城 기사를 고려해 볼 때 고구려와의 접경 지대인 경기도 북부나 황해도 남부 지역이 아닐까 한다.

57 狗川柵 : ①화성일대설(이병도, 1976, 앞의 책), ②옥천설(酒井改藏, 1970, 앞의 글)이 있으나, 백제가 구천책을 세워 낙랑과의 통로를 막은 것에서 미루어 볼 때 독산책과 마찬가지로 낙랑 또는 고구려와 접경 지대인 경기도 북부나 황해도 남부 지역이 아닐까 한다.

58 老嫗 : 고대 사회에서 초기에는 여자 무당이 중심 역할을 하다가 뒤에 남자 무당으로 그 역할이 옮겨진 것으로 보고, 이 노구를 단순히 늙은 여자라는 의미가 아니라 여자 무당이라고 파악하는 견해가 있다(崔光植, 1981, 「三國史記 所載 老嫗의 성격」 『史叢』 25). 이는 호랑이 5마리가 성내로 들어오는 현상과 함께 왕모의 죽음을 예견하는 咎徵으로 제시된 것이다.

59 우리나라의 동쪽에는 낙랑이 있고 북쪽에는 말갈이 있다 : 樂浪과 靺鞨의 위치에 대해서는 대체로 낙랑이 백제의 북쪽인 평양 지방에 존재한 것으로 파악되며, 말갈은 함경도에 위치한 동예를 비롯한 濊族을 지칭하는 것으로 이해되고 있다. 이에 "國家東有樂浪 北有靺鞨"을 "國家北有樂浪 東有靺鞨"로 고쳐 보아야 한다는 견해(이병도, 1976, 앞의 책, 479쪽)도 있다. 정약용은 이를 그대로 받아들여 동쪽의 낙랑은 春川 지방의 土酋로 보고 이것이 『삼국사기』 고구려본기의 최씨 낙랑국이며 춘천 맥국설의 실체라 하였고, 북쪽의 말갈은 東濊로 파악하였다(『疆域考』 권1 辰韓考 및 권2 靺鞨考; 김택균, 1985, 「춘천맥국설에

영토를 침략하므로 편안한 날이 적다. 하물며 요즘 요망한 징조가 자주 나타나고 국모께서 돌아가셨다. 형세가 스스로 편안하지 않으니, 장차 꼭 도읍을 옮겨야겠다. 내가 어제 순행을 나가 한수漢水 남쪽을 보니 땅이 기름지므로 마땅히 그곳에 도읍을 정하여[60] 길이 편안할 수 있는 계책을 도모하겠다."

가을 7월에 한산漢山[61] 아래로 나아가 목책을 세우고 위례성의 민호民戶를 옮겼다. 8월에 사신을 마한에 보내 천도遷都를 알리고 마침내 강역을 구획하여 정하였는데, 북쪽으로는 패하浿河[62]에 이르고, 남쪽은 웅천熊川[63]을 경계로 삼고, 서쪽으로는 큰 바다에 닿고, 동쪽으로는 주양走壤[64]에 이르렀다.

관한 연구」, 『백산학보』 30·31합, 135쪽; 김기섭, 1991, 『삼국사기』 백제본기에 보이는 말갈과 낙랑의 위치에 대한 재검토」, 『청계사학』 8, 17~20쪽).

60 漢水 남쪽을 보니 땅이 기름지므로 마땅히 그곳에 도읍을 정하여 : 『삼국사기』 온조왕 즉위년조에는 온조 집단이 처음부터 하남 위례성에 정착하여 나라를 세운 것으로 나온다. 그러나 이 기사는 온조 집단이 처음에 한강 북쪽에 자리를 잡았다가 뒤에 한강 남쪽으로 이동한 것을 보여주고 있다. 그렇다면 온조 집단은 처음에 한강 북쪽의 하북 위례성에 자리를 잡았다가 뒤에 하남 위례성으로 중심지를 옮겨 온 것으로 볼 수 있다.

61 漢山 : 백제가 하북 위례성에서 하남 위례성으로 옮긴 이후에 나오는 한산은 현재의 서울 송파구의 풍납동 토성과 몽촌토성을 포함한 지역을 가리킨다.

62 浿河 : 浿水·浿江이라고도 한다. 패하의 위치는 시대에 따라 달랐지만 본 기사의 浿河는 『高麗史』 권58 志 12 지리 3 黃州牧 平州條의 "猪淺[一云浿江]" 이라 한 기사와 『新增東國輿地勝覽』 권41 황해도 平山都護府 山川條에 보이는 "猪川 또는 猪灘" 이라 한 기사에 의거할 때 현재의 禮成江으로 볼 수 있다. 한편, 패하는 예성강을 가리키는 일반 명사가 아니라 특정한 나루를 지칭하는 것으로 보고 이곳을 평산군의 저탄으로 비정한 견해도 있다(문안식, 2006, 『백제의 흥망과 전쟁』, 혜안, 64쪽).

63 熊川 : 웅천의 위치에 대해서는 충남 公州의 錦江설과 경기도 安城郡 安城川설이 있다. 安城川설은 본 기사의 熊川를 '곰내'로 읽고 마한의 맹주국인 目支國이 稷山·성환 지역에 위치한 것으로 보며, 또 안성천 유역인 孔道面의 熊川橋가 속칭 '고무다리'로 불리고 있는 점, 안성천 하류에 있는 平澤의 軍勿津(昆池津)이 軍門里津(군문이 나루)으로 불리고 있는 점에 근거하고 있다(李丙燾, 1976, 앞의 책, 247~248쪽). 한편 『삼국사기』에 나오는 웅천은 대개 충남 공주 지역을 흐르는 금강을 말한다는 점에서 충남 공주 지방으로 비정하는 견해도 있다(천관우, 1976, 앞의 글(下), 130쪽).

64 走壤 : 현재의 강원도 春川 지방을 말한다. 走壤·走壤城의 다른 이름으로는 烏根乃·首次若·

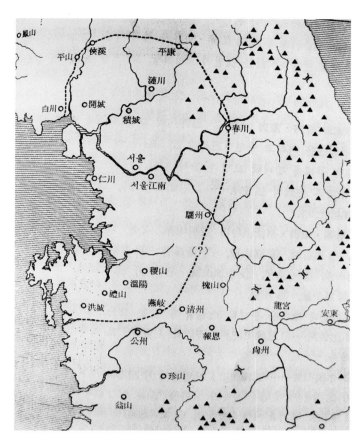

그림8 | 백제 초기 강역도(천관우 안)

9월에 성을 쌓고 궁궐을 세웠다.

14년(BC 5) 봄 정월에 도읍을 옮겼다.[65]

迭巖城 등이 있다. 춘천의 옛 명칭이 首若州 또는 走壤城이었는데 이는 『삼국사기』 권7 신
라본기 문무왕 13년조에 "九月 築國原城 … 首若州走壤城[一名迭岩城]" 이라는 기사에 의해
확인된다. 춘천 일대에서 주양과 유사한 지명으로는 『신증동국여지승람』 권46 고적조의 '枝
內村所'와 『대동여지도』의 '枝內山'을 들고 있다(천관우, 1976, 앞의 글(下), 18쪽).

65 도읍을 옮겼다 : 백제가 하북 위례성에서 하남 위례성으로 수도를 옮긴 시기에 대하여 『삼

2월에 왕은 부락을 순행하며 위무하고 농사를 힘써 장려하였다.

가을 7월에 한강 서북쪽에 성을 쌓고[66] 한성漢城의 백성들을 나누어 살게 하였다.

15년(BC 4) 봄 정월에 새 궁실을 지었는데, 검소하되 누추하지 않고 화려하되 사치스럽지 않았다.

17년(BC 2) 봄에 낙랑이 쳐들어 와서 위례성에 불을 질렀다.

여름 4월에 사당을 세우고 국모國母에게 제사를 지냈다.[67]

18년(BC 1) 겨울 10월에 말갈이 갑자기 쳐들어왔다. 왕이 병사를 이끌고 칠중하七重河[68]에서 맞아 싸워서 추장 소모素牟를 사로잡아 마한에 보내고,[69] 그 나머지 적들은 모두 구덩이에 묻어버렸다. 11월에 왕이 낙랑의 우두산성牛頭山

국사기』에는 온조왕 14년으로 기록되었다. 그러나 후대의 사실이 부회된 것으로 보는 입장에서는 하북에서 하남으로 도읍을 옮긴 시기를 책계왕~비류왕대로 보는 견해(이병도, 1977, 앞의 책, 479쪽)와 肖古王代로 보는 견해(노중국, 1988, 앞의 책, 56~58쪽) 등이 있다.

66　한강 서북쪽에 성을 쌓았다 : 金正浩는 『大東地志』 권3 경기도 楊州 城池條에서 이때 쌓은 성을 楊州城으로 보았다.

67　사당을 세우고 國母에게 제사를 지냈다 : 『삼국사기』 권13 고구려본기 東明聖王 14년조에 "王母柳花薨於東扶餘 其王金蛙以太后禮葬之 遂立神廟"라 하여 神廟를 세워 王母를 제사한 것과 『周書』 권49 열전 상 高麗條에 "又有神廟二所 一曰扶餘神 刻木作婦人之象 一曰登高神 云是其祖扶餘神之子 並置官司 遣人守護 蓋河伯女與朱蒙云"이라 하여 주몽을 낳은 河伯女를 扶餘神으로 섬긴 사례로 보아, 고구려에도 국모 신앙이 있었음을 알 수 있다. 新羅에서는 始祖와 始祖妃를 '二聖'으로 표현하여 신앙의 대상으로 신봉되었고, 선도성모 사소가 혁거세의 어머니로 제사되었을 가능성도 있다(이장웅, 2016, 「신라 娑蘇(仙桃聖母) 神話의 변화와 國家祭祀」 『新羅史學報』 38).

68　七重河 : 『삼국사기』 권35 지리지 2 한주의 칠중현 근처에 흐르는 강의 명칭으로 현재의 파주시 적성면 부근의 임진강을 지칭한다. 이곳에 위치한 七重城은 본래 고구려의 지명으로 難隱別이라고 하였는데, 신라 경덕왕때 重城縣으로 고쳤으며, 고려 초에 적성으로 개칭되었다.

69　추장 素牟를 사로잡아 마한에 보냈다 : 백제가 말갈 추장 素牟를 사로잡아 마한에 보낸 것은 앞서 神鹿을 잡아 마한에 보낸 것이라든가 하남 위례성으로 천도하면서 마한에 천도 사실을 알린 것과 마찬가지로, 이 시기에 백제가 마한에 복속 관계에 있었음을 보여준다.

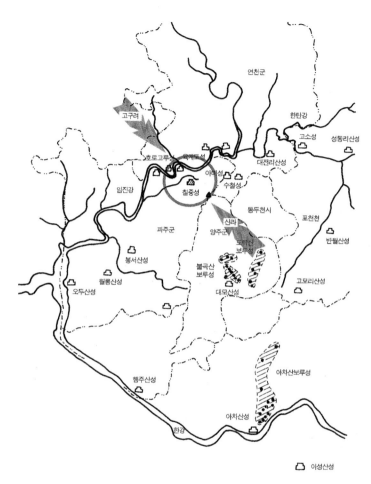

그림9 | 칠중성(칠중하) 부근의 산성 배치도

城[70]을 습격하려고 구곡臼谷[71]에 이르렀으나 큰 눈을 만나 곧 돌아왔다.

---

70   牛頭山城 : 춘천을 일컫는 牛頭州·牛首州·牛頭郡 등과 연계시켜 현재의 春川 지방에 비
     정된다(천관우, 1976, 앞의 글(下), 118쪽). 이와는 달리 낙랑이 백제의 북쪽에 있다는 사실
     을 고려하여 황해도 金川郡 牛峰 지역으로 추정하는 견해가 있다(이병도, 1977, 앞의 책,
     356쪽).
71   臼谷 : 정약용은『疆域考』권1 樂浪別考에서 "今昭陽江兩水合衿之處有大村 曰牛頭 其

20년(2) 봄 2월에 왕이 큰 단(大壇)을 설치하고 친히 천지天地에 제사를 지냈는데, 이상한 새 다섯 마리가 와서 날았다.

22년(4) 가을 8월에 석두성石頭城⁷²과 고목성高木城⁷³의 두 성을 쌓았다. 9월에 왕이 기병 1천 명을 거느리고 부현斧峴⁷⁴ 동쪽에서 사냥하다가 말갈 적

그림10 | 아산 명암리 밝지므레 2-1지점 12호 주구묘 출토 새모양 토제품

그림11 | 아산 명암리 밝지므레 2-2지점 23호 주구묘 출토 새모양 토기

裡面有所謂貊國古墟 此卽古樂浪國之遺墟也 又春川南界水村有日方牙兀者 譯之以 文 卽曰谷也 "라 하여 구곡을 '방아골'로 읽어, 춘천 남쪽 경계의 水村인 '방아올'로 비정하였다. 이와는 달리 경기도 楊州·加平 지역의 九谷驛으로 보는 견해(천관우, 1976, 앞의 글 (下), 118쪽)도 있다.

72 石頭城 : 석두성은 『삼국사기』 권27 무왕 8년(607)에 고구려와 싸운 전투 지점으로 나오는데, 이때 한강 유역이 신라의 영유이기 때문에 백제와 고구려가 직접 전투를 벌이기에는 무리가 있다. 신라 漢州 兎山郡 朔邑縣의 고구려 때의 지명인 所邑豆縣과 音韻上 비슷하므로 현재의 경기도 漣川郡 朔寧面 일대로 비정된다(이병도, 1977, 앞의 책, 356쪽).

73 高木城 : 고목성은 『삼국사기』 권26 무령왕7년(507)에 말갈이 공격한 루트 상에 있는 성으로도 나온다. 신라 한주 功成縣의 고구려 때 지명인 功木達縣과 음운상 비슷하므로 현재의 경기도 漣川郡 漣川邑에 비정할 수 있다(이병도, 1977, 앞의 책, 356쪽; 천관우, 1976, 앞의 책(下), 120쪽).

74 斧峴 : 斧峴은 『삼국사기』 권23 온조왕 22년(4)에 말갈과 전투를 벌인 '斧峴', 그리고 '斧壤縣'(『삼국사기』 권35 잡지 지리 2 신라 漢州 富平郡 平康縣), 대부현과 같은 곳으로 보이는데, 현재의 강원도 平康郡 平康面에 비정된다(천관우, 1976, 앞의 글(下), 118~120쪽; 이병

을 만나 한 번 싸워 격파하고, 포로(生口)를 사로잡아 장수와 병사들에게 나누어주었다.

24년(6) 가을 7월에 왕이 웅천책熊川柵[75]을 세우자 마한 왕[76]이 사신을 보내 책망하며 말하였다.

"왕이 처음 강을 건너 왔을 때 발 디딜 만한 곳도 없었는데, 내가 동북쪽 100리의 땅을 떼어주어[77] 편히 살게 하였으니 왕을 대우함에 두텁지 않았다고 할 수 없다. 마땅히 이에 보답할 생각을 해야 할 것인데, 이제 나라가 완성되고 백성들이 모여들자 '나와 대적할 자가 없다'고 하면서 성과 못을 크게 설치하여 우리의 영역을 침범하니 그것이 의리에 합당한 일인가?"

왕은 부끄러워하여 마침내 그 목책을 헐어버렸다.

25년(7) 봄 2월에 왕궁의 우물물이 갑자기 넘치고, 한성漢城의 민가에서 말이 소를 낳았는데, 머리 하나에 몸은 둘이었다. 일자日者[78]가 말하였다.

도, 1977, 앞의 책, 356쪽).

75 熊川柵 : 웅천책은 안성천 일대에 마한과 경계를 짓기 위해 설치한 목책으로 볼 수 있다.

76 馬韓王(西韓王) : 『三國史記』新羅本紀 赫居世 38년(BC 20)조에 "春二月 遣瓠公聘於馬韓 馬韓王讓瓠公曰 辰卞二韓 爲我屬國 比年不輸職貢 事大之禮 其若是乎 對曰 我國自二聖肇興 人事修天時和 倉庾充實 人民敬讓 自辰韓遺民 以至卞韓樂浪倭人 無不畏懷而吾王謙虛 遣下臣修聘 可謂過於禮矣 而大王赫怒 劫之以兵 是何意耶 王慣欲殺之 左右諫止 乃許歸 前此 中國之人 苦秦亂 東來者衆 多處馬韓東 與辰韓雜居 至是寖盛 故馬韓忌之 有責焉 瓠公者 未詳其族姓 本倭人 初以瓠繫腰 渡海而來 故稱瓠公", 39년(BC 19)조에 "馬韓王薨 或說上曰 西韓王前辱我使 今當其喪征之 其國不足平也 上曰 幸人之災 不仁也 不從 乃遣使弔慰"가 보이고 있다.

77 내가 동북쪽의 100리의 땅을 떼어주어 : 이 기사는 온조 집단이 처음 마한 왕에게 마한 지역의 동북 1백리 땅을 할양 받아 한강 유역에 정착하여 백제를 건국할 때의 사정을 보여준다. 이는 『삼국지』권30 위서 동이전 한조에 전하는 마한의 '국' 규모에 해당하는 크기로 볼 수 있다. 이처럼 백제 초기에는 마한의 제후국으로 인식될 정도로 일정 기간 마한의 영향력 하에 있었다.

78 日者 : 天文의 변화와 자연의 災異를 관찰하고 그 의미를 점치는 日官을 말한다. 중국의 경우 日官은 曆數 干支를 맡고 天文을 관장하였는데, 天官이라고도 하였다. 『春秋左氏

그림12 | 풍납동 토성 경당지구 206호 우물 유구

"우물물이 갑자기 넘친 것은 대왕께서 우뚝 일어날 조짐이요, 소가 머리 하나에 몸이 둘인 것은 대왕께서 이웃 나라를 병합할 징조입니다."

왕이 듣고 기뻐하여 드디어 진한辰韓[79]과 마한을 병탄하려는 마음을 가졌다.

傳』桓公 17년 "冬十月朔 日有食之不書 日官失之也 天子有日官 諸侯有日御[日官月御 典曆數者]"라고 한 기사를 참조. 백제는 사비천도 후 22부사를 설치하였는데, 그 중 천문 과 역법 업무를 담당하는 日官部가 있었다.

79 　辰韓 : 진한은 마한·변한과 함께 三韓이라 하였다. 『삼국지』 권30 魏書 東夷傳 진·변한조 에 의하면 秦人이 망명해 와서 세웠기 때문에 秦韓으로 불렸다고 전한다. 『삼국지』 동이 전의 "辰韓者 古之辰國"을 따른다면 진국의 후신이며 12國으로 구성된 여러 '국' 집단이 다. 진한을 구성한 여러 '국'은 처음에는 6國이었으나 점차 분화하여 12國으로 확대되었다. 12국 가운데 大國은 4~5千家, 小國은 數百家로 구성되었다. 이 12國은 경북 경주에 자리 한 사로국, 경북 울진에 자리한 優由國 등 대체로 소백산맥 이남, 낙동강 동쪽의 경상도 지 역에 자리하였다. 진한의 성립은 BC 1~2세기경으로 추정되는데, 그 하한은 『삼국지』 동이

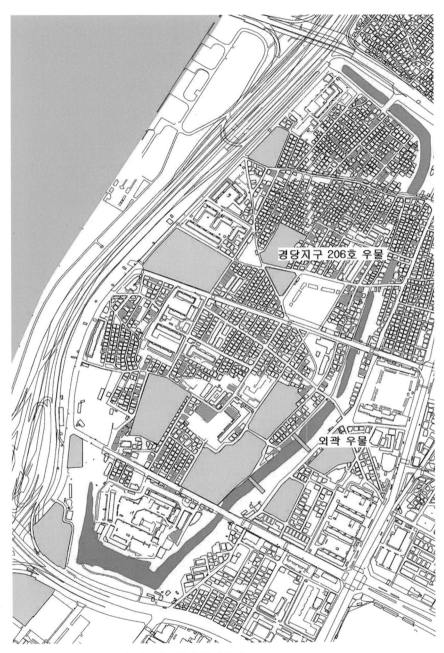

경당지구 206호 우물

외곽 우물

그림13 | 풍납동 토성에서 발굴된 우물 유구의 위치

26년(8) 가을 7월에 왕이 말하였다.

"마한이 점점 쇠약해지고 윗사람과 아랫사람의 마음이 갈리어 그 형세가 오래 갈 수 없을 것 같다. 만일 남에게 병합된다면 입술이 없으면 이가 시리는 격(脣亡齒寒)이 될 것이니 후회하더라도 이미 늦을 것이다. 차라리 남보다 먼저 이를 취하여 훗날의 어려움을 면하는 편이 더 낫겠다."

겨울 10월에 왕이 군사를 내어 겉으로는 사냥한다고 하면서 몰래 마한을 습격하여 드디어 그 국읍國邑[80]을 병합하였다.[81] 그러나 원산성圓山城[82]과 금

전에 인용된『魏略』에 王莽 地皇 年間(20~22)에 辰韓 右渠帥 廉斯가 자신의 邑落을 떠나 낙랑군에 항복하러 갔다는 사실에서 기원 전후 시기로 볼 수 있다.『삼국사기』권1 신라본기 혁거세조에는 혁거세 당시에 이미 진한이 신라에 병합된 것으로 나온다. 그러나『삼국지』동이전에는 3세기 중엽까지 진한이 존속한 것으로 나오고 있고, 특히 魏 正始 6~7년(245~246) 경에 辰韓 8國의 분할 문제로 韓과 대방군이 전쟁을 하여 韓이 패배하고 那奚國 등 수십 국이 이탈하였다는 구체적인 사건이 기술되어 있으므로, 진한의 소멸은 3세기중엽 이후로 보인다.

80　國邑 : 삼한을 구성한 여러 국들은 몇 개의 邑落으로 구성되었다. 이 읍락 가운데서 상대적으로 세력이 강하거나 중심지인 大邑落을 國邑이라고 하였다(이현혜, 1991, 앞의 책, 104~105쪽). 따라서 이 기사의 국읍은 마한 맹주국의 정치적 중심지라고 할 수 있다. 국읍의 정치적 기능은 여러 읍락들을 통합하는 것이나, 3세기 중엽경까지 삼한의 각 國들은『삼국지』동이전 韓條에 "其俗少綱紀 國邑雖有主帥 邑落雜居 不能善相制御 無拜之禮"라고 한 것에서 보듯이 국읍이 읍락을 완전히 제어하지는 못하였다.

81　왕이 … 마한을 습격하여 드디어 그 國邑을 병합하였다 :『삼국사기』권23 온조왕대에는백제의 마한 정복 과정을 단계적으로 제시하고 있다. 백제의 웅천책 설치 단계(온조왕 24년) →진한과 마한에 대한 정복을 결심하는 단계(온조왕 25년) → 백제의 마한 정복 의지천명(온조왕 26년 7월) → 백제의 마한 공격 개시 단계(온조왕 6년 10월) → 백제의 마한 유민에 대한 사민책과 멸망시키는 단계(온조왕 27년 4월) → 마한 집단의 대규모 부흥 운동과 이를 진압되는 단계(온조왕 34년10월) → 백제의 마한 지역에 대한 새로운 지배책 마련단계(온조왕 36년 7월 및 8월)로 백제의 마한 정복과 그 지배 과정을 단계화하여 살펴볼 수있다. 이 일련의 마한 정복 과정이 온조왕대에 집약해서 서술되어 있는데, 이를『일본서기』권9 신공기 49년조 기사와 비교하여 4세기 후반 근초고왕대의 사실이 온조왕대에 부회된것으로 보는 견해도 있다.

82　圓山城 : 원산성의 위치를 肖古王 24년(190)조에 보이는 "新羅西境圓山鄉"과 동일한 곳으로 보고 경북 醴泉郡 龍宮面에 비정할 수 있으나(『新增東國輿地勝覽』권25 경상도 龍

현성錦峴城[83]의 두 성만은 굳게 지켜 항복하지 않았다.

27년(9) 여름 4월에 두 성이 항복하자 그 백성들을 한산漢山 북쪽으로 옮기니, 마한은 드디어 멸망하였다.[84]

가을 7월에 대두산성大豆山城[85]을 쌓았다.

28년(10) 봄 2월에 원자元子 다루多婁를 태자로 삼고 내외의 군사 업무를

宮縣 建置沿革), 예천 용궁은 마한의 세력권에 포함되어 있지 않기 때문에 지리적으로 맞지 않는다. 그러므로 ①『新增東國輿地勝覽』권33 전라도 珍山縣 古蹟조에 나오는 "猿山鄕(在縣東三十里)"기사에 의거하여 충남 진산으로 보려는 견해(천관우, 1976, 앞의 글(하), 128쪽)와 ②圓山을 完山의 異寫로 보아 지금의 전북全州市에 비정하는 견해(全榮來, 1975,「完山과 比斯伐論」『馬韓百濟文化』창간호), ③충남 금산 마전리설(1991,『조선전사』3 중세편, 과학백과사전종합출판사, 157쪽) 등이 있다.

83   錦峴城 : 정약용은 "錦峴者 或是今羅州也 故與古沙夫里幷擧也"라 하여 나주로 비정하였고(丁若鏞,『彊域考』권1 馬韓考)『新增東國輿地勝覽』권39 鎭安縣 山川조에 나오는 熊嶺縣의 異寫로 보고 그 위치를 지금의 鎭安郡 富貴面 곰치리에 비정하는 견해도 있으나(전영래, 1975, 앞의 글) 지리적으로 맞지 않다.『삼국사기』권26 성왕 28년(550)에 고구려가 포위한 金峴城과 같은 곳으로 보이며, ①충남 연기군 전의의 金城山, 金伊山城說(이병도, 1976, 앞의 책, 57쪽), ②고구려 때 今勿奴郡으로 보는 鎭川說(민덕식, 1983,「고구려도서현성고」『사학연구』36, 47쪽)도 있는데, 온조왕 27년 7월 아산에 대두산성을 축조하고 있는 것으로 보면, 아산과 가까운 연기 전의로 보는 설이 보다 타당하다.

84   마한은 드디어 멸망하였다 : 마한의 멸망 시기에 대해『삼국사기』백제본기에서는 온조왕 27년으로 나타나고 있다. 그런데『晉書』권97 열전 마한조에는 太熙 원년(290)에도 마한이 西쪽에 견사한 것으로 나오고 있다. 따라서 이 기사의 마한은『삼국지』한전에 나오는 마한 세력 전체를 지칭하는 것이 아니라, 백제가 성장하는 과정에서 마한의 일부 국들을 병합해 가는 과정을 반영한 것으로 볼 수 있다. 목지국 중심의 韓 세력이 魏 正始 6~7년(245~246)에 帶方郡과의 전쟁에서 패배하면서 위상이 약화되어 3세기 중엽 경 백제 古爾王에 의해 멸망했다는 설도 있다.

85   大豆山城 : 대두산성의 위치에 대해서는 ①충남 공주나 서천설 및 연기설(천관우, 1976, 앞의 글(하), 130쪽 및 132쪽), ②충남 아산시 음봉면 수한산성설(이기백, 1978,「웅진시대 백제의 귀족세력」『백제연구』9), ③충남 아산시 영인산성설(유원재, 1992,「백제 탕정성 연구」『백제논총』3) 등이 있는데, 이곳을 천도 후 해서 세력의 근거지로 보고 있다(이기백, 1978, 앞의 글, 12~13쪽). 그런데『삼국사기』권23 온조왕 36년(18)에 백제가 탕정성을 쌓고 대두산성의 민호를 이곳에 사민시킨 사례에 비추어 보면 온양과 가까운 아산지역에 비정할 수 있다.

맡겼다. 여름 4월에 서리가 내려 보리를 해쳤다.

31년(13) 봄 정월에 나라 안의 민호民戶를 나누어 남부南部와 북부北部[86]로 삼았다.

여름 4월에 우박이 내렸다. 5월에 지진이 일어났다. 6월에 또 지진이 일어났다.

33년(15) 봄과 여름에 크게 가물었다. 백성이 굶주려 서로 잡아먹고 도적이 크게 일어나니 왕이 이를 위무하고 안정시켰다.

가을 8월에 동부東部와 서부西部의 두 부部[87]를 더 설치하였다.

---

86 南部와 北部 : 백제 5部의 하나로 그 영역 중 남쪽과 북쪽에 설치한 부의 명칭. 『삼국사기』 백제본기에는 온조왕 31년부터 비유왕 2년(428)까지 방위명을 붙인 부에 관한 기사가 모두 13개 나오는데, 대부분 고이왕대 이전에 기록되어 있다. 백제 초기의 부는 고유한 명칭을 붙인 족제적 성격의 부가 지방 행정 구획인 방위명 부로 변화해 간 고구려나 신라의 경우와 다른 모습을 보여주고 있다. 이를 중앙집권적 고대국가의 전 단계인 초기국가의 구조로인 部體制로 볼 것인가, 아니면 지방 통치 체제로 볼 것인지 논쟁이 되고 있다. 박현숙은 백제 초기의 부가 족제적 성격이 약한 방위부로 전국을 단위로 한 초보적인 지방통치 구획이었으며 부에 소속되어 있던 재지 세력들을 통한 간접 통치가 관철된 것으로 보았다 (1990,「백제 초기의 지방통치체제의 연구 -「부」의 성립과 변화과정을 중심으로-」,『백제문화』20). 김기섭은 4세기 대에 이르러 部-城-村체제가 성립되었는데, 이때의 부는 행정 편의를 위해 중앙에서 임의로 구획한 행정·군사적 단위로 전국을 대상으로 편제한 방위명의 5부 체제였다는 것이다(1998,「백제 전기의 부에 관한 시론」,『백제의 지방통치』, 학연문화사 20). 이도학 역시 4세기 대에 행정적인 방위명 부로 개편한 것으로 보았으나 백제의 전체 영역에 대한 지방 지배 방식을 이원적으로 본 점이 독특하다. 즉 금강 이북 지역은 군관구적인 部-城-村 체제를, 그리고 새로 획득한 금강 이남의 전라도 지역은 지방 거점 통치 방식인 담로 체제를 구축한 것으로 보았다(1995,『백제 고대국가 연구』, 일지사). 이종욱은 초기의 부에 대해서 전국을 인위적으로 구획한 초보 단계의 지방 통치 조직으로 보고 여러 부를 통할하는 존재인 국왕을 단지 한 부의 장으로 보는 부체제론을 비판하였다(2000,「한국고대의 부와 그 성격」,『한국고대사연구』17). 그리고 제가회의는 국왕의 통제하에 구성된 군신회의체이며, 삼국의 부를 지방 행정 구역으로 파악하였다.

87 東部와 西部 : 백제 5部의 하나로 그 영역 중 동쪽과 서쪽에 설치한 부의 명칭. 부의 명칭에 대해서는 고구려와 신라의 경우처럼 족제적인 부에서 방위명 부로 변화된 것으로 보는 견해와 처음부터 방위명 부가 실시된 것으로 보는 견해가 있다. 그리고 그 변화 시기에 대

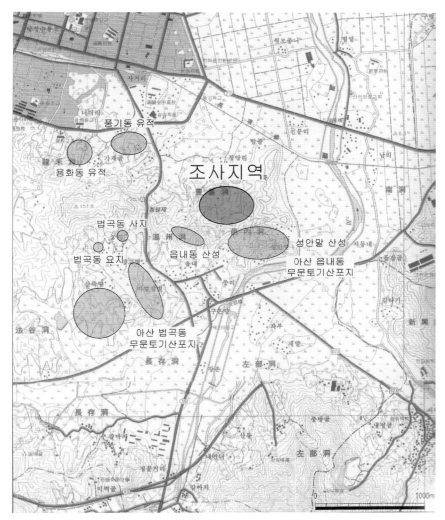

그림14 | 탕정성으로 추정되는 아산 읍내동 산성의 위치

해서는 고이왕대설(노중국, 1988, 앞의 책), 근초고왕대설(김기섭, 2000, 『백제와 근초고
왕』, 학연문화사), 5세기 후반 웅진 천도 이후설(노태돈, 앞의 글)이 있다. 고구려나 신라와
는 달리 백제 초기부터 방위명 부제가 채용된 배경을 백제국 중심으로 중앙의 집권력을 강
화하려는 내부적 요인과, 또 낙랑과 말갈 등의 외부 침입에 대비하려는 군사적 목적에서
연유한 것으로 보는 견해가 있다(박현숙, 1997, 『百濟 地方統治體制 硏究』, 고려대 박사학
위논문; 양기석, 2000, 「백제 초기의 부」, 『한국고대사연구』 17). 백제 초기의 부는 주로 군

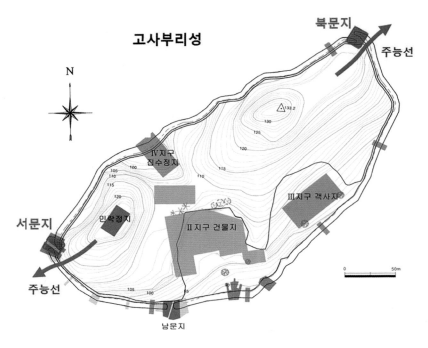

그림15 | 고사부리성으로 추정되는 정읍 고부구읍성

34년(16) 겨울 10월에 마한의 옛 장수 주근周勤이 우곡성牛谷城[88]을 근거로 삼아 반란을 일으켰다. 왕은 친히 병사 5천 명을 이끌고 이를 토벌하였다. 주근이 스스로 목매어 죽자 그 시체의 허리를 베고 그의 처자도 함께 죽였다.

36년(18) 가을 7월에 탕정성湯井城[89]을 쌓고 대두성大豆城의 민호民戶를 나누어 살게 하였다. 8월에 원산성圓山城과 금현성錦峴城의 두 성을 수리하고, 고사부리성古沙夫里城[90]을 쌓았다.

37년(19) 봄 3월에 우박이 내렸는데, 크기가 달걀만 하여 참새 같이 작은 새들(鳥雀)이 맞아 죽었다.

여름 4월에 가물기 시작하여 6월에 이르러서야 비가 왔다. 한수漢水의 동북쪽 부락에 기근이 들어 고구려로 도망간 자가 1천여 호戶나 되니, 패수浿

사적 임무를 수행하기 위한 군관구적인 지방구획의 성격을 가졌으며, 그 밖에 행정적인 측면에서 관직 임명이나 순무 활동 및 공물 진상 등과 같은 복속 의례적인 정치 행위를 통해서 지방 지배를 보완하기 위한 기능도 가졌다. 그러나 고이왕대 이후에는 종래 부가 갖고 있었던 군사 관련 기능이 신설된 좌장과 좌평에 이관되면서 부의 중요성이 약화된다.

88　牛谷城 : 우곡성에 대한 기록은 『삼국사기』 권23 다루왕 29년(56), 기루왕 32년(108), 권24 구수왕 16년(229)에 나올 뿐 아니라 우두성·우산성 등 그와 유사한 지명이 『삼국사기』에 자주 나오고 있다. 그런데 『삼국사기』 권32 다루왕 29년 2월조에 "왕이 동부에 명령하여 우곡성을 쌓아 말갈의 침입에 대비하였다."는 기사로 보아 이와는 별개의 성이거나 후대의 사실이 온조왕대에 부회 서술되었을 가능성도 있다. 말갈의 상시적인 백제 침입 루트상에 있으므로, 대략 경기도 동북부 일대로 추정된다.

89　湯井城 : 현재의 충청남도 牙山市로 그 중심지는 아산시 邑內洞山城으로 비정되고 있다. 이 산성에서는 백제시대의 瓦片과 토기편이 상당량 수습되었다(유원재, 1992, 「百濟 湯井城研究」, 『百濟論叢』 3 참조).

90　古沙夫里城 : 현재의 전라북도 井邑市 古阜面에 위치한다. 고사부리성은 『삼국사기』 권36 잡지 지리 3에는 '古眛夫里郡'으로, 권5 신라본기 무열왕 8년조에는 '古沙比城'으로, 권28 백제본기 의자왕 20년조에는 '古泗'로, 『周書』 권49 열전 백제조에는 '中方 古沙城'으로 각각 나온다. 한편 이 고사부리성을 『新增東國輿地勝覽』 권20 충청도 禮山縣 驛院條에 "古沙院[在縣東十三里]"이라 한 기사에 보이는 古沙院 지역으로 보는 견해도 있다(천관우, 1976, 앞의 책(하), 128~131쪽).

水와 대수帶水 사이[91]가 텅 비어 사는 사람이 없었다.

38년(20) 봄 2월에 왕이 순행하고 위무하여 동쪽으로는 주양走壤[92]에 이르렀고, 북쪽으로는 패하浿河에 이르렀다가 50일 만에 돌아왔다.

3월에 사신을 보내 농사짓기와 누에치기를 권장하고, 급하지 않은 일로 백성을 괴롭히는 일은 모두 없애도록 하였다.

겨울 10월에 왕이 큰 단(大壇)을 쌓고 천지天地에 제사를 지냈다.

40년(22) 가을 9월에 말갈이 술천성述川城[93]을 침공해 왔다.

겨울 11월에 또 부현성斧峴城[94]을 습격하여 100여 명을 죽이고 약탈하니, 왕이 날쌘 기병 200명에게 명하여 물리치게 하였다.

41년(23) 봄 정월에 우보右輔 을음乙音이 죽자 북부北部의 해루解婁[95]를 우보로 삼았다. 해루는 본래 부여인으로 식견이 깊었고, 나이가 70세를 넘었으나 기력이 쇠하지 않았으므로 등용한 것이었다.

2월에 한수漢水 동북쪽의 여러 부락 사람으로 나이 15세 이상을 징발하여 위례성[96]을 고쳐 지었다.

---

91 浿水와 帶水 사이 : 패수는 예성강, 대수는 임진강을 말하는데, 현재의 예성강과 임진강 사이에 거주하는 주민들이 심한 기근으로 인하여 고구려로 유망해 간 사람들이 많았음을 알 수 있다.

92 走壤 : 현재의 강원도 春川 지방을 말한다.

93 述川城 : 현재의 경기도 驪州郡 興川面 일대로(이병도, 1981,『국역 삼국사기』, 을유문화사, 359쪽; 천관우, 1976, 앞의 책(하) 120쪽) 고려시대에 川寧이다.『삼국사기』권35 잡지 지리 4 漢州 川郡조에 "川郡 本高句麗述川郡"으로 나온다. 말갈은 肖古王 49년(219)에도 이 述川 지역을 공격해온 일이 있었다.

94 斧峴城 : 현재의 평강군 평강면에 비정된다.

95 解婁 : 백제 온조왕대에 扶餘 출신의 인물로 우보에 임명될 정도의 북부 지역 실권자였다. 우보의 직에 있던 온조왕의 재종숙부[族父] 乙音이 죽자 우보에 임명되었다.

96 慰禮城 : 백제 한성도읍기의 도성이다. 위례성에는 하북 위례성과 하남 위례성이 있다. 온조 집단이 고구려지역에서 남하하여 처음으로 나라를 세운 곳인 위례성이 河北위례성이

43년(25) 가을 8월에 왕이 아산牙山[97] 벌판에서 5일 동안 사냥하였다. 9월에 큰 기러기(鴻雁)[98] 100여 마리가 왕궁에 모이니 일자日者가 말하였다.

"기러기는 백성의 상징입니다. 장차 먼 곳에서 투항해 오는 사람들이 있을 것입니다."

고, 한강 남쪽으로 정치적 중심지를 옮긴 이후의 위례성을 河南위례성이라고 한다. 『삼국사기』 백제본기에는 위례성란 명칭이 한성도읍기에 백제 도성이라는 의미로 두루 사용되었지만 주로 백제의 도성제가 확립되는 371년 이전에 한산이란 명칭과 함께 혼용되어 나타난다. 하남 위례성의 위치는 송파구 풍납동 토성과 몽촌토성 일대이다.

97 牙山 : 『삼국사기』 권36 잡지 지리 5 熊州 陰峯縣조에 "陰峯[一云陰岑]縣 本百濟 牙述縣" 으로 나오는데, 아산은 백제 때 牙述縣으로 현재의 충남 아산시이다.

98 큰 기러기[鴻雁] : 기러기 가운데 큰 것을 鴻이라 하고 작은 것을 雁이라고 한다. 『詩經』 小雅 鴻之什 鴻雁에 "鴻于飛 肅肅其羽[大曰鴻 小曰雁]"이라 한 기사를 참조할 것. 『詩經』의 鴻은 周宣王이 離散한 백성들을 위로하여 오게 하고 安集한 사실을 기술한 것인데, 이로 인하여 전란으로 유망한 백성들을 鴻이라고도 하였다. 본 기사에서 "기러기는 백성의 상징"이라고 한 것은 여기에서 유래한 것이다.

겨울 10월에 남옥저南沃沮[99]의 구파해仇頗解 등 20여 가家가 부양斧壤[100]으로 와서 귀순하니 왕이 이들을 받아들여 한산漢山 서쪽에 안치하였다.

45년(27) 봄과 여름에 크게 가물어 풀과 나무가 타고 말랐다.

겨울 10월에 지진이 일어나 백성들의 집을 쓰러뜨렸다.

46년[101](28) 봄 2월에 왕이 돌아가셨다.

---

99   南沃沮 : 옥저는 남옥저(동옥저)와 북옥저로 구분된다. 『삼국지』 권30 위서 동이전 동옥저조에 의하면 옥저는 개마대산의 동쪽 大海에 접해 있으며, 지형은 동북은 길어 천 리나 되고 북으로는 挹婁·扶餘와 접하고 남으로는 濊貊과 접한다고 하였다. 한편, 북옥저의 위치는 길림 연변지구설, 훈춘설, 백두산 북쪽지역설, 흑룡강성 영안현 동북지역설, 두만강 남쪽지역설 등이 있다. 남옥저의 중심지는 함흥 지역으로, 이전에는 臨屯의 중요 세력의 하나였다. BC 108년 한 군현으로 편제된 후 이곳에 夫租縣이 설치되었다. BC 75년 현토군이 만주 興京 老城 방면으로 이동한 후 낙랑군의 東部都尉에 소속되었다. 30년 동부도위가 폐지된 후 일시 漢의 侯國으로 봉해졌다가 56년 고구려 태조왕때 고구려에게 복속되었다. 동옥저를 구성한 세력 중에서는 不耐·華麗·沃沮 등이 유력하였다. 고구려에 신속된 후 맥포·어염·해산물과 미녀를 공물로 고구려에 바쳤다. 『삼국지』 권30 위서 동이전 동옥저조에 의하면 3세기 중반경 동옥저는 5,000여 호였으며, 언어나 음식, 의복·가옥·예절 등도 고구려와 비슷하였다. 옥저의 여러 읍락들은 통일된 세력을 형성하지 못해 大君長은 없었고 각 邑落 별로 渠帥들이 자치적으로 읍락 내의 일을 운영해 나갔다. 옥저인들은 步戰에 능하였고, 혼인풍속으로는 賣買婚의 성격을 가진 민며느리제가 행해졌으며, 장례는 시체를 임시로 매장하였다가 뼈만 추려 커다란 木槨에 넣는 일종의 二次葬을 행하였는데, 한 집안 사람 모두가 동일한 목곽을 사용한 것이 특이하다. 남옥저는 처음에 樂浪郡 東部都尉의 관할 하에 귀속되었다가 뒤에 고구려의 세력이 蓋馬고원을 넘어 진출해 오자 고구려의 지배 하에 귀속되었다. 고구려는 이 지역에 대해 각 읍락 단위로 大人을 고구려의 使者로 삼아 貢納을 징수하게 하는 등 간접 지배하였다.

100   斧壤 : 『삼국사기』 권23 온조왕 22년(4)에 말갈과 전투를 벌인 '大斧峴' 및 '斧峴'과 같은 곳으로 보이는데, 현재의 강원도 平康郡 平康面에 비정된다(천관우, 1976, 앞의 글(下), 118~120쪽; 이병도, 1977, 앞의 책, 356쪽). 『삼국사기』 권35 잡지 지리 2 신라 漢州 富平郡 平康縣에 해당한다.

101   온조왕 46년 : 온조왕의 재위 기간인데, 『三國遺事』 권1 王曆篇에는 "癸卯立 在位四十五年"으로 나와 1년의 차이가 있다. 이 1년의 차이는 『삼국사기』가 卽位年稱元法에 의한 것이고 『三國遺事』는 踰年稱元法에 의한 것에서 비롯된 것이다.

2) 권23 백제본기百濟本紀 1 다루왕多婁王

다루왕多婁王[102]은 온조왕의 원자元子이다. 도량이 넓고 위엄과 덕망이 있었다. 온조왕이 재위 28년에 태자로 삼았고, 46년에 이르러 왕이 돌아가시자 왕위를 이었다.

2년(29) 봄 정월에 시조 동명묘東明廟에 배알하였다.

2월에 남쪽 제단(南壇)에서 천지天地에 제사를 지냈다.[103]

3년(30) 겨울 10월에 동부의 흘우屹于[104]가 말갈과 마수산馬首山[105] 서쪽에

---

102 多婁王(28~77) : 백제의 제2대 왕. 온조왕의 元子. 온조왕 재위 28년(10)에 태자로 책봉되면서 중앙과 지방의 군사 업무를 관장하였다. 百濟의 초기 王系는 溫祚系와 沸流系에 의해 왕실 교체가 있었으며, 후일 온조계가 왕위를 세습하게 되면서 온조계 중심으로 일원화한 것으로 왕실계보를 정리한 것으로 보는 견해가 있다. 백제 초기 왕계 중에서 多婁王-己婁王-蓋婁王은 '婁'를 공통의 末字를 가지고 있고, 이것은 沸流系의 시조인 解夫婁의 '婁'와 상통하고 있는 점에 주목하여 이를 沸流系 해씨 왕통으로 파악하고, 肖古王-仇首王으로 이어지는 이후의 왕계를 溫祚系 부여씨 왕통으로 파악는 견해가 있다(노중국, 1988,『百濟政治史研究』일조각, 65~77쪽).

103 남쪽 제단(南壇)에서 天地에 제사를 지냈다 :『삼국사기』백제본기에 의하면, 온조왕 때부터 국가 제사의 일환으로 天地에 제사를 지냈다. 백제에서는 하늘과 땅에 대한 제사가 동시에 이루어진 天地合祀가 특징인데, 국왕의 즉위 초에 이루어지면서 왕이 친히 제사를 주제한다는 점에서 왕권의 정당성을 도모하는 즉위 의례의 성격을 지닌다. 제사의 장소는 제사 때마다 새로 건설되는 노천의 大壇에서 행해졌는데, 그 위치는 왕도의 남쪽에 있기 때문에 南壇이라고도 불렀다. 천지 제사를 전후하여 동명묘 제사, 중신 임명, 大赦를 통해 왕권의 정당성과 새로운 정치 질서의 수립을 선포하는 의미를 가졌다. 이러한 백제 왕실의 천지 제사는 웅진시기 동성왕대를 끝으로 보이지 않는데, 이는 사비시기에 새로운 유교식 사전 체계가 마련된 데에서 그 배경을 찾을 수 있다(이장웅, 2016,『百濟 泗沘期 國家祭祀와 佛敎寺院』고려대 박사학위논문).

104 屹于 : 백제 다루왕대의 인물로 동부의 유력한 세력가였다. 말갈의 공격을 馬首山 서쪽에서 격파하여 큰 상을 받았다. 후에 右輔 解婁가 죽자 우보의 직을 맡았고, 다루왕 10년(37)에 左輔직이 신설되면서 최초로 좌보의 직을 맡았다.

105 馬首山 : 마수산은『삼국사기』권23 다루왕 7년(34) 9월 말갈이 침입한 馬首城과 관련이 있는 곳인데, 강원도 금화로 보는 견해(이병도, 1983,『역주 삼국사기(하)』을유문화사, 11

서 싸워 이겼는데, 죽이고 사로잡은 것이 매우 많았다. 왕이 기뻐서 흘우에게 말 10필과 조租 500섬을 상으로 주었다.

4년(31) 가을 8월에 고목성高木城의 곤우昆優[106]가 말갈과 싸워 크게 이기고 200여 명의 머리를 베었다.

9월에 왕이 횡악橫岳[107] 아래에서 사냥하였는데, 한 쌍의 사슴을 연달아 맞히니 여러 사람들이 탄복하고 칭찬하였다.

6년(33) 봄 정월에 원자元子 기루己婁를 태자로 삼고 크게 사면하였다. 2월에 나라 남쪽의 주州·군郡[108]에 영을 내려 처음으로 논(稻田)을 만들게 하였

쪽)와 포천설(酒井改藏, 1970, 앞의 글)이 있다. 그런데 마수산은 마수성과 같은 위치에 있는 것으로 볼 때『삼국사기』권35 잡지 지리 2 漢州 堅城郡의 고구려 때 지명인 馬忽郡과 음이 비슷하고, 또한 포천 부근으로 비정되는 병산책이 이웃하고 있는 것으로 보아 현재의 경기도 抱川郡 郡內面에 비정할 수 있다. 말갈의 마수성(책) 공격 기사는 다루왕 3년(30)과 7년(34), 그리고 무령왕 3년(503)에도 나오고 있어『삼국사기』무령왕대의 영역 관련 기사가 한성시대의 영역관을 투영한 것이라 하여 이를 부정하는 견해가 있다(이도학, 1984,「한성말 웅진시대 백제 왕계의 검토」,『한국사연구』45, 23~25쪽). 그러나 이 루트가 말갈의 상시적인 주요 백제 공격로이었음을 고려해 볼 때 같은 반복되는 기사라 하여 이를 부정할 근거는 없다.

106 高木城의 昆優 : 고목성은 신라 한주 功成縣의 고구려 때 지명인 功木達縣과 음운상 비슷하므로 현재의 경기도 漣川郡 漣川邑에 비정할 수 있다(이병도, 1983, 앞의 책, 356쪽; 천관우, 1976, 앞의 책(下), 120쪽). 곤우는 백제 다루왕대의 인물로 高木城을 기반으로 한 유력한 세력가였다. 그런데 昆을 '昆解'라는 複姓이 單姓化된 것으로 보고 백제 仇首王의 후손 가문으로 보는 견해(노중국, 1994,「百濟의 貴族家門硏究」,『大丘史學』48, 5~6쪽)가 있지만, 昆이 성씨인지 이름인지 분명치 않고, 또 백제 초기부터 왕족이 분지화하여 별도의 성씨를 사용한 것인지 알기 어렵다.

107 橫岳 : 현재의 서울시 三角山에 비정된다.『大東地志』漢城府 山水條에 의하면 삼각산을 負兒嶽, 橫岳, 云山 등으로 불렀다고 한다.『삼국사기』권25 백제본기 진사왕 7년(309)에 이곳에서 田獵을 하고, 11년(402)에 祈雨祭를 지낸 것으로 보아, 橫岳은 漢城 도읍 시기에 국가 제사를 지내던 신성 지역이었다. 한성 도읍 시기에 백제 왕실의 주요 전렵지로는 횡악(북한산) 이외에 부산(평택 진위)·서해대도(강화도)·狗原(경기도 양주 풍양)이 있었다.

108 州·郡 : 州郡은 본래 중국의 지방통치조직의 명칭이다. 郡은 중국의 秦나라 始皇이 천

다.[109]

7년(34) 봄 2월에 우보 해루解婁가 죽으니 나이가 90세였다. 동부의 흘우屹于를 우보로 삼았다.

여름 4월에 동방東方에 붉은 기운(赤氣)이 있었다.

가을 9월에 말갈이 마수성馬首城[110]을 공격하여 함락시키고, 불을 놓아 백성들의 집을 태웠다.

겨울 10월에 또 병산책瓶山柵[111]을 습격하였다.

10년(37) 겨울 10월에 우보 흘우를 좌보左輔[112]로 삼고, 북부北部의 진회眞會[113]를 우보右輔로 삼았다.

하를 통일한 후 郡縣制를 실시하면서 시행되었고, 州制는 중국 漢나라 武帝가 元鳳 5년(BC 106)에 전국을 13州로 나누고 刺史를 파견하여 감찰하게 한데서 비롯되었다. 그런데 백제의 지방 통치 조직 명칭은 漢城 및 熊津도읍기에는 魯制이고, 泗沘 도읍기에는 方-郡-城(縣)制였다. 한편 신라는 통일 이전에는 주군-성(촌)제였는데, 통일 이후 전국을 주군-현으로 편제하였다. 이에서 미루어 볼 때 본 기사의 州·郡은 통일신라가 백제지역을 州-郡-縣制로 재편성한 이후의 사실이 소급 부회된 것으로 보인다.

109 처음으로 논(稻田)을 만들게 하였다 : 백제 초기에 수전 농업과 관련한 기사는『삼국사기』권23 다루왕 6년,『삼국사기』권24 구수왕 9년과 고이왕 9년에 각각 나오고 있다.

110 馬首城 : 마수성은 마수산과 같은 위치에 있는 것으로 볼 때『삼국사기』권35 잡지 지리2 漢州 堅城郡의 고구려 때 지명인 馬忽郡과 음이 비슷하고, 또한 포천 부근으로 비정되는 병산책이 이웃하고 있는 것으로 보아 현재의 경기도 抱川郡 郡內面에 비정할 수 있다.

111 瓶山柵 : 병산책은 마수성과 이웃한 곳이므로 포천 부근으로 비정된다(酒井改藏, 1970,「三國史記の地名考」,『朝鮮學報』54).

112 左輔 : 백제 초기 軍國政事를 관장한 최고위 직으로서 右輔와 더불어 左·右輔制를 구성하였다.安鼎福은 이를 후대의 宰相과 같은 존재로 파악하고 있다(安鼎福,『東史綱目』圖下 官職沿革圖참조). 원래 좌보와 우보직은 漢代의 三輔職에서 연유한 관직이었는데, 고구려의 좌·우보, 신라의 大輔職에서도 나타나듯이 삼국 초기에 국무와 군사 업무를 관장하던 최고의 중앙관직이었다.

113 眞會 : 우보의 직에 있었던 북부의 유력한 세력가이다. 眞氏는 본래 眞慕氏·眞牟氏 등으로 표기되는 複姓이었는데, 후일 眞氏로 단성화되었다. 진씨 세력의 출자는 밝혀지지 않았지만, 진씨 세력이 한강유역으로 이주하기 전에는 한때 한군현 낙랑에 거주했던 것으로 추정된다(양기석, 2000,「백제 초기의 부」,『한국고대사연구』17, 181~182쪽). 평양 정백

11월에 지진이 일어났는데, 소리가 우레와 같았다.

11년(38) 가을에 곡식이 잘 익지 않았으므로 백성들이 사사로이 술 빚는 것을 금지하였다.

겨울 10월에 왕이 동부·서부의 두 부部를 순행하며 위무하였는데, 가난하여 제 힘으로 살아갈 수 없는 자에게 곡식을 한 사람당 2섬씩 주었다.

21년(48) 봄 2월에 궁중의 큰 홰나무(槐樹)가 저절로 말랐다.

3월에 좌보左輔 흘우屹于가 죽으니 왕이 슬프게 곡을 하였다.

28년(55) 봄과 여름에 가물었다. 죄수를 살펴 사형할 죄(死罪)도 사면하였다.

가을 8월에 말갈이 북쪽 변경에 쳐들어 왔다.

29년(56) 봄 2월에 왕이 동부에 명하여 우곡성牛谷城[114]을 쌓아 말갈에 대비하게 하였다.

36년(63) 겨울 10월에 왕이 영토를 개척하여 낭자곡성娘子谷城[115]에 이르

동 19호분에서 출토된 耳杯의 「眞氏牟」 명문이 참고된다. 여기서 진씨는 제작자의 성씨를 나타내는 것인데, 기술직에 종사한 것으로 보아 漢人과 구별되는 토착 세력으로 추정된다. 진씨가 백제 지배 세력 내에서 두각을 나타내기 시작한 것은 다루왕 시기 부터이다. 이후 진씨 세력은 고이왕의 왕권 강화 과정에서 활약하여 眞忠과 眞勿이 左將이 되어 군사권을 장악하였고, 比流王代에는 眞義가 內臣佐平이 되었다. 近肖古王대에 와서는 진씨 출신의 왕비를 맞이하여 이후 阿莘王대까지 眞氏 가문은 왕비를 배출하면서 한성 시기 최고의 귀족 가문이 되었다. 그러나 腆支王의 즉위 과정에서 아신왕의 막내 동생 碟禮를 지지하였다가 실패한 후 태자 전지를 지지한 解氏 세력에게 밀려나게 되었다.

114　牛谷城 : 우곡성에 대한 기록은 『삼국사기』권23 다루왕 29년(56), 기루왕 32년(108), 권24 구수왕 16년(229)에 나올 뿐 아니라 우두성·우산성 등 그와 유사한 지명이 『삼국사기』에 자주 나오고 있다. 우곡성은 말갈의 상시적인 백제 침입 루트상에 있기 때문에 경기도 동북부 일대로 추정되나 현재의 구체적인 지명은 알 수 없다.

115　娘子谷城 : 현재의 충북 청주시 일대. 이는 『삼국사기』권37 잡지 지리 4 백제 熊川州條에 '西原[一云娘臂城 一云娘子谷]'이라 하고 있고, 『新增東國輿地勝覽』권15 충청도 淸州牧조에 "本百濟上縣[一云娘臂城 一云娘子谷]" 이라 한 기사에서 확인할 수 있다. 娘臂城에 대해서는 청주시 청원구 北二面의 娘臂城으로 비정하는 견해(李元根, 1976, 「百濟 娘臂城考」『사학지』10)가 있다. 당시 백제의 진출 방향은 낭자곡성(청주)-와산성(보

렀다. 곧 사신을 신라에 보내 만나기를 청하였으나 따르지 않았다.[116]

37년(64) 왕은 병사를 보내 신라의 와산성蛙山城[117]을 공격하였으나 이기지 못하자, 병사를 옮겨 구양성狗壤城[118]을 공격하였다.[119] 신라가 기병 2천명을 일으켜 맞아 쳐서 이를 패주시켰다.[120]

은)-구양성(옥천) 등 중부 내륙 지방을 통해 소백산맥 방면으로 이어지고 있다.

116 사신을 신라에 보내 만나기를 청하였으나 듣지 않았다 : 동일한 기사가 『삼국사기』 권1 신라본기 脫解尼師今 7년(63)조에 나온다. 이 기사는 『삼국사기』에서 백제와 신라간의 접촉을 최초로 보여주는 것이다. 다만 1세기 중엽경의 신라가 청주지역까지 영역으로 하였을까는 문제이다. 이 문제에 대해 『삼국사기』 신라본기 초기 기록에 보이는 신라의 대외관계 기사를 경주 세력의 것과 辰韓族의 것이 단일한 편년사 속에 정리된 것으로 보고 낭자곡성에서 백제와 접촉을 가진 것은 경주계 세력이 아니라 남하해 내려오는 辰韓族이라고 파악하는 견해도 있다(천관우, 1976, 「三韓의 成立過程」, 『史學硏究』 266 및 1976, 「三韓의 國家形成」(상) 참조). 청주 송절동·봉명동·신봉동 유적의 성격을 검토한 결과 백제가 중서부 지역에 진출하는 3세기 후엽의 일이라는 견해도 있다(양기석, 2005, 「한성백제의 청주지역지배」, 『백제 지방세력의 존재양태』, 한국학중앙연구원, 245쪽).

117 蛙山城 : 현재의 충북 報恩 지방에 비정된다(천관우, 1976, 「三韓의 成立過程」 『史學硏究』 26, 45~47쪽). 현재 보은군청이 소재한 곳을 三山이라고 부르는데, 그 중 풍수지리적 측면에서 현재 충혼탑이 있는 남산이 마치 개구리와 흡사하다고 하여 蛙山이라고 부르고 있다(보은군, 1981, 『내고장 전통가꾸기』, 125쪽).

118 狗壤城 : 현재의 충북 槐山지방에 비정하는 견해(천관우, 1976, 앞의 글(상), 45~47쪽)와 충북 沃川의 狗川으로 추정하는 견해(이병도, 1976, 앞의 책, 361쪽)가 있으나 보은과의 거리상 접근성을 고려해 보면 옥천설이 타당하다.

119 왕은 군사를 보내 … 구양성을 공격하였다 : 본 기사에는 백제가 신라를 공격한 月이 나와 있지 않으나 『삼국사기』 권1 신라본기 탈해 이사금 8년조에는 백제의 와산성 공격은 '秋八月'로, 구양성을 공격한 것은 '冬十月'로 나온다. 이처럼 백제와 신라간에 벌어진 전투는 와산성이나 구양성과 같은 특정한 성을 중심으로 전개되었다. 이 교전 기사를 진한계의 석씨 집단이 남하할 때 겪은 역사적 경험을 서술한 것으로 보는 견해가 있고(천관우, 1976, 앞의 글(상), 32쪽), 진한 제국의 한 세력이 백제와 충돌한 사실을 후에 신라사에 일괄 편입한 결과로 보는 견해도(이종욱, 1982, 『신라국가형성사연구』, 일조각, 110쪽) 있다. 이는 백제와 신라 두 나라가 충북과 경북 지역을 연결하는 주요 교통로를 장악하면서 이해관계에 따라 배반할 여지가 있는 복속 소국들의 이탈을 억제하면서 영토 확장을 한 것으로 볼 수 있다(서의식, 1991, 「신라 '상고'초기의 진한제국과 영토확장」, 이원순교수정년기념역사학논총, 교학사, 31~33쪽).

120 신라가 기병 2천 명을 일으켜 맞아 쳐서 이를 패주시켰다 : 동일한 내용이 『삼국사기』 권1

39년(66) 와산성을 공격하여 빼앗고 200명을 남겨두어 지키게 하였는데, 얼마 안 있어 신라에게 패하였다.[121]

43년(70) 군사를 보내 신라를 쳤다.[122]

46년(73) 여름 5월 그믐 무오일에 일식이 있었다.[123]

47년(74) 가을 8월에 장수를 보내 신라를 쳤다.[124]

48년(75) 겨울 10월에 또 와산성을 공격하여 함락시켰다.[125]

49년(76) 가을 9월에 와산성이 신라에게 회복되었다.[126]

50년[127](77) 가을 9월에 왕이 죽었다.

신라본기 탈해 이사금 8년(64)조에 보인다.

121 와산성을 공격하여 빼앗고 … 얼마 안 있어 신라에게 패하였다 : 동일한 내용이 『삼국사기』 권1 신라본기 탈해 이사금 10년(66)조에 보인다.

122 군사를 보내 신라를 쳤다; 동일한 내용이 『삼국사기』 권1 신라본기 탈해 이사금 14년(70)조에 보인다.

123 『後漢書』 顯宗 孝明帝紀 권2와 『後漢書』 五行6 志18의 "漢 明帝 永平 6년 5월 戊午晦 (73.7.23) 日有食之 在柳15度" 기록돠 대응된다. 이 다루왕 46년 5월 戊午晦(73.7.23) 일식은 경주 0.64의 中食分 부분일식으로 보였다.

124 장수를 보내 신라를 쳤다 : 동일한 내용이 『삼국사기』 권1 신라본기 탈해 이사금 18년(74)조에 보이는데, 군사를 보내 막았다는 내용이 첨가되어 있다.

125 또 와산성을 공격하여 함락시켰다 : 동일한 내용이 『삼국사기』 권1 신라본기 탈해 이사금 19년(75)조에 보인다.

126 와산성이 신라에게 회복되었다 : 동일한 내용이 『삼국사기』 권1 신라본기 탈해 이사금 20년(76)조에 보이는데, 이때 백제인으로서 와산성에 주둔하였던 200여 명이 모두 신라에 의해 죽임을 당하였다는 내용이 첨가되어 있다.

127 다루왕 50년; 다루왕의 재위 기간이 『삼국유사』 王曆篇에는 "戊子立 理四十九年"이라 하여 본기사와는 1년의 차이가 있다. 이 차이는 『三國遺事』가 踰年稱元法을 따랐기 때문에 생겨난 것으로 보인다.

3) 권23 백제본기百濟本紀 1 기루왕己婁王

　　기루왕己婁王[128]은 다루왕의 맏아들이다. 뜻과 식견이 넓고 원대하여 사소한 일에 마음을 두지 않았다. 다루왕이 재위 6년에 태자로 삼았고, 50년에 이르러 왕이 죽자 왕위를 이었다.

　　9년(85) 봄 정월에 군사를 보내 신라의 변경을 쳤다.[129]

　　여름 4월 을사일에 객성客星[130]이 자미원紫微垣[131]에 들어갔다.[132]

128　己婁王(77~128) : 백제 제3대 왕. 다루왕의 맏아들로 다루왕 6년(33)에 태자가 되었다가 다루왕이 재위 50년에 죽자 왕위에 올랐다.

129　군사를 보내 신라의 변경을 쳤다 : 동일한 내용이 『삼국사기』 권1 신라본기 파사니사금 8년(85)조에 보인다.

130　客星 : 하늘에 일시적으로 나타나는 손님별. 현대 천문학에서는 新星·超新星·變光星 등이 이에 해당한다. 『史記』 권27 天官書에는 별자리, 오행성, 해, 달 이외에 國皇星, 昭明星, 五殘星, 大賊星, 司危星, 獄漢星, 四塡星, 地維咸光, 燭星, 歸邪, 天鼓, 天狗, 格澤星, 蚩尤之旗, 旬始, 枉矢, 長庚, 景星의 18가지 별들에 대해 설명하고 있다. 北周의 太史令 庾季才가 지은 『靈臺秘苑』에서는 이런 종류의 별을 瑞星, 妖星, 雜妖, 客星, 流星의 5가지로 구분하였다. 그중 객성에는 周伯, 老形, 蓬絮, 國皇, 溫星의 5가지가 있다고 하였다. 『진서』 천문지에서는 漢末의 荊州占을 참고하여 瑞星, 妖星, 客星, 流星의 4가지를 雜星이라 명명하였다.

131　紫微垣 : 太微垣, 天市垣과 함께 동양 별자리의 三垣 중 하나로, 천자의 운명과 관련된다. 『晉書』 권11 志 天文 上에 "紫宮垣十五星 其西蕃七 東蕃八 在北斗北 一曰紫薇 大帝之坐也 天子之常居也 主命主度也 一曰長垣 一曰天營 一曰旗星 爲蕃衛 備蕃臣也"라 한 기사가 참조된다.

132　客星이 紫微垣에 들어갔다 : 이 기사는 4월 을사일 자미원에 객성이 칩입하였다고 하여, 三垣 별자리 천문도의 체계에 간지 역일 정보까지 수록하였다. 『후한서』 권3에서 "元和二年(85) 夏四月 乙巳 客星入紫宮"이라고 한 기록과 동일한 성변 기록인데, '하4월 을사'라는 간지 역일은 『후한서』 자체가 지닌 오류 기록임에도 백제본기에 그대로 수록하였다. 85년 4월에는 을사일이 없고, 그 전후로 찾으면 3월과 5월에 을사일이 있으므로, 3.26 을사와 5.27 을사 중의 오류로 상정된다. 『후한서』에서는 이 문장 뒤로 '夏四月 乙卯(4.6) 車駕還宮' 기사가 있으므로, 이는 3.26 을사의 오기로 볼 수 있다(김일권, 2018, 『삼국사기』 고구려·백제의 별자리목록과 천문성변기록 분류 연구 『한국고대사탐구』 30, 446쪽). 객성이 자미로 들어갔다는 것은 미천한 자가 천자의 거소를 침입함을 말하는 것으로 왕권

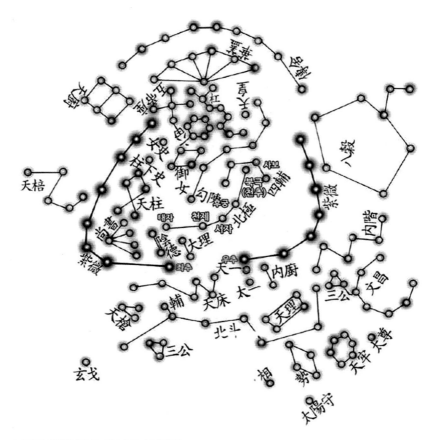

그림16 | 『천문류초』에 나타난 자미원

11년(87) 가을 8월 그믐 을미일에 일식이 있었다.[133]

13년(89) 여름 6월에 지진이 일어나 땅이 갈라져 민가를 함몰시키니 죽은
사람이 많았다.

의 쇠약함을 상징하는 것으로 볼 수 있다.

133 『後漢書』肅宗 孝章帝紀 권3과 『後漢書』五行6 志18의 "漢 章帝 章和 원년 8월 乙未晦
(87.10.15) 日有食之 在尾10度" 기록과 대응된다. 이 기루왕 11년 8月 乙未晦(87.10.15)
의 일식은 경주 0.20의 低食分 부분일식으로 보였다.

14년(90) 봄 3월에 크게 가물어 보리를 거두지 못했다.

여름 6월에 큰 바람이 불어 나무가 뽑혔다.

16년(92) 여름 6월 초하루 무술일에 일식이 있었다. [134]

17년(93) 가을 8월에 횡악橫岳에 큰 돌 다섯 개가 동시에 떨어졌다.

21년(97) 여름 4월에 용龍 두 마리가 한강에 나타났다.

23년(99) 가을 8월에 서리가 내려 콩을 해쳤다.

겨울 10월에 우박이 내렸다.

27년(103) 왕이 한산에서 사냥하다가 신비로운 사슴(神鹿)을 잡았다.

29년(105) 사신을 신라에 보내 화친을 청하였다. [135]

31년(107) 겨울에 얼음이 얼지 않았다.

그림17 | 공주 공산성 건물지 출토 사슴 문양 기와

그림18 | 함안 말이산 45호분 출토 사슴 모양 뿔잔

---

134 『後漢書』孝和 孝殤帝紀 권4와『後漢書』五行6 志18의 "漢 和帝 永元 4년 6월 戊戌朔 (92.7.23) 日有食之 在七星2度" 기록과 대응된다. 이 기루왕 16년 6월 戊戌朔(92.7.23)의 일식은 경주 0.42의 低食分 부분일식으로 보였다.

135 사신을 신라에 보내 화친을 청하였다 : 동일한 내용이『삼국사기』권1 신라본기 婆娑尼師 今 26년(105) 春正月條에 기록되어 있다.

32년(108) 봄과 여름에 가물어 기근이 드니 백성들이 서로 잡아먹었다.

가을 7월에 말갈이 우곡牛谷[136]에 들어와서 백성들을 약탈하고 돌아갔다.

35년(111) 봄 3월에 지진이 일어났다.

겨울 10월에 또 지진이 일어났다.

37년(113) 사신을 신라에 보내 예방禮訪하였다.[137]

40년(116) 여름 4월에 황새(鸛)가 도성의 문 위에 집을 지었다. 6월에 큰비가 열흘이나 내려 한강의 물이 넘쳐서 민가를 떠내려가거나 허물어졌다.

가을 7월에 담당 관리(有司)에게 명하여 수해를 입은 농토를 보수하게 하였다.

49년(125) 신라가 말갈의 침략을 받자 글을 보내 군사 원조를 요청하였다. 왕이 다섯 명의 장군을 보내 이를 구원하였다.[138]

52년(128)[139] 겨울 11월에 왕이 죽었다.

---

136 牛谷 : 우곡성에 대한 기록은 『삼국사기』 권23 다루왕 29년(56), 기루왕 32년(108), 권24 구수왕16년(229)에 나올 뿐 아니라 우두성·우산성 등 그와 유사한 지명이 『삼국사기』에 자주 나오고 있다. 우곡(성)은 말갈의 상시적인 백제 침입 루트상에 있기 때문에 경기도 동북부 일대로 추정되나 현재의 구체적인 지명은 알 수 없다.

137 사신을 신라에 보내 禮訪하였다 : 『삼국사기』 권1 신라본기 祇摩尼師今 2년(113) 3월조에 동일한 내용이 보인다.

138 신라가 말갈의 침략을 받자 … 장군을 보내 이를 구원하였다 : 『삼국사기』 권1 신라본기 祇摩尼師今 14년(125) 추7월조에 동일한 내용이 보인다.

139 기루왕 52년 : 『삼국유사』 권1 王曆篇에는 "丁丑立 理五十五年" 이라 하여 본 기사와는 3년의 차이가 있다. 이는 두 사서의 원전인 고기류의 기년상 착오에서 비롯된 것으로 보인다.

4) 권23 백제본기百濟本紀 1 개루왕蓋婁王

개루왕蓋婁王[140]은 기루왕의 아들이다. 성품이 공순하고 행실이 단정하였다. 기루가 재위 52년에 죽자 왕위에 올랐다.

4년(131) 여름 4월에 왕이 한산에서 사냥하였다.

5년(132) 봄 2월에 북한산성北漢山城[141]을 쌓았다

10년(137) 가을 8월 경자일에 형혹성熒惑星[142]이 남두南斗[143] 별자리를 침범하였다.[144]

---

140   蓋婁王(128~166) : 백제 제4대 왕으로 기루왕의 아들이다. 『삼국사기』권24 백제본기 蓋鹵王 즉위년조에 개로왕을 "或云近蓋婁" 라고 하였는데, '近蓋婁'는 '蓋婁'앞에 '近'字를 붙인 것이다. 이는 개로왕과 개루왕과의 친연관계를 표방하여 왕족들 간에 계보를 초월한 결속을 강조하고 있다. 이는 근초고왕이 초고왕의 후계자임을 천명하여 肖古系의 정통성을 내세운 것과 대비된다. 이처럼 개로왕이 蓋婁王의 후계자로 자처한 것은 왕위 계승에서 초고계와 같은 방계 세력을 포용한다는 의도를 나타낸 것이다(정재윤, 1999, 「웅진시대백제 정치사의 전개와 그 특성」, 서강대 박사학위논문, 17쪽).

141   北漢山城 : 현재의 경기도 高陽市에 위치하는데, 도성 慰禮城을 지키기 위해 축조한 것이다. 그러나 이 기사대로 백제가 과연 2세기 전반에 북한산성을 축조하였는지는 의문이다. 金正浩는 『大東地志』권3 경기도 楊州 古城條에서 "百濟蓋婁王 五年 築北漢山者非是 … 此城始於百濟時 而非百濟之都城" 이라 하여 개루왕 5년의 북한산성 축조설을 부정하고 있다. 比流王 24년(327)에는 내신좌평 優福이 이곳을 근거로 반란을 일으키기도 하였다.

142   熒惑星 : 火星의 다른 이름으로 災禍·兵亂의 조짐을 나타내는 별이다. 『漢書』권26 天文志 제6에 "熒惑曰南方夏火 禮也 禮虧視失 逆夏令 傷火氣 罰見刑獄 … 熒惑爲亂爲敗 爲疾爲喪 爲飢爲病 所居之宿國受殃 … 一日 熒惑出則有大兵 入則兵散 周還止息 乃爲其死喪 … 熒惑 天子理也 故日 雖有明天子 必視熒惑所在" 라 한 기사가 참조된다. 이에 의하면 형혹성은 남방에 있으며 여름을 맡고 불의 정기를 나타낸다. 五常 중 禮에 해당하고 『서경』의 洪範五事 중 視에 해당된다. 예가 없고 視의 왕도가 적중치 못하면 여름의 政令을 거슬러 불의 정기를 손상케 하면서 그 벌이 형혹에 의해 나타난다고 한다.

143   南斗 : 28宿 중 북방 현무 7수의 첫 번째인 斗宿로, 6개의 별로 구성되어 있다. 서양 별자리로는 궁수자리에 속한다.

144   『후한서』권6 孝順孝沖孝質帝紀의 "漢順帝 永和二年(137) 秋八月 庚子 熒惑犯南斗"와

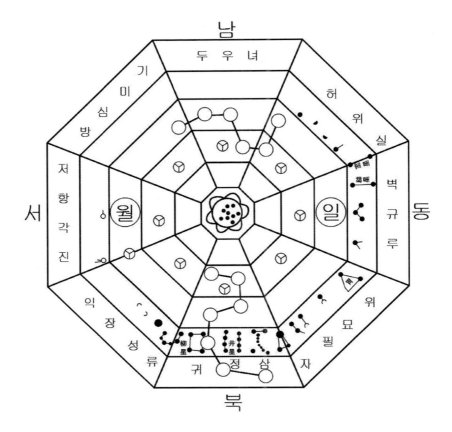

그림19 | 덕화리 2호분에 그려진 남두와 북두

38년(165) 봄 정월 그믐 병신일에 일식이 있었다. [145]

동일한 기록이다.

145 『후한서』효환제기 권7과 오행지 권6에 기록된 "桓帝 延熹 8년 정월 丙申晦(165. 2. 28) 日
      有食之 在營室13度" 기록과 대응된다.

겨울 10월에 신라의 아찬阿飡[146] 길선吉宣[147]이 반란을 꾀하다가 일이 탄로나자 도망해 왔다. 신라 왕(아달라 이사금)이 글을 보내 그를 청하였으나 보내지 않았다. 신라 왕이 노하여 군사를 이끌고 쳐들어 왔으나 여러 성이 성벽을 굳게 하여 지키기만 하고나가 싸우지 않으니 신라 군사들은 군량이 떨어져 돌아갔다.[148] 『사론史論』 편찬자는 논하여 말한다. 춘추시대[149]에 거북(莒僕)[150]이 노魯[151]로 도망해 오자, 계문자季文子[152]가 말하였다.

---

146   阿飡 : 신라 17관등 중 제6관등. 重阿飡에서 4重阿飡으로 분화되었다. 신라 골품제 하에서는 6두품 출신자가 오를 수 있는 상한선의 관등이다.

147   吉宣 : 신라 阿達羅尼師今 시기의 인물로 아찬의 관등을 가졌다. 모반을 꾀하다가 발각되어 백제로 도망하였다. 『삼국사기』 권2 신라본기 아달라 이사금 12년조에 자세한 내용이 나온다.

148   신라의 阿飡 吉宣이 … 군사들은 군량이 떨어져 돌아갔다 : 동일한 내용이 『삼국사기』 권2 신라본기 阿達羅尼師今 12년(165)조에 보이고 있어 본 기사의 연대인 개루왕 28년(155)과 10년의 차이가 난다. 앞서 기록된 일식 기록도 실제로는 165년에 일어났고, 吉宣의 모반이 신라에서 일어난 사건이라는 점에서, 당사국 신라의 연대에 따라 165년으로 수정하였다.

149   춘추시대 : 중국의 周나라 平王이 BC 700년에 東遷해서부터 晉의 大夫 韓·魏·趙가 독립하기까지(BC 403)의 360년간의 시대. 공자가 찬술한 『春秋』는 魯의 隱公 원년부터 哀公 14년에 이르기까지 242년의 역사가 대략 기재되어 있기 때문에 『春秋』의 책명을 따서 시대명으로 하였다. 이 시대에는 周나라가 더욱 쇠약하여 그 위력을 잃고 제후는 서로 병탄을 일삼아 전쟁이 끊이지 않는 약육강식의 세태를 이루었다.

150   거북(莒僕) : 춘추시대 莒國 紀公의 태자인 僕을 말한다. 莒國은 周나라 武王이 玆興期를 莒에封함으로 성립되었는데, 지금의 중국 山東省 莒縣에 있었다. 紀公은 태자 僕과 季婗를 낳았는데, 계타를 사랑하여 僕을 내쫓고 무례를 많이 행하였다. 이에 僕은 國人의 힘을 빌려 기공을 죽이고 그 財寶를 가지고 도망해 와서 魯나라 宣公에게 바쳤다. 이에 대해서는 『춘추좌씨전』 文公 18년에 "莒紀公子生太子僕 又生季婗 愛季婗而黜僕 且多行無禮於國 僕因國人 以弑紀公 以其寶玉 來奔 納諸宣公"이라 한 기사를 참조.

151   魯 : 중국 춘추시대의 列國의 하나. 지금의 山東省 袞州府 曲阜縣에 있었다. 國祖는 周나라 武王의 아우인 周公旦이다. 旦은 무왕을 도운 공으로 曲阜에 봉함을 받았고, 成王은 그의 아들 伯禽을 魯에 봉하였다. 頃公(BC 249) 때에 초나라의 考烈王에게 망하였다. 『詩經』 魯頌 駧之什魯頌譜 箋에 "周公歸政 成王封其元子伯禽於魯"라 한 기사를 참조.

152   季文子 : 춘추시대 魯의 대부인 季孫行父를 말한다. 시호는 文이다. 文公 초에 卿이 되

"자기 임금에게 예절이 있는 자를 보면 마치 효자가 부모를 봉양하는 것처럼 섬기고, 자기 임금에게 무례한 자를 보면 마치 새매가 참새를 쫓는 것과 같이 죽이라 하였습니다. 거복을 보니 착한 데다 뜻을 두지 않고 흉한 짓(凶德)만 하고 있습니다. 그래서 그를 쫓아버린 것입니다."

　지금 길선도 간악한 역적인데 백제 왕이 받아들여 숨겨주니 이는 '역적을 비호하고 숨기는 것'이라고 하겠다. 이로 말미암아 이웃 나라와의 화호를 잃고 백성들을 전쟁에 시달리게 하였으니 매우 밝지 못하였다.

　39년[153](166) 왕이 죽었다.

　　었고, 宣公 · 魏公 · 讓公의 相이 되었다(『春秋左氏傳』文公 6년 12년 및 成公 16년 참조).
　　계문자가 한 말은 『春秋左氏傳』문공 18년에 "公問其故 季文子使大史克對曰 先大夫臧文仲教行父事君之禮 行父奉以周旋 不敢失墜 曰見有禮於其君者 事之如孝子之養父母也 見無禮於其君者 誅之如鷹鸇之逐鳥雀也 … 行父還觀莒僕 莫可則也 孝敬忠信爲吉德 盜賊藏姦爲凶德 夫莒僕 則其孝敬則弑其君父矣 則其忠信則竊寶玉矣 其人則盜賊也 其器則姦兆也 保而利之則主藏也 以訓則昏民無則焉 不度於善而皆在於凶德 是以去之"로 나온다. 한편 "역적을 비호하여 숨기는 것[掩賊爲藏]" 이라는 말도 『春秋左氏傳』文公 18년의 季文子가 한 말인 "其先君周公 … 作誓命曰 毁則爲賊 掩賊爲藏 竊賄爲盜 盜器爲姦 主藏之名 賴姦之用 爲大凶德 有常無赦 在九刑不忘"에 나온다.

153　개루왕 39년: 『三國遺事』권1 王曆篇에는 "戊辰立 理三十八年"이라 하여 본 기사보다 1년이 적다. 『三國遺事』는 踰年稱元法을 따랐으므로 실제로는 2년의 차이가 있게 된 셈이다. 이 2년의 차이는 기루왕의 재위년수가 『三國遺事』에서는 2년 길게 나온 것과 연관시켜 보아야 할 것이다.

5) 권23 백제본기百濟本紀 1 초고왕肖古王

초고왕肖古王[154][또는 소고素古라고도 하였다.] 개루왕蓋婁王의 아들이다. 개루가 재위 39년에 죽자 왕위를 이었다.

2년(167) 가을 7월에 몰래 군사를 보내 신라의 서쪽 변경에 있는 두 성을 습격하여 깨뜨리고 남녀 1천 명을 사로잡아 돌아왔다. 8월에 신라왕이 일 길찬一吉湌[155] 흥선興宣을 보내 군사 2만 명을 거느리고 나라 동쪽의 여러 성으로 쳐들어왔다. 신라 왕도 또 친히 정예 기병 8천 명을 이끌고 뒤따랐는데, 순식간에 한수까지 이르렀다. 왕은 신라 군사의 수가 많아 대적할 수 없다고 생각하여 곧 앞서 빼앗았던 것을 돌려주었다.[156]

5년(170) 봄 3월 그믐 병인일에 일식이 있었다.[157]

겨울 10월에 군사를 내어 신라의 변경을 침공하였다.[158]

21년(186) 겨울 10월에 구름은 없이 우뢰만 쳤고, 혜성(星孛)[159]이 서북쪽

---

154 肖古王(166~214) : 백제 제5대 왕으로 개루왕의 아들이며 素古라고도 한다. 제13대 近肖古王이 이름 肖古 앞에 '近'字를 붙여 왕명을 삼은 것처럼 초고왕의 후계자임을 천명하여 肖古系의 정통성을 내세운 바 있다.

155 一吉湌 : 신라 17관등 중 제7관등. 골품제와 연계시켜 볼 때 眞骨이나 6頭品 출신자들이 가질 수 있는 관등이었다.

156 왕은 신라 군사의 수가 많아 … 돌려주었다 : 동일한 내용이 『삼국사기』 권2 신라본기 阿達羅尼師今 14년(167)조에 보이는데 '乞和'가 첨가되어 있다.

157 『後漢書』 孝靈帝紀 권8과 『後漢書』 五行6 志18의 "靈帝 建寧 3년 3월 丙寅晦(170.5.3) 日有食之 梁相以聞" 기록과 대응되는데, 실제 당시 중국과 한국에서는 일식이 일어나지 않은 해이다(김일권, 2016, 「≪삼국사기≫ 일식기록의 한중 사료 대조와 일식상황 비교」, 『新羅史學報』 37, 179쪽).

158 군사를 내어 신라의 변경을 침공하였다 : 동일한 내용이 『삼국사기』 권2 신라본기 阿達羅尼師今 17년(170)조에 보인다.

159 彗星 : 빛나는 긴 꼬리를 끌고 태양을 중심으로 하여 가늘고 긴 타원이나 포물선에 가까운 쌍곡선의 궤도를 운행하는 천체. 尾星·살별·長星·流星·彗悖라고도 한다. 혜성은

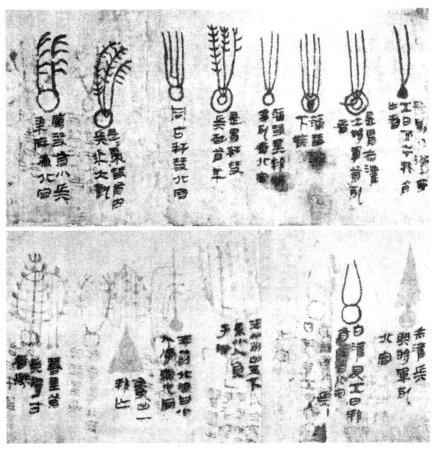

그림20 | 중국 湖南 長沙縣 馬王堆에서 출토된 帛書에 나타난 漢 시대의 혜성

에 나타났다가 20일 만에 없어졌다.

　22년(187) 여름 5월에 왕도의 우물과 한수가 모두 말라버렸다.

　23년(188) 봄 2월에 궁실을 고치고 수리하였다. 군사를 내어 신라의 모산

　삼국시대 星變 기사 중 많은 기록을 차지하고 있다.

성母山城[160]을 공격하였다.[161]

24년(189) 여름 4월 초하루 병오일에 일식이 있었다.[162]

가을 7월에 우리 군사가 신라와 구양狗壤[163]에서 싸워 패배하였는데, 죽은 자가 500여 명이었다.[164]

25년(190) 가을 8월에 군사를 내어 신라의 서쪽 국경의 원산향圓山鄕[165]을

160　母山城 : 모산성의 위치에 대해서 ①충북 진천군 대모산성설(이병도, 1977, 앞의 책, 25 쪽), ②경북 의성 방면설(천관우, 1989, 앞의 책, 302쪽), ③전북 남원시 운봉설(『삼국사기』 권27 백제본기 武王 3년조의 阿莫山城)이 있는데, 당시 백제와 신라 간에 전투를 벌인 곳 이 와산성(보은)에서 웅곡(선산) 사이에서 벌어진 점을 고려해 보면 위의 지명은 해당하 지 않는다. 현재의 지명은 알 수 없다.

161　신라의 모산성을 공격하였다 : 동일한 사건이 『삼국사기』 권2 신라본기 伐休尼師今 5년 (188)조에 보이는데, "命波珍湌仇道 出兵拒之"라는 기사가 첨가되어 있다.

162　『後漢書』 孝靈帝紀 권8과 『後漢書』 五行6 志18의 "靈帝 中平 6년 4월 丙午朔(189.5.3) 日有食之" 기록과 대응된다. 이 백제 초고왕 24년 4월 병오삭(189.5.3)에 일어난 일식은 고구려 지역인 회령과 만주 일대에서 금환 일식으로 보였다.

163　狗壤 : 현재의 충북 槐山지방에 비정하는 견해(천관우, 1976, 앞의 글(상), 45~47쪽)와 충 북 沃川의 狗川으로 추정하는 견해(이병도, 1976, 앞의 책, 361쪽)가 있으나, 보은과의 거 리상 접근성을 고려해 보면 옥천설이 타당하다.

164　신라와 狗壤에서 싸워 … 죽은 자가 500여 명이었다 : 동일한 내용이 『삼국사기』 권2 신라 본기 伐休尼師今 6년(189)조에 나온다. 그러나 『三國史節要』에는 이 내용이 초고왕 23년 조에 실려 있다.

165　圓山鄕 : 온조왕 27년(7)조에 보이는 '圓山城'과는 다른 곳으로, ①경북 醴泉郡 龍宮面로 보는 견해(『新增東國輿地勝覽』 권25 경상도 龍宮縣 建置沿革), ②『新增東國輿地勝覽』 권33 전라도 珍山縣 古蹟조에 나오는 "猿山鄕(在縣東三十里)"에 의거하여 충남 진산으 로 보는 견해(천관우, 1976, 앞의 글(하), 128쪽), ③圓山을 完山의 異寫로 보아 지금의 전 북 全州市로 보는 견해(全榮來, 1975, 「完山과 比斯伐論」 『馬韓百濟文化』 창간호)가 있 다. 蛙山城이 현재의 충북 報恩이고, 당시 백제와 신라의 교전은 주변 '국'들 사이를 지나 는 교통로 상에서 벌어졌다는 점에서, 圓山과 缶谷은 보은에서 소백산맥을 넘어 상주 방 면으로 향하는 도로상에서 찾아, 圓山은 경북 상주시 牟東面 德谷里의 元山, 牟東面 上 板里의 釜谷(富谷)으로 보는 견해가 있다(서의식, 2010, 「新羅 '上古' 初期의 辰韓諸國과 領土擴張」 『신라의 정치구조와 신분편제』, 혜안, 158쪽).

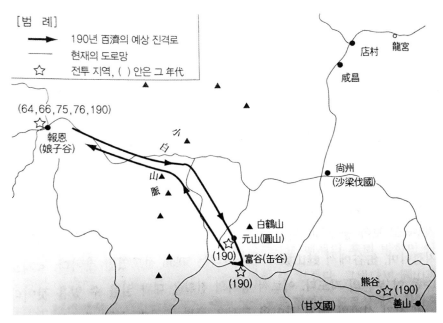

[범 례]
→ 190년 百濟의 예상 진격로
— 현재의 도로망
☆ 전투 지역, ( ) 안은 그 年代

(64,66,75,76,190)
☆ 報恩
(娘子谷)

店村
龍宮
咸昌
尙州
(沙梁伐國)

白鶴山
元山(圓山)
(190)
富谷(缶谷)
☆
(190)

熊谷
○(190)
善山
(甘文國)

그림21 | 190년 백제의 신라 원산, 부곡 공격로(서의식, 2010)

습격하고 나아가 부곡성缶谷城[166]을 포위하였다. 신라 장군 구도仇道가 기마병 500명을 거느리고 막았다. 우리 군사가 거짓 퇴각하자 구도가 와산蛙山까지 추격하여 오므로 우리 군사가 되돌아 쳐서 크게 이겼다.[167]

166 　缶谷城 : 현재의 경북 軍威郡 缶溪面에 비정된다(이병도, 1977, 앞의 책, 364쪽). 蛙山城이 현재의 충북 報恩이라는 점에서, 보은에서 소백산맥을 넘어 상주 방면으로 향하는 도로상에 있는 牟東面 上板里의 釜谷(富谷)으로 보는 견해가 있다(서의식, 2010, 「新羅 '上古' 初期의 辰韓諸國과 領土擴張」『신라의 정치구조와 신분편제』, 혜안, 158쪽).

167 　신라의 서쪽 국경의 圓山鄕을 습격하고 … 크게 이겼다 : 동일한 내용이 『삼국사기』 권2 伐休尼師今7년(190)조에 보이는데, 馬兵이 勁騎로 나온다.

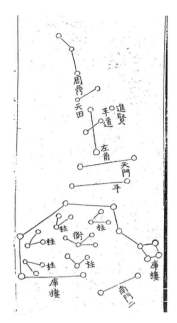

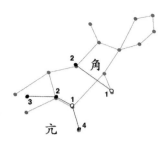

그림23 | 각수, 항수와 서양 별자리 처녀자리

그림22 |『천문류초(天文類抄)』에 나타난 각수(角宿)에 딸린 별자리

그림24 | 마왕퇴 백서의 혜성 그림 중 치우기

26년(191) 가을 9월에 치우기蚩尤旗[168]가 각수角宿[169]와 항수亢宿[170]에 나타났다.[171]

168　치우기(蚩尤旗) : 치우기는 혜성과 비슷하나 뒤가 굽은 깃발 형태를 한 객성의 일종이다. 이 별이 나타나면 王者가 사방을 정벌하는 것으로 알려져 있다.

169　角 : 28宿의 하나로 동방 청룡 7수 중 첫 번째이다. 중심별은 처녀자리(α Vir) 스피카이다.『晉書』권11 지1 천문 상에 "東方 角二星爲天關 其間天門也 其內天庭也 … 左角爲 天田 爲理 主刑 … 右角爲將 主兵"이라 하였다.

170　亢宿 : 28宿의 하나로 동방 청룡 7수 중 두 번째이다. 중심별은 처녀자리(κ Vir)이다.『晉 書』권11 지1 천문 상에 "亢四星天子之內朝也 總攝天下奏事 聽訟理獄錄功者也"라 하였다.

171　『후한서』권9 효헌제기의 "漢獻帝 初平二年(191) 秋九月 蚩尤旗見于角·亢" 및『후한서』 지2 천문의 "漢獻帝 初平二年(191) 秋九月 蚩尤旗見 長十餘丈 色白 出角亢之南"과 동일한 기록이다.

34년(199) 가을 7월에 지진이 일어났다. 군사를 보내 신라의 변경을 쳤다.[172]

39년(204) 가을 7월에 군사를 내어 신라의 요거성腰車城[173]을 공격하여 함락시키고 성주 설부薛夫를 죽였다. 신라 왕 나해奈解[174]가 노하여 이벌찬伊伐飡[175] 이음利音[176]을 장수로 삼아 6부의 정예 군사를 이끌고 와서 우리의 사현성沙峴城[177]을 공격하였다.[178]

겨울 10월에 혜성(星孛)이 동정東井[179] 별자리에 나타났다.[180]

40년(205) 가을 7월에 금성(太白星)[181]이 달을 범하였다.

---

172 군사를 보내 신라의 변경을 쳤다 : 동일한 내용이 『삼국사기』 권2 奈解尼師今 4년(199)조에 보인다.

173 腰車城 : 이를 尙州의 舊 要濟院으로 비정하는 견해가 있다(이병도, 1977, 앞의 책, 356쪽).

174 奈解 : 신라 제10대 왕으로 재위년수는 196~230이다.

175 伊伐飡 : 신라 17관등 중 제1관등. 角干 또는 一伐干이라고도 한다.

176 利音 : 신라 奈解尼師今代의 장군. 태자 于老와 함께 浦上八國의 침입을 격퇴하였다. 『삼국유사』 권5 避隱篇 勿稽子條에는 "第十奈解王卽位十七年壬辰 … 王命太子捺音將軍一伐等 率兵拒之"라 하여 捺音으로도 표기되어 있다.

177 沙峴城 : 『대동여지도』에 나오는 사현에 의거하여 춘천과 홍천 사이로 추정할 수 있다.

178 奈解가 노하여 … 沙峴城을 공격하였다 : 같은 내용이 『삼국사기』 권2 신라본기 奈解尼師今 19년(214)조에 실려 있어 10년의 차이가 있다. 그리고 나해이사금 19년조에는 사현성을 함락시킨 것으로 되어 있다. 利音의 伊伐飡 임명 시기를 고려하면, 신라본기에 따라 214년의 일로 보는 것이 옳다.

179 東井 : 28宿 중 남방 주작 7수의 첫 번째 별자리인 井宿이다. 중심별은 쌍둥이자리(μ Gem)이다. 28宿 중 남방 주작 7수는 井·鬼·柳·星·張·翼·軫이 있다.

180 『후한서』 권9 효헌제기의 "漢獻帝 建安九年(204) 冬十月 星孛于東井"과 동일한 기록이다.

181 금성(太白星) : 태백성은 金星의 다른 이름으로 長庚星이라고도 한다. 바빌로니아에서는 농업에 필요한 달력의 길잡이가 되기 때문에 豊穰의 신 이슈타르의 이름을 붙여 숭상하였고, 그리스에서는 美의 여신 아프로디테(비너스)로 모셔졌다. 중국에서는 그 빛이 白銀을 연상하게 한다는 점에서 太白이라고 불렀다. 저녁하늘에 보일 때에는 태백성, 長庚, 새벽하늘에 보일 때에는 샛별, 啓明이라고 한다. 금성이 달을 범하는 현상은 『사기』 권27 천관서 5에 의하면 장군이 誅殺되는 조짐이다.

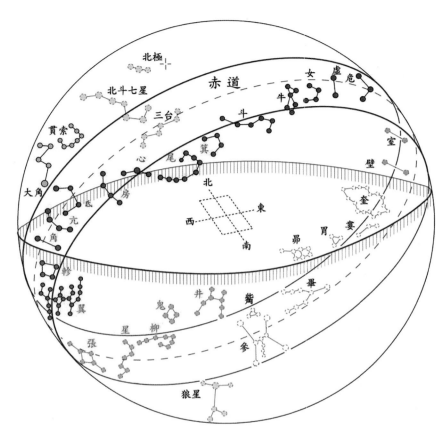

그림25 | 동정(井宿 : 井宿)을 비롯한 28수 별자리

　43년(208) 가을에 누리(蝗)[182]가 생기고 날이 가물어 곡식이 잘 자라지 못하였으며, 도적이 많이 일어나자 왕은 그들을 위무하고 안정시켰다.

182　누리(蝗) : 飛蝗이라고도 한다. 메뚜기과에 속하는 곤충으로 풀무치와 비슷한 데, 몸길이
　　　는 45~65㎜가량이다. 무리지어 하늘을 날아 이동할 때 해가 가려지고, 그 떼가 앉는 곳에
　　　서는 순식간에 땅 위의 풀이 하나도 없게 된다고 한다. 백제에서 누리의 피해를 본 기사는
　　　초고왕 43년 추, 동 46년 8월, 비류왕 18년 7월, 무령왕 21년 8월 등에 보인다. 누리의 피해
　　　는 당시 곡식을 손상케 하여 백성들을 기아로 몰아넣는 심각한 재해였다.

44년(209) 겨울 10월에 큰 바람이 불어 나무가 뽑혔다.

45년(210) 봄 2월에 적현성赤峴城[183]과 사도성沙道城[184]의 두 성을 쌓고 동부東部의 민호들을 옮겼다.

겨울 10월에 말갈이 사도성沙道城을 공격해 왔으나 이기지 못하자 성문을 불태우고 달아났다.

46년(211) 가을 8월에 나라 남쪽에서 메뚜기가 곡식을 해쳐 백성들이 굶주렸다.

겨울 11월에 얼음이 얼지 않았다.

47년(212) 여름 6월 그믐 경인일에 일식이 있었다.[185]

48년(213) 가을 7월에 서부인 회회茴會[186]가 흰 사슴을 포획하여 바치니 왕이 상서롭다고 하여 곡식 100섬을 주었다.

49년[187](214) 가을 9월에 북부의 진과眞果에게 명하여 군사 1천 명을 거느리고 말갈의 석문성石門城[188]을 습격하여 빼앗았다.

---

183 赤峴城：『新增東國輿地勝覽』에는 충북 沃川・永春, 충남 韓山・唐津, 경북 開寧 등지에 赤峴의 지명이 보이지만 지리적으로 맞지 않는다. 다만 말갈의 백제 공격로상에 위치하고, 또 구수왕 4년(217)에 사도성 근처의 목책에 적현성의 군졸을 배치한 것으로 보면 현재의 연천군 중면(과거 삭녕읍)에서 그리 멀지 않은 곳으로 추정된다.

184 沙道城：음운상으로 볼 때 신라 漢州 兎山郡 朔邑縣의 옛 지명인 所邑豆縣 또는 石頭城과 같은 곳으로 비정되는데, 이곳은 현재의 경기도 연천군 중면(과거 삭녕읍)에 해당된다.

185 『後漢書』孝獻帝紀 권9와 『後漢書』五行6 志18의 "獻帝 建安 17년 6월 庚寅晦(212.8.14) 日有食之" 기록과 대응된다. 이 초고왕 47년 6월 庚寅晦(212.8.14)의 일식은 경주 0.58의 中食分 부분일식으로 보였다.

186 茴會：백제 초고왕대 西部의 유력한 세력가이다. 그가 사슴을 포획하여 바쳤다는 것은 그의 세력이 백제의 세력권으로 편입되어 있었음을 의미한다. 茴氏는 '苗'(『수서』 권80 열전45 백제) 또는 '苩'(『通典』 卷185 邊防1 百濟)로 읽혀져 백제 사비도읍기의 大姓八族의 하나인 苩氏로 판단된다.

187 초고왕 49년：『삼국유사』 권1 王曆篇에는 "丙午立 理五十年" 이라 하여 1년의 차이가 있다.

188 石門城：석문성은 백제의 접경지역 너머에 있는 말갈 지역인데 현재의 위치는 알 수 없

겨울 10월에 말갈이 날쌘 기병으로 쳐들어와서 술천述川[189]까지 이르렀다. 왕이 죽었다.

다. 이곳을 남양 석문리로 비정하는 견해가 있으나(酒井改藏, 앞의 책), 지리적으로 맞지 않는다.

189 述川 : 현재의 경기도 驪州郡 興川面 일대로(이병도, 1981, 앞의 책, 359쪽; 천관우, 1976, 앞의 책(하) 120쪽) 고려시대에 川寧이다. 『삼국사기』 권35 잡지 지리 4 漢州 川郡條에 "川郡 本高句麗述川郡"으로 나온다. 말갈이 백제를 공격해 오는 루트상에 있다.

6) 권24 百濟本紀 2 구수왕仇首王

구수왕仇首王[190][귀수貴須라고도 부른다.] 초고왕의 맏아들이다.[191] 키가 7
척尺이며 위엄과 거동이 빼어났다. 초고가 재위 49년에 죽자 왕위에 올랐다.

3년(216) 가을 8월에 말갈이 와서 적현성赤峴城을 포위하였다. 성주가 굳
게 막으니 적이 물러나 돌아갔다. 왕이 굳센 기병 800명을 이끌고 추격하였
는데, 사도성沙道城 아래에서 싸워 이를 격파하여 죽이거나 사로잡은 자가
매우 많았다.

4년(217) 봄 2월에 사도성 옆에 두 개의 목책을 설치하였는데, 동서로 서
로 떨어진 거리가 10리였다. 적현성의 군졸을 나누어 지키게 하였다.

5년(218) 왕이 군사를 보내 신라의 장산성獐山城[192]을 포위하였다. 신라왕
이 친히 군사를 이끌고 공격하니 우리 군사가 패배하였다.[193]

7년(220) 겨울 10월에 왕성 서문에 불이 났다. 말갈이 북쪽 변경을 노략질
하므로 군사를 보내 물리쳤다.

8년(221) 여름 5월에 나라의 동쪽 지방에 홍수가 나서 산 40여 곳이 무너

---

190 仇首王 : 백제 제6대 왕으로 재위 기간은 214~234년이다. 초고왕의 맏아들로 貴須라고
     도 한다. 제14대 왕인 近仇首王이 이름 仇首 앞에 '近'字를 붙여 왕명을 삼은 것처럼 구수
     왕의 후계자임을 천명하여 仇首系의 정통성을 내세운 바 있다. 『일본서기』 권9 신공기 46
     년과 56년조 및 권19 흠명기 2년조에 나오는 貴須는 근구수왕을 가리킨다.

191 초고왕의 맏아들이다 : 『삼국유사』 권1 王曆篇에는 "肖古王之子"로만 나온다.

192 獐山城 : 장산성은 『삼국사기』 권34 지리 1 良州 獐山郡條에 "獐山郡 祇味王時 伐取押
     梁(一作督)置郡 景德王改 名 今章山郡" 이라 한 기사에 의거하여 경북 慶山市에 비정되
     나, 이 시기에 백제가 경산지방까지 공격할 수 있었는지는 의문스럽다(이병도, 1977, 앞의
     책, 366쪽).

193 왕이 군사를 보내 … 아군이 패배하였다 : 동일한 내용이 『삼국사기』 권2 신라본기 奈解
     尼師今 23년(218) 추 7월조에 보인다.

졌다.

6월 그믐 무진일에 일식이 일어났다.[194]

가을 8월에 한수漢水 서쪽에서 군대를 크게 사열하였다.

9년(222) 봄 2월에 담당 관리(有司)에 명령하여 제방을 수리하게 하였다.

3월에 영을 내려 농사를 권장하였다.

여름 6월에 왕도에 물고기가 비와 함께 떨어졌다.

겨울 10월에 군사를 보내 신라의 우두진牛頭鎭[195]에 들어가 민가를 약탈하였다. 신라 장수 충훤忠萱[196]이 군사 5천 명을 거느리고 웅곡熊谷[197]에서 맞아 싸웠으나 크게 지는 바람에 한 필의 말을 타고 혼자 도망하였다.[198]

11월 그믐 경신일에 일식이 일어났다.[199]

---

194 『삼국지』魏書 권2와 『晉書』天文中 권12의 "魏 文帝 黃初 2년 6월 戊辰晦(221.8.5) 日有食之" 기록과 대응된다. 이 仇首王 8年 6月 戊辰晦(221.8.5)의 일식은 경주 0.51의 中食分 부분일식으로 보였다.

195 牛頭鎭 : 이와 같은 지명으로 '牛頭州'(『삼국사기』 권2 신라본기 奈解尼師今 27년(222)), '牛頭山'(『新增東國輿地勝覽』 권46 강원도 春川都護府 山川條에 의하면 춘천에서 북쪽으로 13리 지점에 있음)이 있어 현재의 강원도 춘천시에 비정된다. 그러나 3세기 초 신라의 영역이 춘천까지 미친것으로 보기 어렵다는 입장에서 예천 서쪽 20리 지점에 있는 牛頭院(『신증동국여지승람』 권24醴泉郡 驛院)에 비정하는 견해가 있다(이병도, 1977, 앞의 책, 367쪽). 백제 초기 다루왕과 초고왕대에 백제와 신라가 와산성(보은)에서 부곡(군위 부계)에까지 이르는 교통로를 따라 전투를 벌인 점을 감안하면 예천 우두원이 보다 타당할 것으로 보인다.

196 忠萱 : 신라 奈解尼師今 시기의 장군으로 관등은 이벌찬이었는데, 군사업무를 관장하였다.

197 熊谷 : 현재의 경북 구미시 善山에 비정된다(이병도, 1977, 앞의 책, 367쪽). 한편 『삼국사기』 권32 잡지 祭祀志에는 신라 4鎭 중의 하나인 北鎭이 熊谷岳으로 나오는데, 이곳은 比烈忽郡(현재의 강원도 安邊郡 安邊邑)에 비정되어, 본 기사의 熊谷과는 다른 곳으로 볼 수 있다.

198 신라 장수 忠萱이 … 혼자 도망하였다 : 동일한 내용이 『삼국사기』 권2 신라본기 奈解尼師今 27년(222)조에 보인다.

199 『삼국지』魏書 권2와 『晉書』天文中 권12의 "魏文帝 黃初 3년 11월 庚申晦(223.1.19) 日有食之" 기록과 대응된다. 이 백제 구수왕 9년(222) 11월 경신회(223.1.19)에 일어난 일식

11년(224) 가을 7월에 신라의 일길찬[200] 연진連珍[201]이 쳐들어 왔다. 우리 군사가 봉산烽山[202] 아래에서 맞아 싸웠으나 이기지 못하였다.[203]

겨울 10월에 금성(太白星)이 낮에 나타났다.[204]

14년(227) 봄 3월에 우박이 내렸다.

여름 4월에 크게 가물자 왕이 동명묘東明廟에 가서 빌었더니 곧 비가 내렸다.

16년(229) 겨울 10월에 왕이 한천寒泉[205]에서 사냥하였다. 11월에 전염병이 크게 번졌다. 말갈이 우곡牛谷의 경계에 들어와 사람과 재물을 약탈하였다. 왕이 정예 군사 300명을 보내 막게 하였는데, 적의 복병이 양쪽에서 쳐서 우리 군사가 크게 패하였다.

18년(231) 여름 4월에 우박이 내렸는데 크기가 밤(栗)만 해서 참새같이 작은 새들(鳥雀)이 맞으면 죽었다.

21년(234) 왕이 죽었다.

은 고구려 국내성과 요동 일대에서 금환 일식으로 보였다.

200 　一吉湌 : 신라 17관등 중 제7관등. 골품제와 관련시켜 볼 때 眞骨이나 6頭品 출신자들이 가질 수 있는 관등이다.

201 　連珍 : 신라 奈解尼師今代의 장군. 忠萱이 백제와의 싸움에서 패배하여 鎭主로 좌천되자, 그 뒤를 이어 伊伐湌에 임명되어 군사업무를 관장하였다.

202 　烽山 : 『新增東國輿地勝覽』권25 榮川郡 山川條에 郡 동쪽 15리에 있다는 烽山(현재의 榮州市 伊山面 石浦里・新岩里 일대)에서 미루어 보아 현재의 경북 榮州市에 비정된다(이병도, 1977, 앞의 책, 368쪽). 당시 백제와 신라가 와산성(보은)에서 熊谷(선산)에 이르기까지 전투를 벌이고 있었던 점을 고려해 보면 그 사이 어느 지점으로 추정된다.

203 　우리 군사가 … 이기지 못하였다 : 동일한 내용이 『삼국사기』권2 신라본기 奈解尼師今 29년(224)조에 보이는데, 여기에는 "殺獲一千餘級"이 첨가되어 있다.

204 　『三國志』권2 文帝紀의 "曹魏 黃初五年 十月 乙卯(224.11.4) 太白晝見"과 『진서』권13 천문지의 "曹魏 黃初五年 十月 乙卯(224.11.4) 太白晝見 案劉向五紀論曰 太白 少陰 弱 不得專行 故以己未交界 不得經天而行 經天則晝見 其占爲兵喪 爲不臣 爲更王 强國 弱 小國强"과 동일한 기록이다.

205 　寒泉 : 경기도 龍仁市로 추정하는 견해가 있다(이병도, 1977, 앞의 책, 367쪽).

7) 권24 백제본기百濟本紀 2 사반왕沙伴王[206]

8) 권24 백제본기百濟本紀 2 고이왕古爾王

고이왕[207]은 개루왕蓋婁王의 둘째 아들이다.[208] 구수왕이 재위 21년에 죽자, 맏아들 사반沙伴이 왕위를 이었으나 어려서 정치를 할 수가 없었으므로,

---

206   沙伴王(234) : 『삼국사기』에는 사반왕이 고이왕 즉위년에 구수왕의 맏아들로 왕위를 이었으나 어려서 정치를 할 수 없었기 때문에 초고왕의 동복 아우인 고이가 왕위에 올랐다고 한다. 『三國遺事』卷2 紀異2 南扶餘 前百濟에 의하면 고이왕의 즉위는 沙伴(沙沸王 또는 沙伊王)이 즉위하였다가 폐위된 뒤에 이루어졌다고 하며, 혹은 그가 樂初 2年 己未 (239)에 崩한 뒤에 즉위하였다는 異說도 기록되어 있다. 고이의 왕위 계승은 어떤 정치적인 요인에 의해 비정상적으로 왕위에 오른 것으로 이해된다.

207   古爾王(234~286) : 백제의 제8대 왕. 개루왕의 둘째 아들로 『新撰姓氏錄』未定雜姓 河內國의 "船子首 百濟國人 久爾君之後也"에 나타난 '久爾君'을 고이왕으로 보기도 한다. 고이왕을 한군현과 싸운 韓의 臣智로 비정하기도 한다(이병도, 1976, 앞의 책, 475쪽). 고이왕은 優台-沸流系로서 優氏를 칭한 집단이며 온조-초고계를 대신하여 왕위에 올라 왕실이 교체되었다는 견해도 있다(천관우, 1976, 앞의 글(하), 134~137쪽). 그는 16佐平 · 16官等制로 집약되는 백제 관제의 기본골격을 만들었으며, 禁錮法을 만들었고, 정사를 논의하는 政廳인 南堂을 설치하였다.

208   蓋婁王의 둘째 아들이다 : 고이왕을 개루왕의 제2자이고 또한 초고왕의 동복아우(母弟)라고 할때 그의 연령이 문제가 된다. 즉 고이가 비록 개루왕의 말년인 166년에 태어났다고 하더라도 그가 즉위한 해가 234년이어서 즉위할 당시의 그의 나이는 68세라는 고령이된다. 그리고 그는 재위 기간이 53년간이어서 사망할 당시의 나이는 적어도 121세가 된다. 이는 상식적으로는 받아들이기 어렵다. 이후 고이왕계 왕통에 이어 초고왕계로 즉위한 비류왕도 110세 이상 생존한 것으로 드러나고 있어 문제가 되고 있다. 이처럼 백제 초기 왕의 재위년수 및 생몰년수, 그리고 왕실계보 문제에 있어서 드러난 불합리한 점을 들어 초기기록에 대한 부정론 내지는 왕실교체론 등이 제기되었다.

초고왕의 동복아우(母弟)[209] 고이가 왕위에 올랐다.[210]

3년(236) 겨울 10월에 왕이 서해의 큰 섬[211]에서 사냥하였는데, 손수 40마리의 사슴을 쏘아 맞혔다.

5년(238) 봄 정월에 천지天地에 제사를 지낼 때 북과 피리를 사용하였다.[212]

2월에 부산釜山[213]에서 사냥하고 50일 만에 돌아왔다.

여름 4월에 왕궁 문기둥에 벼락이 치자 황룡黃龍이 그 문에서 나와 날아

209 　초고왕의 동복아우(母弟) : 본 기사의 "肖古王母弟"와 『삼국유사』 권1 王曆의 "古爾王　肖故之母弟"에 나오는 '母弟'는 『삼국사기』나 『삼국유사』에 나오는 그의 용례에 비추어 볼 때 모두 同母弟를 뜻하는 것이 분명하다(『삼국사기』 권15 고구려본기 태조왕 94년조　細注에 "高句麗國祖王高宮 … 遂位讓母弟遂成"이라 한 기사와 次大王 즉위년조에 "次大王　諱遂成　太祖大王同母弟也"라 한 기사를 참조). 이와는 달리 '초고왕 어머니의 동생'으로 해석하여 고이왕은 초고왕과는 계통을 달리하는 집단으로 보고 이를 優台-沸流系로 파악하는 견해가 있다(천관우, 1976, 앞의 글(하)).

210 　고이가 왕위에 올랐다 : 고이왕의 즉위에 대해 『삼국유사』 권1 紀異篇 南扶餘 · 前百濟조에는 "又沙沸王[一作沙伊王] 仇首崩嗣位 而幼少不能政 卽廢而立古爾王 或云 至樂初二年己未 乃崩 古爾方立."으로 나온다. 이 기사에서 樂初는 景初의 誤記이고, 2년은 3년(239)의 誤記로 추정하는 견해가 있다(이병도, 1956, 『譯註 三國遺事』, 동국문화사, 270쪽). 이 중 전반부의 기사는 본 기사 및 『삼국유사』 권1 王曆의 "仇首之子 立卽廢"이라고 한 기사와 동일하다. 그러나 '或云' 이하에 따른다면 사반왕은 6년간 재위하다가 고이에 의해 폐위된 것이 된다.

211 　서해의 큰 섬 : 왕도 위례성을 기준으로 볼 때 강화도에 비정된다.

212 　북과 피리를 사용하였다 : 중국에서 사용하는 고취는 軍樂을 연주하는 官이나 또는 군사와 관련된 행사 때에 연주하는 음악을 말한다. 『管子』 兵法에 "鼓 所以任也 小異起也 所以進也"라고 한 기사를 참조할 것. 이때의 천지 제사는 특별한 의미를 가진 것으로 볼 수 있다. 고이왕은 사반왕이 어려서 정치를 돌보지 못한다는 이유를 들어 폐위시키고 왕위에 변칙적으로 올랐다. 따라서 고이왕은 왕위 계승의 정당성과 합법성을 천명할 필요가 있었기 때문에 새로운 정치 질서의 수립을 선포하는 의미에서 천지 합사의 제례를 성대하게 거행하였을 것으로 이해된다.

213 　釜山 : 釜山은 『삼국사기』 권35 지리 2 한주 唐恩郡 振威縣조에 "振威縣 本高句麗釜山縣 景德王改名"이라고 하여 현재의 경기도 平澤市 振威面에 비정된다. 한성도읍기에 백제 왕실에서 거행하는 주요 전렵지로는 부산(평택 진위) 이외에 횡악(북한산) · 서해 대도(강화도) · 狗原(경기도 양주 풍양)이 있었다.

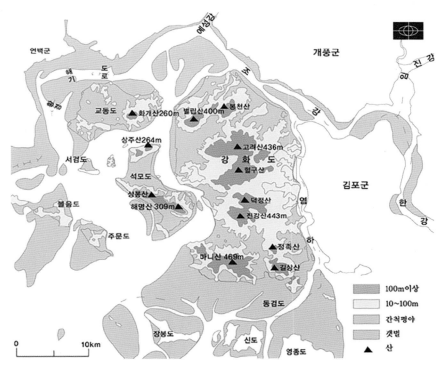

그림26 | 서해의 큰 섬인 강화도의 옛 지형

갔다.[214]

6년(239) 봄 정월에 비가 오지 않다가 여름 5월에 이르러서야 비가 왔다.

7년(240) 군사를 보내 신라를 쳤다.[215]

---

214 왕궁 문기둥에 벼락이 치자 黃龍이 그 문에서 나와 날아갔다 : 용의 출현은 길과 흉 양면
으로 해석이 되는데, 후한 安帝 延光 3년(124) 歷城에 황룡이 출현한 일(『후한서』지17 오
행5 永康 원년 8월)은 당시 안제가 정치를 제대로 돌보지 못한 데에 대한 흉사로 해석된
다. 고이왕대의 황룡 출현은 흉사로 이해되는데, 부산에서 50일간에 걸친 장기적인 전렵
행사에서 보듯이 어떤 대내적 갈등을 시사해 주는 것으로 짐작된다.

215 군사를 보내 신라를 쳤다 :『삼국사기』권2 신라본기 助賁尼師今 11년(240)조에는 백제
가 신라의 서쪽 변경을 침범한 것으로 되어 있다

그림27 | 집안 오회분 4호묘 천장의 황룡

여름 4월에 진충眞忠을 좌장左將[216]으로 삼고 중앙과 지방의 군사 업무를

216　左將 : 고이왕대에 설치한 관직으로 군대에 대한 지휘와 관련된 군령권을 관장하였다. 좌
　　장은 최고의 지휘권을 가진 총사령관으로서 군대를 이끌고 전쟁에 참전하였다. 좌장의
　　설치로 국왕의 위상이 강화되었고 또한 백제의 군사조직인 5부병에 대한 통솔권이 강화
　　되었다. 종래의 군사권은 유력 귀족들에 분산되어 있었으며, 종신직의 성격을 띠는 左輔
　　와 右輔가 맡았다. 그러나 고이왕이 왕권을 강화하고 군사권을 왕권 아래로 일원화하는
　　과정에서 좌장을 설치하였다. 고이왕은 좌장에게 중앙과 지방의 군사 업무를 관장하게
　　하여 종래 좌보와 우보의 군사적 역할을 약화시키고, 군사권을 점차 왕권 하에 집중하여
　　나갔으며, 중국 군현의 세력에 대해서도 보다 적극적으로 대처해 나갈 수 있었다. 최초의
　　좌장은 眞忠이며, 그 뒤를 眞勿이 이었다. 이처럼 좌장에 眞氏 출신 인물들이 임명된 것
　　은 고이왕이 진씨 집단과 연결된 것을 보여준다. 후에 병관좌평이 설치되면서 외병마사
　　를 관장함에 따라 좌장의 직능도 분화되었다. 좌장은 군대의 운용과 직결되는 군령권을
　　담당하였고, 반면 병관좌평은 성의 축조 때 감역의 임무를 수행하는 등 군사 행정적인 업

맡겼다.

가을 7월에 석천石川에서 군대를 크게 사열하였는데, 기러기 한 쌍이 냇가에서 날아오르자 왕이 활을 쏘아 모두 맞혔다.

9년(242) 봄 2월에 나라 사람들에게 명하여 남택南澤을 개간하여 벼논(稻田)으로 만들게 하였다.

여름 4월에 숙부 질質을 우보右輔로 삼았다. 질質은 성품이 충직하고 굳세어 일을 꾀하면 실수가 없었다.

가을 7월에 서문으로 나가 활쏘기를 관람하였다.

10년(243) 봄 정월에 큰 제단(大壇)을 설치하여 천지天地와 산천山川에 제사를 지냈다.

13년(246) 여름에 크게 가물어 보리를 수확하지 못하였다.

가을 8월에 위魏[217]의 유주자사幽州刺史[218] 관구검毌丘儉[219]이 낙랑태수樂浪

무를 담당하였다.

217 魏 : 중국 삼국시대에 曹操가 터를 닦고 그 아들 曹丕가 後漢의 獻帝의 양위를 받아 세운 나라로 존속 기간은 220~265년이다. 洛陽에 도읍하여 河北의 13州 97郡을 차지하고 蜀나라를 멸하여 河南의 吳와 더불어 천하를 兩分하였다. 그러나 齊王 芳 때에 重臣 司馬昭의 아들 司馬炎이 나라를 빼앗아 晉을 세우면서 멸망하였다.

218 幽州刺史 : 유주를 관할한 장관. 중국 삼국시대 魏 유주의 治所는 현재의 중국 河北省 대흥현 서남이며, 晉 유주의 치소는 河北省 喪縣이다. 刺史는 漢의 武帝가 部刺史를 두고 郡國을 감찰하는 일을 관장하는 데에서 비롯되었다. 魏晉시대에는 요충지의 州에 두고 都督으로 刺史를 兼領하게 하였다. 그러나 행정 장관이 아니었기 때문에 정식 위치 없이 관내를 이동하였다. 처음에는 직위가 군의 太守보다 낮았지만, 실권을 쥐고 있었기 때문에 점차 신분이 상승하여 한 주의 장관으로 군사・민정을 모두 관장하는 군벌을 이루었고, 삼국(魏・吳・蜀)으로 분열하게 되는 단서를 마련하였다. 남북조시대에는 주가 점차 세분되어 자사의 권력이 약해졌는데, 唐의 자사는 한 주의 장관이라고는 하지만 주의 면적이 아주 작아 평균 5縣을 관장할 뿐이었다. 宋 때에는 주의 장관이 知州였고, 자사는 실직이 없는 무관의 직함으로 사용되었다.

219 毌丘儉 : 중국 三國시대 魏의 관료. 字는 仲恭. 河東 聞喜人. 아버지의 爵을 이어 平原侯文學이 되었고, 明帝 때에 尙書郎・荊州刺史가 되었으며, 公孫淵을 토벌한 공로로 安

그림28 | 2018년에 재발굴된 공주 송산리 A지구와 D지구의 제단 시설

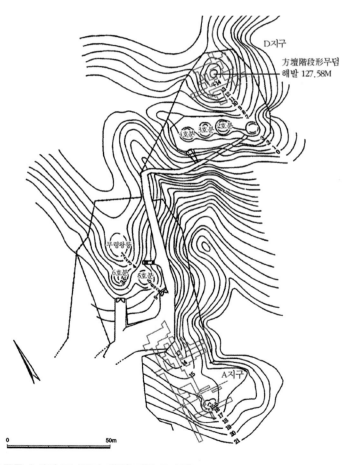

그림29 | 공주 송산리 고분군과 제단(A지구, D지구)

太守 유무劉茂[220]와 삭방태수朔方太守[221] 왕준王遵[222]과 함께 고구려를 쳤다.[223] 왕은 그 틈을 타서 좌장 진충眞忠을 보내 낙랑의 변방 주민들을 습격하여 빼앗았다.[224] 유무가 이를 듣고 노하자 왕은 침공을 받을까 염려하여 그 주민

邑侯에 봉해졌다. 후일 司馬炎이 齊王을 廢하자 明帝의 顧命에 감읍을 받은 그는 군대를 일으켜 司馬氏의 군사를 쳤으나 이기지 못하고 죽임을 당하였다. 관구검의 생애에 대해서는『三國志』권28 魏書 毌丘儉傳 참조.

220 劉茂 : 중국 삼국시대 魏 사람. 正始 연간에 樂浪 태수로 재직하였다. 그는 245년에 관구검의 지휘를 받아 嶺東의 濊를 공격하여 항복을 받았으며, 또 247년에 辰韓 8國의 분할 문제로 馬韓과의 사이에 충돌이 생겨 韓이 대방군 崎離營을 공격하자 帶方太守 弓遵과 더불어 韓을 공격하였다(『三國志』권30 魏書 동이전 한전 참조).

221 朔方太守 :『삼국지』30 魏書 東夷傳 韓傳에는 帶方으로 나온다. 朔方郡은 漢나라 武帝가 匈奴를 쫓아내고 河南 땅을 손에 넣은 후 설치한 郡으로, 현재의 綏遠省 境內의 黃河 이남의 爾多斯의 땅이다. 그러므로 본 기사의 朔方은 帶方의 誤記이다. 帶方郡은 後漢 末 遼東 지역에 웅거한 公孫氏 세력이 현재의 황해도 지역에 설치하였다.

222 王遵 :『삼국지』권30 魏書 東夷傳 韓傳에는 弓遵으로 나온다. 따라서 왕준은 궁준의 誤記이다. 궁준은 중국 삼국시대 위 사람으로 247년 辰韓 8國의 분할 문제로 마한이 대방군 崎離營을 공격하자 樂浪太守 劉茂와 함께 韓을 공격하였으나 도리어 韓에 의해 전사하였다.

223 위 유주자사 관구검이 … 고구려를 쳤다 : 유주자사 관구검은 242년에 고구려가 요동 지방을 공략하자 244년 고구려 정벌군의 장군이 되어 고구려 동천왕의 방어군을 무찌르고 국내성을 함락하였으나 동천왕이 피신함으로써 항복을 받지 못하였다. 245년에 관구검은 현도태수 王頎를 보내 다시 고구려를 침입하였으나 密友와 紐由의 분전으로 퇴각하였다. 관구검의 고구려 침입과 고구려의 대응에 대해서는『삼국사기』권17 동천왕 20년조 참조. 관구검이 고구려를 침입한 공을 기념한「魏毌丘儉紀功碑」가 1906년에 輯安 板石 嶺에서 발견되었다. 한편『삼국사기』권17 고구려본기 동천왕 20년조와『三國志』권28 魏 書 丘儉傳 및『三國志』권30 魏書 東夷傳 고구려전에는 위군이 고구려를 칠 때 유무와 궁준의 활동상이 보이지 않는다. 따라서 유무와 궁준의 활동 기사는『삼국지』권30 동이전 예전에 "正始六年 樂浪太守劉茂 帶方太守弓遵 以領東穢屬句驪 興士伐之 不耐侯等擧 邑降" 기사와 대응된다.

224 좌장 眞忠을 보내 … 습격하여 빼앗았다 : 본 기사는 위가 고구려를 공격하고 있을 때 백제의 고이왕이 그 틈을 타서 낙랑의 변방 주민들을 습격하여 잡아왔다는 내용을 담고 있다. 그런데 이 사건은『삼국지』권30 魏書 東夷傳 韓傳에 의하면 위가 部從事 吳林으로 하여금 대방군 관할하에 있는 진한 8국을 떼어 낙랑군에 배속시키려 하였는데, 이를 시행하던 중 吏譯의 잘못으로 오해가 생겨 韓의 臣智 또는 臣濆沽國을 분격시켰으며 급기

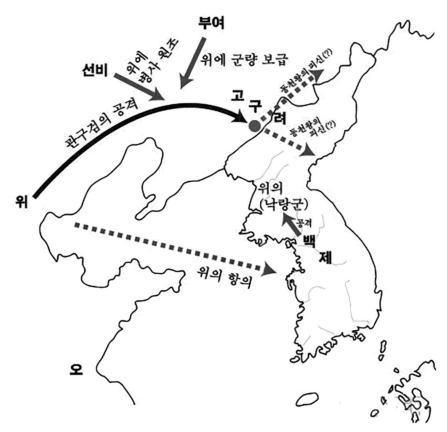

그림30 | 관구검의 고구려 공격과 백제의 낙랑 공격

들을 돌려주었다. [225]

야 대방군 崎離營을 공격하는 사건으로 이어진다. 이 전쟁을 주도한 주체를 백제 古爾王
으로 보는 견해(천관우, 1976, 「삼국지 한전의 재검토」, 『진단학보』 41, 32~33쪽), 目支國
으로 보는 견해가(노중국, 1987, 「馬韓의 成立과 變遷」, 『馬韓·百濟文化』 10, 36~38쪽),
그리고 臣濆沽國으로 보는 견해(末松保和, 1954, 『新羅史의 諸問題』, 東洋文庫, 518쪽)
가 있다. 이에 대한 연구 성과 정리는 윤용구, 2015, 「3세기 이전 마한백제의 성장과 중국」
『백제의 성장과 중국』(백제학연구총서 5), 한성백제박물관 참조.

225 유무가 이를 듣고 노하자 … 그 주민들을 돌려주었다 : 이 기사는 韓과 중국 군현과의 전

14년(247) 봄 정월에 남쪽 제단(南壇)에서 하늘과 땅에 제사를 지냈다. 2월에 진충眞忠을 우보右輔로 삼고, 진물眞勿을 좌장으로 삼아 군사 업무를 맡겼다.

15년(248) 봄과 여름에 가물어서 겨울에 백성들이 굶주렸으므로 창고를 열어 가난한 백성들을 진휼하고 또 1년간의 조세(租)[226]와 특산물세(調)[227]를 면제해 주었다.

16년(249) 봄 정월 갑오일에 금성(太白星)이 달을 범하였다.[228]

22년(255) 가을 9월에 군사를 내어 신라를 쳤다. 신라의 군사와 괴곡槐谷[229] 서쪽에서 싸워 이기고 그 장수 익종翊宗[230]을 죽였다.

쟁 결과를 보여주는 것이다. 그런데 『삼국지』권30 魏書 東夷傳 韓傳에는 "二郡遂滅韓"으로, 권4 魏書 三 少帝紀 齊王芳紀에는 "(正始)七年 夏五月 討滅貊 皆破之 韓那奚等數十國 各率種落降"이라 하여 韓이 큰 패배를 당한 것으로 나온다. 이 사건은 정시 5년부터 정시 7년까지 지속되었으며 齊王芳紀에서는 이 사건을 간략히 압축하여 서술한 것으로 보인다. 그런데 한을 멸망시켰다는 것은 지나친 과장이며, 실제의 내용은 韓那奚 등수십 국이 마한제국에서 이탈해 나간 것으로 보아야 할 것이다. 이렇게 볼 때 본 기사는 246년에 전쟁에서 패배한 후 이 사건을 주도했던 백제가 빼앗았던 주민들을 돌려보내는선에서 한 군현과의 적대 관계를 해소하려는 의도로 이해된다.

226 조세(租) : 租는 토지에 부과되는 田租로, 身(丁)에 부과되는 庸(人頭稅), 戶에 부과되는調(戶稅)와 더불어 조세 제도의 핵심을 이루었다. 백제의 租稅에 대해서는 『周書』권49열전 백제전에 "賦稅以布絹絲麻及米等 量歲豐儉 差等輸之"라 하여 6세기경에는 그 해의 풍흉에 따라 차등을 두어 징수하되 조세 품목인 쌀과 공물세 품목인 베·견직물·삼베등 곡물과 옷감의 원료를 현물로 징수하였다(백제의 조세제도에 대해서는 양기석, 1987,「百濟의 稅制」,『백제연구』18 참조).

227 특산물세(調) : 戶에 부과되는 戶稅를 말한다. 백제에서는 전세미를 납부하는 조세와 특산물을 납부하는 공물세를 함께 부담하였다.

228 『진서』권12 천문지의 "齊王嘉平元年 正月 甲午(249.2.5) 太白襲月"과 동일한 기록이다.

229 槐谷 : 명칭에서 미루어 보아 현재의 충북 槐山지역에 비정할 수 있으나(이병도, 1977,『國譯 三國史記』, 을유문화사, 368쪽), 당시 두 나라 간의 전투가 와산성(보은)~웅곡(선산)에 걸쳐 이루어지고 있던 점을 고려해 보면 지리적으로 맞지 않는다.

230 翊宗 : 신라 沾解尼師今代의 장군. 一伐湌의 관등에 있었다. 『삼국사기』권2 신라본기沾解尼師今 9년조 참조.

그림31 | 금성이 달을 범하는 모습

    겨울 10월에 군사를 보내 신라의 봉산성烽山城[231]을 공격하였으나 이기지 못하였다.[232]

    24년(257) 봄 정월에 크게 가물어 나무들이 모두 말랐다.

    25년(258) 봄에 말갈 추장 나갈羅渴이 좋은 말 10필을 바쳤다. 왕은 사자를 후하게 위로하고 돌려보냈다.

    26년(259) 가을 9월에 푸른 자주빛(靑紫色) 구름이 왕궁 동쪽에서 일어났는데, 마치 누각과 같았다.[233]

---

231   烽山城 : 『新增東國輿地勝覽』 권25 榮川郡 山川條에 郡 동쪽 15리에 있다는 烽山(현재의 榮州市伊山面 石浦里 · 新岩里 일대)으로 미루어 보아 현재의 경북 榮州市에 비정된다(이병도, 1977, 앞의 책, 368쪽).

232   군사를 보내 … 이기지 못하였다 : 동일한 내용이 『삼국사기』 권2 신라본기 첨해 이사금 9년(255)조에 보인다.

233   푸른 자주빛(靑紫色) 구름이 … 누각과 같았다 : 이는 상서로운 조짐을 예견하는 慶雲의 일종으로 이해된다.

27년(260) 봄 정월에 내신좌평內臣佐平[234]을 두었는데 왕의 명령을 알리고 보고하는 일(宣納)을 맡았다. 내두좌평內頭佐平[235]은 창고와 재정에 관한 일을 맡고, 내법좌평內法佐平[236]은 예법과 의례에 관한일을 맡고, 위사좌평衛士佐平[237]은 왕궁을 지키는宿衛 군사에 관한 일을 맡고, 조정좌평朝廷佐平[238]은 형벌과 감옥에 관한 일을 맡고, 병관좌평兵官佐平[239]은 대외 군사에 관한 일을 맡았다.[240]

234 　內臣佐平 : 백제 6좌평 중의 하나로 王命出納 업무를 관장하였다. 이 내신좌평을 上佐平과 동일한 것으로 보아 6좌평의 수석좌평으로 보는 견해와(盧泰敦, 1975, 「三國時代의 部에 관한 연구」, 『韓國史論』 2), 상좌평을 6좌평 위에 설치된 것으로 보는 견해도 있다(李鍾旭, 1978, 「百濟의 佐平」, 『震檀學報』 45). 내신좌평에 임명되는 자들은 왕족이거나 왕비를 배출한 가문 출신이었다고 한다(李基白, 1959, 「百濟王位繼承考」, 『歷史學報』 11).

235 　內頭佐平 : 백제 6좌평 중의 하나로 창고와 재정 업무를 담당하였다.

236 　內法佐平 : 백제 6좌평 중의 하나로 예법과 의례에 관한 업무를 담당하였다. 『삼국사기』 권26 백제본기 동성왕 6년(484)조에는 내법좌평 沙若思가 南齊에 파견된 사신으로 나온다.

237 　衛士佐平 : 백제 6좌평 중의 하나로 왕궁 宿衛에 관한 업무를 관장하였다. 『삼국사기』 권26 백제본기 동성왕 8년(486)에 苩加가 위사좌평에 임명된 사례가 보인다.

238 　朝廷佐平 : 백제 6좌평 중의 하나로 형벌과 감옥에 관한 업무를 관장하였다. 근초고왕대에 왕후의 친척인 眞淨은 조정좌평으로 근초고왕 즉위 초년에 권세를 부렸다고 한다(『삼국사기』 권26 백제본기 4 근초고왕 즉위년).

239 　兵官佐平 : 백제 6좌평 중의 하나. 본 기사에는 병관좌평이 지방의 군사에 관한 업무만 관장한 것으로 나온다. 그러나 백제본기 전체를 종합해 보면 병관좌평은 지방의 군사뿐만 아니라 중앙의 군사에 관한 업무도 관장한 것으로 보아야 할 것이다. 군사와 관련된 권한은 크게 軍政權과 軍令權으로 나누어 볼 수 있는데, 병관좌평은 주로 군정 업무를 담당하고, 좌장은 군령권 행사에 깊이 관여한 것 같다. 병관좌평이 설치되면서 외병마사를 관장함에 따라 좌장의 직능도 분화되었다. 군정권과 군령권에 대해서는 李文基, 1997, 「中古期의 軍令體系와 軍政機構」, 『新羅兵制史研究』 일조각을 참조.

240 　內臣佐平 … 관한 일을 맡았다 : 고이왕 27년조 기사는 내신좌평 이하 6좌평의 설치와 그 소관업무 및 6좌평이 16관등 중 제1관등에 해당한다는 내용을 기록하고 있다. 이어 27년 3월과 28년 2월조에 6좌평에 대한 임명 기사가 나온다. 이에 의하면, 고이왕 27년(260)부터 6좌평제가 시행되었고, 상좌평 설치 이후 6좌평들이 독자적인 관부를 거느린 책임자가 되었다고 한다. 그리고 동성왕 말년에 22관부를 설치하면서 좌평은 점차 관등화하

기 시작하여 무령왕대부터 좌평의 수적 증가와 함께 명예직화한 것으로 보았다(이종욱, 1978, 「백제의 좌평」, 『진단학보』 45 및 1990, 「백제 사비시대의 중앙정부조직」, 『백제연구』 21).

그러나 많은 연구자들은 중국 사서인 『주서』 백제전 이후 기사를 근거로 좌평제의 실시 시기와 변화 과정을 수정하여 보고 있다. 『구당서』 권199 상 열전 백제조에는 본 기사와 동일한 내용이 나오고 있고, 3세기 중엽경의 사실을 전해주는 『삼국지』 권30 위서 동이전 한전에는 백제국이 마한제국의 한 국으로 나오고 있기 때문에 6좌평의 명칭과 職事는 사비도읍기에 와서 정립된 것으로 보고 있다. 좌평제의 연원은 백제 초기의 최고 관등인 좌 · 우보를 개편하여 설치한 것으로 『通典』 권185 邊防1 東夷 上 백제조에는 "官有十六品 左率一品 達率二品"이라 하여 좌평을 左率로 표기하고 있는 점이 주목된다. 여기서 좌평의 별칭인 左率을 통해 좌평이 솔계 관등에서 분화되었음을 시사해 주고 있기 때문이다.

반면 좌평이란 명칭이 『周禮』 夏官 司馬의 임무인 "掌邦政 以佐王 平邦國"에서 비롯된 것으로 보고 그 기원을 사비도읍기 주례주의적 정치이념의 채용과 관련시켜 보는 견해도 있다(이기동, 1990, 「百濟國의 政治理念에 대한 一考察」, 『震檀學報』 69). 좌평이 분화하기 시작한 것은 전지왕 4년(408)에 上佐平을 설치하면서부터였다. 사비도읍기 전기의 좌평은 정원이 5명이었는데(『周書』 권49 열전 백제전), 상좌평에서 분화된 대좌평과 상 · 중 · 하의 3좌평(『일본서기』 권19 흠명기 4년), 그리고 일반 좌평으로 구성되어 있었다. 대좌평은 유력한 대성 귀족 출신이 임명된 비상위의 최고 관등이었고, 상 · 중 · 하의 3좌평은 귀족회의의 핵심 구성원인 동시에 합의 방식에 의한 정책 심의 의결권을 행사하였으며, 일반 좌평은 사안에 따라 특정 업무를 관장하는 1품의 신분이었다. 좌평은 거의 유력한 대성 귀족 출신이 임명되었는데, 귀족회의나 3좌평 합의제를 통해 그들의 이익을 대변하였고, 때로는 왕권을 견제하는 역할을 하였다. 3좌평 합의제는 직능 분화와 권력 분산을 통해 상호 견제의 의미를 갖는 것이었다. 국왕 직속의 내정관부와 행정관부로 구성된 22 관사와 이와 다른 계통의 관직인 좌장 · 내두 · 영군 · 내신 등을 통해 국가 행정 업무를 집행하여 왕권 중심의 정치를 운영할 수 있었다. 한편 사비도읍기 후기에 이르면 좌평제는 중국의 6전 체제를 바탕으로 개편되기에 이른다. 무왕 30년대 전후로 한 시기에는 정무를 직능에 따라 분담하는 6좌평제가 왕권 강화의 일환으로 정비된다. 이때에는 대성 귀족 출신의 좌평이 증가함에 따라 특정한 정무를 담당하는 관직적 성격의 대좌평 · 상좌평 · 6좌평이 있어 국왕 권력에 편제된 관료의 역할을 수행하게 되었다. 국정을 총괄하는 최고 집정관인 대좌평과 좌평 신분을 대표하는 상좌평은 재상의 역할을 수행하였고, 관료적 성격의 6좌평은 정무를 여섯으로 분담하여 국가 정책을 심의 의결하는 기관의 역할을 수행하였다.

또 달솔達率[241] · 은솔恩率[242] · 덕솔德率 · 한솔扞率 · 나솔奈率 및 장덕將德[243] · 시덕施德[244] · 고덕固德[245] · 계덕季德[246] · 대덕對德[247] · 문독文督[248] · 무독武督[249] · 좌군佐軍 · 진무振武 · 극우克虞를 두었다.[250] 6좌평은 모두 1품이고, 달

241 達率 : 백제 16관등 중 제2관등. 『隋書』 권81 열전 백제전에는 '大率'로 되어 있다. '率'系 관등의 하나이다. 『주서』 권49 열전 백제전에는 달솔의 정원은 30명이며, 달솔 관등의 소지자는 方의 장관인 方領에 임명된 것으로 나온다. 冠은 銀花로 장식하였다. 백제 관등에서 정원이 정해져 있는 것은 좌평과 달솔뿐이고, 다른 관등은 정원이 없다. 따라서 6명의 좌평과 30명의 달솔 관등은 백제 최고의 귀족들이 가지는 관등이라고 할 수 있다.

242 恩率 : 백제 16관등 중 제3관등. '率'系 관등의 하나이다. 『주서』 권49 열전 백제전에 의하면, '率'系 관등은 銀花로 冠을 장식하였으며 정원은 없다. 『일본서기』 권17 계체기 23년 하 4월조에 백제의 관등명이 본격적으로 등장하는데, '恩率 彌騰利'가 그 첫 기사이다.

243 將德 : 백제 16관등 중 제7관등. 『주서』 권49 열전 백제전에 의하면, 紫帶를 띠며 정원은 없다.

244 施德 : 백제 16관등 중 제8관등. 『주서』 권49 열전 백제전에 의하면, 皂帶를 띠며 정원은 없다.

245 固德 : 백제 16관등 중 제9관등. 『주서』 권49 열전 백제전에 의하면, 赤帶를 띠며 정원은 없다.

246 季德 : 백제 16관등 중 제10관등. 『주서』 권49 열전 백제전에 의하면, 靑帶를 띠며 정원은 없다.

247 對德 : 백제 16관등 중 제11관등. 『주서』 권49 열전 백제전에 의하면, 黃帶를 띠며 정원은 없다.

248 文督 : 백제 16관등 중 제13관등. 『주서』 권49 열전 백제전에 의하면, 黃帶를 띠며 정원은 없다.

249 武督 : 백제 16관등 중 제14관등. 『주서』 권49 열전 백제전에 의하면, 武督 이하 佐軍, 振武, 克虞까지는 白帶를 띠며 정원은 없다.

250 達率 … 克虞를 두었다 : 16관등의 구성을 보면 좌평과 率系 5관등, 德系 5관등, 督系 2 관등, 좌군 · 진무 · 극우라고 하는 3개의 무관계 관등으로 이루어져 있다. 좌평은 귀족회의 의장으로 볼 수 있으며, 좌평과 달솔만이 각각 6명, 30명으로 정원이 정해져 있는 것은, 이들이 최고 귀족회의체를 형성했음을 보여준다. '率'계 관등은 率이 帥로 읽히며 수장의 뜻을 가지고 있기 때문에 수장의 성격을 가진 관등으로 보는 견해가 있다(노중국, 1988, 앞의 책, 101쪽). 『삼국지』 권30 위서 동이전 한전에 나오는 '率善' 및 魏 · 晋 兩代에 중국이 四夷의 長에게 내린 印章의 '率善' 또는 '率衆'이라는 銘文에서 비롯된 것으로 보는 견해도(이기동, 1996, 「百濟社會의 地域共同體와 國家勸力」, 『百濟研究』 26) 있다. '德'계 관등 중 대덕은 띠의 색깔이 文督과 같아 다른 德系 관등과는 구별된다. 문독과 무독은

솔은 2품, 은솔은 3품, 덕솔은 4품, 한솔은 5품, 나솔은 6품, 장덕은 7품, 시덕은 8품, 고덕은 9품, 계덕은 10품, 대덕은 11품, 문독은 12품, 무독은 13품, 좌군은 14품, 진무는 15품, 극우는 16품이었다.

2월에 명령을 내려 6품 이상은 자주색(紫色) 옷을 입고 은화銀花[251]로 관冠을 장식하며, 11품 이상은 다홍색(緋色) 옷을 입고, 16품 이상은 푸른색(靑色)

'督'계통 관등이며, 명칭에서 미루어 볼 때 문무를 나타내는 기능을 한 것으로 보인다. 그런데 帶色에서 문독은 한 등급 높은 대덕과 같은 黃帶를 띠는 반면에 무독은 그보다 등급이 낮은 좌군·진무·극우와 더불어 白帶를 띠고 있다. 이는 대덕 이상의 관등은 文的인 성격이 강하므로 문독의 색을 대덕과 같은 것으로 하고, 무독은 武的인 성격이 강하므로 역시 무적 성격의관등인 좌군 등과 같은 색으로 한 것으로 생각된다. 좌군·진무·극우는 명칭에서 미루어 보아 군사적 성격의 관등이라 할 수 있다. 『삼국사기』 백제본기에 등장하는 백제 관등제에 관한 기사는 진사왕 2년(397)의 달솔·은솔 관등 수여 기사가 처음이다. 그리고 중국 사서에는 『주서』 백제전에 16관등 기사가 처음 나오며, 『일본서기』 권23 계체기 23년(529) 하4월조에 '恩率 彌騰利'기사가 처음 나오고 있다. 대체로 고이왕대에는 좌평·솔계·덕계와 같은 관등이 만들어지고, 이것이 근초고왕대에 率이 5개로 분화되고 德도 5개로 분화되면서 일원적인 관등 체계를 갖추게 되었고, 사비도읍기에 와서 16관등제라는 정연한 체계가 정비된 것으로 보고 있다(노중국, 1988, 앞의 책, 219~225쪽 및 1995, 「백제의 정치·경제와 사회」, 『한국사』 6, 국사편찬위원회, 165~168쪽 및 2003, 「삼국의 관등제」, 『강좌 한국고대사』 2, 가락국사적개발연구원, 122~ 130쪽). 사비기에 이르면 점차 가문의 격에 따라 관등 소지에 제한을 두고 있다. 대성 8족의 성립과 함께 신분에 따른 관등의 승진에 상한선이 있었던 사례가 확인되기 때문이다. 곧「黑齒常之墓誌銘」에 의하면 흑치상지 가문은 대대로 달솔의 관등을 소지하였다. 그러나 말기에 이르러서는 인원수의 제한 규정이나 관등수여 기준 및 원칙 적용이 다소 완화된 것으로 보인다. 657년 의자왕이 왕서자 41인에게 무더기로 좌평을 수여한 사실이 이를 보여준다.

251 銀花로 冠을 장식 : 백제의 좌평 및 솔계 관등의 소지자들은 은으로 만든 꽃으로 장식한 관을 썼다. 백제 고분에서 銀花 冠飾이 출토된 곳으로는 충남 論山 六谷里 7호 石室墳, 부여 능산리 36호 석실 동관과 서관, 부여 염창리 Ⅲ-72호 석실분, 扶餘 下黃里 수집품, 전북 南原 尺門里 석실분, 전남 羅州 興德里 석실분, 나주 복암리 3호분, 남해 남치리 고분, 나주 송제리 고분 등을 들 수 있다. 한편, 백제 한성기의 금동관이 출토된 곳은 전북 익산 쑝店里 1호 석실분, 전남 나주 新村里 9호분, 천안 용원리 석곽묘, 공주 수촌리 토광목곽묘와 4호 석실분, 서산 부장리 5호분, 고흥 길두리 안동 고분, 화성 요리 등이 있다.

①④ 부여 능산리 36호분, ② 부여 하황리, ③ 나주 복암리 3호분 5호석실 ⑤ 논산 육곡리 7호분,
⑥ 나주 복암리 3호분 16호석실, ⑦ 나주 흥덕리, ⑧ 남원 척문리

그림32 | 백제 지역 출토 은화 관식

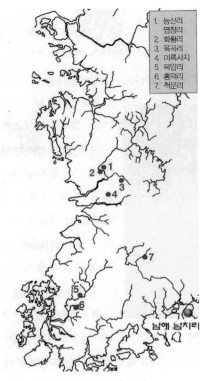

1. 능산리
   염창리
2. 화왕리
3. 육곡리
4. 미륵사지
5. 복암리
6. 홍덕리
7. 척문리

남해 남치리

그림33 | 백제 은화 관식 출토지

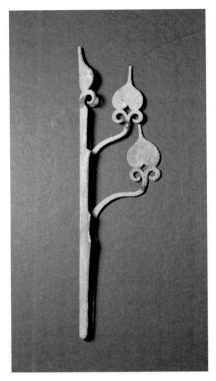

그림34 | 남해 남치리 1호 석실 출토 은화 관식

옷을 입게 하였다. [252]

---

252 6품 이상은 자주색(紫色) 옷을 입고 … 푸른색(靑色) 옷을 입게 하였다 : 이 기사는 백제
     의 관식이나 관색 등 의관제에 대한 규정을 기술하였다. 의관제는 국왕이나 관료들이 공
     식석상에 나갈 때 착용하는 복장과 관모에 관한 규정을 정해 놓은 제도였다. 관리들이 품
     계의 고하와 신분의 차이에 따라 입은 紫色(1~6품)·緋色(7~11품)·靑色(12~16품)의 관
     복제를 3色 公服制라고부른다. 이런 측면에서 백제 귀족들이 크게 3계층으로 나누어져
     있었음이 확인된다. 따라서 백제의 의관제는 관등을 근거로 규정되었으며, 의관제 규정
     자체가 신분에 따른 관등을 근거로 한 것이기 때문에 관등제와 신분제는 밀접한 관련이
     있다고 할 수 있다. 『삼국사기』 고이왕대의 의관제에 대한 기사는 주로 『북사』의 내용을
     인용하였는데, 『주서』 백제전과도 거의 일치하고 있다. 이런 점에 주목하여 6세기 전반 사
     비도읍기에 와서 제정된 것으로 보는 견해가 있다(노중국, 1988, 앞의 책, 132~133쪽). 백

3월에 왕의 동생 우수優壽[253]를 내 신좌평으로 삼았다.

28년(261) 봄 정월 초하루(初吉)[254] 에 왕이 소매가 큰 자주색 두루마기 (紫大袖袍)와 푸른색 비단 바지(靑錦袴) 를 입고, 금화金花[255]으로 장식한 오 라관烏羅冠을 쓰고, 흰 가죽 띠(素皮帶) 를 두르고, 검은 가죽신(烏韋履)을 신

그림35 | 공주 수촌리 4호분 출토 금동관

제의 의관제는 일시에 정비된 것이 아니라 관등제 정비와 관련하여 단계적으로 정비된 것으로 볼 수 있다. 따라서 백제의 의관제는 공복의 색을 자·비·청의 3단계로 정하여 구 분하고, 다시 대색으로 세분하였으며, 관색도 대색에 준해서 갖추고, 마지막 단계에는 상 위 귀족의 권위를 부각시키기 위해 관식을 정비했을 것으로 보고 있다(김영심, 2007, 「백 제 중앙지배조직」, 『백제의 정치제도와 군사』 백제문화사대계 연구총서 8, 충청남도역사 문화연구원, 10~109쪽). 한편 『구당서』 권199 상 열전 백제전에 "官人盡緋爲衣 銀花飾冠 庶人不得衣緋色"과 『신당서』 권220 열전 백제전에 "群臣絳衣 飾冠以銀 禁民衣絳紫" 기 사는 민간에서 絳紫의 색은 입지 못하도록 하였고 다른 색에 대한 禁制는 없는 것을 보여 주고 있다. 이는 백제 후기에 신분제와 관등제의 변화에 따라 의관제도 부분적으로 변화 된 것으로 볼 수 있다.

253 優壽 : 백제 고이왕의 동생으로 최초의 내신좌평에 임명되었다. 이 우수의 '優'를 성씨로 보아 優台-沸流系로 파악하는 견해도 있다(천관우, 1976, 앞의 글(하), 137쪽).
254 초하루(初吉) : 『詩經』 小雅 小明에 "我征西 至于野 二月初吉 載離寒暑 傳 初吉朔日也" 라 하였다. 한편 王國維는 『兮甲盤跋』에서 "古者 分一月之日爲四分 自朔至上弦爲初吉 自上弦至望爲旣生霸 自望至下弦爲旣望 自下弦至晦爲旣死霸"라 하여, 朔日에서 上弦 의 날까지를 初吉이라 하였다.
255 金花 : 왕의 冠을 장식하기 위해 금으로 만든 꽃. 王冠의 冠飾이 金花였다는 것은 武寧 王陵에서 출토된 金製冠飾에 의해 입증된다. 출토 상황으로 볼 때 무령왕의 관은 2점의 금꽃이 착장된 비단으로 된 오라관으로, 금제 관식에는 연화문과 팔메트문양이 부각되어 있었다.

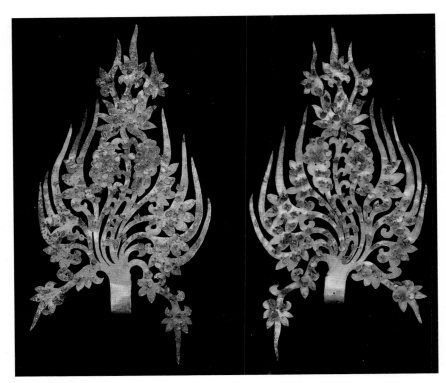

그림36 | 무령왕릉 출토 왕의 금제 관식

고[256] 남당南堂[257]에 앉아서 정사를 보았다. 2월에 진가眞可를 내두좌평으로

256　소매가 큰 자주색 두루마기(紫大袖袍)와 … 검은 가죽신(烏韋履)을 신고 : 이 기사는 왕
　　의 정장한 모습을 표현한 것이다. 이에 의하면 백제의 국왕은 자색의 대수포(두루마기)에
　　청금고(바지)를 입고 금화를 장식한 오라관(관)과 소피대(허리띠), 오위리(신발)를 갖추
　　고 남당에 앉아 정사에 임한 것으로 되어 있다. 본 기사와 동일한 내용이 『구당서』 권199
　　상 열전 백제전에 "其王服大袖紫布 青錦袴 烏羅冠 金花爲飾 素皮帶 烏革履"로 나오는
　　것으로 보아, 단계적으로 정비되어 사비기에 이르러 완성된 사실이 고이왕대에 부회된 것
　　으로 보고 있다.

257　南堂 : 君臣들이 모여 정사를 논의하고 처리·집행하던 일종의 政廳. 초기의 남당은 수장
　　집회소의 후신으로 중앙권력이 확립되면서 입법·사법·행정 등 모든 사무를 총괄한 정청
　　이 되었다고 한다(이병도, 1976, 「古代南堂考」『韓國古代史研究』 박영사, 613~642쪽).

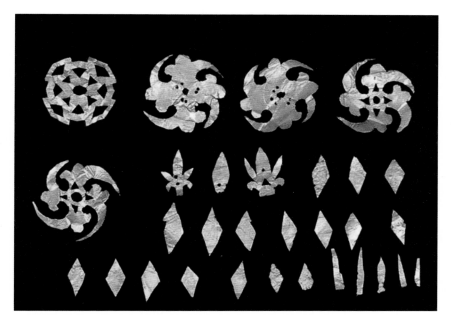

그림37 | 나주 복암리 3호분 7호 석실 출토 금제 관식

삼고, 우두優豆를 내법좌평으로 삼고, 고수高壽[258]를 위사좌평으로 삼고, 곤
노昆奴[259]를 조정좌평으로 삼고, 유기惟己를 병관좌평으로 삼았다. 3월에 사
신을 신라에 보내 화친을 청했으나 듣지 않았다.[260]

　29년(262) 봄 정월에 영을 내려 무릇 관리로서 재물을 받거나 도둑질한

258　高壽 : 백제 고이왕대에 최초로 위사좌평이 된 인물이다. 그의 성씨가 高氏라는 사실에
　　　서 미루어 보아, 낙랑이나 대방에서 백제로 이주해 온 한인 관료계 인물일 가능성이 있다.
259　昆奴 : 백제 고이왕대에 최초로 조정좌평이 된 인물이다. 昆氏는 '昆解'라는 複姓이 單姓
　　　化되었으며, 백제 仇首王의 후손 가문으로 보고, 이 곤노를 다루왕 4년(31)조에 나오는
　　　昆優의 존재에서 미루어 볼 때 高木城(현재의 경기도 漣川에 비정됨) 출신으로 보는 견
　　　해가 있다(노중국, 1994,「百濟의 貴族家門硏究」,『大丘史學』48, 5~6쪽).
260　사신을 신라에 보내 화친을 청했으나 듣지 않았다 : 동일한 내용이『삼국사기』권2 신라
　　　본기 沾解尼師今 15년(261)조에 보인다.

자는 장물臟物의 3배를 징수하고[261] 죽을 때까지 벼슬길에 못 나오도록(禁錮)[262]하였다.[263]

33년(266) 가을 8월에 군사를 보내 신라의 봉산성烽山城[264]을 공격하였다. 성주 직선直宣[265]이 힘센 군사 200명을 거느리고 나와 치니 우리 군사가 패

261　臟物의 3배를 징수하고 : 동일한 내용이 『구당서』 권199 상 열전 백제전에 나오기 때문에 본 기사는 사비도읍기의 사실로 보아야 할 것이다. 한편 『주서』 권49 열전 백제전에는 "盜者流 其臟兩倍徵之"라 하여 도적질한 물건에 대해서는 2배를 징수한 것으로 되어 있다. 관리의 뇌물수뢰죄와 도적질한 자에 대한 처벌로, 피해 보상 차원의 처벌이다. 『주서』 백제전 단계에서 피해액의 2배를 추징하였으나, 『구당서』 백제전 단계에서 3배를 추징한 것은 시대의 변화에 따라 처벌의 강도를 보다 강화한 것으로 볼 수 있다.

262　죽을 때까지 벼슬길에 못 나오도록(禁錮) : 금고형은 관리의 뇌물수수에 따른 부정에 대한 처벌로 뇌물에 대한 3배 배상과 함께 종신토록 관직에 취임할 수 없도록 제한하는 형벌이다.

263　영을 내려 … 벼슬길에 못 나오도록(禁錮) 하였다 : 이는 백제의 율령에 관한 기사인데, 律은 항구적인 법전, 令은 왕의 敎勅으로 이해된다. 백제 율령은 기본적으로 고구려와 함께 晉의 太始律令을 모체로 하여 계승된 양대의 율령에 영향을 받은 것으로 보인다. 백제의 율령 반포 시기에 대해서는 ①고이왕대로 보는 견해(이종욱, 1977, 「百濟王國의 成長 - 統治體制의 강화와 專制王權의 성립 -」, 『大丘史學』 12·13합), ②근초고왕대로 보는 견해(노중국, 1986, 「백제율령에 대하여」, 『백제연구』 17; 강종원, 2002, 『4세기 백제사연구』, 서경), ③5세기 후반~6세기 전반경으로 보는 견해(井上秀雄, 1986, 「百濟의 律令體制에의 變遷」, 『律令制 -中國朝鮮의 法과 國家』, 唐代史硏究會編)가 있다. 위 기사와 동일한 내용이 『신당서』 권199 상 열전 백제전에 "官人受財及盜者 三倍追臟 仍終身禁錮"라는 기사가 보이고 있어 율령 체계가 어느 정도 완성된 사비기의 것이 고이왕대에 부회된 것으로 볼 수 있다(노중국, 1988, 앞의 책, 265~267쪽). 이후 4세기 후반 근초고왕대 동진과의 교섭을 통해 태시 율령이 수용되어 백제 율령의 모범이 되었을 가능성이 있다(조법종, 2007, 「사회규범과 법률」, 『백제의 사회경제와 과학기술』 백제문화사대계 연구총서 11, 충청남도역사문화연구원, 92~97쪽).

264　烽山城 : 『新增東國輿地勝覽』 권25 榮川郡 山川條에 郡 동쪽 15리에 있다는 烽山(현재의 榮州市 伊山面 石浦里·新岩里 일대)에서 미루어 보아 현재의 경북 榮州市에 비정된다(이병도, 1977, 앞의 책, 368쪽). 당시 백제와 신라가 와산성(보은)에서 熊谷(선산)에 이르기까지 전투를 벌이고 있었던 점을 고려해 보면 그 사이 어느 지점으로 추정된다.

265　直宣 : 신라 味鄒尼師今代의 장군으로 봉산성의 성주였다. 백제군을 격파한 후 일길찬으로 승진하였다.

하였다.[266]

36년(269) 가을 9월에 혜성이 자미궁紫微宮[267]에 나타났다.[268]

39년(272) 겨울 11월에 군사를 보내 신라를 쳤다.[269]

45년(278) 겨울 10월에 군사를 내서 신라를 공격하여 괴곡성槐谷城[270]을 포위하였다.[271]

50년(283) 가을 9월에 군사를 보내 신라의 변경을 쳤다.[272]

53년[273](286) 봄 정월에 사신을 신라에 보내 화친을 청하였다.[274]

겨울 11월에 왕이 죽었다.

---

266   성주 直宣이 … 우리 군사가 패하였다 : 동일한 내용이 『삼국사기』 권2 신라본기 味鄒尼師今 5년(266)조에 나온다.

267   紫微宮 : 3원 28수 중 3원의 하나인 자미원을 뜻한다.

268   『진서』 권3 무제기와 『진서』 권13 천문지의 "陳武帝 泰始五年(269) 九月 有星孛于紫宮"과 동일한 기록이다.

269   군사를 보내 신라를 쳤다 : 동일한 내용이 『삼국사기』 권2 신라본기 味鄒尼師今 11년(272)조에 보인다.

270   槐谷城 : 명칭에서 미루어 보아 현재의 충북 槐山지역에 비정할 수 있으나(이병도, 1977, 『國譯三國史記』, 을유문화사, 368쪽), 당시 두 나라 간의 전투가 와산성(보은)~웅곡(선산)에 걸쳐 이루어지고 있던 점을 고려해 보면 지리적으로 맞지 않는다.

271   군사를 내서 … 槐谷城을 포위하였다 : 동일한 내용이 권2 신라본기 味鄒尼師今 17년(278)조에 보인다. 그러나 미추 이사금 17년조에는 波珍湌 正源이 백제군의 침입을 막은 것이 첨가되었다.

272   군사를 보내 신라의 변경을 쳤다 : 동일한 내용이 『삼국사기』 권2 신라본기 味鄒尼師今 22년(283)조에 보인다. 여기에는 "冬十月 圍槐谷城 命一吉良質 領兵禦之"라는 내용이 첨가되어 있다.

273   53년 : 고이왕의 재위 기간. 그러나 『삼국유사』 권1 王曆篇에는 "甲寅立 理五十二年"이라 하여 그의 재위 기간은 52년으로 되어 있다.

274   사신을 신라에 보내 화친을 청하였다 : 동일한 내용이 『삼국사기』 권2 신라본기 儒禮尼師今 3년(286)조에 보인다.

9) 권24 백제본기百濟本紀 2 책계왕責稽王[275][혹은 청계靑稽라고(도 하였다.]

그림38 | 광개토왕릉비 탁본의 아단성

고이왕의 아들이다. 키가 크고 뜻과 기품이 웅장하고 뛰어났다. 고이왕이 죽자 왕위에 올랐다. 왕은 장정들을 징발하여 위례성慰禮城을 보수하였다. 고구려가 대방帶方[276]을 정벌하자 대방이 우리에게 구원을 청했다. 이에 앞서 왕은 대방왕帶方王[277]의 딸 보과寶菓를 맞이하여 부인夫人으로 삼았기 때문에 "대방과 우리는 장인과 사위의 나라이니 그 요청에 응하지 않을 수 없다."고 말하고는 마침내 군사를 내어 구원하니 고구려가 원망하였다. 왕은 고구려의 침공과 노략질을 염려하여 아차성阿且城[278]과 사성蛇城[279]을 수리하여 이에 대비하였다.

275 責稽王 : 백제 제9대 왕으로 재위 기간은 286~298년이다. 고이왕의 아들로 靑稽라고도 하였다. 『삼국유사』 王曆篇에는 "第九責稽王 古爾子 一作靑替 誤"라고 나온다. 이는 責과 靑, 替와 稽가 字形이 비슷한 데서 빚어진 착오로 생각된다.

276 帶方 : 후한 말 遼東 지역에 웅거한 公孫度가 황해도 지방에 설치한 대방군을 가리킨다.

277 帶方王 : 본 기사의 帶方王은 帶方太守를 가리킨다. 이와는 달리 이를 帶方國王으로 보고 대방국은 南樂浪의 남부인 帶方(현재의 황해도 長湍 및 鳳山 등지)에 호족 張氏가 세운 것으로 보는 견해(申采浩, 1972, 「朝鮮史研究」, 『改訂版 丹齋申采浩全集』 상, 형설출판사, 200쪽)도 있다.

278 阿且城 : 且와 旦의 字形이 비슷하므로 阿旦城으로도 표기된다. 아차성은 현재의 서울시 광진구 중곡동의 아차산성을 가리킨다. 현재 이 아차산성은 둘레 약 1,000m의 테뫼식 山城으로 標高 200m의 산꼭대기에서 시작하여 동남의 한강변 쪽으로 경사진 산허리의 윗부분을 둘러쌓았으며, 성내에 작은 계곡이 있다. 고구려의 공격을 받은 개로왕은 도망갔다가 고구려군에 붙잡혀 이곳에서 죽임을 당하였다. 아차산 일대의 보루군에서는 고구려 토기 등 유물들이 출토되었으며, 성벽과 치, 온돌과 집수시설을 갖춘 고구려 관방시설의 구조가 확인되었다.

279 蛇城 : 이 성은 『삼국사기』 권25 개로왕대에 대대적으로 수리된 바 있다. 서울시 江南區 三成洞土城에 비정하는 견해(李道學, 1995, 『百濟古代國家研究』, 일지사, 280~285쪽)가

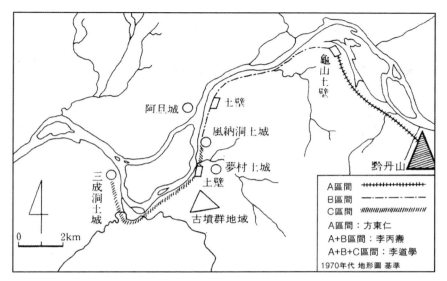

그림39 | 아차성과 사성(삼성동 토성) 위치도(이도학, 1992)

2년(287) 봄 정월에 동명묘東明廟에 배알하였다.

13년[280](298) 가을 9월에 한漢[281]이 맥인貊人[282]과 함께 쳐들어오자 왕이 나아가 막다가 적의 군사에게 해를 입어 죽었다.

합리적이다.

280 13년 : 책계왕의 재위 기간. 그러나 『삼국유사』 王曆篇에는 "丙午立 治十二年" 이라 하여 12년으로 나오며 1년 차이가 있다.

281 漢 : 이때의 漢은 한반도에 설치되어 있던 중국 군현인 樂浪郡과 帶方郡을 가리킨다.

282 貊人 : 貊은 본래 濊·韓과 더불어 우리 민족의 주된 구성체였다. 『삼국지』 권30 위서 동이전에는 고구려와 부여 등이 국명을 가지기 전까지는 濊와 貊으로 나타나는데, 貊은 주로 고구려를 가리키고 있다. 본 기사에 보이는 맥은 고구려라기보다는 함경도 이남 지역에 자리하고 있던 동예를 가리키는 것으로 보아야 할 것이다(이병도, 1977, 앞의 책, 371쪽).

10) 권24 백제본기百濟本紀 2 분서왕汾西王[283]

책계왕의 맏아들이다. 어려서부터 총명하고 어질었으며 거동과 풍채가 영특하고 빼어났으므로, 왕이 사랑하여 곁(左右)을 떠나지 못하게 하였다. 왕이 죽자 뒤를 이어 왕위에 올랐다.

겨울 10월에 죄수들을 크게 사면하였다.

2년(299) 봄 정월에 동명묘東明廟에 배알하였다.

5년(302) 여름 4월에 혜성이 낮에 나타났다.[284]

7년[285](304) 봄 2월에 몰래 군사를 보내 낙랑樂浪의 서쪽 현縣을 습격하여 빼앗았다.

겨울 10월에 왕이 낙랑태수가 보낸 자객에게 해를 입어 죽었다.

283 　汾西王 : 백제 제10대 왕으로 재위 기간은 298~304년이다. 책계왕의 아들로, 낙랑을 공격하다가 도리어 낙랑태수가 보낸 자객에게 피살당하였다.

284 　『진서』권4 혜제기와 『진서』권13 천문지의 "晉惠帝 太安元年(302) 四月 彗星晝見"과 동일한 기록이다.

285 　7년 : 분서왕의 재위 기간. 그러나 『삼국유사』王曆에는 "戊午立 治六年"으로 나오며 1년 차이가 있다.

11) 권24 백제본기百濟本紀 2 비류왕比流王[286]

구수왕의 둘째 아들이다.[287] 성품이 너그럽고 인자하여 남을 사랑하고, 또 힘이 세어 활을 잘 쏘았다. 오랫동안 민간에 있었지만 명성이 자자하였다. 분서왕이 죽자 비록 아들이 있었으나 모두 어려서 왕위에 오를 수 없었다. 그래서 신하와 백성들의 추대를 받아 왕위에 올랐다.[288]

5년(308) 봄 정월 초하루 병자일에 일식이 일어났다.[289]

286　比流王 : 백제 제11대 왕으로 재위 기간은 304~344년이다. 구수왕의 제2자이자 사반왕의 동생인데, 분서왕이 피살된 후 國人의 추대를 받아 왕이 되었다. 후일 내신좌평 優福의 반란을 평정하여 왕권을 안정시키고, 眞氏세력과 결합하여 지배기반을 확대하였다. 분서왕의 불의의 죽음 이후 왕위 계승을 둘러싸고 고이계와 초고계가 다투다가 초고계가 승리하여 비류왕이 즉위한 것으로 보고 있다(노중국, 1978,「백제왕실의 남천과 지배세력의 변천」,『한국사론』4, 55~56쪽). 한편『삼국사기』권2 신라본기 訖解尼師今 21년(330)조에 "始開碧骨池 岸長一千八百步"라 하여 벽골지 축조 기사가 나오는데, 신라의 흘해왕이 전북 지역까지 진출하여 벽골지를 만들기는 불가능하다. 따라서 신라 흘해왕(310~356) 때 축조되었다는 위 기사는 백제 비류왕대(304~344)의 사실이 신라에 잘못 삽입된 것으로 보고 있다. 벽골제의 축조는 백제가 이 시기에 전국적인 규모로 노동력을 동원하여 대규모의 토목사업을 수행하였음을 보여 준다. 1975년에 벽골지에 대한 발굴조사를 통해서 제방의 밑바닥에서 채취한 탄화된 식물을 시료로 하여 방사성 탄소 연대를 측정한 결과 대략 4세기 중엽에 축조된 것으로 추정하였다. 이 벽골제는 제방의 길이가 약 3km, 높이가 약 4.3m, 상변 폭 7.5m, 하변 폭 17.5m에 달하는 대규모의 저수지였으며, 연인원 322,500명이 동원된 것으로 보고 있다(尹武炳, 1976,「金堤 碧骨堤 發掘報告」,『百濟研究』7).

287　구수왕의 둘째 아들이다 : 비류왕을 구수왕의 둘째 아들이라고 할 때 비류가 구수왕이 죽은 해에 태어났다고 하더라고 즉위할 당시의 나이는 70세이고, 사망 당시의 나이는 111세가 된다. 그러므로 비류왕과 구수왕을 부자관계로 설정한 것은 계보상의 擬制이다.

288　추대를 받아 왕위에 올랐다 : 비류가 오랫동안 민간에 있었다고 하는 것은 肖古系 방계인 비류가 古爾系의 탄압을 피하여 생활한 것을 보여준다. 汾西王이 죽은 후 민간에 있던 그를 추대한 臣民 중 대표적인 세력은 비류왕 9년(312) 병관좌평에 임명된 解仇 등 해씨 세력일 것이다.

289　『晉書』天文中 권12의 "晉 懷帝 永嘉 2년(308) 正月 丙子朔(308.2.8) 日有食之" 기록과 대응되는데, 실제 이달 정월 1일은 丙午朔이므로『진서』천문지의 丙子朔은 오기이며,

그림40 | 김제 벽골제의 경장거

9년(312) 봄 2월에 사신을 보내 순행하면서 백성의 질병과 고통을 위문하고, 홀아비·홀어미·부모 없는 어린 아이·자식 없는 늙은 이(鰥寡孤獨)로서 스스로 생활할 수 없는 자에게 곡식을 한 사람당 3섬씩을 주었다.

여름 4월에 동명묘東明廟에 배알하였다. 해구解仇[290]를 병관좌평兵官佐平으로 삼았다.

10년(313) 봄 정월에 남쪽 교외에서 하늘과 땅에 제사를 지냈는데, 왕이 제물로 쓸 짐승을 친히 베었다.

『삼국사기』 백제본기에서는 이 오류를 그대로 답습한 것이다(김일권, 2016, 「『삼국사기』 일식기록의 한중 사료 대조와 일식상황 비교」, 『新羅史學報』 37, 171쪽).

290　解仇 : 비류왕이 왕위에 오르는 데 중심적인 역할을 한 공으로 병관좌평에 임명되어 군사권을 관장하였다. 『삼국사기』 권26 백제본기 문주왕 2년조에도 동명이인으로 병관좌평 解仇가 등장한다.

13년(316) 봄에 가물었다. 큰 별이 서쪽으로 흘러갔다.

여름 4월에 왕도의 우물물이 넘치고 그 안에서 검은 용이 나타났다.[291]

17년(320) 가을 8월에 궁궐 서쪽에 활 쏘는 돈대射臺를 쌓고 매월 초하루와 보름에 활쏘기를 익혔다.[292]

18년(321) 봄 정월에 왕의 이복동생(庶弟)인 우복優福[293]을 내신좌평內臣佐平으로 삼았다.

가을 7월에 금성(太白星)이 낮에 나타났다. 나라 남쪽에 메뚜기가 곡식을 해쳤다.

22년(325) 겨울 10월에 하늘에서 소리가 났는데 마치 풍랑이 서로 부딪치는 것과 같았다.

11월에 왕이 구원狗原[294] 북쪽에서 사냥[295]하여 손수 사슴을 쏘아 맞혔다.

24년(327) 가을 7월에 구름이 마치 붉은 까마귀가 해를 끼고 있는 것처럼

291　검은 용이 나타났다 : 용의 출현은 길·흉 양면으로 해석된다. 고이계를 황룡에, 초고계를 흑룡에 비정하는 견해가 있는데(노중국, 1983, 「해씨와 부여씨의 왕실교체와 초기백제의 성장」, 『김철준박사화갑기념사학논총』, 128~129쪽), 흑룡의 대두는 곧 비류왕의 정치적 입지가 어느 정도 확보된 사실을 상징적으로 보여주고 있다(강종원, 2002, 『4세기 백제사 연구』, 서경, 116쪽).

292　궁궐 서쪽에 … 활쏘기를 익혔다 : 이는 고구려의 침입에 대비하기 위한 목적에서 비롯된 것으로 이해된다.

293　優福 : 백제 비류왕의 異母弟. 우복의 '優'를 성씨로 보고 그를 우태-비류계로 파악하는 견해도 있다(천관우, 1976, 앞의 글(하), 137쪽). 그는 비류왕 18년(321)에 내신좌평이 되었다가 24년(327)에 북한산성을 근거로 하여 반란을 일으켰으나 실패하였다.

294　狗原 : 현재 경기도 양주군 풍양에 비정된다(酒井改藏, 1970, 「『三國史記』地名考」『朝鮮學報』 54, 46쪽).

295　사냥(田獵) : 고대사회에서 사냥행사는 영토 확인, 순무, 군 통수권 확인과 군사 훈련, 종교 의식 거행 등의 기능을 가진 국가적으로 매우 중요한 행사였으며, 이를 통해 국왕의 세력 기반을 공고히 하려는 정치적 의도를 가진다. 한성도읍기의 사냥터로는 西海大島(강화도)·釜山(평택 진위)·橫岳(북한산)·狗原(경기도 양주 풍양)이 나타나고 있다.

보였다. 9월에 내신좌평 우복이 북한성北漢城을 근거로 하여 반란을 일으키자 왕이 군사를 보내 토벌하였다.

28년(331) 봄과 여름에 크게 가물어서 풀과 나무가 마르고 강물이 마르더니 가을 7월에 이르러서야 비가 왔다. 이 해에 기근이 들어 사람들이 서로 잡아먹었다.

30년(333) 여름 5월에 별이 떨어졌다. 왕궁에 불이 나서 민가까지 연달아 태웠다.

가을 7월에 궁실을 수리하였다. 진의眞義를 내신좌평으로 삼았다.

겨울 12월에 우레가 쳤다.

32년(335) 겨울 10월 초하루 을미일에 일식이 일어났다.[296]

33년(336) 봄 정월 신사일에 혜성이 규수奎宿[297]에 나타났다.[298]

34년(337) 봄 2월에 신라가 사신을 보내 와서 예방하였다.

41년[299](344) 겨울 10월에 왕이 죽었다.

---

296 『晉書』成帝 권7과『晉書』天文中 권12의 "晋 成帝 咸康 원년 10월 乙未朔(335.11.2) 日有食之" 기록과 대응되는데, 실제 당시 중국과 한국에서는 일식이 일어나지 않은 해이다 (김일권, 2016, 『삼국사기』 일식기록의 한중 사료 대조와 일식상황 비교」, 『新羅史學報』 37, 179쪽).

297 奎宿 : 28宿 중 서방 백호 七宿의 첫 번째이다. 중심별은 안드로메다자리(η And)이다.

298 『진서』 권7 成帝紀와『진서』 권13 천문지의 "晋成帝 咸康二年 正月 辛巳(336.2.16) 彗星 見于奎" 및『송서』 권24 천문지의 "晋成帝 咸康二年 正月 辛巳(336.2.16) 彗星夕見西方 在奎"와 동일한 기록이다.

299 41년 : 비류왕의 재위 기간.『삼국유사』 王曆篇에는 "甲子立 治四十年"으로 나와 1년 차이가 있다.

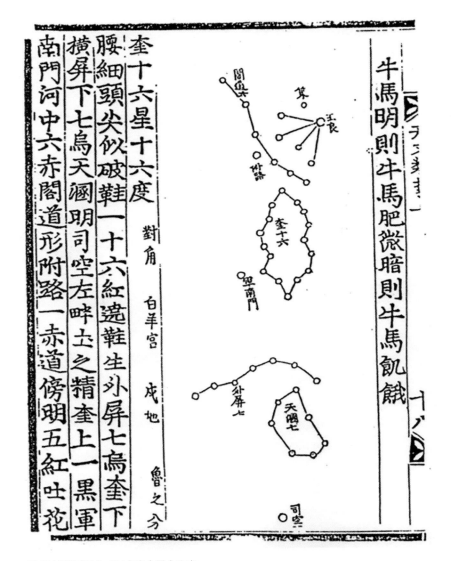

牛馬明則牛馬肥微暗則牛馬飢餓

奎十六星十六度

對角　白羊宮　戌地　魯之分

腰細頭尖似破鞋一十六紅遶鞋生外屏七烏奎下
橫屏下七烏天溷明司空左畔土之精奎上一黑軍
南門河中六赤閣道形附路一赤道傍明五紅吐花

그림41 | 『천문류초』에 나타난 규수奎宿

12) 권24 백제본기百濟本紀 2 계왕契王[300]

　분서왕의 맏아들이다. 타고난 자질이 강직하고 용감하였으며 말타기와 활쏘기를 잘하였다. 처음 분서왕이 죽었을 때 계왕이 어려서 왕위에 오르지 못했는데, 비류왕이 재위 41년에 죽자 왕위에 올랐다.

　3년[301](346) 가을 9월에 왕이 죽었다.

300　契王 : 백제 제12대 왕으로 재위 기간은 344~346년이다. 『삼국사기』 백제본기에는 계왕에 대해서 즉위년 기사와 흉년 기사밖에 없다. 『삼국사기』 권32 잡지 祭祀에는 "古記云 溫祚王二十年春二月 設壇祠天地 三十八年冬十月 多婁王二年春二月 … 契王二年夏四月 阿莘王二年春正月 腆支王二年春正月 並如上行"이라 하여 계왕 2년에 제단을 설치하여 천지에 제사했다는 기록이 있다.

301　3년 : 계왕의 재위 기간. 『삼국유사』 王曆篇에는 "甲戌立 理二年"이라 하여 1년의 차이가 있다.

13) 권24 백제본기百濟本紀 2 근초고왕近肖古王[302]

비류왕의 둘째 아들이다. 체격과 용모가 기이하고 빼어났으며 원대한 식견이 있었다. 계왕이 죽자 왕위를 이었다.[303]

2년(347) 봄 정월에 천지天地 신지神祇에게 제사를 지냈다. 진정眞淨을 조

---

302 近肖古王 : 백제 제13대 왕으로 재위 기간은 346~375년이다. 근초고왕의 명칭은 肖古王에 '近'字를 앞에 붙여서 이루어진 것으로 근초고왕이 초고계의 왕통을 이었음을 보여준다. '近速古王'(『新撰姓氏錄』 右京 諸蕃 下 百濟)·'肖古王'·'速古王'(『日本書紀』 권9 神功紀 55년 및 권19 흠명기 2년)·'照古王'(『古事記』 中卷 應神天王)으로도 나온다. 『晉書』 권9 帝紀 簡文帝 咸安 2년(372, 근초고왕 27)조에는 '餘句'로 나온다. 이 餘句의 '餘'는 백제의 王姓인 扶餘의 약칭이고, '句'는 근초고의 '古'와 음이 상통하여 붙여진 이름이다. 그는 재위 중 고구려와는 옛 대방 지역의 영유를 둘러싸고 대립하면서 고구려의 고국원왕을 전사시켰다. 그리고 국사로 『書記』를 편찬하여 왕실 중심의 역사 체계를 만들었고, 倭에 『論語』와 『千字文』을 전수하였다. 한편 『일본서기』 권9 신공기 49년조에는 "卽命木羅斤資 沙沙奴跪[是二人不可知其姓人也 但木羅斤資者 百濟將也] 領精兵與沙白蓋盧共遣之 俱集于卓淳 擊新羅而破之 因以平定比自㶱·南加羅·㖨國·安羅·多羅·卓淳·加羅七國 仍移兵 西廻至古奚津 屠南蠻彌多禮 以賜百濟於是其王肖古及王子貴須 亦領軍來會 時比利·辟中·布彌支·半古四邑自然降服" 이라는 기사가 나온다. 이 기사에 대하여 일본 학계의 고전적 연구는 4세기 이래 왜가 한반도 남부에 침입하여 임나 지역에 거점을 만든 다음 이후 200여 년간 임나 및 백제·신라까지 지배하였다는 임나일본부설의 주요 근거로 주장되기도 하였다(末松保和, 1949, 『任那興亡史』, 吉川弘文館). 그러나 이 기사에 나오는 가야를 공격한 주체를 왜가 아니라 백제로 보아야 하며, 그 연대는 2周甲 인하하여 369년으로 보아야 한다는 견해를 일반적으로 받아들이고 있다(이병도, 1976, 「近肖古王 拓境考」, 『한국고대사연구』; 千寬宇, 1977, 「復元 加耶史」 중, 『문학과 지성』 29, 문학과 지성사). 이 견해를 따른다면 이 기사는 백제의 근초고왕이 24년(369)에 가야 제국을 평정하였고, 忱彌多禮 등 전라도 지역의 마한 세력을 경략한 사실을 보여준다.

303 계왕이 죽자 왕위를 이었다 : 여기서는 계왕이 재위 3년 만에 죽었기 때문에 비류왕의 둘째 아들로 근초고왕이 즉위한 것으로 되어 있다. 그러나 계왕이 고이왕계에 속하면서 재위 기간이 3년에 지나지 않는다는 점에서 근초고왕은 계왕을 몰아내고 왕위에 올랐을 개연성이 높다. 그리고 근초고왕이 肖古王에 '近'字를 붙여 왕명을 삼아 肖古系임을 강조한 것은 초고계의 정통성을 확보하고 왕실 내의 여러 가계 집단을 통합하려는 목적으로 볼 수 있다.

그림42 | 『일본서기』 신공 49년(수정 369년) 전쟁 기사에 나오는 지명의 위치 비정

정좌평朝廷佐平으로 삼았다. 진정眞淨은 왕후의 친척으로[304] 성품이 사납고

---

304 眞淨은 왕후의 친척 : 眞淨이 왕후의 친척이라고 한 사실에서 근초고왕의 妃가 眞氏 가
      문 출신임을 알 수 있다. 이후 진씨 가문은 아신왕대에 이르기까지 5대에 걸쳐 왕비를 배
      출하여 이른바 眞氏 王妃族 시대를 열었다(李基白, 1958,「百濟王位繼承考」,『歷史學報』
      11). 비류왕 30년(333)에 眞義가 내신좌평에 임명되어 유력한 중앙 정치 세력으로 부상하

어질지 못하였으며, 일할 때 가혹하고 까다로웠다. 권세를 믿고 제 마음대로 하니 나라 사람들이 미워하였다.

21년(366) 봄 3월에 사신을 보내 신라를 예방하였다.[305]

23년(368) 봄 3월 초하루 정사일에 일식이 일어났다.[306] 신라에 사신을 보내 좋은 말 2필을 주었다.

24년(369) 가을 9월에 고구려 왕 사유斯由[307]가 보병과 기병 2만 명을 이끌고 치양雉壤[308]에 와서 진을 치고는 군사를 나누어 민가를 약탈하였다. 왕이 태자를 보내 군사를 거느리고 지름길로 치양에 이르러서 고구려 군사를 급히 쳐서 깨뜨리고 5천여 명을 죽이거나 사로잡았는데,[309] 그 사로잡은 포로

게 되면서 근초고와 관련을 맺은 것으로 이해된다. 진정이 권세를 믿고 제 마음대로 하였다는 것은 왕후의 친척이라는 점 외에도 근초고왕이 즉위하는데 중요한 공을 세우고 반대파들을 제거한 활동을 반영한다.

305   사신을 보내 신라를 예방하였다 : 동일한 내용이 『삼국사기』 권3 신라본기 奈勿尼師今 11년(366)조에 보인다. 이 시기 양국의 관계는 『삼국사기』 권3 신라본기 奈勿尼師今 18년 (373)조에 "百濟禿山城主 率人三百來投 王納之 分居六部 百濟王移書曰 兩國和好 約 爲兄弟 今大王納我逃民 甚乖和親之意"라 한 기사에 의거할 때 '兩國和好 約爲兄弟'로 표현될 정도로 가까웠다.

306   『진서』 海西公 권8과 『晉書』 天文中 권12의 "晉 海西公 太和 3년 3월 丁巳朔(368.4.4) 日 有食之" 기록과 대응된다. 이 백제 근초고왕 23년 3월 정사삭(368.4.4)에 일어난 일식은 한반도 중부 황해도 일대에서 금환 일식으로 보였다.

307   斯由 : 고구려 고국원왕의 이름. 일명 釗라고 하였다. 백제와 평양성에서 싸우다가 화살에 맞아 전사하였다. 『梁書』 권54 高句驪傳, 『翰苑』 蕃夷部 高麗條에서는 劉라 하였다. 『晉書』 권109 載記慕容皝, 『魏書』 권100 高句麗傳, 『資治通鑑』 권96 晉紀 顯宗 成帝 中 之下 咸康 5년, 『삼국사기』 권25 백제본기 蓋鹵王 18년, 『三國遺事』 권1 王曆에는 釗라 하였다.

308   雉壤 : 『新增東國輿地勝覽』 권43 황해도 白川郡條에 "白川郡本高句麗刀臘縣 一云雉 嶽城"이라 한 기사에 의거해 볼 때 현재의 황해도 白川郡 白川邑(현재 延白郡 銀川面)에 비정된다. 치양성은 개성에서 예성강을 건너 황해도 남부의 대방 지역으로 들어가는 전략적 교두보에 해당한다.

309   고구려 군사를 … 사로잡았는데 : 백제가 고구려와의 치양성 전투에서 거둔 戰果로서 동일한 내용이 『삼국사기』 권18 고구려본기 故國原王 39년(369)조에 나온다. 이 치양 전투

들은 장수와 군사들에게 나누어주었다.

겨울 11월에 한수漢水 남쪽에서 크게 사열하였는데, 깃발은 모두 황색[310]을 사용하였다.

26년(371) 고구려가 군사를 일으켜 왔다. 왕이 이를 듣고 패하浿河 가에 군사를 매복시켰다가 이르기를 기다린 다음에 급히 치니 고구려 군사가 패하였다.

겨울에 왕이 태자와 함께 정예 군사 3만 명을 거느리고 고구려에 쳐들어 가서 평양성平壤城을 공격하였다.[311] 고구려 왕 사유斯由가 힘을 다해 싸워 막다가 날아오는 화살에 맞아 죽었다.[312] 왕이 군사를 이끌고 물러났다. 도읍을 한산漢山으로 옮겼다.[313]

는 백제와 고구려가 황해도 지역에 설치되었던 帶方故地의 영유를 둘러싸고 쟁탈전을 벌인 것이라고 할 수 있다.

310   황색 깃발 : 황색은 五色(적·청·백·흑·황)의 하나로 중국에서는 中央·中和·日光·土·君王의 복색으로 한다. 근초고왕이 369년 고구려 평양성을 공격하여 고국원왕을 전사시킬 정도의 큰 전공을 세우고 나서 대대적인 군대 사열을 실시하면서 깃발의 색을 황색으로 하였다. 황색은 중앙을 의미하는 방위색인 동시에 황제를 상징하는 색깔을 뜻하는 것인데, 이는 근초고왕이 스스로 천하의 중심이라는 것을 내외에 천명하는 것으로 볼 수 있다.

311   왕이 태자와 함께 … 平壤城을 공격하였다 : 근초고왕대 백제가 대동강 하류인 황주 지역까지 진출한 사실이 황주 토성리에서 수습된 4세기 중·후엽의 백제 토기를 통해 입증된다(최종택, 1990, 「황주출토 백제토기류」, 『한국상고사학보』 4).

312   고구려 왕 斯由가 … 화살에 맞아 죽었다 : 동일한 내용이 『삼국사기』 권18 고구려본기 고국원왕 41년(371)조에 나온다. 한편 『삼국사기』 권25 백제본기 개로왕 18년조에는 “臣祖須 整旅電邁 應機馳擊矢石暫交 梟斬釗首”라 하여 근구수왕이 고국원왕을 죽인 것으로 나온다. 그리고 이 기사의 ‘梟斬釗首’는 백제측의 과장이다.

313   도읍을 漢山으로 옮겼다 : 백제가 369년 평양성 전투에서 고구려의 고국원왕을 전사시킬 정도로 대승을 거둔 직후에 천도한 한산의 위치에 대해서는 논란이 있다. 『삼국유사』 권2 紀異篇 南扶餘·前百濟조에는 『古典記』 기사를 인용하여 “至十三世近肖古王 咸安元年 取高句麗南平壤 移都北漢城[今楊州]”라 하였고, 王曆에도 “第十三近肖古王 … 辛未 移都北漢山”이라 하였는데, 이에 의하면 이때 北漢城=北漢山으로 도읍을 옮긴 것으로

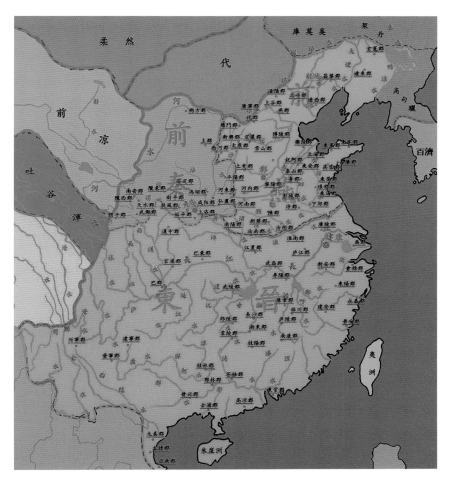

그림43 | 동진, 전진, 전연과 백제

되어 있어 본 기사와 다르다. 이에 대해 한산 북안설[북한산설]을 지지하는 입장에서 당시 백제가 팽창하던 시기이므로 대고구려전을 주도하기 위한 북진책의 일환으로 한강 이북으로 천도를 단행한 것으로 보는 견해가 있다(이도학, 1992, 「백제 한성시기의 도성제에 관한 검토」, 『한국상고사학보』 9, 32~33쪽; 강인구, 1993, 「백제초기도성문제신고」, 『한국사연구』 81, 15~17쪽; 박순발, 2001, 『한성백제의 탄생』, 서경문화사, 173쪽). 반면 한강 남안설의 입장에서 근초고왕이 고구려의 침공을 염려하여 한산으로 移都를 한 것으로 보고 한강 이북의 북한산성으로 수도를 옮기는 것을 불합리한 것으로 보는 견해도 있다(이병도, 1976, 앞의 책, 491~497쪽; 성주탁, 1983, 「한강유역 백제초기 성지연구」, 『백제연구』 14, 132쪽; 여호규, 2002, 「한성시대 백제의 도성제와 방어체계」, 『백제연구』 36, 11쪽 등).

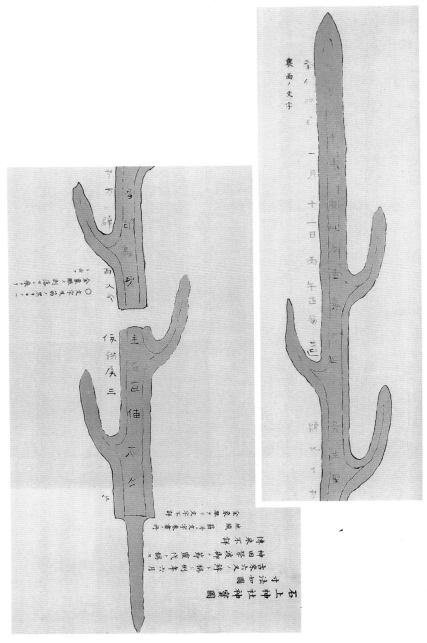

그림44 | 칠지도 모사도(星野恒, 1892, 「七枝刀考」『史學雜誌』37)

27년(372) 봄 정월에 사신을 진晉[314]에 보내 조공하였다.

가을 7월에 지진이 일어났다.

28년(373) 봄 2월에 사신을 진에 보내 조공하였다.

가을 7월에 청목령靑木嶺[315]에 성을 쌓았다. 독산성禿山城[316] 성주가 300명을 거느리고 신라로 달아났다.[317]

30년[318](375) 가을 7월에 고구려가 북쪽 변경의 수곡성水谷城[319]을 공격해

서울 풍납동 토성 내부 및 성벽 발굴조사를 거치면서 송파구 풍납동 토성 일대가 백제 한성도읍기의 왕성이었음이 밝혀짐에 따라 4세기 이후 백제의 도성은 통칭으로 '위례성'이란 명칭을 사용하고 북성 풍납동 토성과 남성 몽촌토성의 도성구조를 가진 것으로 파악된다. 그리고 371년 '漢山移都'기사를 군사 방어의 성격을 가진 남성[몽촌토성]으로 옮긴 것으로 이해하고 몽촌토성을 한산에 비정하는 견해도 있다(여호규, 2002, 앞의 글, 14~15쪽).

314 晉 : 東晉을 가리킨다. 317년에 西晉이 前趙에 의해 멸망하자 元帝가 강남의 建康(지금의 남경)에 도읍하여 성립되었으며, 420년에 宋에 의해 멸망하였다. 이때 근초고왕은 동진 簡文帝로부터 鎭東將軍 領樂浪太守라는 관작을 제수 받았다(『晉書』권9 帝紀 簡文帝 咸安 2년 참조). 중국 사서에 백제왕의 이름이 나오는 것은 이것이 처음이다.

315 靑木嶺 : 『삼국사기』권23 백제본기 온조왕 10년(BC 9)조에는 청목산이 나온다. 『新增東國輿地勝覽』권4 開城府 上 山川 松嶽條에서는 현재의 경기도 開城市 松岳山으로 비정하였고, 安鼎福은 『東史綱目』第1 上 壬子 馬韓 百濟始祖 十年條에서 開城·金川 경계의 靑石洞(현재의 경기도 開豊郡 嶺南面 天摩山)으로 개성에서 북으로 12km 올라간 금천과의 경계인 청석동으로 보았다.

316 禿山城 : 『삼국사기』권23 백제본기 온조왕 11년(BC 8)조에는 禿山柵이 나온다. 독산성 또는 독산책은 樂浪·高句麗와 접경지대인 경기도 북부나 황해도 남부 방면의 어느 곳으로 생각되나 자세한 위치는 알 수 없다.

317 독산성 성주가 … 신라로 달아났다 : 동일한 내용이 『삼국사기』권3 신라본기 奈勿尼師今 18년(373)조에 나온다. 여기에는 백제왕이 독산성주를 송환해 줄 것을 요구하는 국서를 보내었으나 신라가 이를 거절하였다는 내용이 첨가되어 있다.

318 30년 : 근초고왕의 재위 기간. 그러나 『삼국유사』王曆篇에는 "丙午立 理二十九年"으로 나와 본기사와는 1년의 시간차가 있다.

319 水谷城 : 현재의 황해도 新溪郡 多栗面이다. 신라 한주 永豊郡 檀溪縣의 고구려 때 지명. 『삼국사기』권35 잡지 지리2 한주 檀溪縣조에 "本高句麗水谷城縣 景德王改名 今俠溪縣"이라 한 기사와 『新增東國輿地勝覽』권42 황해도 新溪縣 古蹟조에 "俠溪廢縣 在縣

와서 함락시켰다.[320] 왕이 장수를 보내 막게 하였으나 이기지 못하였다. 왕이 다시 군사를 크게 일으켜 보복하려 하였으나 흉년이 들어 실행하지 못하였다.

겨울 11월에 왕이 죽었다. 고기古記[321]에는 다음과 같이 기록하였다.

"백제는 나라를 창건한 이래 문자로 일을 기록한 적이 없었는데, 이때에 이르러 박사博士[322] 고흥高興[323]을 얻어 비로소 『서기書記』[324]를 갖게 되었다."

南三十里 本高句麗水谷城縣一名買旦忽"이라 한 기사를 참조할 것.

320   고구려가 북쪽 변경 … 함락시켰다 : 『삼국사기』 권18 고구려본기 소수림왕 5년(375)조에는 "七月百濟攻水谷城"이라 하여 공격한 사실만 기록되어 있고 함락된 사실은 기록되어 있지 않다.

321   古記 : 김부식이 『삼국사기』를 편찬할 때 기본 원전으로 참조한 책으로 『삼국사기』에 인용된 횟수는 16번이다. 「進三國史記表」에서 "故范曄漢書·宋祁唐書皆有列傳 以詳內略外 不以具載 又其古記 文字蕪拙 事迹闕亡"이라 한 기록에 의하면, 김부식은 우리나라 기록을 古記로 표현한 것으로 보인다. 고기를 고려 초에 편찬한 『삼국사』를 지칭하는 하나의 사서로 보는 견해도 있다(정구복, 1995, 「삼국사기의 원전자료」, 『삼국사기의 원전 검토』, 한국정신문화연구원, 15~18쪽). 『삼국사기』에 보이는 古記의 성격과 내용에 대해서는 李康來, 1996, 『三國史記 典據論』, 민족사를 참조.

322   博士 : 백제 관제의 하나로 유교 경전을 가르치는 국가적 교육기관의 교수직이었을 것이다. 『일본서기』 권10 應神紀 15년조에 박사 王仁이 보이고, 같은 책 권17 繼體紀 7년(513)조에는 五經박사 段楊爾가, 10년(516)조에는 五經박사 高安茂가, 권19 흠명기 14년(553)조에는 醫박사·易박사·曆박사 등이, 권21 崇峻紀 원년(588)조에는 露盤박사·瓦박사 등이 보인다. 이로 보아 백제의 박사는 유교 경전에 밝은 학자에게 뿐만 아니라 醫·易 등 雜業 및 기와 등 기술에 대해 전문적인 지식을 가진 자에게도 수여되었다.

323   高興 : 백제 근초고왕대의 학자로 『書記』를 편찬하였다. 그는 역사서를 편찬할 정도로 유학에 밝고, 高氏라는 중국식 姓을 가지고 있는 것으로 보아 낙랑이나 대방군 계통의 한인 관료일 가능성이 높다.

324   『書記』: 백제의 역사책으로 근초고왕대에 박사 高興이 편찬하였으나 현재 전해지지 않는다. 『서기』가 편찬된 시기는 백제가 국가의 제도를 정비하고 대외적 발전을 이루던 시기이다. 따라서 『서기』는 이전의 여러 부족이나 가문의 전승과 역사를 초고계를 중심으로 재정리하여 중앙집권적 국가체제를 뒷받침하는 기능을 한 것으로 볼 수 있다. 아울러 강화된 왕권과 정비된 국가의 면모를 과시하려는 의도가 있었다. 한편 『서기』는 역사서가 아니라 공식적인 문서 기록이 이때부터 시작되거나 문자 기록이 이때부터 있었다는

그림45 | 한성백제의 문자를 보여주는 풍납동 토성 출토 '大夫'명 토기(직구 단경호)

그러나 고흥은 일찍이 다른 책에는 나온 적이 없어서 그가 어떤 사람인지 알 수 없다.

14) 권24 백제본기百濟本紀 2 근구수왕近仇首王[325][이름을 수須라고도 부른다.]

근초고왕의 아들이다. 이에 앞서 고구려의 국강왕國岡王 사유斯由[326]가 친히 쳐들어오니 근초고왕이 태자를 보내 이를 막게 하였다. 반걸양半乞壤[327]에 이르러 장차 싸우려 하였는데, 고구려 사람 사기斯紀는 본래 백제 사람으로서 왕이 타는 말의 발굽을 상하게 하는 잘못을 저지르고서 죄를 받을까 두려워해 고구려로 도망하였다가 이때 돌아와 태자에게 말하였다.

"저쪽의 군사가 비록 많기는 하나, 모두 숫자만을 채운 거짓 군사(疑兵)일 뿐입니다. 날래고 용감한 자들은 오직 붉은 깃발의 부대뿐입니다. 만일 먼저 이를 깨뜨리면 그 나머지는 치지 않아도 저절로 무너질 것입니다."

태자가 그 말을 좇아 나아가 쳐서 크게 이기고는 도망쳐 달아나는 자들을

---

325 近仇首王 : 백제 제14대 왕. 근초고왕의 장자로 재위 기간은 375~384년이다. 근구수왕의 명칭은 仇首王에 '近'字를 앞에 붙여 만든 것인데, 이는 근초고왕이 초고왕에 '近'자를 앞에 붙여 만든 것과 함께 肖古-仇首로 이어지는 이른바 肖古系의 왕위계승권이 확립되었음을 과시하는 것으로 볼 수 있다. 근구수왕의 이름은 『일본서기』권9 신공기 섭정 56년조에는 '貴須'로, 권19 흠명기 2년조에는 '貴首王'으로, 『신찬성씨록』右京 諸蕃 下에는 '近貴須王'으로 나온다. 그의 이름 貴須는 '須'로 축약되어 사용된 예가 『삼국사기』권25 백제본기 개로왕 20년조의 "臣祖須整旅電邁 …"라 한 기사에 나온다. 근구수왕은 태자 때부터 고구려와의 전투에 참여할 정도로 군사권 운용에 큰 역할을 하였으며, 왕위에 오른 뒤에도 계속 고구려와의 전쟁을 주도하였다.

326 國岡王 斯由 : 고구려의 제18대 왕인 故國原王의 이름. 『삼국사기』권17 고구려본기 고국원왕 즉위년(231)조에서는 "故國原王 一云國上王"이라 하였다. 斯由는 고구려 고국원왕의 또 다른 이름으로 일명 釗라고 하였다. 369년 백제와 평양성에서 싸우다가 화살에 맞아 전사하였다.

327 半乞壤 : 현재의 황해도 白川郡에 비정된다. 半乞을 '밝을'로, 壤을 '내'로 읽는다면 半乞壤은 '밝은 내'가 되어 白川과 통하게 된다. 현재의 白川은 고구려 시기의 雉壤이므로 半乞壤은 치양의 별칭이라 할 수 있다. 그리고 白川이란 지명도 '밝은 내'에서 유래한 것으로 보인다(이병도, 1983, 『국역 삼국사기(하)』 을유문화사, 35쪽). 반걸양 전투는 근초고왕 24년조의 치양 전투를 지칭하는 것으로 보면 반걸양이 치양의 별칭이 되는 셈이다.

추격하여 수곡성水谷城[328]의 서북쪽에까지 이르렀다. 이때 장군 막고해莫古解[329]가 간하여 말하였다.

"일찍이 도가道家[330]의 말을 들으니 '만족할 줄 알면 욕되지 않고 그칠 줄 알면 위태롭지 않다'[331]고 하였습니다. 지금 얻은 바가 많은데, 어찌 기필코 많은 것을 구합니까?"

태자가 그 말을 옳다고 여겨 추격하기를 중지하고는 이에 돌을 쌓아 표지를 만들었다. 그 위에 올라가 좌우를 돌아다보며 말하기를 "오늘 이후에 누가 다시 여기에 이를 수 있을까?" 라고 말하였다. 그곳에는 바위가 있는데, 마치 말발굽 같아 사람들이 지금(고려)까지도 '태자의 말발자국'[332]이라고 부른다.[333] 근초고왕이 재위 30년에 죽자 태자가 왕위에 올랐다.

---

328   水谷城 : 현재의 황해도 新溪郡 多栗面이다. 고구려 때의 명칭은 水谷城縣 또는 買旦忽, 신라 때의 명칭은 檀溪縣, 고려 때의 명칭은 俠溪縣이었다.

329   莫古解 : 근초고왕대 태자 근구수와 함께 고구려를 공격하는데 큰 공을 세운 인물.『일본서기』권9 신공기 46년조의 莫古와 동일인으로 볼 경우(이홍직, 1987, 「백제인명고」,『한국고대사의 연구』신구문화사, 355쪽), 그는 고구려와의 전투에 참여하기 전에 이미 백제의 가야 진출과 왜와의 통교에서도 중요한 역할을 하였다.『일본서기』권15 현종기 3년 是歲의 '內頭 莫古解'는 동명이인이다.

330   道家 : 先秦시대에 老莊 일파의 虛無·無爲의 說을 따른 학자로, 중국에서 유가와 더불어 二大 학파를 이루었다.

331   만족할 줄 알면 … 위태롭지 않다 : 이 말은 老子의『道德經』제44장에 나오는데, 全文은 다음과 같다. "名與身孰親 身與貨孰多 得與亡孰病 是故甚愛必大費 多藏必厚亡 知足不辱 知止不殆."

332   태자의 말발자국 : 이 사적은 김부식이 묘청의 난을 진압하기 위해 황해도 신계 지방을 통과하면서 직접 견문한 바를 채록한 것으로 보는 견해가 있다(이도학, 1994, 「4세기 정복국가론에 대한 검토」,『한국고대사논총』6, 248쪽).

333   國岡王 斯由(고국원왕)가 … 태자의 말발자국이라고 부른다 : 이 기사는 태자 근구수가 고구려와의 전투에서 탁월한 군사 지휘 능력을 발휘하였음을 보여준다. 이는 본래 황해도 신계 지방에 유포되어 있던 민간 전승으로 보이는데,『일본서기』권11 인덕기 53년 하5월조에 나오는 田道 說話로 보아, 이와 유사한 전승이 일본에도 유포되어 있었음이 확인된다(佐伯有淸, 1957, 「上毛野氏の性格によせて」,『日本歷史』116 참조). 즉 주인공

그림46 | 황해도 황주 토성리 출토 백제 굽다리 접시(高杯)

2년(376) 왕의 장인 진고도眞高道를 내신좌평內臣佐平으로 삼아 정사를 맡았다.

겨울 11월에 고구려가 북쪽 변경에 쳐들어왔다.[334]

3년(377) 겨울 10월에 왕이 군사 3만 명을 거느리고 고구려의 평양성平壤城[335]을 쳤다.

'근구수-田道', '본래 백제인 斯紀-잡혀온 신라 군졸', '고구려의 赤旗軍-百衝의 군대'에 대응된다. 후대의 백제인들은 고구려에 대한 적대감이 고조될 때마다 근초고왕과 근구수왕대를 상기하였다. 곧, 백제 성왕은 근초고왕과 근구수왕대 백제와 가야 제국이 '子弟'로 표현될 정도로 서로 우호 관계를 맺은 사실을 상기시키면서(『일본서기』권19 흠명기 2년 4월) 가야 지역에 대한 연고권을 주장하는데 하나의 명분으로 활용하였다. 근구수의 영웅 설화에 대해서는 양기석, 1997, 「백제 근구수왕의 대외활동과 정치적 지위 -고구려와의 관계를 중심으로」, 『백제논총』6, 41~46쪽 참고.

334   고구려가 북쪽 변경에 쳐들어왔다 : 동일한 내용이 『삼국사기』권18 고구려본기 소수림왕 6년(376)조에 나온다.

335   平壤城 : 여기의 평양성은 후에 고구려 3경 중에서 남경에 해당하는 황해도 신원의 남평양으로 보는 견해도 있다(손영종, 1990, 『고구려사』, 과학백과사전종합출판사, 176~183쪽). 동일한 내용이 『삼국사기』권18 고구려본기 소수림왕 7년 동10월조에 나온다.

11월에 고구려가 쳐들어왔다. [336]

5년(379) 봄 3월에 사신을 진晉에 보내 조공하려 하였는데, 그 사신이 바다에서 모진 바람을 만나 도달하지 못하고 돌아왔다.

여름 4월에 하루 종일 흙비가 내렸다.

6년(380) 전염병이 크게 번졌다.

여름 5월에 땅이 갈라져 깊이 5장丈, 너비 3장丈이나 되었는데, 3일 만에 합쳐졌다.

8년(382) 봄에 비가 오지 않았는데 6월까지 계속되었다. 백성들이 굶주려 자식을 파는 자까지 있게 되었으므로 왕이 나라의 곡식을 내어 그것을 물러주었다.

10년[337](384) 봄 2월에 햇무리(暈)[338]가 세 겹으로 둘러졌다. 궁중의 큰 나무가 저절로 뽑혔다.

여름 4월에 왕이 죽었다.

---

336   고구려가 쳐들어왔다 : 동일한 내용이 『삼국사기』권18 고구려본기 소수림왕 7년(377) 11월조에 나온다.

337   10년 : 근구수왕의 재위 기간. 『삼국유사』王曆篇에는 "癸亥立 理九年"이라 하여 1년 차이가 있다.

338   햇무리(暈) : 해나 달의 주위에 때때로 보이는 백색의 둥근 테. 잘 발달하면 內側은 홍색을 띠고 外側은 황색을 띤다. 구름을 이루는 아주 작은 물방울에 광선의 반사와 굴절의 작용으로 일어나는 광학 현상이다. 『진서』권12 천문조에 의하면, 햇무리는 "군주의 도가 밝음을 잃으면 음양이 혼미하고 臣의 음모가 발생한다"고 하여 君道가 失明하거나 不德이 초래하는 하늘의 견책으로 파악하고 있다. 당시 백제의 사정을 보면 햇무리가 3중으로 둘러졌고 궁중의 큰 나무가 저절로 뽑힌 것은 근구수왕의 죽음을 상징적으로 알려주는 구징으로 보인다(이희덕, 1999, 『韓國古代 自然觀과 王道政治』혜안, 154~155쪽). 이 災異 기사는 중국 사서에 기록되지 않은 백제의 독자적인 기록이다.

15) 권24 백제본기百濟本紀 2 침류왕枕流王[339]

근구수왕의 맏아들이고, 어머니는 아이부인阿爾夫人[340]이다. 아버지를 이어 왕위에 올랐다.

가을 7월에 사신을 진晉에 보내 조공하였다. 9월에 호승胡僧[341] 마라난타摩羅難陀[342]가 진에서 오니 왕이 그를 맞이하여 궁궐 안으로 모시고 예우하며 공경하니, 불교가 이로부터 시작되었다.[343]

2년[344](385) 봄 2월에 한산漢山에 절을 세우고 10명이 승려가 되는 것을 허가하였다(度僧).

겨울 11월에 왕이 죽었다.

---

339 枕流王 : 백제 제15대 왕으로 재위 기간은 384~385년이다. 근구수왕의 장자로 어머니는 阿爾夫人으로 眞氏 출신이다. 처음으로 동진으로부터 불교를 수용하였다.

340 阿爾夫人 : 근구수왕의 비. 근구수왕의 장인이 眞高道라는 사실에서 眞氏 출신임을 알 수 있다. 阿는 阿爾兮·阿尼 등과 같은 말로서 여성을 표시하는 우리의 古語로 생각된다. 梵語에서 女僧을 阿尼라고 부른다(孫穆의 『鷄林類事』에 "尼曰阿尼"라 한 기사 및 李弘稙, 1975, 「新羅僧官制와 佛教政策의 諸問題」, 『韓國古代史의 研究』, 신구문화사).

341 胡僧 : 胡僧이 어느 지역 출신의 승려인지는 분명하지 않으나, 摩羅難陀란 이름으로 미루어 보아 印度 승려로 동진에 건너와 활동하고 있었던 것으로 추측된다.

342 摩羅難陀 : 東晉에서 백제로 건너와 불교를 전한 승려이다. 그가 개인 자격으로 왔는지 아니면 동진 국왕의 부탁에 의해 왔는지는 분명하지 않다. 다만 그가 백제에 건너오자 침류왕이 宮內로 맞아들여 禮敬을 한 것을 보면, 2개월 전에 동진에 파견된 백제의 사자와 동행하여 왔거나 혹은 동진의 사신을 따라 왔을 가능성이 크다.

343 불교가 이로부터 시작되었다 : 동일한 내용이 『삼국유사』 권3 興法 難陁闢濟條에 보인다. 다만 『삼국유사』에는 佛寺를 창건한 지역을 新都 漢山州로 표기하고 있는 차이가 있다.

344 2년 : 침류왕의 재위 기간이나 『삼국유사』 권1 왕력편에는 "甲申立" 이란 기사만 있고 재위 기간은 명시되어 있지 않다.

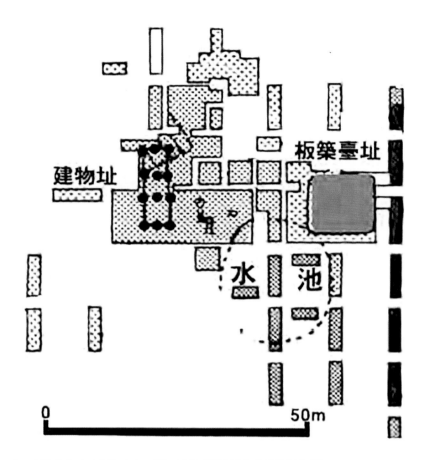

그림47 | 한산의 절로 추정되기도 하는 몽촌토성의 판축대지(박순발 안)

그림48 | 하남 천왕사지 심초석

그림49 | 하남 춘궁동 동사지 팔각 대좌

16) 권25 백제본기百濟本紀 3 진사왕辰斯王[345]

근구수왕의 둘째 아들이고, 침류왕의 동생이다. 사람됨이 군세고 용감하며 총명하고 어질며 지략이 많았다. 침류왕이 죽었는데, 태자가 어렸기 때문에 숙부 진사가 왕위에 올랐다.[346]

2년(386) 봄에 나라 안 사람으로 나이 15세 이상을 징발하여 국경을 지키는 관방을 설치하였는데, 청목령靑木嶺[347]에서부터 북쪽으로는 팔곤성八坤城[348]에 닿았고, 서쪽으로는 바다에 이르렀다.[349]

345　辰斯王 : 백제 제16대 왕으로 재위 기간은 385~392년이다. 근구수왕의 둘째 아들이고 침류왕의 동생으로, 뒤이어 즉위한 아신왕(392~405)의 숙부이다. 고구려 광개토왕의 남진에 맞서 여러 차례 싸웠으나 패배하여 관미성 등을 상실하였다. 『晉書』권9 孝武帝紀 太元 11년(386)조에는 "百濟王世子餘暉"가 보이는데, 太元 11년은 진사왕 3년에 해당되므로 비록 '王世子'라는 표현은 있어도 餘暉는 진사왕에 비정해 볼 수 있다.

346　숙부 진사가 왕위에 올랐다 : 『삼국사기』권25 진사왕 즉위년조에는 숙부 진사가 어린 조카를 대신하여 왕위에 오른 것으로 되어 있다. 백제는 태자가 나이가 어려서 정사를 수행해 나갈 능력이 없을 경우에 왕통의 단절을 막기 위한 비상 수단으로 형제 상속이 이루어지고 있었음이 확인된다. 그런데 『일본서기』권9 神功紀 섭정 65년조에는 "百濟枕流王薨 王子阿花年少 叔父辰斯奪立爲王"이라 하여 진사왕은 어린 조카 아신의 왕위를 빼앗은 것으로 되어 있어 차이를 보여주고 있다. 이에 따르면 진사는 형 침류왕이 2년 만에 단명하고 조카 아신이 어려서 정사를 돌볼 수 없다는 구실을 내세워 왕위를 찬탈한 것으로 판단된다. 진사에 의한 왕위 찬탈 배경을 침류왕의 불교 수용에 따른 지배 세력 사이의 갈등으로 추정하는 견해도 있다(노중국, 1983, 앞의 책, 132~133쪽).

347　靑木嶺 : 개성에서 북으로 12km 올라간 금천과의 경계인 靑石洞(현재의 경기도 開豊郡 嶺南面天摩山)에 비정된다(安鼎福은 『東史綱目』第1 上 壬子 馬韓 百濟始祖 十年). 『新增東國輿地勝覽』권4 開城府 上 山川 松嶽조에서는 현재의 경기도 開城市 松岳山으로 비정하고 있다.

348　八坤城 : 팔곤성을 마식령산맥의 동북쪽 끝자락에 위치한 이천의 개연산 부근으로 추정한 견해가 있다(문안식, 2006, 앞의 책, 170~171쪽). 개연산은 멸악산맥(개연산~장산곶)과 마식령산맥(개연산~풍덕)이 분기되는 곳이다.

349　나라 안 사람으로 나이 15세 이상을 징발 … 서쪽으로는 바다에 이르렀다 : 진사왕은 고구려의 침입에 대비하기 위해 靑木嶺(개성 청석령)에서 북쪽 변경지역인 八坤城에 이

가을 7월에 서리가 내려 곡식을 해쳤다. 8월에 고구려가 쳐들어왔다.[350]

3년 봄 정월에 진가모眞嘉謨를 달솔達率로 삼고 두지豆知를 은솔恩率로 삼았다.

가을 9월에 말갈과 관미령關彌嶺에서 싸웠으나 이기지 못하였다.

5년(389) 가을 9월에 왕이 군사를 보내 고구려의 남쪽 변경을 침입하여 약탈하였다.[351]

6년(390) 가을 7월에 혜성이 북하北河 별자리[352]에 나타났다.[353] 9월에 왕

르는 지역과 서해안의 예성강 하구에 이르는 곳까지 15세 이상의 백성들을 대거 동원하여 관방 시설을 설치하였다. 관방은 장성의 형태가 아니라 마식령산맥의 주요 전략적 요충에 해당하는 고개를 차단하는 방식으로 설치되었을 것이다(문안식, 2006, 앞의 책, 170~171쪽).

350 고구려가 쳐들어왔다 : 동일한 내용이 『삼국사기』 권18 고구려본기 故國壤王 3년(386)조에 나온다.

351 왕이 군사를 보내 … 약탈하였다 : 동일한 내용이 『삼국사기』 권18 고구려본기 고국양왕 6년(389)조에는 "百濟來侵 掠南鄙部落而歸"로 나온다.

352 北河 별자리 : 북하와 남하는 각각 井宿의 북관문과 남관문이 되는 별자리이다. 정수 왼쪽의 위와 아래에 각각 위치한다. 각각 北戍와 南戍라고도 해서 북쪽과 남쪽을 지키는 관문이자, 교량 등을 보살피는 역할을 한다. 특히 북하는 물을, 남하는 불을 주관하며, 이 사이로는 해와 달, 오성이 지나다닌다. 북하와 남하를 합해 양하라고도 한다. 북하는 서양 별자리에서 쌍둥이자리의 머리 부분을 이루는 카스토르와 폴룩스이다. 이에 대해서는 『晉書』 권11 지 1 天文 상에 "天高西一星曰天河 主察山林妖變 南河北河各三星 夾東井 一曰天高 天之關門也 主關梁 南河曰南戍 一曰南宮 … 一曰權星 主火 北河曰北戍 一曰北宮 一曰陰門 一曰胡門 一曰衡星 主水"라고 한 기사를 참조할 것. 『송서』 권25 천문 3 효무제 태원 15년 7월 임신조에는 "혜성이 北河戍에 나타나 太微·三台·文昌을 거쳐 북두성에 들어갔는데, 길이는 19여장이었다."는 기사가 있다. 이 혜성이 나타났다는 北河戍는 胡門이라고도 부르는데, 이는 곧 兵喪이 있을 것임을 예견하는 조짐으로 이해된다. 여기서는 고구려와의 전쟁을 예견하는 상징적 의미를 가진 것으로 볼 수 있다.

353 『진서』 권9 효무제기의 "晉孝武帝 太元十五年 七月 丁巳(390.8.7) 星孛于北河", 『진서』 권13 천문지의 "晉孝武帝 太元十五年 七月 壬申(390.8.22) 有星孛于北河戍 經太微·三台·文昌 入北斗 色白 長十餘丈 八月戊戌 入紫微 乃滅 占曰 北河戍一名胡門 胡有兵喪 掃太微 入紫微 王者當之 三台爲三公 文昌爲將相 將相三公有災 入北斗 諸侯戮 一曰 掃北斗 强國發兵 諸侯爭權 大人憂", 『송서』 권25 천문지의 "晉孝武帝 太元十五年 七月 壬申(390.8.22)

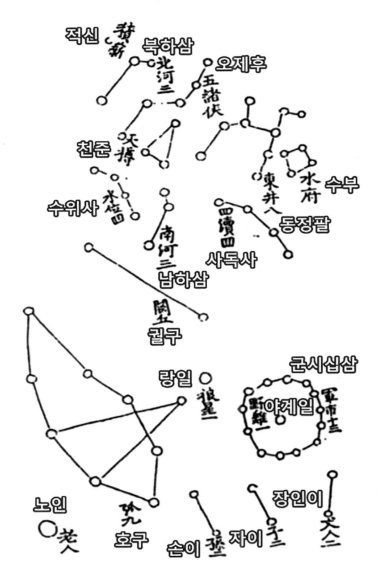

그림50 | 정수(井宿)에 속한 북하(北河)와 남하(南河) 등의 별자리

이 달솔 진가모에게 명령하여 고구려를 쳐서 도곤성都坤城[354]을 빼앗고 200명을 사로잡았다.[355] 왕이 진가모眞嘉謨를 병관좌평兵官佐平으로 삼았다.

겨울 10월에 구원狗原[356]에서 사냥하다가 7일 만에 돌아왔다.

7년(391) 봄 정월에 궁실을 고치고 수리하였으며, 연못을 파고 산을 만들어 기이한 새와 특이한 화초를 길렀다.

여름 4월에 말갈이 북쪽 변경의 적현성赤峴城[357]을 쳐서 함락시켰다.

가을 7월에 나라 서쪽의 큰 섬[358]에서 사냥하였는데, 왕이 친히 사슴을 쏘아 맞혔다.

8월에 또 횡악橫岳 서쪽에서 사냥하였다.

8년[359](392) 여름 5월 초하루 정묘일에 일식이 일어났다.[360]

가을 7월에 고구려 왕 담덕談德(광개토왕)이 군사 4만 명을 이끌고 북쪽 변

有星孛于北河戒 經太微・三台・文昌 入北斗 長十餘丈 八月戊戌 入紫微 乃滅 占日 北河戒 一名胡門 胡門有兵喪 掃太微 入紫微 王者當之 三台爲三公 文昌爲將相 將三公有災 入北斗 強國發兵 諸侯爭權 大夫憂"에 동일한 기록이 보인다.

354 都坤城 : 대략 개성에서 고구려가 차지하고 있던 이천의 개연산 부근의 요충지로 추정된다. 『삼국사기』 권6 고구려본기 고국양왕 7년(390)조에는 都押城으로 나온다.

355 고구려를 쳐서 … 200명을 사로잡았다 : 동일한 내용이 『삼국사기』 권18 고구려본기 고국양왕 7년(390)조에 나온다.

356 狗原 : 현재 경기도 양주군 풍양에 비정된다(酒井改藏, 1970, 「三國史記 地名考」, 『朝鮮學報』 54, 46쪽). 한성시기 백제 왕실의 주요 전렵지의 하나였다.

357 赤峴城 : 현재의 영평으로 보는 견해(酒井改藏, 1970, 「三國史記 地名考」, 『朝鮮學報』 54), 회양으로 보는 견해(김종권 역, 1963, 『삼국사기』, 선진문화사, 413쪽)가 있다.

358 서쪽의 큰 섬 : 강화도에 비정된다. 『삼국사기』 권24 고이왕 3년(236)에도 이곳에서 왕이 전렵을 행했다.

359 8년 : 진사왕의 재위 기간. 『삼국유사』 王曆篇에는 "乙酉立 治七年"이라 하여 본 기사와 1년 차이가 있다.

360 『晉書』孝武帝 권9와 『晉書』 天文中 권12의 "晉 孝武帝 太元 17년 5월 丁卯朔(392.6.7) 日有食之" 기록과 대응된다. 이 진사왕 8년 5월 丁卯朔(392.6.7)의 일식은 경주 0.42의 低食分 부분일식으로 보였다.

경을 침공해 와서 석현성石峴城[361]등 10여 성을 함락시켰다. 왕은 담덕이 군사를 부리는 데 능하다는 말을 듣고 나가서 막지 못해 한수漢水 북쪽의 여러 부락이 많이 함락되었다.

겨울 10월에 고구려가 관미성關彌城[362]을 쳐서 빼앗았다.[363] 왕이 구원에

---

361 石峴城 : 석현성의 위치에 대해서는 ①한강과 임진강 사이에 있던 성(池內宏, 1927,「高句麗滅亡後遺民叛亂及び唐新羅關係」,『滿鮮地理歷史研究報告』12, 東京帝國大學文學部), ②황해도 곡산 서남 20리(김정호,『대동지지』권18 곡산), ③현재의 경기도 開豊郡 靑石洞(이병도, 1977,『國譯 三國史記』380쪽)으로 보는 견해가 있다. 석현성은「광개토왕릉비문」의 영락 14년 대방계 전투에 나오는 '石城'과 같은 곳으로 추정되며, 이 전투는 백제가 393년에 고구려에게 빼앗긴 관미성과 석성을 되찾기 위해 왜병과 함께 수군을 동원하여 전쟁을 벌인 것이다.

362 關彌城 : 백제의 북방 요충지인 관미성은「광개토왕릉비」에 閣彌城으로 표기되었고,『삼국사기』권18 고구려본기 광개토왕 즉위년(391)조에는 "其城四面絶 海水環繞"라 하였다. 관미성은 사면이 깎아지듯 가파르고 서해에 연한 지역에 있는 수로교통상의 요지에 위치하고 있음을 알 수 있다. 관미성의 위치에 대해서는 ①임진강과 한강이 합류되는 烏頭山城說(金正浩,『大東地志』권3 교하 성지; 윤일녕, 1990,「관미성위치고」,『북악사론』2, 103·164쪽), ②강화 교동도의 華蓋山城說(이병도, 1977, 앞의 책, 380쪽), ③강화도 河陰山城說(신채호, 1982,『조선상고사』단재 신채호전집(상); 윤명철, 2003,『고구려 해양사연구』, 사계절, 174쪽), ④고양시 중흥동 廢山城說(한백겸,『東國地理志』新羅所併 形勢 關防 관미성), ⑤白川郡 姑味浦說(酒井改藏, 1955,「好太王碑面の地名について」,『朝鮮學報』8, 51쪽), ⑥개성 부근의 關彌嶺說(박시형, 1966,『광개토왕릉비』, 사회과학출판사, 174~175쪽); 이도학, 1990,「백제 관미성에 관한 일고」,『가야통신』19·20 합), ⑦개풍군 백마산 부근설(손영종, 1982-2,「광개토왕릉비를 통하여 본 고구려의 영역」,『력사과학』, 297쪽) 등이 있다. 391년 전투에서 고구려가 백제의 석현성을 거쳐 관미성을 공격하여 이를 함락시키고 있으며, 이듬해에 백제가 左將 眞武를 보내 석현성 등 5성을 회복하려고 먼저 관미성을 공격한 것으로 보아, 관미성과 석현성은 인접한 군사적 요충임을 알 수 있다.

363 고구려가 關彌城을 쳐서 함락시켰다 : 동일한 내용이『삼국사기』권18 고구려본기에는 본 기사와 1년의 차이가 있는 광개토왕 즉위년(391)조에 "攻陷百濟關彌城 其城四面絶 海水環繞 王分軍七道 攻擊二十日 乃拔"로 기록되었으니, 고구려군이 7道로 나누어 관미성을 공격하여 20일 만에 함락시킨 것으로 나온다. 한편「광개토왕릉비」에는 관미성이 광개토왕이 永樂 6년(396)에 백제를 쳐서 함락시킨 58성 중의 하나로 나와 본 기사와 5년의 차이가 있다. 이러한 연대 차이는「광개토왕릉비」에서 광개토왕의 백제 정복 업적을 永樂 6년조에 일괄 기록하면서 빚어진 것으로 보인다.

그림51 | 관미성 추정지

서 사냥하였는데, 열흘이 지나도 돌아오지 않았다. 11월에 구원狗原의 행궁
行宮에서 죽었다.[364]

364　구원의 행궁에서 죽었다 : 이『삼국사기』에서는 진사왕이 구원에서 사냥을 하다가 행궁에
　　서 죽은 것으로 기록되어 있는 것과 달리,『일본서기』권10 應神紀 3년조에는 "是歲 百濟
　　辰斯王立之 失禮於貴國天皇 故遣紀角宿禰・羽田矢代宿禰・石川宿禰・木菟宿禰讓
　　其无禮狀 由是 百濟國殺辰斯王以謝之 紀角宿禰等便立阿花爲王而歸"라 하여 진사왕
　　이 살해당한 것으로 기록하였다. 진사왕을 살해하고 아신왕을 옹립한 세력으로는 紀角宿
　　禰로 대표되는 목씨 세력(紀氏세력을 목씨 세력과 관련시켜 보는 견해는 이홍직, 1971,
　　「백제인명고」,『한국고대사의 연구』, 신구문화사, 347쪽; 김현구, 1993,『임나일본부 연구』,
　　일조각, 77쪽 참조)이 관여했던 사실을 시사해 주고 있다. 진사왕의 죽음은 즉위 과정에서
　　의 문제, 관미성 패전에 따른 사후 수습과 관련된 지배 세력 간의 대립에서 찾을 수 있다.

17) 권25 백제본기百濟本紀 3 아신왕阿莘王[365][아방阿芳이라고도 부른다.]

침류왕의 맏아들이다.[366] 처음 한성漢城의 별궁에서 태어났을 때 신비로운 광채가 밤을 밝혔다. 장성해서는 뜻과 기개가 빼어났으며, 매 사냥과 말타기를 좋아했다. 왕이 죽었을 때 나이가 어렸기 때문에 숙부 진사가 왕위를 이었다가 8년에 죽자 왕위에 올랐다.

2년(393) 봄 정월에 동명묘東明廟에 배알하였다. 또 남쪽 제단(南壇)에서 하늘과 땅에 제사를 지냈다. 진무眞武[367]를 좌장左將으로 삼고 군사 업무를 맡겼다. 진무는 왕의 국구國舅로, 침착하고 굳세며 큰 지략이 있어 당시 사람들이 복종하였다.

가을 8월에 왕이 진무에게 다음과 같이 말하였다.

"관미성關彌城은 우리 북쪽 변경의 요충지이다. 지금 고구려의 소유가 되었으니, 이는 과인寡人이 분하고 애석하게 여기는 바이다. 경은 마땅히 마음

365　阿莘王 : 백제 제17대 왕으로 재위 기간은 392~405년이다. 침류왕의 맏아들이다. 아신왕의 이름에 대해 본 기사의 세주와 『삼국유사』 王曆篇에는 '阿芳'으로, 『일본서기』 권9 신공기 攝政 65년 및 권10 應神紀 3년조에는 '阿花王'으로 나온다. 아신은 숙부 진사왕의 찬탈로 빼앗긴 왕위를 되찾은 것으로 볼 수 있는데, 고구려에게 빼앗긴 관미성을 되찾기 위해 노력하였으며, 태자 전지를 왜에 인질로 보내 왜와의 우호를 돈독히 하였다. 내정은 왕족, 군사권은 진씨 및 사씨 세력에게 위임하여 상호 견제를 통해 왕권의 안정을 이루려 하였으나, 외척 진씨 세력의 독주를 막는 데는 실패하였다. 장인 진무를 앞세워 광개토왕의 남정으로 상실한 예성강 유역 회복을 적극 추진한 것은 진사왕을 죽이고 즉위한 권력 획득의 정당성과 직결된 문제로 볼 수 있다(문안식, 2006, 앞의 책, 181쪽). 하지만 고구려 광개토왕의 공격을 받아 많은 성·촌을 빼앗기고 大臣과 將士 10여 명을 인질로 보내고 細布 1천 필을 바치는 수모를 당하기도 하였다.

366　침류왕의 맏아들이다 : 『三國遺事』 王曆에는 "阿莘王 一作阿芳 辰斯子"라 하여 차이가 있다.

367　眞武 : 왕의 외척으로 침착하고 굳세며 지략이 있는 인물로 알려졌다. 아신왕 2년에 左將에 임명된 점에서, 그가 진사왕을 살해하는 정변에서 핵심적인 역할을 한 것으로 보고 있다(노중국, 1983, 앞의 책, 150쪽).

을 써서 설욕하라."

드디어 병사 1만 명을 거느리고 고구려의 남쪽 변경을 치르기로 하였다. 진무가 몸소 군사들보다 앞장서서 화살과 돌을 무릅쓰면서 석현성石峴城 등 5개의 성을 회복하려고 먼저 관미성을 포위하였으나, 고구려 사람들은 성문을 닫고 굳게 지켰다. 진무는 군량 수송이 이어지지 않자 군사를 이끌고 돌아왔다. [368]

3년(394) 봄 2월에 맏아들 전지腆支[369]를 태자로 삼고, 크게 사면하였다. 이복동생(庶弟) 홍洪을 내신좌평으로 삼았다.

가을 7월에 고구려와 수곡성水谷城[370] 밑에서 싸워 패배하였다. 금성(太白星)이 낮에 나타났다. [371]

4년(395) 봄 2월에 혜성이 서북쪽에 나타났다가 20일 만에 사라졌다.

가을 8월에 왕이 좌장左將 진무眞武 등에게 명령하여 고구려를 치게 하였

---

368 드디어 병사 1만 명을 거느리고 … 이끌고 돌아왔다 : 『삼국사기』 권18 고구려본기 광개토왕 2년(392)조에는 "百濟侵南邊 命將拒之"이라고 간략하게 기록하였다.

369 腆支 : 아신왕의 맏아들로 태자로 책봉된 후 397년 왜국에 인질로 파견되었다가 405년 아신왕이 죽자 왕위를 잇기 위해 귀국하였다. 그러나 귀국 도중에 동생 설례가 왕위를 찬탈하자 한성인 해충을 중심으로 한 전지 지지파가 설례의 난을 진압한 이후에 왕위에 오르게 되었다.

370 水谷城 : 현재의 황해도 新溪郡 多栗面이다. 고구려 때의 명칭은 水谷縣 또는 買旦忽, 신라 때의 명칭은 檀溪縣, 고려 때의 명칭은 俠溪縣이었다. 이 전투 기사가 『삼국사기』 권18 고구려본기 광개토왕 3년(393)조에는 "百濟來侵 王率精騎五千 逆擊敗之 餘寇夜走"라고 기록되어 있어 1년의 차이가 있다.

371 『晉書』 권9 효무제기의 "東晋武帝 太元十七年(392) 秋七月 丁丑 太白晝見"와 『진서』 C£13 天文下의 "東晋武帝 太元十九年(394) 五月 又晝見于柳 六月 辛酉(394.7.21) 又晝見于輿鬼 九月 又見于軫 … 太元二十年(395) 七月丁亥 太白晝見 在太微 占日 太白入太微 國有憂 晝見 為兵喪 … 太元二十一年(396) 二月 壬申 太白晝見 三月癸卯 太白連晝見 在羽林 占日 有强臣 有兵喪 中軍兵起 三月 太白晝見 于胃 占日 中軍兵起 四月壬午 太白入天囷 占日 爲饑 是年九月 帝崩" 기록이 참고된다.

다. 고구려 왕 담덕談德이 친히 군사 7천 명을 거느리고 패수浿水 가에 진을 치고 막아 싸웠는데, 우리 군사가 크게 패하여 죽은 자가 8천 명이었다.[372]

겨울 11월에 왕은 패수의 싸움을 보복하려고 친히 군사 7천 명을 이끌고 한수를 건너 청목령青木嶺[373] 밑에서 머물렀는데, 큰 눈을 만나 병사들이 많이 얼어 죽자 군대를 돌려 한산성漢山城에 이르러 군사들을 위로하였다.

6년(397) 여름 5월에 왕이 왜국倭國[374]과 우호를 맺고 태자 전지腆支를 볼모로 보냈다.[375]

---

372   고구려 왕 談德이 … 죽은 자가 8천 명이었다 : 이 패수 전투는 『삼국사기』 권18 고구려본기 광개토왕 4년(394)조에 "王與百濟戰於浿水之上 大敗之 虜獲八千餘級"이라고 기록되어 있어 1년의 차이가 있다.

373   青木嶺 : 명칭에서 미루어 볼 때 青木山과 연관된다. 『新增東國輿地勝覽』 권4 開城府 上 山川松嶽條에서는 현재의 경기도 開城市 松岳山으로 비정하였고, 安鼎福은 『東史綱目』 第1 上 壬子馬韓 百濟始祖 十年條에서 開城·金川 경계의 青石洞(현재의 경기도 開豊郡 嶺南面 天摩山)으로 보았다.

374   倭國 : 『삼국지』 권30 위서 동이전 倭條에 의하면 倭는 수십 개의 小國으로 나뉘어 있었다. 중국 漢 때에는 100여 국이 한과 통하였고, 삼국시대 魏와는 30여 국이 통하였다. 3세기 중엽경의 맹주국은 邪馬臺國이었다. 邪馬臺國의 위치에 대해서는 奈良 지역으로 보는 설과 北九州 지역으로 보는 설이 있다. 5세기에는 『宋書』 권97 倭傳에 '讚·珍·濟·興·武' 등 왜의 5王이 중국 南朝의 宋에 사신을 보낸 것으로 나온다. 왜와 백제의 관계는 『日本書紀』 권9 신공기 섭정 46년조에서 50년조에 처음 보이고, 52년조에는 백제가 七枝刀·七子鏡 및 여러 종류의 보물을 왜에 보낸 것으로 나온다. 백제는 왜와 긴밀한 관계를 가졌고, 「광개토왕릉비」에는 백제의 요청에 따라 파견된 倭軍이 고구려와 싸우기도 하였다. 곧, 영락 9년(399) 및 10년(400)에는 고구려군이 보기 5만 명의 정규군을 동원해서 신라에 침공한 왜 세력을 크게 공파하였다. 405년 전지왕과 479년 동성왕이 왜에 체류하다가 귀국하여 즉위할 때에는 왜인이 호송 역할도 담당하였다. 당시 일본열도는 6세기 이전까지 아직 통일 정권이 수립되지 못하고 각 지역 단위의 수장층이 병립하는 연합 정권 시대였으니, 畿內의 大和나 河內 세력이 중심이 되어 吉備나 큐슈의 중·북부지역의 서부 일본 수장층 간의 동맹·연합 체제를 이룬 것으로 보인다.

375   태자 腆支를 볼모로 보냈다 : 아신왕이 태자 전지를 왜국에 인질로 파견한 것은 왜와의 우호 관계를 돈독히 하고, 왜군을 동원하여 고구려의 남진 압력에 대항하기 위한 정책에서 나온 조치였다. 『일본서기』 권10 應神紀 8년(277+120=397)조에는 "春三月 百濟人來朝[百濟記云 阿花王立 无禮於貴國 故奪我國枕彌多禮及峴南支侵谷那東韓之地 是以

가을 7월에 한수 남쪽에서 군대를 크게 사열하였다.

7년(398) 봄 2월에 진무를 병관좌평으로 삼고, 사두沙豆를 좌장左將으로 삼았다.[376]

3월에 쌍현성雙峴城[377]을 쌓았다.

가을 8월에 왕이 장차 고구려를 치려고 군사를 내서 한산 북쪽의 목책에 이르렀다. 그날 밤에 큰 별이 병영 안에 떨어지며 소리가 났다. 왕이 이를 매우 꺼리어 곧 중지하였다. 9월에 왕도 사람들(都人)을 모아 서쪽 장대(西臺)에서 활쏘기를 익히게 하였다.

8년(399) 가을 8월에 왕이 고구려를 치고자 하여 군사와 말들을 크게 징발하였다. 백성들은 전쟁에 시달려 신라로 많이 도망하니 호구가 줄어들었다.

9년(400) 봄 2월에 혜성이 규수奎宿[378]와 루수婁宿[379]에 나타났다.[380]

遣王子直支于天朝 以脩先王之好也"라고 기록하였다. 백제는 397년 왜와의 교섭에서 왜에게 신뢰를 주고 군사적 협력도 요청하기 위해 정치적 비중이 높은 차기 왕위 계승권자인 태자를 인질로 파견한 것이다. 왜는 종래 가야를 통해 선진 문물을 접하는 데에 따른 한계를 극복하고 백제와 남조로 연결되는 무역 루트를 통해 국가 형성에 필요한 선진 문물을 수용하려는 기대가 작용한 것 같다. 백제는 바로 전 해 고구려에 인질을 파견한 경험을 왜에도 적용하였다. 전지는 아신왕 3년(394)에 태자로 책봉되고 397년에 왜에 파견되었다가 아신왕이 죽은 405년에 귀환하였으므로, 그의 왜 체류 기간은 9년이다.

376　沙豆를 左將으로 삼았다 : 沙豆는 사씨 세력으로 금강 유역에 세력 기반을 가진 신진 재지세력들을 대고구려전에 동원하기 위한 의도로 보인다. 이런 면에서 사두에게 병권을 맡긴 것은 고구려와의 전쟁에서 패전을 거듭하고 있었던 진씨세력을 보완하기 위한 조치로 풀이된다.

377　雙峴城 : 임진강 건너 장단 북쪽에 위치한 망해산의 쌍령 부근으로 추정된다(문안식, 2006, 앞의 책, 194~195쪽).

378　奎宿 : 28宿 중 서방 백호 七宿의 첫 번째이다. 중심별은 안드로메다자리(η And)이다.

379　婁宿 : 28宿 중 서방 백호 七宿의 두 번째이다. 중심별은 양자리(β Ari) 세라탄이다.

380　『송서』『송서』 권25 천문지의 "晋安帝 隆安四年 二月 己丑(400.3.19) 有星孛于奎 長三丈 上至閣道・紫宮西蕃 入北斗魁 至三台・太微・帝座・端門 占日 彗拂天子廷閣 易主

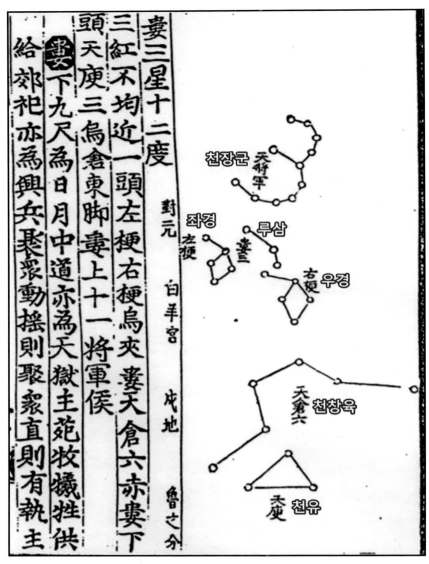

그림52 | 『천문류초』의 루수婁宿와 딸린 별자리

之象 經三台 入北斗 占同上條 十二月 戊寅 有星孛于貫索·天市·天津 占日 貴臣獄死
內外有兵喪 天津爲賊斷 王道天下不通 十二月 太白在斗晝見 至五年正月乙卯 案占 災
在吳·越"과『진서』권13 천문지의 "晋安帝 隆安四年 二月 己丑(400.3.19) 有星孛于奎

여름 6월 초하루 경진일에 일식이 일어났다.[381]

11년(402) 여름에 크게 가물어 벼의 모가 타서 말랐다. 왕이 친히 횡악橫岳에서 제사 지냈더니 곧 비가 왔다.

5월에 사신을 왜국에 보내 큰 구슬[382]을 구하였다.

12년(403) 봄 2월에 왜국의 사신이 왔다. 왕이 이를 맞아 위로하였는데, 특별히 두터웠다.

가을 7월에 군사를 보내 신라의 변경을 쳤다.[383]

14년[384](405) 봄 3월에 흰 기운이 왕궁 서쪽에서 일어났는데, 마치 한 필의 비단 같았다.

가을 9월에 왕이 죽었다.

　　長三丈 上至閣道·紫宮西蕃 入北斗魁 至三台 三月 遂經于太微帝坐端門 占日 彗星掃天子庭閣道 易主之象 經三台入北斗 占同上條 十二月 戊寅 有星孛于貫索·天市·天津 占日 貴臣獄死 內外有兵喪 天津爲賊斷 王道天下不通 案占 災在吳越"과 동일한 기록이다.

381 『위서』 天象志 권105의 "北魏 道武帝 天興 3년 6월 庚辰朔(400.7.8) 日有食之", 『晉書』 安帝 권10과 『晋書』天文中 권12의 "晋 安帝 隆安4년 6월 庚辰朔(400.7.8) 日有食之" 기록과 대응된다. 이 아신왕 9년(400) 6월 庚辰朔(400.7.8)의 일식은 경주 0.67의 高食分 부분일식으로 보였다.

382 큰 구슬 : 백제는 402년과 409년 왜와의 교섭에 구슬을 중시하였다. 『隋書』 卷81 列傳 46 東夷 倭國에 의하면, 왜의 특산품으로 如意寶珠가 있는데 그 색깔이 푸르고 큰 것은 달걀만한 것이 밤이면 광채가 나서 마치 물고기 눈의 정기와 같다고 하였다.

383 군사를 보내 신라의 변경을 쳤다 : 동일한 내용이 『삼국사기』권3 신라본기 實聖尼師今 2년(403)조에 나온다.

384 14년 : 아신왕의 재위 기간. 『三國遺事』 王曆篇에는 "壬辰立 治十三年"이라 하여 1년 차이가 있다.

그림53 | 서산 마애삼존불 중 큰 구슬을 받들고 있는 우협시 봉보주(捧寶珠) 보살상

18) 권25 백제본기百濟本紀 3 전지왕腆支王[385][직지直支라고도 부른다.]

『양서梁書』[386]에는 이름을 영映이라고 하였다. 아신왕阿莘王의 맏아들이다. 아신왕이 재위 3년째에 태자로 삼았고, 6년에는 왜국에 볼모로 나갔다. 14년에 왕이 죽자 왕의 둘째 동생 훈해訓解가 정사를 대리하면서 태자의 환국을 기다렸는데, 막내 동생 설례碟禮[387]가 훈해訓解를 죽이고 스스로 왕이 되었다. 전지가 왜국에서 부음을 듣고 소리 내어울면서 귀국하기를 청하니 왜왕이 병사 100명으로 호위하며 보냈다.[388] 국경에 이르자 한성 사람 해충解忠이 와서 고하였다.

"대왕께서 돌아가시자 왕의 동생 설례가 형을 죽이고 스스로 왕이 되었습니다. 원컨대 태자께서는 경솔히 들어가지 마십시오."

---

385 腆支王 : 백제 18대 왕으로 재위 기간은 405~420년이다. 아신왕의 맏아들이다. 전지왕의 이름에 대해 본 기사의 細注 및 『日本書紀』권10 應神紀 16년조에는 '直支'로, 『梁書』권 54 열전 백제전에는 '映'으로, 『三國遺事』王曆篇에는 "第十八腆支王 一作眞支王 名映"으로, 『通典』권180 변방 1 동이 백제전에는 '扶餘腆'으로 나온다. 아신왕 6년(397)년에 왜국에 인질로 갔다가 부왕이 죽자 9년 만에 귀국하여, 왕위를 찬탈한 숙부 설례를 지지하는 세력을 물리치고 왕위에 올랐다. 왕비는 八須夫人이다. 전지왕대에는 해씨 세력이 실권을 장악하였으며, 상좌평을 설치하여 군국정사를 총괄하게 하였다.

386 『梁書』: 중국 25史 중의 하나로, 중국 남조 梁의 역사책이다. 陳의 吏部尙書였던 姚察이 陳 大建中(570년대)에 梁·陳 二史를 修撰했으나 완성하지 못하고 죽자, 그 아들 姚思廉이 아버지의 유언에 의해 唐 貞觀 3년(629)부터 그 사업을 계속하여 정관 10년(636)에 완성하였다. 본기와 열전으로 구성되었으며, 총 56권이다.

387 碟禮 : 아신왕의 막내 동생. 아신왕이 죽은 후 섭정하던 둘째 형 訓解를 죽이고 자립하여 왕이 되었으나 태자 전지를 지지하는 세력에 의해 피살되었다.

388 왜왕이 병사 100명으로써 호위하며 보냈다 : 이는 전지가 즉위하는데 왜의 호송병 100명이 도움을 준 것을 보여준다. 『일본서기』권10 應神紀 16년조에는 "是歲 百濟阿花王薨 天皇召直支王謂之曰 汝返於國 以嗣位 仍且賜東韓之地而遣之[東韓者 甘羅城·高難城·爾林城 是也]"로 나온다. 479년 백제 東城王이 왜에 체류하고 있다가 三斤王이 죽은 후 즉위할 때에도 왜병 500명이 호송한 일(『일본서기』권14 雄略紀 23년 하4월)이 있다.

전지는 왜인倭人을 머물러 두고 자기를 호위하게 하고, 바다의 섬에 의지하며 기다렸더니, 나라 사람들이 설례를 죽이고 전지를 맞아 왕위에 오르게 하였다. [389] 왕비는 팔수부인八須夫人이니 아들 구이신久爾辛을 낳았다.

2년(406) 봄 정월에 왕이 동명묘東明廟에 배알하고 남쪽 제단(南壇)에서 하늘과 땅에 제사를 지냈으며, 죄수들을 크게 사면하였다.

2월에 사신을 진晉[390]에 보내 조공하였다.

가을 9월에 해충解忠을 달솔達率로 삼고 한성漢城의 조租 1천 섬[391]을 주었다.

3년(407) 봄 2월에 이복동생(庶弟) 여신餘信을 내신좌평으로 삼고, 해수解須[392]를 내법좌평內法佐平으로 삼고, 해구解丘[393]를 병관좌평으로 삼았는데, 모두 왕의 친척이었다. [394]

---

389   나라 사람들이 … 설례를 죽이고 전지를 맞아 왕위에 오르게 하였다 : 전지와 설례가 왕위 계승 다툼을 할 때 전지를 지지한 세력은 왕족 餘信과 解須·解丘·解忠의 解氏 세력이었다. 이전까지 실권을 장악했던 진씨 세력이 전지왕 즉위 이후 해씨 세력으로 교체된다는 점에서, 설례를 지지했던 세력은 眞氏 세력으로 볼 수 있다. 진씨 세력은 고구려와의 거듭된 패전을 호도하고 실추된 세력을 만회하기 위해 설례를 옹립하고자 하였을 것이다.

390   晉 : 여기의 晉은 西晉의 愍帝가 漢의 劉曜에게 멸망하자 그 일족인 瑯瑘王 司馬睿(元帝)가 江南의 建業(현재의 南京)에서 즉위하여 세운 東晉(317~419)을 뜻한다. 수도인 建業이 西晉의 서울인 洛陽의 동남쪽에 있었기 때문에 동진이라고 한다. 11대 恭帝 때에 宋의 武帝에게 멸망하였다.

391   漢城의 租 1천 섬 : 한성의 解忠은 腆支王을 옹립하는데 중추적인 역할을 한 공로로 漢城의 租 1천 섬을 지급받았다. 이는 신라에서 녹봉의 성격으로 이해되는 歲租와 같은 것(안병우, 1992, 「6~7세기의 토지제도」, 『한국고대사논총』 4, 287~289쪽)으로 보인다. 한성의 조는 각 지역의 토지에서 징수한 세곡미를 수합하여 한성의 창고에 보관된 곡물로 볼 수 있다.

392   解須 : 백제 전지왕대의 인물로 왕의 姻戚이었다. 전지왕을 옹립한 공으로 內法좌평이 되었으며, 毗有王대에는 內臣좌평으로 승진하여 국정을 장악하였다.

393   解丘 : 전지왕대의 인물로 해수와 함께 왕의 姻戚이었다. 전지왕을 옹립한 공으로 兵官좌평이 되어 병마권을 통괄하였으며, 전지왕 13년(416)에 沙口城을 축조하는 책임을 맡았다.

394   이복동생(庶弟) 餘信을 … 모두 왕의 친척이었다 : 이로 보아 解須와 解丘의 해씨 세력

4년(408) 봄 정월에 여신餘信을 상좌평上佐平[395]으로 삼고 군무와 정사를 맡겼다. 상좌평 직은 이로부터 시작되었는데, 지금(고려)의 총재冢宰[396]와 같다.

5년(409) 왜국이 사신을 파견하여 야명주夜明珠[397]를 보내오니 왕이 후한 예로 대접하였다.

11년(415) 여름 5월 갑신일에 혜성이 나타났다.[398]

은 王의 姻戚으로 전지왕의 즉위에 핵심 역할을 했기 때문에 내법좌평·병관좌평 등 국가의 주요 관직을 차지한 것으로 볼 수 있다. 이에 왜에 9년 동안 체류하여 권력 기반이 취약했던 전지왕은 왕서제인 여신을 수석 좌평인 내신좌평에 임명하여 해씨 세력을 견제하고 왕권을 안정시키려 하였다.

395 上佐平 : 전지왕 4년(408)에 설치한 수석좌평으로 군국정사를 담당하였다. 좌평은 본래 率系 관등으로 구성된 귀족회의[諸率會議]의 의장이었는데 이때 상좌평이 설치되면서 上佐平·中佐平·下佐平(『日本書紀』권19 欽明紀 4년조 참조)과 일반 좌평으로 분화되었다. 이후 좌평들로 구성된 좌평회의체에서 주요한 국정을 논의·결정할 때 상좌평은 수석좌평으로 의장을 맡았다. 이 상좌평과 후일 사비시기에 와서 정비된 6좌평과의 관계에 대해 상좌평을 6좌평 위에 있는 수상직으로 보는 견해(이종욱, 1978, 「백제의 좌평」, 『진단학보』 45, 39쪽)도 있다. 상좌평의 성격은 군국정사를 총괄하는 최고위 관직으로 고려시대의 총재와 같다고 하였으므로, 신라의 上大等과 비슷한 것으로 볼 수 있다. 전지왕이 처음 설치된 상좌평에 왕족인 여신을 임명하여 해씨 세력을 견제하였다는 점이나, 상좌평이 신라의 상대등처럼 국정을 총괄하면서 귀족 세력을 일원적으로 통솔하였다(주보돈, 1992, 「삼국시대의 귀족과 신분제」, 『한국사회발전사론』, 일조각, 42~56쪽). 상좌평의 존재는 『삼국사기』 권28 백제본기 의자왕 19년조에도 보인다.

396 지금(고려)의 冢宰 : 중국에서 宰는 周代 六官의 長으로서 천자를 보좌하고 百官을 統御하는 역할을 하였다(『書經』 권18 周官에 "宰掌邦治 統百官 均四海"라고 한 기사 참조). 고려 시대에는 宰臣(宰相)이 6部判事를 겸하였는데 재신의 班次에 따라 순서가 정해져 있었다. 班次第一의 재신(재상)을 宰 또는 首相이라 하였고, 班次第二의 재상을 2宰 또는 亞相이라 하였다. 門下侍中은 반차 제일의 재상이면서 判吏部事를 겸하는 것이 원칙이었다. 따라서 특별한 사정이 없는 한 총재는 판이부사를 겸한 문하시중을 가리키는 것이다(邊太燮, 1981, 『高麗政治制度史研究』, 일조각, 79~80쪽).

397 夜明珠 : 어두운 밤에도 빛을 낸다고 하는 귀중한 구슬. 夜光珠·夜光明珠·夜光玉이라고도 한다. 백제는 402년과 409년 왜와의 교섭에 구슬을 중시하였다.

398 『위서』 권105 천상지의 "北魏太宗 神瑞二年 五月 甲申(415.6.24) 彗星出天市 掃帝坐 在房心北 市所以建國均人心 宋分也 國且殊號 人將更主 其革而爲宋乎"와 『송서』 권25 천문지의 "晋安帝 義熙十一年 五月 甲申(415.6.24) 彗星出天市 掃帝座 在房心 房心 宋

그림54 | 백제 금동대향로의 봉황 : 턱 밑에 여의주를 끼고, 발 아래에 큰 구슬을 딛고 있다.

12년(416) 동진東晉의 안제安帝[399]가 사신을 보내 왕을 책봉하여 사지절使

之分野 案占 得彗柄者興 除舊布新 宋興之象", 『진서』 권13 천문지의 "晋安帝 義熙十一
年 五月 甲申(415.6.24) 彗星二出天市 掃帝坐 在房心北 房心 宋之分野 案占 得彗柄者
興 除舊布新 宋興之象"과 동일한 기록이다. 『위서』 천상지에 가장 먼저 관측된 사건으로,
415년 4.29 辛巳에 星字가 천시원에 출현하였고, 3일 뒤인 5.2 甲申에는 혜성이 천시원
에서 나와 帝座를 쓸고 지나서 청룡좌의 房心 북쪽에 자리하고 있다고 기록하였다. 415
년 6.18 己巳에는 성패가 昴星의 남쪽에 있다고 기록하였으므로, 전체로 보면 4.29일에서
6.18일까지 49일간 출현한 혜성 기록으로 볼 수 있다. 여기서 동일한 성변을 성패와 혜성
으로 표현을 달리 할 수 있음을 보여준다(김일권, 2018, 『삼국사기』 고구려·백제의 별자
리목록과 천문성변기록 분류 연구『한국고대사탐구』30, 452쪽).

399　安帝 : 동진의 제11대 황제로 재위 기간은 397~418년이다. 이름은 德宗. 孝武帝의 장자
　　　로 태원 12년(387)에 황태자가 되었고 태원 21년(397)에 효무제가 죽자 즉위하였다.

持節[400] 도독백제제군사都督百濟諸軍事[401] 진동장군鎭東將軍[402] 백제왕百濟王으

400　使持節 : 중국에서 節은 使臣이나 將軍이 가진 황제의 信標(兵符·符節)이다. 節을 받
　　는 자의 자격이나 지위에는 使持節·持節·假節의 3종류가 있었다. 그중 使持節이 가장
　　높아 二千石 이하를 처형할 수 있는 全權을 가졌다. 『宋書』권39 百官 상에 "持節都督 無
　　定員 前漢遣使始有持節 … 晉世則都督諸軍爲上 監諸軍次之 督諸軍爲下 使持節爲上
　　持節次之 假節爲下 使持節得殺二千石以下 持節殺無官位人 若軍事得與使持節同 假
　　節唯軍事得殺犯軍令者"라 하였다. 持節 제도는 漢代에서 비롯된 것으로, 晉代에는 使
　　持節을 上, 持節을 中, 假節을 下로 삼았다. 이처럼 將軍이 節을 받는다는 것은 君主로부
　　터 독자적인 권한을 위임받은 것을 의미한다(金翰奎, 1985, 「南北朝時代의 中國的 世界
　　秩序와 古代韓國의 幕府制」, 『韓國古代의 國家와 社會』, 일조각, 132~134쪽).

401　都督百濟諸軍事 : 백제의 군사권 업무를 統監하는 爵號이다. 중국 남북조시대에 州의
　　刺史는 將軍職을 兼領하면서 동시에 都督 등의 칭호를 가지고 군사권을 행사하였다. 군
　　사권의 상하 관계를 나타내는 加號에는 都督·監·督의 3종류가 있는데 그중 도독이 가
　　장 높았다. '都督00諸軍事'는 節을 부여받은 장군이 독자적인 권한으로 統監할 수 있는
　　군사 관할 지역을 규정한 것이다. 그러므로 '都督百濟諸軍事'는 백제 지역의 군사를 統監
　　한다는 의미이다. 都督諸州軍事는 중국의 분열 시기인 南北朝 시대가 낳은 산물인데, 西
　　晉 이후 都督이 州治의 刺史를 兼領하였다. 한 도독이 몇 개의 州를 兼統하기도 하고, 혹
　　은 몇 개의 郡을 統監하기도 하였다. 그러나 중요한 州의 刺史는 대체로 本州의 都督·
　　持節을 겸임하여 刺史로 州府를 설치하고 將軍의 職任으로 幕府(都督府)를 개설하였다
　　(金翰奎, 1985, 앞의 책, 132~133쪽). 都督과 刺史와의 관계에 대해서는 『南齊書』권16 백
　　관지에 "魏晉世州牧隆重 刺史任重者爲使持節都督 輕者爲持節督 起漢從帝時 御史中
　　丞馮敕討九江賊 督揚徐二州軍事 … 晉太康中 都督知軍事 刺史治民 各用人 惠帝密
　　乃幷任 非要州則單爲刺史 州朝置別駕 治中 議曹 文學祭酒 諸曹部從事"라 한 기사를
　　참조. 都督은 군사권을 장악한다는 의미로 漢代에서 비롯되었다. 晉代에는 都督諸軍을
　　上, 督諸軍을 次, 督諸軍을 下로 삼았는데, 일정 지역의 군 통수권을 위임한다는 의미의
　　加號였다. 이는 魏晉代에 대체로 刺史에게 함께 주어졌는데, 그 책임의 경중에 따라 使
　　持節·都督과 持節·督으로 나누어 加號되었다.

402　鎭東將軍 : 東晉 4鎭(鎭東·鎭西·鎭南·鎭北) 장군의 하나로 1인을 두었다. 東晉代 鎭
　　東장군의 관품은 분명하지 않으나 『宋書』권40 백관 하에 의하면 劉宋代에는 3品이었다.
　　중국 남북조시대 관제의 특징은 장군직제의 발달인데, 본래의 군사적 성격보다는 관직의
　　고하를 표시하는 것이 주된 기능이었다. 이것이 중국왕조가 책봉 관계를 통해 주변국의
　　수장에게 장군호를 사여하는 외교적 관행으로 확대 실시되었다. 漢代의 장군직은 종류
　　가 많지 않고 상설된 것도 아니었지만, 魏晉代를 거치면서 그 수가 점차 증가하여 남북조
　　시대에는 상당수의 새로운 장군직이 신설되었고, 관제로 정비되어 체계화되었다. 북위와
　　송은 『위서』官氏志와 『송서』백관지에 의하면 각각 100호와 70여호의 각종 장군직이 기

로 삼았다.[403]

13년(417) 봄 정월 초하루 갑술일에 일식이 일어났다.[404]

여름 4월에 가물어서 백성들이 굶주렸다.

가을 7월에 동부와 북부 두 部의 사람으로 나이 15세 이상을 징발하여 사구성沙口城[405]을 쌓았는데, 병관좌평 해구解丘에게 공사를 감독하게 하였다.

14년(418) 여름에 사신을 왜국에 파견하여 흰 면포 10필을 보냈다.[406]

15년(419) 봄 정월 무술일에 혜성이 태미원太微垣[407]에 나타났다.[408]

재되어 있다. 이후 더욱 증가하여 梁 天監 7년(508)에는 여러 장군직을 국내용(125호)과 국외용(109호)로 나누어 24班의 품계에 따라 정비하였다. 梁 大通 3년(529)에는 240호의 장군직으로 개편되었으며, 陳代에는 237호에 달하였다. 이처럼 장군직이 발달하게 된 것은 독자적인 세력을 가진 지방 호족 세력을 국가체제에 편입시키기 위함이었다.

403   東晉의 安帝가 … 百濟王으로 삼았다 : 동일한 내용이 『송서』 권97 열전 백제전에 나온다.

404   『晉書』安帝 권10과 『晉書』天文中 권12의 "晋 安帝 義熙 13년 정월 甲戌朔(417.2.3) 日有食之"와 『북사』魏本紀 권1의 "北魏 明帝 泰常 2년 정월 甲戌朔(417.2.3) 日有食之" 기록과 대응된다. 이 전지왕 13년 정월 甲戌朔(417.2.3)의 일식은 경주 0.36의 低食分 부분 일식으로 보였다.

405   沙口城 : 병관좌평 解丘의 감독 하에 沙口城을 쌓았는데, 능비문의 영락 17년 기사에 나오는 沙溝城과 같은 성으로 볼 때, 이곳에서 고구려와 백제 간의 큰 전투가 벌어졌음을 알 수 있다.

406   사신을 왜국에 파견하여 흰 면포 10필을 보냈다 : 전지왕은 왜와 예물을 교환하는 등 아신왕대에 구축한 친왜 외교를 더욱 공고히 하였다.

407   太微垣 : 紫微垣, 天市垣과 함께 동양 별자리의 三垣 중 하나로, 서양 별자리의 처녀자리, 사자자리, 큰곰자리의 일부가 해당된다. 『사기』 권27 天官書에는 "南宮은 朱雀의 형상이며, 權과 衡이 있다. 衡은 太微인데, 三光(해, 달, 다섯 행성)의 宮廷이다. 匡衛(주위를 둘러싸고 호위하는) 12별은 보위하는 藩臣인데, 서쪽의 것은 장군이고 동쪽의 것은 재상이며 남쪽 4별은 執法이다. 중간은 端門이고 단문의 좌우는 掖門이다."라고 하였다. 『晉書』권11 지1 천문 상에는 "太微 天子庭也 五帝之坐也 十二諸侯府也 其外蕃 九卿也"라 하였으므로, 천자의 宮廷, 五帝의 座, 12諸侯의 府 등을 상징한다.

408   『진서』 권10 恭帝紀 및 『진서』 권13 천문지의 "晉恭帝 元熙元年 正月 戊戌(7일) 有星孛于太微西蕃 占曰 革命之徵 其年 宋有天下"와 동일한 기록이다.

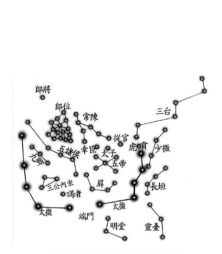

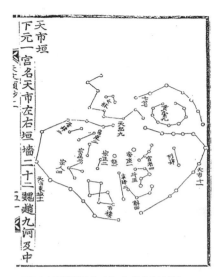

그림55 | 『천문류초』에 나타난 태미원　　　　그림56 | 『천문류초』에 나타난 천시원

겨울 11월 초하루 정해일에 일식이 일어났다.

16년[409](420) 봄 3월에 왕이 죽었다.

409　16년 : 전지왕의 재위 기간. 『삼국유사』 王曆篇에는 "乙巳立 治十五年"이라 하여 1년의
　　차이가 있다. 그런데 『宋書』 권97 열전 백제전에는 宋나라가 高祖(武帝) 永初 원년(420)
　　에 전지왕에게 鎭東大將軍의 작호를 준 것으로, 少帝 景平 二年(424)에는 전지왕이 長史
　　張威를 보내 조공한 것으로 나오고, 文帝 元嘉 2년(425)에는 송이 전지왕에게 책봉을 한
　　기사가 나와 본 기사와 어긋난다. 한편 『日本書紀』 권10 應神紀 25년조에는 "百濟直支王
　　薨 卽子久爾辛立爲王"이라 하여 응신 25년(414)에 전지왕이 죽은 것으로 나오나, 응신기
　　39년(428)조에는 "百濟直支王遣其妹新齊都媛 以令仕"라 하여 전지왕이 누이 新齊都媛
　　을 왜에 보낸 것으로 나오고 있다. 이에 전지왕의 죽음과 구이신왕의 즉위 연대에 관해서
　　는 414년설(『일본서기』 권10 응신기 25년), 420년설(『삼국사기』 백제본기 전지왕 16년 · 구
　　이신왕 즉위년), 424년 이후설(『송서』 백제전), 428년설(『일본서기』 권10 응신기 39년) 등
　　이 있다.

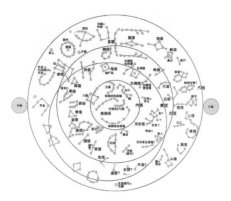

그림57 | 고구려 천문도의 영향으로 만들어진 일본 기토라 고분 천문도

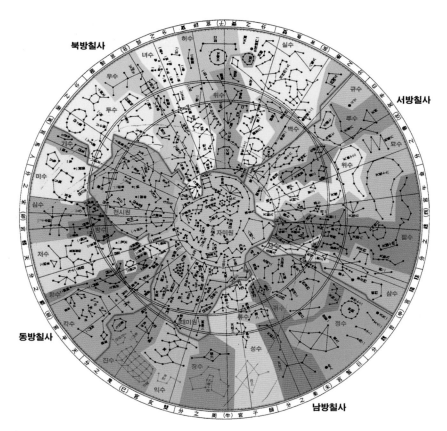

그림58 | 3원(자미원, 태미원, 천시원) 28수의 동양 별자리 체계

19) 권25 백제본기百濟本紀 3 구이신왕久爾辛王[410]

전지왕의 맏아들이다. 전지왕이 죽자 왕위에 올랐다.

8년[411](427) 겨울 12월에 왕이 죽었다.

---

410 久爾辛王 : 백제 제19대 왕으로 재위 기간은 420~427년이다. 전지왕의 아들이다. 전지왕의 사망 연대에 대해 각 사서마다 여러 이설이 있으므로 구이신왕의 즉위 연대도 이설이 있다. 『삼국사기』에는 구이신왕의 즉위 기사와 흥년 기사밖에 없다. 그러나 『日本書紀』 권10 應神紀 25년(414)조에는 "百濟直支王薨 卽子久爾辛立爲王 王幼年 大倭木滿致執 國政 與王母相淫 多行無禮 天皇聞而召之[百濟記云 木滿致者 是木羅斤資討新羅時 娶 其國婦而所生也 以其父功 專於任那 來入我國 往還貴國 承制天朝 執我國政 權重當世 然天皇聞其暴召之"라는 기록이 있다. 이에 의하면 구이신왕이 어린 나이에 즉위하자 권신 木滿致가 섭정을 한 왕모와 정을 통하고 권력을 잡아 국정을 마음대로 농단했다고 한다. 여기서 왕모는 전지왕비인 八須夫人으로 보인다. 목만치에 대해서는 475년 웅진 천도때 문주왕을 보필한 木劦滿致와 동일인 여부에 논란이 있다. 양자를 동일인으로 보는 견해는 목만치의 출생 시기를 403년으로 볼 경우 475년 웅진천도 때 역할을 한 목협만치의 연령이 70대이기 때문에 그때까지 생존했을 가능성이 높다는 것이다(김현구 외, 2002, 『일본서기 한국관계기사 연구(Ⅰ)』 일지사, 177~178쪽). 양자를 동일인으로 보지만 구이신왕대 목만치의 존재를 부정하거나 수정해 보는 견해도 있다(山尾幸久, 1978, 「任那に 關する一試論 -史料の檢討を中心に-」 『古代東アヅア史論集』 下, 216~219쪽; 古川政司, 1981, 앞의 글, 739~742쪽; 鈴木靖民, 1981, 「木滿致と蘇我氏」 『日本のなかの朝鮮文化』 50, 66~69쪽). 반면 이 기사의 연대를 3주갑 인하하여 개로왕 20년(474)으로 수정해 보는 견해도 있다(이근우, 1994, 『일본서기』에 인용된 백제삼서에 관한 연구」, 한국정신문화연구원 한국학대학원 박사학위논문, 85~90쪽).

411 8년 : 구이신왕의 재위 기간. 『삼국유사』 권1 왕력에는 "庚申立 治七年"이라 하여 1년의 차이가 있다.

20) 권25 백제본기百濟本紀 3 비유왕毗有王[412]

구이신왕의 맏아들이다[전지왕의 서자庶子라고도 하였는데, 어느 쪽이 옳은지 알 수 없다[413]]. 용모가 아름답고 말재주가 있어 사람들이 떠받들고 존중히 여겼다. 구이신왕이 죽자 왕위에 올랐다.[414]

2년(428) 봄 2월에 왕이 4부[415]를 순행하여 위무하고, 가난한 사람들에게 곡식을 차등 있게 주었다. 왜국의 사신이 이르렀는데, 수행하는 사람들이 50명이었다.[416]

---

412 毗有王 : 백제 제20대 왕. 재위 기간은 427~455년.『宋書』권97 열전 백제전에는 餘毗 로 나오는데, 이는 王의 이름 扶餘毗有를 중국식으로 單綴音化한 것이다. 비유왕은 7년 (433)에 신라와 화친하여 濟羅 동맹을 맺어 고구려의 압박에 대항하였고, 왜와의 우호 관계도 지속하였다.

413 전지왕의 庶子라고도 … 어느 쪽이 옳은지 알 수 없다 : 비유왕의 출계에 대해 구이신왕 의 아들설과 전지왕의 아들설을 전해주고 있다.『삼국유사』王曆篇에는 구이신왕의 아들 로 나온다. 그러나 구이신왕이 즉위할 때 연령은『일본서기』에 나이가 어렸다는 기록(『일 본서기』권10 응신기 25년), 그의 재위 연수가 8년에 불과하여 후사를 남기지 못했을 가능 성, 그리고 그의 뒤를 이은 毗有王이 이복 형제일 가능성이 높은 점 등으로 미루어 보아 대략 16세 정도인 것으로 알려지고 있다. 이로 보아 비유는 구이신왕의 아들보다는 전지 왕의 庶子라는 細注의 기사가 보다 타당하다.

414 구이신왕이 죽자 왕위에 올랐다 : 구이신왕이 23세로 단명한 점과 비유왕의 전지왕 서자 설로 보아 비유왕이 정변을 통해 즉위하였을 가능성이 제기되고 있다(천관우, 1976, 앞의 글(하), 138쪽; 노중국, 1988, 앞의 책, 140쪽; 이도학, 1990, 앞의 글, 295~296쪽). 구이신왕 이 나이가 어린 틈을 타서 권신 목만치가 왕모와 간통하고 권력을 농단하는 등의 실정에 반발하였을 가능성이 있다.

415 4部 : 동·서·남·북의 4部를 말한다. 이때의 4부가 왕도의 행정구역인 4부를 가리키는 것인지 지방 행정구역을 의미하는 것인지는 분명하지 않다.

416 왜국의 사신이 이르렀는데 수행자가 50명이었다 : 고구려가 427년 평양 천도를 통해 적 극적인 남진 정책을 추진하자 백제는 왜와 기존의 우호관계를 공고히 하는 것을 비롯하 여 다각적인 외교적 노력을 기울였다.『일본서기』권10 응신기 39년(428) 춘2월조에 의하 면, 전지왕의 妹 新齊都媛이 7명의 부녀들을 거느리고 왜에 파견되었다. 397년 백제가 태 자 전지를 왜에 인질로 파견한 이후, 이번에는 왜에 왕녀를 보낸 것이다. 이에 대해 왜는

그림59 | 남조의 송(劉宋)과 백제

3년(429) 가을에 사신을 송宋[417]에 보내 조공하였다.

겨울 10월에 상좌평 여신餘信이 죽자 해수解須를 상좌평으로 삼았다.[418]

11월에 지진이 일어났고, 큰 바람이 불어 기와를 날렸다.

12월에 얼음이 얼지 않았다.

답례로 從者 50명을 거느린 사절단을 백제에 보냈다.

417   宋 : 중국 남조의 하나로 東쪽의 權臣 劉裕가 420년에 恭帝로부터 禪位를 받아 세웠다. 建康(현재의 중국 江蘇省의 南京)에 도읍하였고, 479년 權臣 蕭道成에게 멸망하였다. 劉裕가 세웠기 때문에 劉宋이라고 한다.

418   상좌평 餘信이 죽자 解須를 상좌평으로 삼았다 : 이때 解須가 왕족 여신 이후 상좌평에 임명된 것은 비유왕 즉위 초의 정변과 관련이 있어 보인다. 이로써 해수로 대표되는 해씨 집단이 군국정사를 총괄하는 상좌평에 임명되어 권력을 다시 장악하였다.

제5장 | 사료로 보는 한성백제   455

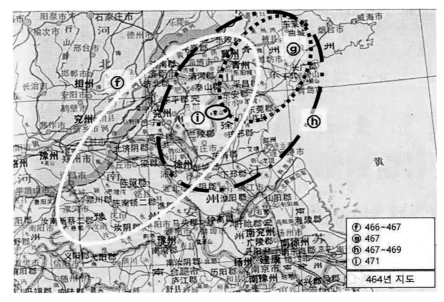

그림60 | 420~450년대 산동반도 정세(임동민, 2020)
ⓐ 북위가 422년부터 423년까지 남진하여 산동반도 서부의 황하 유역을 차지
ⓑ 송은 북위에게 황하 이남 토지의 반환을 재촉하면서, 430년 3월에 대규모 북벌군을 편성하
여 산동반도 서부에서 전쟁
ⓒ 북위가 445~446년에 산동반도 서부를 공격
ⓓ 북위가 450년 2월에 군사 10만으로 회수 일대까지 진격
ⓔ 북위가 457~458년에 산동반도 서부를 공격

4년(430) 여름 4월에 송 문황제文皇帝[419]는 왕이 다시 조공을 바쳤다고 하
여 사신을 보내 선왕先王 영映의 작호로 책봉해 주었다[전지왕 12년(416)에
동진이 책봉하여 사지절使持節 도독백제제군사都督百濟諸軍事 진동장군鎭東將
軍 백제왕百濟王으로 삼았다[420]].

7년(433) 봄과 여름에 비가 오지 않았다.

419　송 文皇帝 : 남조 유송의 제3대 황제로 이름은 義隆이다. 무제의 셋째 아들로 재위 기간
　　은 424~453년이다.
420　동진이 책봉하여 … 삼았다 : 동일한 내용이 『宋書』 권97 열전 백제전에 나온다.

가을 7월에 사신을 신라에 보내 화친을 청하였다.[421]

8년(434) 봄 2월에 사신을 신라에 파견하여 좋은 말 2필을 보냈다.

가을 9월에 또 흰 매를 보냈다.

겨울 10월에 신라가 질 좋은 금(良金)[422]과 밝은 구슬(明珠)[423]로 답례하였다.[424]

14년(440) 여름 4월 초하루 무오일에 일식이 일어났다.[425]

겨울 10월에 사신을 송宋에 보내 조공하였다.

21년(447) 여름 5월에 왕궁 남쪽 연못 가운데 불이 났는데, 불꽃이 수레바퀴 같았으며, 밤이 새고 나서야 꺼졌다.

가을 7월에 가물어 곡식이 익지 않았다. 백성들이 굶주려 신라로 흘러 들어간 사람들이 많았다.

---

421 사신을 신라에 보내 화친을 청하였다 : 『삼국사기』 권3 신라본기 訥祗麻立干 17년(433)조에는 "百濟遣使請和 從之"라 하여 신라가 백제의 화친 요청에 따른 것으로 나온다. 고구려 장수왕이 16년(427)에 평양으로 천도하여 남진 의지를 천명하자 백제와 신라는 위협을 느꼈다. 이에 백제는 지금까지 적대 관계에 있던 신라와의 관계를 개선하기 위해 433년 당시 고구려와 동맹 관계에 있었던 신라에 먼저 和好를 요청하였고, 이듬해 화호의 표시로 良馬 2필과 흰 매를 예물로 신라에 보냈다. 이에 대해 신라 눌지마립간은 황금과 명주를 백제에 보내 화답하면서 양국은 우호 관계를 맺게 되었다.

422 질 좋은 금(良金) : 『삼국사기』 권3 신라본기 눌지마립간 18년(434)조에는 '黃金'으로 나온다.

423 밝은 구슬(明珠) : 어두운 밤에도 빛을 낸다고 하여 夜光珠·夜光明珠·夜光玉이라고도 한다.

424 신라가 질 좋은 금(良金) … 답례하였다 : 동일한 내용이 『삼국사기』 권3 신라본기 눌지마립간 18년(434)조에 나온다.

425 『魏書』 天象志 권105와 『北史』 魏本紀 권2의 "北魏 太武帝 太平眞君 元年 4月 戊午朔(440.5.17) 日有食之", 『宋書』 文帝 권5와 『魏書』 五行5 권34의 "宋 文帝 元嘉 17年 4月 戊午朔(440.5.17) 日有食之" 기록과 대응된다. 이 비유왕 14년 4月 戊午朔(440.5.17)의 일식은 경주 0.19의 微食分 부분일식으로 보였다.

그림61 | 부여 능산리 동하총 청룡도(모사도)

28년(454) 별이 비처럼 떨어졌고, 혜성이 서북쪽에 나타났는데, 길이가 2장丈 가량이었다.

가을 8월에 메뚜기가 곡식을 해쳐 기근이 들었다.

29년[426](455) 봄 3월에 왕이 한산漢山에서 사냥하였다.

가을 9월에 검은 용이 한강漢江에 나타났는데, 잠깐 동안에 구름과 안개가 끼어 어두컴컴해지더니 날아가 버렸다. 왕이 죽었다.[427]

---

426 29년 : 비유왕의 재위 기간.『三國遺事』王曆篇에는 "丁卯立 治二十八年"으로 나와 1년 차이가 있다.
427 왕이 죽었다 : 흑룡의 출현은 흉조이므로, 비유왕은 정변에 의해 희생되었을 가능성이 높다(이도학, 1985,「漢城末・熊津時代 百濟王位繼承과 王權의 性格」,『韓國史研究』50・51합, 3~4쪽; 노중국, 1988, 앞의 책, 140쪽).

21) 권25 백제본기百濟本紀 3 개로왕蓋鹵王[428]

[근개루近蓋婁라고도 부른다] 이름이 경사慶司[429]이며, 비유왕毗有王의 맏아들이다. 비유왕이 재위 29년에 죽자 왕위를 이었다.[430]

14년(468) 겨울 10월 초하루 계유일에 일식이 일어났다.[431]

15년(469) 가을 8월에 장수를 보내 고구려의 남쪽 변경을 쳤다.[432]

428 　蓋鹵王 : 백제 제21대 왕으로 재위 기간은 455~475년이다. 비유왕의 맏아들이며 이름은 慶司이다. 細注에는 '近蓋婁'라고도 하였는데, 이는 蓋婁王에 '近'자를 앞에 붙여 만든 이름이다. 이는 초고왕·근초고왕, 구수왕·근구수왕과의 관계처럼 개루왕과 蓋鹵王(近蓋婁王)의 친연 관계를 나타내고 있다. 『三國遺事』 王曆篇에는 '近蓋鹵'로, 『일본서기』 권14 雄略紀 5년조에는 '加須利君[蓋鹵王也]'으로 표기되었다. 개로왕은 新羅 및 北魏와 연계하여 고구려의 군사적 압력에 대항하였으나, 고구려의 첩자 道琳의 말에 현혹되어 국가 재정을 탕진하였고, 475년에는 고구려 장수왕의 군대가 漢城을 공격하여 함락시키자, 포로로 잡혀 阿且城 아래에서 죽임을 당하였다.

429 　慶司 : 개로왕의 이름인 扶餘慶司이다. 『魏書』 권100 열전 백제전과 『宋書』 권6 孝武帝紀 大明 元年(457)조에 나오는 '餘慶'은 '扶餘慶司'를 축약하여 표기한 것이다. 개로왕의 또 다른 이름인 加須利(『일본서기』 권14 雄略紀 5년)는 慶司를 字音으로 표기하였다는 설과 蓋鹵를 자음으로 표기하였다는 설이 있다.

430 　왕위를 이었다 : 이 기사에서는 개로왕의 즉위년을 467년이라 하였다. 그런데 『日本書紀』 권14 雄略紀 2년 7월조에는 "百濟新撰云 己巳年蓋鹵王立"이라 하여 개로왕의 즉위년을 己巳年으로 기록하였다. 그러나 개로왕의 재위 기간에 기사년은 없다. 『삼국사기』 백제본기에는 2명의 개로왕이 있는데, 그 중 4대 개루왕의 즉위 연대가 128년 戊辰이고, 이를 踰年稱元法으로 보면 다음해인 기사년이 원년이 되므로, 4대 개루왕의 즉위 기사가 『백제신찬』에 잘못 기재되어 왕명과 즉위년이 맞지 않는 혼란이 생겨났을 수 있다(이재석, 2001, 『『日本書紀』속의 百濟 王曆 小考』 『일본학』 20).

431 　『魏書』 天象志 권105와 『북사』 魏本紀 권2의 "北魏 獻文帝 皇興 2년 10월 癸酉朔(468.11.1) 日有食之", 『宋書』 明帝 권8과 『宋書』 五行5 권34의 "宋 明帝 泰始 4년 10월 癸酉朔(468.11.1) 日有食之" 기록과 대응된다. 이 개로왕 14년 10월 癸酉朔(468.11.1)의 일식은 경주 0.22의 微食分 부분일식으로 보였다.

432 　고구려의 남쪽 변경을 쳤다 : 동일한 내용이 『삼국사기』 권18 고구려본기 장수왕 57년(469)조에 나온다. 개로왕이 신라의 원병 없이 고구려를 선제 공격한 것은 광개토왕의 남정으로 상실한 예성강 일대의 고토를 수복하려는 의지의 반영으로 볼 수 있다.

겨울 10월에 쌍현성雙峴城[433]을 수리하였고, 청목령青木嶺에 큰 목책(大柵)을 설치하여 북한산성北漢山城의 군사들을 나누어 지키게 하였다.

18년(472) 사신을 위魏[434]에 보내 조공하고, 표문表文를 올려 이렇게 말하였다.[435]

"신은 나라를 동쪽 끝에 세웠는데, 승냥이와 이리(豺狼 : 고구려)가 길을 막아, 비록 대대로 신령한 교화를 받았으나 제후국(藩屏)[436]의 예를 갖출 수 없었습니다. 멀리 천자의 대궐(雲闕)[437]을 바라보면 달리는 정이 끝이 없습니다. 서늘한 바람이 가볍게 부는 이때에 엎드려 생각컨데 황제 폐하께서는 천명(天休)에 화합하시니 우러러 사모하는 정을 이길 수 없습니다. 삼가 사

---

433 雙峴城 : 임진강 건너 장단 북쪽 27리에 위치한 망해산의 쌍령 부근으로 추정된다(문안식, 2006, 앞의 책, 194~195쪽).

434 魏 : 중국 南北朝 시대에 鮮卑族의 拓拔珪가 386년에 華北에 세운 北魏. 盛樂(현재의 중국 山西省 祁縣)에 도읍하였다. 太武帝 대에 와서 五胡十六國으로 분열된 화북을 통일하였다. 534년에 東魏와 西魏로 분할되었는데, 동위는 550년에 高洋에게 멸망하였고, 서위는 556년에 宇文覺에게 멸망하였다.

435 表文를 올렸다 : 表는 문체의 일종으로 사리를 명백히 하여 군주에게 告하는 글이다. 이 표문의 내용은 『위서』권100 열전88 백제국 延興 2년(472)조에 실려 있다. 개로왕은 그동안 남조 일변도로 외교 관계를 유지해 온 백제의 대중외교에서 볼 때 매우 이례적으로 이때 북위에 사신을 보내 고구려를 공격하기 위한 원병을 요청하였다. 개로왕이 북위에 교섭을 벌이게 된 직접적인 계기는 466년 북위 현종이 고구려 장수왕의 왕녀를 후궁으로 삼는 문제(『위서』권100 열전 88) 때문에 두 나라 사이의 긴장이 고조된 데에서 찾을 수 있다. 당시 북위의 文明太后가 顯祖의 후궁을 맞이하기 위해 고구려에 청혼을 하였으나, 장수왕은 이를 거부함에 따라 두 나라 사이는 긴장이 고조되었다(노태돈, 2005, 「고구려의 한성 지역 병탄과 그 지배 양태」, 『향토서울』 66, 177~178쪽 참조). 개로왕은 고구려와 북위 사이에 혼사 문제로 틈이 벌어지고, 때마침 송의 내부 혼란으로 인해 471년 이후 송과의 교섭을 더 이상 유지하기 어려운 상태에서 과감히 북위에 사신을 보내 고구려 공격에 원병을 보내줄 것을 요청한 것이다.

436 제후국(藩屏) : 본래는 울타리라는 뜻인데, 이것이 轉하여 한 지방을 鎭定하여 왕실을 수호하는 諸侯國을 지칭하기도 하였다.

437 대궐(雲闕) : 구름 모양처럼 우뚝 솟은 천자의 궁궐을 비유한 말.

사로이 임명한(私署)[438] 관군장군冠軍將軍[439] 부마도위駙馬都尉[440] 불사후弗斯

---

438 사사로이 임명한(私署) : 백제왕이 먼저 자신의 신하들에게 중국의 장군호와 왕·후호를
      임시로 수여한 다음 이를 중국 왕조에 정식으로 임명할 것을 요청하여 중국 황제로부터
      정식 관작을 제수받는 형식을 취한 제도를 말한다. 당시 중국 주변국의 왕이 남북조 국가
      에게 특정한 관작을 요청할 때 자칭호를 사용하는데, 이를 '承制假授'또는 '私假制'로 부른
      다. 주변국의 왕이 중국 왕조로부터 관작 제수를 전제로 자칭호를 사용하거나 또는 '行'이
      나 '私假'·'假授' 등의 형식을 가진 관작을 임시로 임명하는 일이 있었다. 자칭호를 사용하
      는 사가제는 고구려나 신라에서 발견된 사례는 없지만, 송과 책봉 관계를 가진 百濟, 倭,
      淸水 氏族 武都王, 羌族 宕昌王 등에서 간간히 나타나고 있다.
439 冠軍將軍 : 중국 남조 宋에서 冠軍장군은 3품직이며(『宋書』권40 백관 하 참조), 그 유래
      에 대하여 『宋書』권39 백관 상에서는 "冠軍將軍 楚悔王以宋義爲卿子冠軍 冠軍之名 自
      此始也"라 하였다. 그러나 『魏書』권113 官氏志에는 관군장군이 보이지 않는다. 宋代의
      주요 장군직 품계는 아래와 같이 정리된다(梁起錫, 1984, 「五世紀 百濟의 [王]·[侯]·[太
      守]制에 對하여」, 『史學硏究』38, 76쪽 표-2).

第一品	第二品	第三品	第四品	第五品	第八品
大司馬 大將軍	驃騎將軍 車騎將軍 衛將軍 諸大將軍 諸持節都督	四征將軍寧 (東, 西, 南, 北) 四鎭將軍 (東, 西, 南, 北) 四安將軍 (東, 西, 南, 北) 四平將軍 (東, 西, 南, 北) 諸將軍 (東, 西, 南, 北) 征虜將軍 冠軍將軍 輔國將軍 龍驤將軍	寧朔將軍 五威將軍 (建, 振, 奮, 揚, 廣) 五武將軍 (建, 振, 奮, 揚, 廣) 四中郎將 (東, 西, 南, 北)	鷹揚將軍 折衝將軍 輕車將軍 楊烈將軍 寧遠將軍 材官將軍 伏波將軍 凌江將軍	宣威將軍 以下

440 駙馬都尉 : 駙馬는 임금의 사위이고 駙馬都尉는 중국에서 魏·晉 이후 公主에게 장가든
      자에게 拜授된 직이다. 『陳書』권17 袁樞傳에 "樞議曰 … 漢氏初興 列侯尙主 自斯以後
      降嬪素族 駙馬都尉置由漢武 … 齊職儀曰 凡尙公主 必拜駙馬都尉 魏晉以來 仍爲瞻準
      蓋以王姬之重 庶姓之輕 … 所以假駙馬之位 乃崇於皇女也 …" 라 한 기사를 참조. 부마
      도위의 관품은 북위의 경우 『魏書』권113 官氏志에 의하면 從四品 上이다. 따라서 冠軍
      將軍이면서 駙馬都尉인 弗斯侯 餘禮는 왕족이면서도 개로왕과 통혼 관계를 맺은 것이
      다. 이처럼 왕족 사이에 근친혼이 행해진 것은 진씨와 해씨를 중심으로 한 기존의 왕비족
      운영 방식에서 벗어나 왕권 강화를 추진했음을 의미한다.

侯[441] 장사長史[442] 여례餘禮와 용양장군龍驤將軍[443] 대방태수帶方太守 사마司馬[444]

---

441 弗斯侯 : 백제 王·侯의 명칭은 지명과의 연계성이 보인다. '弗斯'의 위치에 대해서는 ①
比斯伐-전주 혹은 夫沙-승주낙안으로 보는 견해(末松保和, 1961, 『任那興亡史』, 六興出
版社, 241쪽; 坂元義種, 1978, 「5世紀の百濟大王とその王侯」, 『古代東アジアの日本と
朝鮮』, 吉川弘文館, 221쪽), ②伐首只-당진으로 보는 견해(천관우, 1979, 「마한제국 위치
시론」, 『동양학』 9, 206~207쪽)가 있는데, 대체로 전라도 지역으로 보고 있다. 왕 아래에 王
이나 侯를 든 것으로 보아 당시의 백제왕은 대왕의 지위를 가졌음을 의미한다. 왕·후의
성격에 대해서는 백제의 지방 통치 조직인 담로의 장으로 보는 견해(坂元義種, 1978, 앞
의 책; 李道學, 1990, 「한성 후기의 백제의 왕권과 지배체제의 정비」, 『백제논총』 2, 백제
문화개발연구원; 金英心, 1990, 「5~6세기 百濟의 地方統治體制」, 『韓國史論』 22), 작호
로 보는 견해(梁起錫, 1984, 「5세기 백제의 王·侯·太守制에 대하여」, 『사학연구』 38), 爵
位的인 分封이라기보다는 對中國 외교에 있어 백제왕의 권위를 높이기 위한 형식적이고
의례적인 과정으로 보는 견해(朴賢淑, 1993, 「百濟 檐魯制의 實施와 그 性格」, 『宋甲鎬교
수 정년 기념 논총』) 등이 있다.

442 長史 : 장사는 중국 남북조시대에 장군의 幕府에 두어진 상층 관료의 하나로, 백제가 중
국의 관제를 모방하여 설치하였다. 『南齊書』 권15 백관에 "凡公督府置佐 長史 司馬 各一
人 諮議參軍二人" 이라 한 기사를 참조. 宋의 長史 관품은 『宋書』 권40 백관 하에 "撫軍
以上及持節都督領護長史司馬"는 6품관으로, "諸軍長史司馬六百石者"는 7品官이었다.
北魏의 경우 公府 및 諸開府 長史는 從4品 上으로 되어 있다(『魏書』 권113 官氏志 참
조). 幕府에 두어진 상층부의 長史·司馬·諮議參軍 등 上佐들은 領郡과 領縣의 수령을
겸임하여 郡縣 행정을 장악하였다(金翰奎, 1985, 「南北朝時代의 中國的 世界秩序와 古
代韓國의 幕府制」, 『韓國古代의 國家와 社會』, 일조각, 134~135쪽). 고구려도 광개토왕
대에 長史·司馬·參軍의 속관을 설치하였다(『梁書』 권54 열전 48 諸夷 고구려). 이 기사
와 『남제서』 권58 열전 백제전에 나오는 長史 및 『삼국사기』 권27 백제본기 위덕왕 45년조
에 나오는 "秋九月 王使長史王辯那入隋朝獻"이라 한 기사 등에서 미루어 볼 때, 백제의
장사는 중국과의 외교 업무에 일시적으로 종사하였던 겸직관으로 이해된다(坂元義種,
1978, 앞의 책, 396~399쪽).

443 龍驤將軍 : 北魏에서 용양장군의 관품은 3品 上이고, 남조 宋에서는 3品官이다.

444 司馬 : 사마는 중국 남북조시대에 장군의 幕府에 두어진 상층 관료의 하나로 주로 군사
업무를 담당하였다. 北魏에서 公府 및 諸開府 司馬의 관품은 從4品 中으로 나온다(『魏
書』 권113 官氏志). 宋에서 "撫軍以上及持節都督領護長史司馬"는 6품관으로, "諸軍長
史司馬六百石者"는 7품관으로 나온다(『송서』 권40 백관 하). 幕府에 두어진 司馬는 상층
부의 長史·諮議參軍 등 上佐들과 더불어 領郡과 領縣의 수령을 겸임하면서 郡縣의 행
정을 장악하였다(金翰奎, 1997, 앞의 글, 134~135쪽).

장무張茂[445]등을 보내 험한 파도에 배를 띄워 아득한 나루터를 찾아 헤매며 목숨을 자연의 운수에 맡겨 만 분의 일의 정성이라도 바치고자 합니다. 바라건대 천신(天神)과 지신(祇)이 감응을 드리우고 황제의 신령이 크게 살펴서서 황제의 궁궐에 능히 도달하여 신의 뜻을 펴 드러낼 수 있다면 비록 '아침에 듣고 저녁에 죽는다(旦聞夕沒)'[446]고 해도 길이 여한이 없겠습니다."

또 다음과 같이 말하였다.

"신은 고구려와 함께 근원이 부여扶餘에서 나왔습니다.[447] 선세先世 때에는 옛 우의를 두텁게 하였으나, 그 할아버지 쇠(釗 : 고국원왕)[448]가 이웃 나라와의 우호를 가벼이 저버리며 친히 군사를 이끌고 신臣의 국경을 함부로 짓밟았습니다. 신의 할아버지 수須(근구수왕)가 군사를 정비하여 번개같이 달려가 기회를 타서 잽싸게 공격하니, 화살과 돌로 잠시 싸운 끝에 쇠釗의 머리를 베었습니다.[449] 이로부터 감히 남쪽을 돌아다보지 못하였습니다. 그

---

445 張茂 : 백제 개로왕대의 인물. 張氏라는 漢式 姓을 가진 것으로 보아 대방 지역에 연고를 가진 한인 관료로 추정된다. 대방은 314년 고구려에 의해 공격당한 후 요서 지역으로 옮겨갔는데, 개로왕의 국서에서 북위가 고구려를 공격할 경우 북연과 낙랑·대방군의 잔여 세력도 이에 가세할 것이라 언급한 점에서 이들 세력이 백제와도 일정한 관계를 갖고 있었음을 시사한다(김수태, 2000, 「백제 개로왕대의 대고구려전」, 『백제사상의 전쟁』, 서경문화사, 233쪽).

446 아침에 듣고 저녁에 죽는다 : 『論語』里仁篇 8章의 '子曰朝聞道夕死可矣'를 改書하여 표현한 것이다.

447 고구려와 함께 근원이 扶餘에서 나왔습니다 : 백제 왕실은 고구려와 마찬가지로 자신의 출자가 부여계임을 표방하였다. 이는 백제 왕실이 스스로 부여의 정통 적자로서 그 정체성을 강조한 것으로, 동명묘 배알 의식을 통해서도 발현되었다.

448 쇠(釗) : 고구려의 제18대 왕인 故國原王의 이름. 고구려 고국원왕의 또 다른 이름으로 일명 斯由라고 하였다. 그는 369년 백제와 평양성에서 싸우다가 화살에 맞아 전사하였다.

449 할아버지 須가 … 釗의 머리를 베었습니다 : 고구려의 故國原王이 백제와 평양성에서 싸우다가 流矢에 맞아 죽은 것을 과장하여 표현한 것이다. 『삼국사기』권24 백제본기 근초고왕 26년(371)조에는 근초고왕이 태자 近仇須와 더불어 평양성을 공격하여 고국원왕을 전사시킨 것으로 되어 있으나 본 기사에는 근구수왕이 고국원왕을 죽인 것으로 나온다.

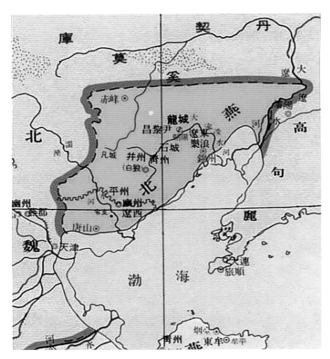

그림58 | 북연 지도

그림59 | 북연 풍소불묘馮素弗墓 출토 보요관步搖冠

러나 풍씨馮氏[450]의 운수가 다하여 남은 사람들이 도망해오자[451] 추악한 무리들(醜類 : 고구려)이 점차 번성해져서 드디어 능멸과 핍박을 당하게 되었습니다. 원한을 맺고 화禍가 이어진 지 30여 년에 재물도 다하고 힘도 고갈되어[452] 점점 약해지고 위축되었습니다. 만일 폐하의 인자하심과 간절한 매우 불쌍하게 여기심(矜恤)이 멀리 가없는 데까지 미친다면 속히 한 장수를 신의 나라에 보내 구해 주십시오. 마땅히 제 딸을 보내 후궁에서 모시게 하고 아울러 자제를 보내 바깥 외양간에서 말을 기르게 하며, 한 자(尺)의 땅, 한 명의 백성(匹夫)이라도 감히 스스로 가지지 않겠습니다.”

또 다음과 같이 말하였다.

“지금 련璉(장수왕)은 죄가 지어 나라가 스스로 으깨어지고[魚肉], 대신大臣과 힘센 귀족들을 죽이고 살해하기를 마지않아,[453] 죄가 차고 악이 쌓여 백

따라서 이 평양성 전투는 태자 근구수가 주도하였음을 보여준다.

450   馮氏 : 北燕을 말한다. 北燕은 중국의 5胡 16國시대의 한 나라로 존속기간은 2세 28년간 (409~436)이다. 407년 시조 馮跋이 後燕의 亂을 틈타서 자립하여 昌黎를 근거로 天王을 칭하면서 성립되었다. 현재의 중국 요령성 남부와 河北省의 舊永平府의 북부를 영유하였다.

451   馮氏가 … 남은 사람들이 도망해 오자 : 北燕王 馮弘은 시조 馮跋의 동생으로 430년에 태자 翼을 죽이고 스스로 자립하여 국호를 北燕이라 개칭하고 왕이 되었다. 그러나 그는 436년에 北魏 太武帝의 공격을 받게 되자 고구려 장수왕의 도움으로 몸만 겨우 구출되었으나, 결국 장수왕에 의해 죽임을 당한다.

452   원한을 맺고 … 힘도 고갈되어[財僝力竭] : 전쟁으로 인한 財物과 民力의 손실을 말한다. 『孫子』作戰篇에 “其用戰也 勝久則鈍兵 挫銳攻城則力屈 久暴師則國力不足 夫鈍兵挫銳 屈力貨 則諸侯乘其廢而起 雖有智者 不能善其後矣”이라 한 기사 참조. 436년 북연의 풍홍이 고구려에 망명한 이후 30여 년 동안 백제를 업신여기고 핍박했다고 한다. 백제가 북위에 사신을 보낸 472년을 기준으로 하면, 30여 년 전은 440년인 庚辰年에 해당한다. 이는 개로왕의 국서에서 북위 사신이 백제로 건너오다가 난파당했다는 사건에 대해 언급한 것과도 시기가 일치한다. 다만, 당시 고구려는 풍홍의 소환 문제로 북위와 긴장관계를 유지하고 있었다는 점에서, 개로왕이 북위에게 청병을 위해 대고구려 관계를 다소 과장한 측면이 있다.

453   璉(장수왕)은 … 살해하기를 마지않아 : 이 기사는 고구려를 비난하기 위해 과장된 측면

성들은 무너지고 흩어졌습니다. 이는 멸망시킬 수 있는 시기요 손을 써야 할 때입니다. 또 풍족馮族[454]의 군사와 말들은 새와 짐승이 주인을 따르는 정(鳥畜之戀)을 가지고 있으며, 낙랑樂浪의 여러 군都들은 고향을 그리워하는 마음(首丘之心)[455]을 품고 있으니, 천자의 위엄이 한번 떨치면 정벌은 있을지 언정 전쟁은 없을 것입니다. 신은 비록 민첩하지 못하나 뜻을 다하고 힘을 다하여 마땅히 예하 군대를 이끌고 위풍을 받들어 호응할 것입니다. 또 고구려는 의롭지 못하여 반역과 속임수가 하나만이 아닙니다. 겉으로는 외효隗囂[456]가 번국으로서 낮추어 썼던 말을 본받으면서 속으로는 흉악한 재앙과 저돌적인 행위를 품어, 혹은 남쪽으로 류씨劉氏[457]와 내통하고 혹은 북쪽으로 연연蠕蠕[458]과 맹약하여 서로 입술과 이처럼 의지하면서 왕법王略을 능

이 있으나, 고구려 장수왕이 평양으로 천도한 후 왕권에 대항하는 유력 귀족들을 숙청한 사실을 보여준다.

454 馮族 : 고구려로 망명해 온 北燕王 馮弘을 따라온 집단을 말한다.

455 고향을 그리워하는 마음(首丘之心) : 여우는 죽을 때에 머리를 본래 살던 언덕으로 향한다는 것으로, 그 뜻이 變轉되어 고향에 歸葬하는 것을 歸正首丘라고 한다. 이 구절은 『禮記』권7 檀弓上에 "君子曰 樂樂其所自生 禮不忘其本 古之人有言曰 狐死正丘首仁也 [正首丘也 [疏] … 所以正首而嚮丘者 丘是狐窟穴 根本之處 雖狼狽而死 意猶嚮此丘 是有仁恩之心也]"라 한 것에서 나온 것이다.

456 외효(隗囂) : 漢 成紀 출신으로 자는 季孟이다. 王莽 末에 隴西에 웅거하여 西州 上將軍이라 자칭하고 劉玄을 받들다가 뒤에 後漢의 光武帝를 섬겼다. 그 후 다시 叛하여 公孫述에게 붙었다가 광무제의 정벌을 받고 서역으로 도망가 죽었다. 이로 말미암아 외효는 배반을 잘하는 反覆無常한 인물을 뜻하게 되었다.

457 劉氏 : 중국 남조의 宋으로, 존속 기간은 420~479까지이다. 宋은 東晉의 權臣이었던 劉裕가 恭帝의 禪讓을 받아 세웠으며, 建康(현재의 중국 江蘇省 南京)에 도읍하였다. 8대 59년만에 남제에게 망하였다. 劉裕가 세웠기 때문에 劉氏라고 하였다.

458 蠕蠕 : 柔然이라고도 한다. 東胡의 苗裔로 姓은 郁久閭氏라 하였는데, 북위 世祖 太武帝(423~452)가 그의 못난 모양이 벌레와 같다고 해서 그 칭호를 蠕蠕이라 하였다. 처음 拓跋氏에 속하였으나 社崙이 柔然可汗이 되면서 內外蒙古를 統領하였다. 후에 後魏에게 패하고, 이어 突厥에게 멸망하였다. 宋·齊 때에는 '芮芮'로, 周·隋 때에는 '茹茹'로 불렀다. 고구려가 한때 연연과 함께 대흥안령 방면의 地豆于를 분할하려고 시도한 사례

멸하려 꾀하고 있습니다. 옛날 당요唐堯[459]는 지극한 성인이었지만 단수丹水[460]를 쳐서 벌주었으며, 맹상군孟嘗君[461]은 어진 사람이라고 일컬어졌지만 길에서 욕하는 말을 못들은 체하지 않았습니다. 졸졸 흐르는 물도 마땅히 빨리 막아야 하는데, 지금 만일 치지 않으면 장차 후회를 남기게 될 것입니다. 지난 경진년庚辰年(440)[462] 이후에 신이 우리나라 서쪽 경계의 소석산小石山 북국北國[463] 바다 가운데서 시체 10여 구를 발견하고 아울러 의복衣服과 기물器物, 안장鞍裝과 굴레(勒) 등을 주워서 살펴보니 고구려의 물건이 아니었습니다. 나중에 들으니 이는 곧 황제의 사신이 신의 나라로 내려오던 중 큰 뱀(長蛇 : 고구려[464])이 길을 막아 바다에 빠진 것이라고 합니다. 비록 자세

『위서』契丹傳)가 있다.

459　唐堯 : 중국의 전설상의 인물인 堯의 號가 陶唐이기 때문에 唐堯라 한 것이다. 黃帝의 曾孫이며 帝嚳의 아들로 처음에는 陶 땅에 封해졌다가 후에 唐 땅에 봉하여져 陶唐氏라 불렀다고 한다.

460　丹水 : 중국 산동성에 있는 강 이름으로, 俗稱은 丹河·丹淵·丹江이라고도 한다. 堯는 이 丹水浦에서 苗蠻과 싸워 항복을 받았으며, 舜이 堯의 아들 丹朱를 봉했던 곳이기도 하다. 『水經注』丹水注에 "呂氏春秋曰 堯有丹水之戰 以服南蠻 卽此水也"라 한 기사 참조.

461　孟嘗君 : 중국 전국시대의 인물. 성은 田, 이름은 文이다. 薛 땅을 封土로 받아 孟嘗君이 되었다. 齊의 宰相으로 있을 때 어진 선비를 招致하여 食客이 3천명에 달했다. 이 기사는 일찍이 맹상군이 趙에 들렀을 때 趙 사람이 그를 비웃자 노하여 同行者와 함께 수백인을 쳐 죽이고 一縣을 멸하였다는 사실을 말한 것이다. 『史記』권75 열전 孟嘗君傳에 "孟嘗君 過趙 趙平原君客之 趙人聞孟嘗君賢 出視之 皆笑曰 始以薛公爲魁然也 今視之 乃小丈夫耳 孟嘗君聞之怒 客與俱者下 斫擊殺數百人 遂滅一縣以去"라 한 기사 참조.

462　庚辰年 : 440년으로 백제 비유왕 14년이며, 고구려 장수왕 28년이다. 이때 백제가 북위와 교섭을 추진한 일을 말한다. 교섭의 구체상은 알 수 없지만 북위 사신이 백제로 오던 중 고구려의 방해로 인해 중도에 난파되어 일이 성사가 되지 못한 것으로 보인다. 비유왕이 북위와 교섭을 시도한 것은 436년 북연의 멸망과 풍홍의 신병 인도에 따른 고구려·북위·송 사이의 대립과 분쟁 여파가 백제에도 미칠 것으로 판단했기 때문인 듯하다.

463　小石山 北國 : 『三國志』권30 魏書 동이전 韓條에 보이는 마한 54국 중의 하나인 小石索國과 관련이 있을 수 있다.

464　큰 뱀(長蛇) : 잔인하고 흉악한 것을 비유한 것으로 곧 고구려를 경멸하여 일컫는 표현이다. 이 표문에서는 백제가 고구려에 대한 적대적인 표현으로 '승냥이와 이리[豺狼]'·'추악

히 알 수는 없으나 깊이 분노를 느낍니다. 옛날 송宋[465]이 신주申舟[466]를 죽
이니 초楚[467] 장왕莊王[468]이 맨발로 뛰어나갔고,[469] 새매가 놓아준 비둘기를
잡으니 신릉군信陵君[470]이 식사를 먹지 않았다고 합니다. 적을 이겨 이름을
세우는 것은 아름답고 높기가 그지없습니다. 무릇 구구한 변방의 나라들도
오히려 만대의 신의를 사모하는데, 하물며 폐하의 기개가 하늘과 땅에 합하
고 세력은 산과 바다를 기울이는데, 어찌 더벅머리 아이(小竪 : 고구려 왕)가
황제의 길을 걸터앉아 막게끔 하겠습니까. 이제 습득한 안장을 올리니 이

한 무리들[醜類]'·'더벅머리 아이[小竪]'등을 사용하였다.

465   宋 : 중국 춘추시대 12列國의 하나로, 周 武王이 殷을 멸망시킨 후 殷 帝乙의 庶長子이
자 紂王의 庶兄인 微子 啓를 封하여 湯王의 제사를 받들게 한 나라이다. 商丘에 도읍하
였다. 康王 偃에 이르러 왕을 稱하였으나 齊·楚·魏에 의해 멸망하였다. 현재 중국 河南
省 商丘縣 以東에서 江蘇省 銅山縣 以西의 땅에 해당한다.

466   申舟 : 중국 戰國시대 楚의 大夫로, 이름은 文之無畏. 楚 莊王의 명을 받아 齊에 사신으
로 가는 도중에 宋에서 살해당했다.『春秋左氏傳』宣公 14년에 "楚子使申舟聘于齊曰無
假道于宋 亦使公子馮聘于晉 不假道于鄭 申舟以孟諸之役惡宋曰鄭昭宋聾 晉使不害
我 則必死王曰殺女我伐之 見犀而行 及宋宋人止之 華元曰過我而不假道鄙我也 鄙我
亡也 殺其使者必伐我伐我亦亡也 亡一也 乃殺之"라 한 기사 참조.

467   楚 : 중국 춘추시대 五覇의 하나로 戰國시대에는 7雄의 하나가 되었다. 武王 이래 25세
500여년간 이어졌는데, 존속기간은 BC 704~BC 202년이다. 양자강 중류의 땅을 차지하고
湖北省郢에 도읍하였다. 뒤에 秦에게 멸망하였다.

468   莊王 : 중국 春秋시대 楚의 왕으로 생몰 연대는 BC 613~591년이다. 이름은 侶이고 成王
의 손자이다. 뒤에 晉을 격파하고 제후의 覇者가 되었다.

469   楚 莊王이 맨발로 뛰어나갔고 : 申舟가 楚 莊王의 명을 받아 齊에 사신으로가는 도중에
宋에서 살해당했다는 말을 들은 장왕은 극도로 분노하여 맨발로 걸어 나와 군사를 일으
켜 송을 쳤다는 故事를 말한다.『春秋左氏傳』宣公 14년에 "楚子使申舟聘于齊曰無假道
于宋 … 申舟以孟諸之役惡宋曰鄭昭宋聾 … 及宋宋人止之 華元曰過我而不假道鄙我
也 鄙我亡也殺其使者必伐我 伐我亦亡也 亡一也 乃殺之 楚子聞之 投袂而起 及於室皇
劍及於寢門之外 車及於蒲胥之市 秋九月 楚子圍宋"이라 한 기사 참조.

470   信陵君 : 중국 戰國시대 魏 昭王의 公子로 이름은 無忌이다. 생몰연대는 BC ?~244년. 신
릉군은 그의 封號이다. 食客 3천명을 기른 것으로 유명하다.『사기』권77 열전 魏公子列
傳 참조.

한 가지로 사실을 증험하십시오."

현조顯祖[471]는 궁벽하고 먼 곳에서 험난함을 무릅쓰고 조공하였으므로 더욱 두터이 예후하고, 사자 소안邵安[472]을 보내 백제의 사신과 함께 돌아가게 하면서 조서詔書[473]를 내려 다음과 같이 말하였다.

"표表를 받고 별 탈 없다고 들으니 매우 기쁘도다. 경卿이 동쪽 한 구석 먼 곳(오복五服)[474] 밖에 있으면서도 산과 바다 길을 멀다 하지 않고 위魏의 궁궐에 정성을 바치니 지극한 뜻을 흔쾌히 가상하게 여겨 가슴에 거두어 두었도다. 짐은 만세의 위업을 이어 받아 천하(사해四海)에 군림하고 모든 백성들을 다스리니, 지금 세상(우내宇內)이 깨끗이 하나가 되고 팔방 끝(팔표八表)[475]에서까지 의로움에 귀순하여 아이를 업고 오는 자들이 이루 헤아릴 수 없으며, 풍속이 평화롭고 군사와 군마가 강성함은 모두 여례餘禮 등이 직접 듣고 보았도다. 경은 고구려와 화목하지 못하여 여러 번 능멸과 침범을 당했지만 진실로 능히 의로움에 순응하고 인仁으로 지킨다면 원수에 대해 또한 무엇을 걱정하겠는가? 앞서 보낸 사신은 바다를 건너 황복荒服[476] 밖의 나라를

---

471 顯祖 : 北魏의 獻文帝를 말하는데, 이름은 弘이다. 高祖 孝文帝의 父로, 재위 기간은 465~471년이다. 그는 471년 8월 스스로 물러나 太上皇帝가 되고 5세에 불과한 宏(효문제)에게 선위하였으며, 23세가 되던 476년 죽을 때까지 어린 효문제를 대신하여 섭정하였다. 따라서 472년 백제 개로왕이 북위에 국서를 보낼 때 이를 처리한 북위의 황제는 효문제였다.

472 邵安 : 북위 獻文帝 때의 인물. 백제에 使臣으로 파견되었으나 고구려의 방해와 풍랑 때문에 임무를 수행하지 못하였다.

473 詔書 : 천자의 명령을 기록하는데 사용하는 문체. 처음에는 '命'·'誥誓'라 했는데, 秦代에 '命'을 '制'로, '令'을 '詔'라 하였다.

474 먼 곳(五服) : 고대 중국에서 京畿 밖의 지역을 5등급으로 나누어 5服이라 하였다. 5服의 명칭은 甸服·侯服·綏服·要服·荒服이며, 1服은 5백리 지역이다. 따라서 5服의 밖은 매우 먼 外地를 말한다.

475 팔방 끝(八表) : 아주 먼 곳을 말하며, 전 세계를 가리키기도 한다.

476 荒服 : 고대 중국의 五服 중 맨 마지막으로 王畿로부터 떨어진 거리가 2,000리에서 2,500리

위무하였는데, 이제까지 여러 해가 지나도록 가서는 돌아오지 않으니 살았는지 죽었는지, 도달했는지 못했는지를 자세히 알 수 없도다. 경이 보낸 안장은 옛날 타던 것과 비교해 보니 중국의 물건이 아니었다. 비슷한 일을 가지고 반드시 그렇다고 단정하는 잘못을 해서는 안 된다. 경영經營하고 공략하는 요체는 별지別旨에 갖추어 있다."

또 조서를 내려 다음과 같이 말하였다.

"고구려가 강함을 믿고 경의 국토를 자주 침범하며, 선군先君의 옛 원한을[477] 갚으려고 백성을 쉬게 하는 큰 덕을 버렸다. 전쟁이 여러 해에 걸치고 환난이 황무지 변경에 찾아와서 사신은 신서申胥[478]의 정성을 겸하니 나라에는 초楚·월越[479]과 같은 위급함[480]이 있음을 알겠다. 이에 응당 의로움을 펴고 약한 자를 도와 기회를 타서 번개처럼 쳐야 할 것이다. 다만 고구려는

사이를 말한다. 왕기에서 가장 멀리 떨어져 있기 때문에 化外의 蠻夷를 지칭하기도 한다.

477 先君의 옛 원한을 : 선군은 고구려의 고국원왕을 가리키며, 옛 원한이란 고국원왕이 평양성 전투에서 백제의 근초고왕과 근구수왕에 의해 전사한 사실을 말한다.

478 申胥 : 春秋시대 楚의 大夫 申包胥를 말한다. 姓은 公孫氏이고 申 땅에 封해졌기 때문에 申包胥라고 불렀다. 그는 吳가 楚에 쳐들어오자 秦에 가서 구원병을 청했는데, 담에 의지하여 밤낮으로 哭을 하였고, 한 모금의 물도 마시지 않기를 7일 동안이나 하였다. 이에 秦이 군대를 발동하여 楚의 위급함을 구해 주었다고 하는데, 이를 '申胥之誠'이라고 한다. 『淮南子』 권19 修務訓에 "申包胥竭筋力 以赴嚴敵 伏尸流血 不過一卒之才 不如約身卑辭 求救於諸侯 於是乃糧跣走 跋涉谷行 上山 赴深谿 游川水 犯津關 獵蒙籠 蹶沙石 蹠達膝 曾繭重 七日七夜 至於秦庭 鶴而不食 晝吟宵哭 面若死灰 顔色黴黑 涕液交集 以見秦王 日吳爲脩蛇 蠶食上國 虐始於楚 寡君失社稷 越在草茅 百姓離散 夫婦男女 不遑啓處 使下臣告急 秦王乃發車千乘 步卒七萬 屬之子虎 踰塞而東 擊吳濁水之上 果大破之以存楚國"이라 한 기사 참조.

479 越 : 중국 夏 少康의 아들이 會稽에 封함을 받은 곳. 春秋시대 14개 列國 중의 하나로 현재 浙江省 紹興縣治이다. 姓은 姒氏이다. 春秋 末 吳를 멸하고 江蘇·折江 및 山東省의 일부를 소유하였으나 후에 楚에게 멸망하였다.

480 楚·越과 같은 위급함 : 楚 昭王이 吳의 침략을 받아 秦에게 구원을 청하던 일과 越王 句踐이 吳王 夫差에게 패하여 會稽山에서 항복을 애걸하던 것과 같은 위급한 형세를 말함.

선조先朝에 대해 번국藩國을 칭하면서 조공을 한 지가 오래되었다. 그에게
는 비록 예로부터 지은 잘못이 있었지만, 우리나라(북위)에 대해서는 명령
을 어긴 허물이 없었다. 경이 사신을 처음 통하면서 곧장 정벌할 것을 요구
하는데, 사정과 기회를 검토해 보니 이유가 또한 충분하지 않다. 그러므로
지난해에 례禮481 등을 평양平壤으로 보내 그 사유와 정상을 증험하려 하였
다. 그러나 고구려가 빈번히 上奏하여 청원하였고 말과 이치가 모두 맞으니,
사신(行人)이 그 주청을 억제할 수 없었고, 법관(司法)은 그 죄책을 꾸짖을 수
가 없었다. 그 때문에 그 아뢰는 바를 듣고 례禮 등에게 조서를 내려 돌려보
낸다. 만일 이제 다시 명령을 어긴다면 잘못과 허물이 더욱 드러날 것이므
로 나중에 비록 몸소 진술한다고 하더라도 죄를 벗을 수가 없을 것이다. 그
런 다음에 군사를 일으켜 정벌하면 의로움에 합당할 것이다. 구이九夷482의
나라들은 대대로 바다 건너 살면서 도道가 창달되면 번국藩國으로서의 예를
받들고, 은혜를 그치면 자기 경토境土를 보전할 뿐이었다. 그러므로 속박해
묶는일(羈縻)483은 옛 전적典籍에 드러났지만, 호시楛矢484를 바치는 것은 연
중 때때로 비었도다. 경이 강하고 약한 형세를 갖추어 아뢰고 과거의 행적
을 일일이 열거하였는데, 풍속이 다르고 사정도 달라 비기고 견주는 것이

481　禮 : 여기서는 백제가 파견한 부마도위 餘禮를 말한다.

482　九夷 : 중국의 동쪽 지방에 거주하는 이민족들을 지칭하는 말. 『후한서』권85 동이열전
　　　序에 "王制云 東方曰夷 夷者也 言仁而好生 萬物地而出 故天性柔順 … 夷有九種 曰畎
　　　夷·于夷·方夷·黃夷·白夷·赤夷·玄夷·風夷·陽夷"라 하였다.

483　속박해 묶는 일(羈縻) : 羈는 마소의 굴레이고, 縻는 고삐이므로, 붙잡아 맨다는 뜻이다.
　　　이것이 轉하여 다른 나라에 內屬하는 것을 의미하게 되었다.

484　楛矢 : 광대싸리로 만든 화살. 石鏃(石弩)과 함께 숙신의 특산물이다. 楛矢의 貢納[楛
　　　矢之貢]이란 周 武王이 殷 桀王을 멸망시키자 肅愼이 石弩와 楛矢를 보낸 것을 말한다.
　　　『國語』魯語 下에 "武王時 肅愼氏貢楛矢石砮 長尺有咫"라 한 기사와 『후한서』권85
　　　東夷列傳 序에 "及武王滅紂 肅愼來獻石砮楛矢"라 한 기사 참조.

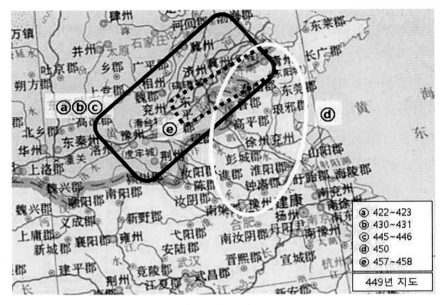

그림60 | 460~470년대 산동반도 정세(임동민, 2020)
ⓕ 송 명제 즉위 직후인 466년에 산동~강소 일대에서 반란이 일어났고, 북위가 이를 틈타 466
　년 10월부터 467년 1월까지 산동반도 서부를 차지
ⓖ 송은 467년 2월에 군사를 보내 산동반도 동부에 남아있던 반란 세력을 진압
ⓗ 북위의 공격을 받아 469년 1월에 산동반도 전역을 빼앗김
ⓘ 송은 471년 10월에 산동반도 蒙山을 일시 점거하였으나 11월에 북위의 공격을 받고 퇴각

맞지 않지만, 넓은 규범과 큰 책략의 뜻은 아직 그대로 있도다. 지금 중국(中
夏)이 평정되고 통일되어 천하에 근심이 없으므로 매양 동쪽 끝까지 위엄을
드높이고 국경밖에 깃발(정기旌旗)을 달며, 외딴 나라(편방偏方)에서 백성(황
려荒黎)을 구하고 먼 지방에까지 황제의 위풍을 펴려고 하였다. 진실로 고구
려가 제 때에 사정을 말하였기 때문에 미처 정벌을 결정하지 못하였다. 지
금 만일 고구려가 조서의 뜻을 따르지 않는다면 경이 전달해 준 계책이 짐
의 뜻에 합당하니 대군(원융元戎)이 출동하는 것도 장차 멀다고 할 수 없다.
경은 마땅히 미리 군사를 함께 일으킬 수 있으니 갖추어 일을 기다릴 것이
며, 수시로 소식을 전하는 사신(報使)을 보내 속히 저쪽의 정황을 알려주도

록 하라. 군사를 일으키는 날에 경이 향도嚮導의 우두머리가 되면 크게 승리한 뒤에는 또 으뜸가는 공훈의 상을 받을 터이니 또한 좋지 않겠는가? 바친 비단·금포錦布와 해산물은 비록 모두 도달하지는 않았으나 그대의 지극한 마음을 밝혀주었으니, 이제 여러 가지 물건들을 별지別旨와 내리도다."

또 련(璉 : 장수왕)에게 조서를 내려 소안邵安 등을 백제로 호송케 하였다. 그러나 안安 등이 고구려에 이르자 련璉은 예전에 여경餘慶(개로왕)과 원수진 일이 있다고 하면서 동쪽으로 지나가지 못하게 하였다. 안安 등이 이에 모두 돌아오자 곧 조서를 내려 준절히 책망하였다. 뒤에[485] 안安 등으로 하여금 동래東萊[486]에서 바다를 건너가서 여경(개로왕)에게 새서璽書[487]를 내리고 그의 정성과 절조를 포상하게 하였다. 안安 등이 바닷가에 이르렀으나 바람을 만나 떠다니다가 끝내 도달하지 못하고 돌아갔다. 왕은 고구려 사람이 누차 변경을 침범하자 표를 올려 군사를 청하였으나, 듣지 않았다. 왕은 이를 원망하여 마침내 조공을 끊었다.[488]

21년(475) 가을 9월에 고구려 왕 거련巨璉(장수왕)이 군사 3만 명을 이끌고

485　뒤에 : 『魏書』 권100 열전 백제전에는 '五年'으로 되어 있다. 北魏의 延興 5년은 475년으로 개로왕 21년이다.

486　東萊 : 漢 때에 처음으로 두었다. 山東의 登州·萊州의 땅인데 현재의 중국 山東省 掖縣의 治所이다.

487　璽書 : 璽는 天子의 도장으로 秦이래 玉을 사용하여 만들었으며, 천자만 사용하였다. 唐에서는 寶라고 하였다. 璽書는 秦·漢 이후 封한 곳에 御印을 찍은 천자의 詔書를 말한다.

488　왕은 이를 원망하여 마침내 조공을 끊었다 : 『위서』 백제전에 따르면, 당시 북위 헌문제는 邵安 파견 시도 등으로 보아 백제와의 관계 지속 의지를 내비치고 있는 상황이었지만, 북위에 청병했던 백제 사신 餘禮의 귀환은 495년 이후에나 이루어진 것으로 보인다. 따라서 『삼국사기』 개로왕 18년(472)조 끝 부분의 기록은 사실로 보기 어려우며, 이는 북위가 결국 백제의 요청을 거부하였다는 점과 472년 이후 백제와 북위의 교섭이 없었다는 점에 착안한 '後人의 追記'라는 견해가 있다(박찬우, 2018. 「472년 백제의 對北魏外交 관련 사료 분석과 請兵外交의 계기」, 『韓國史學報』 70, 187-188쪽).

와서 왕도 한성漢城을 포위하였다.[489] 왕은 성문을 닫아 걸고 능히 나가서 싸우지 못하였다. 고구려인들이 군사를 네 길로 나누어 양쪽에서 공격하였고, 또 바람을 이용하여 불을 놓아 성문을 불태웠다. [이에] 인심이 대단히 불안해져서(危懼) 혹은 나가서 항복하려는 사람들도 있었다. 왕은 곤궁하여 어찌할 바를 몰라 수십 명의 기병을 거느리고 성문을 나가 서쪽으로 달아나니 고구려인들이 쫓아가 살해하였다. 이보다 앞서 고구려 장수왕이 몰래 백제를 도모하려고 백제에서 간첩 일을 할 사람을 구하였다. 이때에 승려 도림道琳[490]이 모집에 응하여 말하였다.

489 　고구려 왕 巨璉(장수왕)이 … 漢城을 포위하였다 : 고구려 장수왕이 백제를 공격한 시기에 대하여 이 『삼국사기』 백제본기와 권18 고구려본기 장수왕 63년(475)조에는 475년이지만, 『삼국사기』 권3 신라본기 자비마립간 17년(474) 추7월조에는 474년으로, 『日本書紀』 권14 雄略紀 20년(476)조에는 476년으로 기록되었지만, 여기에 인용된 『百濟記』에는 "蓋鹵王乙卯年冬 媚大軍來 攻大城七日七夜 王城降陷"이라 하여 乙卯年(475 : 개로왕 21)으로 되어 있어 475년으로 보는 것이 타당하다. 고구려는 475년에 백제를 공격하기에 앞서 백제를 국제적으로 고립시키키 위한 대중국외교를 강화해 나가고 있었다. 466년 혼인 문제에 이어 472년 백제의 북위 교섭은 고구려를 크게 긴장시켰다. 더구나 470년대에 勿吉은 고구려에 군사적 공세를 하면서 북위에 사신을 파견하여 고구려를 압박하고 있었다. 이에 고구려는 북위와 勿吉과 같은 주변의 여러 세력이 연대하여 고구려에 압박해오기 전에 먼저 백제를 공격하는 것이 유리하다고 판단하였던 듯하다. 고구려 장수왕은 백제를 공격하기 위해 백제의 외교적 고립과 내부 분열의 두 가지 방향에서 추진하였다. 먼저 고구려는 북위와 송에 사신을 파견하여 백제를 외교적으로 고립시키고자 하였다. 고구려는 북위에 472년부터 475년까지 매년 2차례씩 사신을 파견하였고 공물도 2배가 많은 양을 보내기도 하였다. 또한, 고구려는 474년에 463년 이래 잠시 중단되었던 송과의 관계를 시도하였다. 이에 고구려는 내부적으로 백제 공격의 준비가 갖추어지고, 475년 2월과 7월에 두 차례 북위에 사신을 파견한 다음 9월에 백제를 공격한 것이다.

490 　道琳 : 고구려 장수왕은 475년 백제를 공격하기 위해 외교적 노력과 함께 백제의 내정을 정탐하고 혼란에 빠뜨리기 위해 승려 도림을 간첩으로 파견하였다. 도림이 백제에 건너간 시기는 백제의 북위 교섭 직후인 472년으로 판단된다. 백제로 망명한 도림은 개로왕이 바둑을 즐긴다는 취향을 파악하고 國手 수준의 바둑 실력으로 큰 대우를 받았다. 도림은 고구려 장수왕의 측근에서 佛事를 관장하던 비중있는 승려라는 점을 내세우면서 죄를 짓고 도망해 온 것처럼 위장하였다. 이에 개로왕은 망명한 도림을 통해 고구려 내정을 살

그림61 | 백제 의자왕 시기에 일본에 전해진 것으로 알려진 바둑판인 목화자단기국(木畵紫檀碁局) 복원품(한성백제박물관)

　　"어리석은 이 승려가 아직 도를 알지 못하지만 나라의 은혜에 보답하려는 생각은 있습니다. 바라건대 대왕께서 신臣을 어리석다고 하지 마시고 가르쳐 시키신다면 기필코 왕명을 욕되게 하지 않겠습니다."왕이 기뻐하여 비밀리에 백제를 속이게 하였다. 이에 도림은 거짓으로 죄를 짓고 도망하여 온 것 같이 하여 백제로 들어왔다. 이때에 백제 왕 근개루近蓋婁가 바둑과 장기⁴⁹¹를 좋아하였는데, 도림이 대궐 문에 나아가 아뢰었다.

　　삼이 파악할 수 있는 중요한 정보를 갖고 있을 것으로 판단하고 도림을 신임하였을 것이다. 도림은 두터운 신임을 바탕으로 개로왕에게 대토목공사를 벌일 것을 건의하였다. 이에 개로왕은 궁성의 수축, 성곽의 축조, 왕릉의 조영, 한강변 蛇城의 동쪽에서 崇山의 북쪽에 이르는 치수와 토목공사를 진행하였다. 이로 인해 백제가 파탄에 빠지게 되자 도림은 백제를 탈출하여 장수왕에게 백제의 내부 사정을 상세히 보고하였고, 장수왕은 475년 백제 공격을 단행하였다.

491　　바둑과 장기(博奕) : 博은 장기와 바둑·고누 등 對局하는 놀이를 말하는데, 局戱라고도 한다. 奕은 '圍碁'로 바둑을 의미한다. '博奕'이라는 용어는 『論語』陽貨篇의 "子曰飽食終日 無所用心難矣 不有博者乎 爲之猶賢已"에 대한 集註에 "正義曰 … 博說文局戱也

그림62 | 대하(大夏)가 5세기 초에 증토축성(蒸土築城)으로 세운 통만성의 흰색 성벽 ⓒ권오영

"신은 어려서 바둑을 배워 자못 신묘한 경지에 들어갔습니다. 바라건대 곁(左右)에서 알려드리고자 합니다."

왕이 불러들여 바둑을 두어 보니 과연 국수國手였다. 드디어 그를 높여 상객上客으로 삼고 매우 친하게 지내면서 서로 늦게 만난 것을 한탄하였다. 도림이 하루는 왕을 모시고 앉아 있다가 조용히 말하였다.

"신은 다른 나라 사람인데, 왕께서 저를 멀리하지 않으시고 은총을 매우

… 圍棊謂之弈"이라 하고 있다. 唐 이전의 바둑은 가로·세로 17줄에 289점이었고, 현재는 가로·세로 19줄에 361점이다. 장기는 漢 이후의 놀이로 局戲의 하나이다. 『周書』권 49 열전 백제전에 "有投壺樗蒲等雜戲 然尤尙奕"이라는 기사가 있다.

두텁게 베풀어 주셨습니다. 그러나 오직 한 가지 기술만 보답하였을 뿐 일찍이 터럭만한 도움을 드린 일이 없었습니다. 지금 한 말씀을 드리려 하는데, 왕의 뜻이 어떠하실지 알지 못하겠습니다."

왕이 "말해 보라. 만일 나라에 이로움이 있다면 이는 선생에게서 바라는 바이다." 라고 말하였다. 도림이 말하였다.

"대왕의 나라는 사방이 모두 산과 언덕, 강과 바다입니다. 이는 하늘이 베푼 험한 요새요, 사람의 힘으로 된 형국이 아닙니다. 그러므로 사방의 이웃 나라들이 감히 엿볼 마음을 먹지 못하고 다만 받들어 섬기고자 하는데 겨를이 없습니다. 그런 즉 왕께서는 마땅히 존귀하고 고상한 위세와 부강한 업적으로 남의 이목을 두렵게 해야 할 것입니다. 그러나 성곽은 수리되지 않았고 궁실도 고치지 않았으며, 선왕의 해골은 맨땅에 임시로 매장되어 있고,[492] 백성의 집들은 자주 강물에 허물어지고 있으니 신은 대왕을 위해 찬성할 수 없습니다."

왕이 "옳다. 내가 장차 그렇게 하리라" 고 말하였다. 이에 나라 사람들을 모두 징발하여 흙을 쪄서 성을 쌓고(증토축성蒸土築城),[493] 그 안에는 궁실과

492　선왕의 해골은 맨 땅에 임시로 매장되어 있고 : 선왕은 개로왕의 아버지인 毗有王을 말하는데, 비유왕의 무덤이 露地에 임시로 매장되어 있다는 것은 『삼국사기』백제본기 개로왕조가 재위 21년 동안 14년 이전의 기록이 공백으로 남아있는 점과 연결시켜 비유왕의 죽음이 비정상적이었다는 점과 관련시켜 이해되기도 한다(이도학, 1985, 「漢城末 熊津時代 百濟王位繼承과 王權의 性格」,『韓國史研究』50·51합, 3~4쪽; 노중국, 1988, 앞의 책, 140쪽). 개로왕은 도림의 건의에 따라 郁里河(한강)에서 큰 돌을 캐다가 槨을 만들어 부왕의 뼈를 묻어 改葬하였는데, 이 무덤이 석실분인지 적석총인지는 분명하지 않다. 이를 개로왕 초기에 3년 후 길일을 택해 매장하기 전까지 빈장이나 가매장 풍습이 있었음을 보여주는 상장례 사례로 보는 견해도 있다(이장웅, 2019, 「백제 武寧王과 王妃의 喪葬禮 - 殯과 假埋葬을 중심으로」,『한국고대사탐구』33, 236쪽).

493　흙을 쪄서 성을 쌓고(蒸土築城) :『晉書』권130 赫連勃勃傳에 "阿利性尤工巧 然殘忍刻暴 乃蒸土築城 錐入一寸 卽殺作者 而幷築之" 라고 한 기사가 참고된다. '蒸土築城'이란

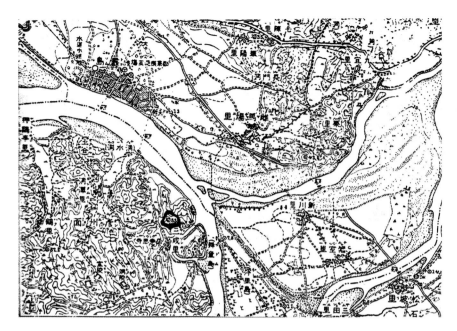

그림63 | 사성으로 추정되는 삼성동토성의 위치

누각樓閣·대사臺榭[494] 등을 지었는데, 웅장하고 화려하지 않는 것이 없었다.
또 욱리하郁里河[495]에서 큰 돌을 가져다가 덧널(곽槨)을 만들어 부왕의 뼈를

축성기법은 赫連勃勃이 축성한 統萬城의 조사에서 그 실체가 밝혀졌다. 이 성은 현재 내
몽골자치구에 접한 陝西省 최북단의 반사막에 가까운 지점에 있는데, 황토·점토·석회
의 혼합된 판축토성으로, 석회에 물을 부어 팽창시킨 다음 여기에 황토와 점토 등을 혼합
시켜 단단하게 쌓는 방식이다. 대량의 석회에 물을 부을 때 생기는 열과 수증기를 이용하
는 것이 蒸土의 실체이다(심광주, 2010, 「한성백제의 '烝土築城'에 대한 연구」, 『향토서울』
76).

494　臺榭 : 臺는 흙을 높이 쌓고 위를 평평하게 하여 멀리 바라볼 수 있게 한 것이고, 榭는 목
　　조로 집을 지어 멀리 바라볼 수 있게 한 것을 말한다.

495　郁里河 : 지금의 한강을 말한다. 한강에 대한 표기로는 『삼국사기』에 郁里河 외에 漢水·
　　漢江이 나오고, 「광개토왕릉비」에는 阿利水로 나온다.

묻고, 강을 따라 둑을 쌓았는데, 사성蛇城[496] 동쪽에서 숭산崇山[497] 북쪽까지 이르렀다. 이 때문에 창고가 텅 비고 백성들이 곤궁해져서 나라의 위태로움은 알을 쌓아 놓은 것보다 심하였다. 이에 도림이 도망쳐 돌아와서 보고하니 장수왕이 기뻐하며 백제를 치려고 군사를 장수에게 내주었다. 근개루近蓋婁가 이를 듣고 아들 문주文周[498]에게 말하였다.

"내가 어리석고 밝지 못하여 간사한 사람의 말을 믿고 썼다가 이 지경에 이르렀다. 백성은 쇠잔하고 군사는 약하니 비록 위태로운 일이 있다고 하더라도 누가 기꺼이 나를 위하여 힘써 싸우겠는가? 나는 마땅히 사직[499]을 위하여 죽겠지만 네가 이곳에서 함께 죽는 것은 이로울 게 없다. 어찌 난을 피하여 나라의 계통(국계國系)을 잇지 않겠는가?"

---

496 蛇城 : 사성은 『삼국사기』권24 책계왕 즉위년(286)조에 "帶方我舅甥之國 不可不副其請 遂出師救之高句麗怨 王慮其侵寇 修阿且城・蛇城備之"라 하여 고구려의 침입에 대비하여 아단성과 사성을 수리한 기사가 있다. 서울시 江南區 三成洞土城에 비정하는 견해 (이도학, 1995, 『百濟古代國家硏究』, 일지사, 280~285쪽)가 합리적이다.

497 崇山 : 현재의 경기도 河南市 倉隅洞 동남방의 黔丹山에 비정된다(이병도, 1977, 『國譯三國史記』, 393쪽).

498 아들 文周 : 백제 22대 문주왕의 계보에 대하여 이 『삼국사기』기록과 『三國遺事』王曆篇에는 개로왕의 아들로 나오고, 『日本書紀』권14 雄略紀 21년조에는 "春三月 天皇聞百濟 爲高麗所破 以久麻那利賜汶洲王 救興其國 … (汶洲王蓋鹵王母弟也)"라고 하여 개로왕의 동생으로 기록하였다. 그러나 고구려의 한성 침공(475)으로 개로왕의 직계가 단절된 점(『일본서기』14 웅략 20년 冬), 개로왕 시기에 문주가 역임했던 上佐平이 보통 왕의 동생에게 수여된다는 점(이기백, 1959, 「百濟王位繼承考」『歷史學報』11, 26쪽)을 고려하면, 문주왕은 개로왕의 (동)모제라고 한 『일본서기』기록이 타당하다(이도학, 1984, 「漢城末 熊津時代 百濟王系의 檢討」『韓國史硏究』45, 8~11쪽).

499 社稷 : 社는 본래 토지의 主神이고 稷은 穀神이다. 옛날 천자와 제후는 반드시 社稷壇을 세우고 제사를 지내 국가의 存亡을 같이 하였으므로 轉하여 國家의 뜻으로도 쓰였다.

문주는 이에 목협만치木劦滿致[500]와 조미걸취祖彌桀取[목협木劦[501]과 조미祖

500 木劦滿致 : 백제 개로왕대의 인물로 木氏 가문 출신이다. 문주왕이 웅진으로 천도할 때
輔臣으로 활약하였다. 이 목협만치는 久爾辛王代에 전권을 휘두른 木滿致(『日本書紀』
권10 應神紀 25년)와 동일인 여부를 두고 논란이 있다. 목만치의 출생 시기를 403년으로
볼 경우 475년 웅진 천도 때 역할을 한 목협만치의 연령이 70대이기 때문에 그때까지 생
존했을 가능성이 높다는 것이다(김현구 외, 2002, 『일본서기 한국관계기사 연구(Ⅰ)』, 일
지사, 177~178쪽). 한편, 양자를 동일인으로 보지만 구이신왕대 목만치의 존재를 부정하
거나 수정해 보아 웅진으로 천도한 후 解氏세력에 밀려 倭로 건너가 蘇我氏의 시조가 되
었다고 보는 견해도 있다(山尾幸久, 1978, 「任那に關する一試論 -史料の檢討を中心に
-」『古代東アヅア史論集』下, 216~219쪽; 鈴木靖民, 1981, 「木滿致と蘇我氏」『日本のな
かの朝鮮文化』50, 66~69쪽). 반면 이 기사의 연대를 3주갑 인하하여 개로왕 20년(474)으
로 수정해 보는 견해도 있다(이근우, 1994, 「『일본서기』에 인용된 백제삼서에 관한 연구」,
한국정신문화연구원 한국학대학원 박사학위논문, 85~90쪽). 木滿致와 木劦滿致는 木氏
가문 출신의 同名異人으로 목만치는 구이신왕대에, 목협만치는 개로왕 · 문주왕대에 활
동한 인물로 보기도 한다(노중국, 1988, 앞의 책, 139쪽).

501 木劦 : 백제의 귀족가문의 姓으로 複姓의 하나. 이 목협씨는 후에 單姓化될 때 가문의
分枝化에 따라 木氏와 劦氏로 나뉘어졌다. 『隋書』권81 열전 백제전에 나오는 백제의 大
姓八族의 하나인 木氏와 劦氏는 木氏의 分枝化를 보여준다. 한편 『日本書紀』에는 '木劦
不麻甲背'(『日本書紀』권17 繼體紀 10년), '中部德率 木劦今敦'(『日本書紀』권19 欽明紀
13년) 등의 예에서 보듯이 '木劦'를 姓으로 하는 인물들이 많이 나온다. '劦'과 '羅'는 음운
이 상통하므로 '木劦' · '木羅'는 동일 실체에 대한 다른 표기로 보는 견해가 있다. 이에 대
해서는 노중국, 1994, 「백제 귀족가문연구」『대구사학』48을 참조. 목씨 집단의 출자에 대
해서는 ①직산설(노중국, 1988, 『백제정치사연구』, 일조각, 155~156쪽 및 1994, 「백제 귀족
가문연구」『대구사학』48, 6~9쪽), ②가야계 귀화인설(정재윤, 1999, 앞의 글, 50 · 58쪽),
③공주 수촌리 고분과 관련된 공주설(김수태, 2004, 「백제의 천도」『한국고대사연구』, 36
쪽)이 제기되었다. 『일본서기』권14 웅략기 21년 3월조 기사에 의거하여 목씨 집단이 가야
지역에서 세운 공로로 웅진 지역을 식읍지로 받았다는 견해도 있다(노중국, 2004, 「한성
백제의 몰락과 수도 이전」『향토서울』64, 76~77쪽). 목만치의 부친인 木羅斤資는 396년
사씨 세력인 沙沙奴跪와 함께 가라 7국을 평정하는 데 큰 공을 세웠던 백제의 장군이다.
久爾辛王(420~427)에는 木滿致가 전횡을 할 정도로 전지왕대의 왕비족이었던 해씨 세
력을 대신하여 권력을 장악하였다. 목씨 세력은 개로왕 4년(458) 송에 요청한 수작자 중
에서 龍驤將軍을 수여받은 沐衿이 있는 것으로 보아, 문주와 함께 개로왕의 즉위와 권력
기반 강화에 적극 활동한 측근 세력일 가능성이 있다.

彌[502]는 모두 복성이다. 『수서隋書』에는 목협을 두개의 성姓[503]으로 하였으니 어느 것이 옳은지 알 수 없다]와 함께 남쪽으로 갔다. 이때에 이르러 고구려의 대로對盧[504]인 제우齊于·재증걸루再曾桀婁·고이만년古爾萬年[재증再曾과 고이古尒[505]는 모두 복성이다] 등이 군사를 이끌고 와서 북성北城[506]을 공격하여 7일 만에 빼앗고, 남성南城[507]으로 옮겨서 공격하니 성안은 위태롭고 두려움에 떨었다. 왕이 나가 도망가자 고구려의 장수 걸루桀婁 등은 왕을 보고는 말에서 내려 절한 다음에 왕의 얼굴을 향해 세 번 침을 뱉고는 그 죄를

---

502 祖彌 : 백제의 複姓의 하나. 이 祖彌는 '姐彌文貴 將軍'(『日本書紀』권17 繼體紀 7년), '姐瑾'(『南齊書』권58 열전 백제전)에 보인다.

503 두개의 姓 : 木劦을 木氏와 劦氏로 나누어 본 것을 말한다. 이 목씨와 협씨는 『隋書』권81 열전백제전에는 각각 백제의 大姓八族(沙氏·燕氏·解氏·劦氏·眞氏·國氏·木氏·苩氏)의 하나로 나온다.

504 對盧 : 고구려의 官名. 『삼국지』권30 위서 동이전 고구려전에 처음으로 보이는데, "有對盧則 不置沛者 有沛者則 不置對盧"라 하여 패자와 깊은 관계에 있었다. 沛者는 고구려 초기에 那部의 최고 유력자에게 주어진 관계이고, 對盧는 방위부의 유력한 大加에게 주어진 관계로 추정하는 견해도 있다(林起煥, 1995, 「高句麗 集權體制의 成立過程 硏究」, 경희대학교 대학원 박사학위논문, 66~69쪽). 후에 對盧는 大對盧로 격상되어 최고 귀족회의체 의장의 기능을 수행하였다.

505 古尒 : 백제의 複姓의 하나. 『日本書紀』권15 顯宗紀 3년조에 古爾解가 보이는데 '尒'와 '爾'는 상통하는 字이므로, '古尒=古爾'는 복성이다.

506 北城 : 이 기사로 보아 당시 백제의 도성은 北城과 南城으로 이루어졌음을 알 수 있다. 4세기 이후 백제의 도성은 통칭으로 '위례성'이란 명칭을 사용하고 북성 풍납토성과 남성 몽촌토성의 도성 구조를 가진 것으로 파악된다(이도학, 1992, 「백제 한성시기의 도성제에 관한 검토」, 『한국상고사학보』9, 36~38쪽).

507 南城 : 北城은 풍납동 토성이고 남성은 夢村土城이다. 한편 『日本書紀』권14 雄略紀 20년조에는 "百濟記云 蓋鹵王乙卯年冬 大軍來攻大城 七日七夜王城降陷 遂失尉禮"라 하여 大城·王城·慰禮가 보인다. 여기에 보이는 大城은 바로 王城이며, 본 기사의 북성과 남성을 합하여 부른 것으로 생각된다. 그리고 慰禮는 都城을 지칭하는 말이다. 475년 고구려의 한성 함락 이후 고구려 군대는 군사 방어 기능을 갖춘 몽촌토성에 일정 기간 동안 주둔하였다.

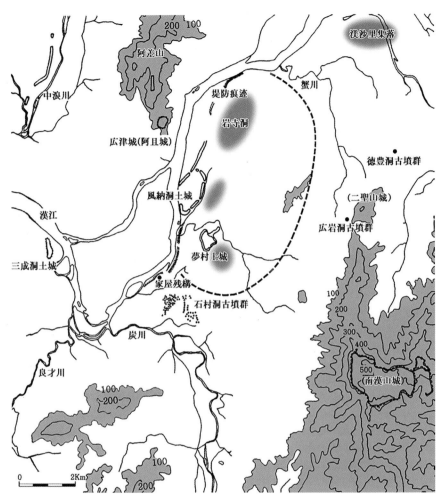

그림64 | 북성(풍납동 토성)과 남성(몽촌토성)으로 이루어진 백제 한성기 도성 구역

꾸짖었다. 왕을 포박하여 아차성阿且城[508] 아래로 보내 죽였다. 걸루와 만년

508　阿且城 : 지금의 광진구 중곡동의 阿且山城을 말하며, 阿旦城으로도 표기되었다. 『삼국
　　　사기』권24 책계왕 즉위년(286)조에 "帶方我舅甥之國 不可不副其請 遂出師救之 高句
　　　麗怨 王慮其侵寇 修阿且城·蛇城備之"라 하여 고구려의 침입에 대비하여 아단성과 사
　　　성을 수리한 기사가 있다. 고구려의 공격을 받은 개로왕은 도망갔다가 고구려군에 붙잡

은 백제 사람이었는데, 죄를 짓고는 고구려로 도망간 것이다.[509] 〈사론史論〉 초楚[510] 명왕明王[511]이 운鄖 땅으로 도망하였을 때에 운공鄖公 신辛[512]의 아우 회懷가 왕을 죽이려고 하면서 말하였다.

"평왕平王[513]이 내 아버지를 죽였으니 내가 그 아들을 죽이는 것이 또한 옳지 않습니까?"

신辛이 말하였다.

"임금이 신하를 토죄討罪하는데 누가 감히 원수로 삼겠는가? 임금의 명령은 하늘이니 만일 하늘의 명에 죽었다면 장차 누구를 원수로 할 것인가?"[514]

걸루桀婁 등은 스스로 죄를 지었기 때문에 나라에 용납되지 못하였는데도 적병을 인도하여 예전의 임금을 묶고 죽였으니 그 의롭지 못함이 심하다.

혀 이곳에서 죽임을 당했다.

509 桀婁와 萬年은 … 고구려로 도망간 것이다 : 再曾桀婁와 古尒萬年은 백제 개로왕대의 사람으로 죄를 지어 고구려로 도망하였다. 이 사실과 『삼국사기』권25 백제본기 개로왕조에는 원년에서 14년까지 아무런 기사가 없다는 사실을 근거로 하여 개로왕 초기에 정변이 있었고, 그 결과 재증걸루와 고이만년이 고구려로 도망간 것으로 추정한 견해가 있다 (천관우, 1976, 앞의 글(下), 139쪽).

510 楚 : 중국 춘추시대 五覇의 하나로, 전국시대에는 戰國 七雄의 하나가 되었다.

511 明王 : 춘추시대 楚의 昭王을 말한다. 고려 제4대 왕 光宗의 諱가 昭이기 때문에 이를 避해서 明王이라 한 것이다. 昭王은 平王의 아들로 周의 景王 5년(BC 540)에 즉위하여 27년간 재위하였다.

512 鄖公 辛 : 鄖은 춘추시대 열국의 하나로 楚에 의해 멸망하였다. 현재 중국 湖北省 安陸縣이다. 鄖公 辛은 鄖 지방의 제후이다.

513 平王 : 楚의 왕으로 昭王의 아버지이다.

514 임금이 신하를 … 누구를 원수로 할 것인가 : 『左傳』昭公 14년에 "楚令尹子旗有德於王 不知度與養氏比而求無厭 王患之 九月甲午 楚子殺鬪成然而滅養氏之族 使鬪辛居 以無忘舊勳"이라 한 기사에서 보듯이 楚의 平王이 成然을 죽이고 그 아들 辛을 鄖에 있게 한 일이 있었다. 그후 평왕의 아들 昭王이 蔡·吳에 패하여 鄖으로 도망해 왔다. 이에 대해서는 『左傳』定公 4년에 "王寢盜攻之 以戈擊王 王孫由于以背受之中肩 王奔 鍾建負季以從 由于徐蘇而從"이라 한 기사 참조. 이 기사는 이때 鄖公 辛과 그의 동생 懷가 주고 받은 말을 『춘추좌씨전』定公 4년에서 옮긴 것이다.

이르기를 "그러면 오자서伍子胥[515]가 영郢[516]에 들어가서 평왕의 시체에 채찍질 한 것은 어떠한가?" 하니, 이르기를 "양자법언楊子法言[517]에 이를 평하여 '덕德으로 한 일이 아니다.'라고 하였다. 이른바 덕이란 것은 인仁과 의로움일 뿐이니 자서子胥의 사나움은 운공의 어짊만 같지 못한 것이다." 이로써 논한다면 걸루 등이 의롭지 못하다는 것은 명백한 것이다.

---

515   伍子胥 : 춘추시대 楚 사람으로 이름은 員이고 子胥는 字이다. 楚 平王 때에 太傅가 되었으나 費無忌의 참소로 아버지 奢와 형 尙이 죽임을 당하자 吳로 달아나 오왕 합려(闔閭)가 父王을 죽이고 즉위하는 것을 도와 그의 신임을 받고 재상이 되어 병법가 孫武와 함께 오의 국력을 신장시킨 후 초를 침공하여 수도 郢을 함락시켰다. 이때 오자서는 죽은 평왕의 무덤을 파헤쳐 시신을 채찍으로 때려 아버지와 형의 원수를 갚았다고 한다. 그 후 합려가 북방으로 군사를 움직일 때 배후의 越을 경계해야 한다고 주장하였지만 받아들여지지 않자 자살했지만, 얼마 후 오는 월에게 멸망당했다. 이처럼 격렬하고 비극적인 생애로 인해 오자서는 신격화되어 江南의 여러 곳에 그의 사당이 세워졌다. 『國語』·吳語와 『史記』권66 伍子胥列傳에 그의 전기가 있고, 『吳越春秋』·『越絶書』에는 그에 관한 소설적 기록도 많이 보인다. 또 敦煌의 變文과 元曲 등 俗文學에도 기록이 전한다.

516   郢 : 중국 춘추시대 楚의 수도로 현재 중국 湖北省 江陵縣이다. 역사상 음탕한 곳으로 유명하다고 한다.

517   楊子法言 : 이 기사는 『揚子法言』重黎篇의 "吳作亂破楚 入鞭尸藉館 皆不由德"에 나온다. 漢의 揚雄이 『論語』를 모방하여 지은 책으로 『法言』이라고도 한다. 13권으로 되어 있으며, 學行·吾子·修身·問道·問神·問明·寡見·五百·先知·重黎·淵騫·君子·孝至로 구성되어 있다. 揚雄의 '揚'은 『삼국사기』에는 '楊'으로 나오나 『漢書』에는 '揚'으로 나온다. 揚雄은 漢 成都人으로 字는 雲이다. 群書를 博覽하였으나 章句訓詁를 일삼지 않았으며, 문장으로 이름을 날렸다. 道家의 말을 빌어 유가의 道를 설명하고, 또 性善惡混淆說을 주창하여 孟子·荀子의 조화를 시도하였다.

2.『후한서後漢書』

한漢은 진秦을 이어 고조高祖 유방劉邦이 BC 206년 건국한 중국의 통일 국가이다. 그 시기에 따라 전한前漢(서한西漢)과 후한後漢(동한東漢)으로 나누는데, 전한은 신新(8~23년)을 세운 왕망王莽에게 찬탈을 당했다. 이후 광무제光武帝 유수劉秀가 25년 낙양에서 후한을 세워 전한을 계승하게 된다. 그렇지만 후한 말기 황건적의 난과 이를 제압한 과정에서 힘을 키운 각지의 군벌들이 할거하여 명목상으로 존재하다가 헌제獻帝 때인 220년 멸망하고 삼국시대가 된다.

『후한서後漢書』는 남조南朝 유송劉宋 때 사람인 범엽范曄(398~445)이 지은 후한後漢 시대時代(25~219년)의 기록으로, 본기本紀 10권, 열전列傳 80권, 지志 30권 등 총 120권으로 구성되었다. 당시에도『동관한기東觀漢紀』와『후한서後漢書』·『후한기後漢紀』와 같은 사서史書가 있었지만 이에 만족하지 않고 새로 편찬하였다. 하지만 정작 본인은 완결 짓지 못하고, 양梁 때 유소劉昭가 보완하여 완성하였다.『후한서』는 기존의 사서에 비하여 체계적인 서술이 이루어졌으며, 상당한 명문으로 알려져 있다.

백제와 관련된 기록은 직접적으로 보이지 않지만 제기帝紀와 동이열전東夷列傳 한韓조에 보이는 마한에 관한 서술에서 유추할 수 있다.『후한서』는 편찬 시기가『삼국지』보다 늦으며, 그 내용도『삼국지』를 참조한 부분이 많다. 따라서『후한서』가『삼국지』를 참조하여 부분적으로 고치고, 후한 시기의 기사를 일부 보충하였다는 점에서 사료적 가치가 낮다고 혹평하기도 한다.[518] 하지만『삼국지』에 보이지 않는 자료를 참조한 점, 아주 절제된 기록

---

518 千寬宇, 1976,「三國志韓傳의 再檢討」『震檀學報』41, 震檀學會; 全海宗, 1980,『東夷傳

이라는 점에서 그 가치를 재고해야 한다는 견해도 있다.[519] 백제와 관련해서는 삼한三韓의 78개 나라 중에 특별히 '백제伯濟'를 언급하였다. 만약 이 기록을 편찬자가 임의로 기술한 것이 아니라 별도의 전해진 기록에 의해 근거한 것으로 본다면, 이미 후한 시대에 백제를 다른 마한 국들에 비하여 우월한 국가로 인식한 증거가 될 수도 있다.

1) 권85 동이열전東夷列傳 제75 한韓

한韓[520]에는 세 종족이 있으니 첫째는 마한馬韓,[521] 둘째는 진한辰韓[522], 셋

의 文獻的 硏究』, 一潮閣. 이러한 입장을 취하면『三國志』와 배치된 기사는 크게 주목되지 않는다.

519   奇修延, 2005,『후한서 동이열전 연구~삼국지 동이전과의 비교를 중심으로~』, 백산자료원. 이러한 입장은『三國志』韓條와 배치되는 기사를『後漢書』의 編者가 불확실하고 모순된다고 판단하여 다른 기록을 참고하여 바로 잡은 것으로 파악한 견해이다. 따라서 서술 시기의 차이 또한 시대의 흐름에 따른 韓의 변화상을 보여주기 때문에 兩書의 韓條에 대한 연구가 한쪽에 치우치는 것을 경계해야 한다는 입장이다.

520   韓 : 韓은 한반도 남부에 살던 집단을 지칭한 명칭인데, 자체적인 구분이었는지, 漢人의 구분이었는지는 불분명하다. 고조선 準王이 衛滿에게 왕위를 찬탈당하고 韓 지역으로 와서 韓王이라 칭한 사실로 미루어보면, BC 2세기 초반 경에 韓이라는 명칭이 존재했던 것은 확인된다. 그런데 韓에서도 마한 · 진한 · 변한이라는 구별이 있다는 것에서 종족 · 지역적인 차이인지 혹은 정치체의 구별인지 불명확하다.

521   馬韓 : 三韓의 하나로 현재의 한반도 서남부 지역인 경기 · 충청 · 전라 지역 일대에 위치하였다. 성립 시기는 秦 때인 BC 3세기 말경(盧重國, 1987,「馬韓의 成立과 變遷」『馬韓 · 百濟文化』10, 圓光大學校 馬韓 · 百濟文化硏究所, 27쪽), 세형동검 Ⅱ기인 BC 3세기 중엽(林永珍, 1995,『마한의 형성과 변천에 대한 고고학적 고찰』『삼한의 사회와 문화』, 신서원, 115~117쪽), 점토대토기 문화의 파급으로 보아 BC 3세기 전후(박순발, 1998,「前期 馬韓의 時 · 空間的 位置에 대하여」『馬韓史硏究』, 忠南大百濟硏究所, 31쪽), 청동기 유적과 관련시켜 BC 3~2세기(李賢惠, 1984,『三韓社會形成過程硏究』, 一潮閣, 38~45쪽), 철기문화와 옹관묘에 주목하여 BC 2세기 전반(金month玉, 1990,「馬韓의 文化的 性格」『韓國上古史學報』4, 韓國上古史學會, 102~107쪽), BC 1세기(權五榮, 1996,『三韓의 國에 대한 硏究』, 서울大學校博士學位論文)로 보는 등 다양한 견해가 있다.

522   辰韓 : 三韓의 하나로 현재의 낙동강 以東의 경상도 지역 일대에 위치하였다. 후에 新羅

째는 변진弁辰[523]이다. 마한은 서쪽에 있으며, 54국이 있다. 그 북쪽은 낙랑
樂浪[524], 남쪽은 왜倭와 접하고 있다.[525] 진한은 동쪽에 있으며, 12국이 있다.
그 북쪽은 예맥濊貊과 접하고 있다. 변진은 진한의 남쪽에 있으며, 역시 12
국이 있다. 그 남쪽 역시 왜와 접하고 있다. 무릇 78국인데, 백제伯濟[526]는

로 발전한 경주 지역의 斯盧國을 비롯하여 己柢國·不斯國·勤耆國·難彌理彌凍國·
冉奚國·軍彌國·如湛國·戶路國·州鮮國·馬延國·優由國 등이 있다. 『후한서』에서
는 辰國을 三韓의 전신으로 기술하였으나, 『三國志』에서는 辰韓만이 辰國의 후신으로
기록하여 차이가 난다.

523 弁辰 : 三韓의 하나로 현재의 한반도 동남부인 낙동강 하류 일대에 위치하였으며, 『三國
志』韓條에서는 弁韓으로 기술되었다. '弁辰'이라는 명칭은 '弁'과 '辰'의 합칭으로, 후에
三韓이라는 통합적 의미로 성립되기 이전의 과도기적 상황을 보여주는 것으로 파악하는
견해도 있다(申鉉雄, 2003, 「三韓起源과 '三韓'의 成立」, 『韓國史研究』122, 24-27쪽). 弁
辰狗耶國, 弁辰彌烏邪馬國 등 12개의 나라로 구성되었으며, 개별 나라에서 생산되는 철
은 매우 우수하여 倭·樂浪 등과 교역하였고, 후에 伽倻諸國으로 발전하였다.

524 樂浪 : BC 108년 중국 漢나라의 武帝가 衛滿朝鮮을 멸망시키고 설치한 4郡 중의 하나
로 313년 고구려의 미천왕에 의해 한반도에서 축출되었다. 낙랑군의 위치는 일반적으로
위만조선의 都邑이었던 王險城 지역에 설치된 것으로 이해하여 현재의 평양 지역으로
비정된다. 최근에는 위만조선이 멸망한 시기를 BC 107년으로 보아, 한 군현이 이보다 이
른 시점에 설치되었으므로 낙랑군의 郡治가 王險城에 설치되지 않았다는 견해도 제시되
었다(趙法鍾, 2000, 「衛滿朝鮮의 崩壞時點과 王險城樂浪郡의 位置」 『韓國史研究』110,
韓國史研究會, 16쪽). 낙랑군의 성격은 중국 황제의 직할지로 군현 지배를 했다기보다
는, 중국 황제가 직접 지배하는 직할령과 원주민의 자율에 맡기는 지역으로 이원적 구조
를 가진 것으로 보아 일반적인 중국 내 군현의 기능과 다른 성격으로 보는 견해도 제기되
었다. 이에 의하면 낙랑군은 중국의 東方 政策 및 교역을 수행하기 위한 기구로 파악된
다(權五重, 1988, 「樂浪郡의 支配構造」, 『人文研究』10, 영남대 인문과학연구소, 120~133
쪽). 한편 『三國志』韓傳에서는 帶方의 남쪽으로 기록한 차이가 있는데, 이를 『後漢書』편
자가 자의적으로 수정한 것으로 보기도 하지만, 시기별 차이를 반영한 것으로 보기도 한
다(奇修延, 2002, 「後漢書東夷列傳研究」, 檀國大學校博士學位論文, 164쪽).

525 南與倭接 : 실제로 영역을 맞닿는다는 의미는 아니며, 뒤에 나오는 '弁辰 역시 왜와 접한
다'는 구절에 보이는 것처럼 경계의 의미로 파악된다.

526 伯濟 : 伯濟가 『三國志』에서는 마한 50여 국 중 하나로 열거되었으나, 『後漢書』에서는 마
한 78국 가운데 홀로 언급되고 있다. 백제가 주변 나라에 비해 우위를 점할 때를 일반적으
로 3세기 중반에서 4세기 중반으로 보고 있으며, 특히 246년의 崎離營 전투에 주목한다.
이 전투의 주체에 대해서는 많은 異論이 있으나 이후 백제가 마한 사회를 주도하는 맹주

그 중 하나의 국이다. 큰 것은 만여 호戶이며, 작은 것은 수천 가家이다. 각
각 산과 바다 사이에 있으며, 땅은 도합 사방 4,000여 리에 이른다. 동쪽과
서쪽은 바다로 막혀 있으니, 모두 옛 진국辰國[527]이다. 마한이 가장 크며, 함
께 그 종족을 세워 진왕辰王[528]으로 삼고, 목지국目支國[529]에 도읍하여 삼한

국으로 성장하였다는 점은 인정된다.

527　辰國 : 이『後漢書』는 韓이 모두 옛 진국이라 하였으나,『삼국지』에서는 "진한은 옛 辰國이
　　다"라고만 표현하였다. 종래에는 이『후한서』기록을 근거로 한강 이남 지역에 하나의 문
　　화적 통일성을 가진 정치체로 辰國이 존재하였다가 위만조선의 멸망 이후 유이민이 진국
　　사회로 들어오면서 삼한으로 분립한 것으로 보았다(이현혜, 1984). 이와 관련하여『史記』
　　朝鮮列傳에는 "眞番旁衆國"[武英殿本・金陵局本] 또는 "眞番旁辰國"[百納本]이라는 표현
　　이 주목된다. 전자의 판본을 따르면 한강 이남에 衆國 즉 여러 나라[國]가 존재한 것으로
　　볼 수 있으며, 후자의 판본을 따르면 그 지역에 위만조선과 병립하였던 진국이라는 하나
　　의 국가체가 존재한 것으로 볼 수 있다. 절충적인 입장으로 衆國 가운데 하나로 辰國이 있
　　었다는 견해도 제기되었다(金貞培, 1986,『辰國의 政治發展段階』『韓國古代의 國家起源과
　　形成』고려대학교 출판부, 286~287쪽).『漢書』朝鮮傳에는 "眞番과 辰國이 글을 올려 천자
　　를 알현하려 하였다"고 하며,『三國志』위서 동이전 한조에 인용된『魏略』에는 "(우거왕 때
　　에) 朝鮮相 歷谿卿이 右渠에게 간언하였으나 받아들여지지 않자 동쪽의 辰國으로 갔다."
　　고 하였으므로, 위만조선 시기에 진국이 존재하였음은 확실히 알 수 있다.
　　진국의 성격에 대해서는 진왕과 연결시켜 삼한 지역 전체를 포괄하는 연맹체로 보는 견해
　　(이병도, 1976), 한강 유역에 형성된 여러 정치 세력들로 이루어진 연맹체로 이해하는 견해
　　(노중국, 1987), 진한이 옛 진국이라는 기록에 주목하여 고조선 시대에 진국으로 불리던 집
　　단이 경주 지역까지 남하하던 중에 일시적으로 한강 유역에 세운 정치 집단으로 이해하는
　　견해(천관우, 1989), 경기・충남・전라 지역에 형성된 정치 집단 중 중심이 되는 일정 범위
　　내의 세력 집단들로 이해하는 견해(권오영, 1996)가 있다.

528　辰王 : 이『후한서』에서 辰王은 辰國의 왕인 동시에 三韓 전체를 통괄하는 존재로 기록
　　하고 있지만,『三國志』위서 동이전 辰韓條에는 '辰王常用馬韓人作之 世世相繼 辰王不
　　得自立爲王'이라 하여 진왕은 月(目)支國과 辰弁韓의 12국을 다스리면서 馬韓人에 의해
　　세습되지만, 스스로의 힘에 의한 것이 아니라 諸國 臣智들의 추대나 선출에 의한 것으로
　　기술되었다. 또한,『三國志』위서 동이전 馬韓條와 弁辰條의 기사가 상이한 점에 주목하
　　여 마한의 辰王과 弁辰韓의 辰王을 별개로 살피는 견해(文昌魯, 1997,「三韓時代 邑落의
　　渠帥와 그 政治的 成長」『韓國古代史研究』12, 423쪽)도 제시되었다.

529　目支國 :『三國志』韓條에는 '月支國'으로 표기되었지만,『翰苑』三韓條에 인용된『魏略』
　　에도 '目支國'으로 기록하고 있으므로, 대체로 目支國으로 보고 있다. 목지국은 마한의 54
　　국 중 맹주인 진왕이 다스리던 나라로, 그 위치에 대해서는 충남 稷山說, 洪城說, 禮山說,

땅을 아우르는 왕이 되었다. 그 여러 나라 왕들의 선조는 모두 마한 종족의 사람이었다. 마한 사람들은 농사와 양잠을 알았으며, 길쌈하여 베를 짠다. 배와 같은 큰 밤이 산출되며, 꼬리가 긴 닭이 있으니, 그 길이가 5척尺이나 된다. 읍락邑落이 섞여 있고, 또한 성곽城郭이 없다. 움집(토실土室)을 짓는데, 모양이 무덤과 같으며, 출입문은 위쪽에 있다.[530] 무릎을 꿇고 절을 할 줄 몰랐으며, 장유長幼의 차례와 남녀男女를 분별하는 예절이 없다. 금 · 보화 · 비단 · 모직물을 귀하게 여기지 않으며, 소와 말을 탈 줄 몰랐다. 오직 구슬을 귀하게 여겨서 옷에 꿰매어 장식하기도 하고, 목에 걸고 귀에 달아 늘어뜨렸다. 대개 모두 맨머리에 상투를 드러냈으며, 베로 도포를 만들어 입고 짚신을 신었다. 그 사람들은 씩씩하고 용감하였다. 소년 중에 건물을 짓느라 힘을 쓰는 자가 있는데, 밧줄로 등가죽을 관통하여, 큰 나무를 매달아 소리를 지르는 것을 건장하다고 여겼다. 항상 5월에 파종을 마치고 귀신에게 제사를 지냈는데, 밤낮으로 술을 마시며 무리를 지어서 노래하고 춤을 추었다. 춤을 출 때에는 매번 수십 명의 사람들이 서로 줄을 서서 땅을 밟으면서 장단을 맞추었다. 10월에 농사를 마친 다음에도 또한 이와 같이 하였다.[531]

天安說, 전북 益山說, 전남 羅州說 등이 있다. 마한 세력을 포괄하는 중심 위치이면서 중국과의 교류가 편리하고 초기 백제의 영역과 겹치지 않는 곳을 감안할 때, 아산만 지역 일대로 의견이 좁혀지고 있다(李賢惠, 1997, 「3세기 馬韓과 伯濟國」『百濟의 中央과 地方』, 忠南大學校百濟研究所, 12~15쪽).

530   作土室形如冢 : 마한의 주거 공간을 묘사한 것으로, 이를 '움집'으로 보아 당시 下戶 계층의 생활 공간으로 보는 견해(李丙燾, 1976, 「三韓問題의 研究」『韓國古代史研究』, 290쪽)와 벽체가 존재하여 지붕 끝이 바닥에 닿지 않는 반수혈의 주거지로 보는 견해(金正基, 1977, 「文獻으로 본 韓國住宅史」『東洋學』7, 단국대 동양학연구소, 6쪽)가 있다. 1999년 충남 공주 장선리에서 조사된 土室 遺構 39기가 이와 흡사한 것으로 주목되었는데, 여기에는 출입부 및 활동 공간, 환기구, 저장 시설 등이 갖추어져 있다(이훈 · 강종원, 「公州長善里土室遺蹟에 대한 試論」『韓國上古史學報』34, 韓國上古史學會, 137~139쪽).

531   5월은 씨를 뿌리고 10월은 수확하는 시기이기 때문에, 당시 마한 지역에는 농경 의례를

여러 국읍國邑에는 각각 한 사람이 천신天神에 대한 제사를 주관하였으니, 천군天君[532]이라고 불렀다. 또한 소도蘇塗를 세웠는데, 큰 나무를 세우고 방울과 북을 매달아 귀신을 섬겼다. 그 남쪽 경계는 왜倭와 가까워서 또한 문신文身한 사람이 있었다.

진한의 노인들이 스스로 말하기를, "진秦의 유망민들이 고된 부역을 피하여 한국韓國에 오니, 마한이 동쪽 경계 지역을 분할하여 주었다."고 하였다. 그들은 국國을 '방邦', 궁弓을 '고孤', 적賊을 '구寇', 술잔 돌리는 것(행주行酒)을 '행상行觴', 서로 부르는 것(상호相呼)을 '도徒'라고 하였으니, 진秦의 말과 유사한 점이 있었으므로, 혹은 진한秦韓이라고도 부른다. 성책城柵과 가옥이 있다. 여러 작은 별읍別邑에는 각각 거수渠帥가 있으니, 큰 자는 신지臣智,[533] 다음은 검측儉側, 다음은 번지樊秖, 다음은 살해殺奚, 다음은 읍차邑借[534]라고 불렀다. 토지는 비옥하여 5곡[535]이 자라기에 마땅하다. 누에치기와 뽕나무를

행하는 稻作 문화가 연례 행사로 자리 잡았음을 알 수 있다. 우리나라의 세시 풍속은 5월의 단오, 10월 상달의 안택 굿 등이 있다(송화섭, 2006, 『백제의 민속』, 주류성, 225쪽).

532 天君 : 국읍의 종교적 지배자에 해당하며, 국읍의 주수와 더불어 각각 종교와 정치를 담당하였다. 초기에는 제사장과 정치적 지배자를 겸하였으나(金貞培, 1978, 「蘇塗의 政治史的 意味」『歷史學報』79, 歷史學會, 18~19쪽), 점차 제정분리가 진행되면서 정치적 지배자인 주수의 권한이 강화되자 단지 종교적 직능자로 전락한 것으로 보기도 한다(宋華燮, 1994, 「馬韓蘇塗의 成立과 歷史的 意義」『韓國古代史研究』7, 韓國古代史學會, 250쪽). 문맥상 천군이 蘇塗에 있었다고 보기는 힘들므로, 국읍에서는 제사장(priest) 천군이 天神에 대한 제사를 주관하였고, 별읍인 소도에서는 巫堂(shaman)이 귀신에 대한 제사를 지냈다고 보는 것이 옳다(최광식, 1994, 『고대한국의 국가와 제사』, 한길사).

533 臣智 : 『후한서』에는 辰韓條에만 보이는데, 『三國志』에는 馬韓條와 弁辰條에 보인다. '신'은 진(秦, 辰)과 통하는 음이며, '지'는 鑕·支와 마찬가지로 수장(군장)을 뜻하는 '치'라는 토착어를 한자로 옮긴 것으로 국읍에 거주하는 수장으로 보인다.

534 邑借 : 국읍 세력에 통합된 소규모 집단의 군장을 지칭한다. 신지와 읍차는 각 나라에서 세력가를 구분하여 부르는 것인지. 아니면 마한제국 내 각 나라의 지배 세력가를 구분하여 부른 것인지 확실하지 않다.

535 五穀 : 『三國志』에서는 '五穀及稻'라 하였으므로, 오곡 가운데 稻는 포함되지 않았음을 알

재배할 줄 알고 비단과 베를 짠다. 소와 말을 탈 줄 알았다. 혼인은 예절에 맞게 하며, 길 가는 사람들은 길을 양보하였다. 나라에 철이 생산되는데, 예濊·왜倭·마한馬韓[536]이 모두 와서 그것을 사갔다. 무릇 사고 팔 때 모두 철을 화폐로 사용하였다. 풍속은 노래하고 춤추며 술 마시고 슬瑟 타기를 좋아한다. 아이를 낳으면 그 머리를 납작하게 하고자 하여서 모두 돌로 머리를 눌렀다. 변진弁辰은 진한과 섞여 살았다. 성곽과 의복은 모두 같았으나 언어와 풍속은 차이가 있었다. 그 사람들의 형체는 모두 장대하고 머리카락이 아름다우며, 의복은 청결하였다. 그리고 형법은 엄격하였다. 그 나라는 왜倭와 가깝기 때문에 자못 문신文身한 자가 있다.

처음에 조선왕朝鮮王 준準이 위만衛滿에게 격파당하니, 이에 그 나머지 무리 수천 인을 거느리고 바다로 도망하여, 마한을 공격하여 그들을 격파하고 자립하여 한왕韓王이 되었다. 준왕準王은 해중海中에 있으면서 조선朝鮮과는 서로 왕래하지 않았다. 준準의 후손이 끊어지자, 마한인이 다시 자립하여 진왕辰王이 되었다. 건무建武 20년(44) 한인韓人으로 염사인廉斯人[537] 소마시蘇

수 있다. 고대 동아시아 지역의 주요 작물로는 黍·稷·稻·麥·菽·麻 등이 있는데, 문헌상에 등장하는 오곡은 일반적으로 黍·稷·稻·麥·菽의 다섯 작물에 해당하는 것으로 본다(吳江原, 1998,「古代의 五穀에 관한 硏究」『史學硏究』55·56, 韓國史學會, 19쪽).

536 濊·倭·馬韓並從市之 :『三國志』에서는 '馬韓'이 아닌 '韓'으로 기록되었다. 또한,『後漢書』에는 辰韓條에 기술되었으나『三國志』에서는 弁辰條에 기록되었다. 그런데『三國志』에서 弁辰의 풍속으로 기술된 부분이『魏略』에는 辰韓의 풍속으로 기록하고 있다는 점에 주목하여,『後漢書』의 기록이『삼국지』보다 논리적이라는 견해도 있다(奇修延, 2002, 앞의 책, 173~173쪽).

537 廉斯 : 廉斯는 읍명으로, 삼한 사회 廉斯 지역의 수장인 蘇馬諟가 중국 군현으로부터 책봉을 받은 사실을 전해주는 가장 이른 시기의 자료이다. 廉斯의 위치에 대해서는 충남 아산이나(李丙燾, 1976,「目支國의 位置와 그 地理」『韓國古代史硏究』245쪽) 마한 지역으로 보는 견해(栗原朋信, 1978,「邪馬臺國と大和政權」『上代日本對外關係史의 硏究』, 吉川弘文館, 126쪽 ; 山尾幸久, 1982,「朝鮮における兩漢의 郡縣と倭人」『立命館文學』

馬諟[538] 등이 낙랑樂浪에 이르러 공물을 바쳤다. 광무제光武帝는 소마시蘇馬諟를 한漢의 염사읍군廉斯邑君에 봉封하고, 낙랑군樂浪郡에 속하게 하여 계절마다 조알하도록 하였다. 영제靈帝의 말기에는 한韓과 예濊가 모두 강성해져서 군현郡縣이 능히 제어할 수 없었다. 백성들이 난리에 고통스러워서 한韓으로 도망해 들어간 자가 많았다.

마한의 서쪽 바다 섬 위에 주호국州胡國이 있다. 그 사람들은 작고 왜소하며, 머리를 깎고 가죽 옷을 입었는데, 상의만 입고 하의는 입지 않았다. 소와 돼지 기르기를 좋아하였다. 배를 타고 왕래하면서 한韓에서 물건을 사고 팔았다.

439・440・441合, 259쪽), 경남 김해의 구야국으로 비정하거나(丁仲煥, 1973, 「廉斯鑡說話考」 『大邱史學』7・8, 대구사학회; 白承忠, 1989, 「1~3세기 가야세력의 성격과 그 추이」, 『釜大史學』13, 부산대 사학회, 21~23쪽) 마산・창원 방면(西本昌弘, 1989, 「樂浪郡治の所在地と辰韓廉斯鑡」 『朝鮮學報』130, 60~61쪽; 연민수, 2003, 「加耶諸國과 東아시아」, 『古代韓日交流史』, 혜안, 123쪽), 낙동강 하류 동쪽 지역(李富五, 2001, 「1세기 초 廉斯國의 대외교섭」 『韓國古代史研究』22, 韓國古代史學會, 95~96쪽)으로 보는 견해가 있다. 『三國志』韓條에 인용된 『魏略』에는 廉斯鑡 說話가 기록되었다.

538 蘇馬諟 : 廉斯의 수장으로 建武 20년(44)에 낙랑군에 조공하고 廉斯邑君에 봉해졌다. 소마시는 『三國志』韓條에 인용된 『魏略』에 보이는 廉斯鑡와 비교된다. 이에 의하면 염사치는 王莽 地皇 연간(20~23년)에 진한에 잡혀 있던 漢人 포로들을 樂浪郡에 되돌아가게 해준 공로로 낙랑으로부터 冠幘과 田宅을 받았다고 한다. '염사'라는 동일 지명이 보이기 때문에 양자를 동일인으로 살피기도 하나, 기록상에 20여 년의 차이가 있고 염사치의 자손이 낙랑에 대대로 살면서 부역을 면제받았다는 기록이 있으므로 蘇馬諟와 廉斯鑡를 각각의 인물로 보고 있다. 廉斯諟의 '諟'는 한국 고대어의 수장을 뜻하는 '智・知・支・借'와 음이 비슷하므로, 염사치와 소마시는 모두 염사국의 수장이다. 이들 중 권력 투쟁에서 패한 염사치가 地皇 年間에 낙랑으로 이주하였으며, 중국 신과 후한의 정권 교체기에 새로운 수장이 된 소마시의 염사국과 낙랑의 교류가 일시적으로 중단되었다가 建武 20년 무렵 국내외 정세가 안정되자 통교를 시도한 것으로 보는 견해가 있다(연민수, 2003, 앞의 논문, 124~125쪽). 염사치를 낙랑에 거주하면서 弁・辰韓지역과 교류하던 대규모 교역 상인으로 보는 견해도 있다(白承忠, 1989, 앞의 논문, 21~23쪽).

3. 『삼국지三國志』

중국의 삼국시대는 후한後漢의 혼란 이후 위魏·촉蜀·오吳 세 나라가 할거한 시기를 말한다. 위는 문제文帝 조비曹조가 220년에 건국하여 5대 원제元帝 때인 265년에 권신 사마염司馬炎에게 선양하면서 멸망하고 진晉이 세워졌다. 촉은 유비劉備가 221년에 건국하였으나 그의 아들인 유선劉禪 때인 263년에 위에 의해 멸망하였다. 오는 손권孫權이 220년에 건국하여 4대 손호孫皓 때인 280년에 진晉에 의해 멸망하였다.

『삼국지三國志』는 진晉의 진수陳壽가 사찬私撰한 중국 삼국시대(220~280년)의 사서로, 편찬 시기는 진 태강太康 연간(280~289년)으로 추정된다.[539] 위서魏書 30권, 촉서蜀書 15권, 오서吳書 20권 등 총 65권으로 구성되었으며, 위를 정통 왕조로 기술하고, 촉과 오는 제후국으로 다루었으며, 동이전은 위서 30권에 위치하고 있다.

동이전에 관한 기록은 위가 후방을 안정시키기 위하여 238년 요동 지역에서 독자적인 세력을 유지하였던 공손씨公孫氏 정권을 타도하고, 244년과 245년에 연이어 고구려를 정벌하는 과정에서 정벌과 통치에 필요한 풍부한 정보와 자료가 수집된 것이 바탕이 되었다. 이전 사서가 중국과 직접 관련이 있는 사건의 서술에 중점을 두었다면 『삼국지』 동이전은 주변국의 사회·풍속에까지 관심 분야를 확대하여 한韓 사회에 대한 이해를 종합할 수 있는 민족지적 성격을 띠고 있다. 아울러 당대에 채집된 내용이 대부분이기 때문에 그 사료적 가치가 매우 높은 것으로 평가되었다.

다만 국내 사서인 『삼국사기三國史記』와 『삼국지三國志』 기록의 서술 차이에

539 　全海宗, 1980, 『東夷傳의 文獻的 研究』, 一潮閣, 63쪽

대하여 논란이 있어 왔다.[540] 곧,『삼국사기』에서는 백제가 온조왕 27년(9) 마한을 정벌한 정복국가로 기술하였지만,『삼국지』에서는 백제가 마한의 54개국 중 하나의 '국'으로만 나타나고 있으며, 진왕辰王은 월지국月支國(목지국)에 있었던 것으로 기록하였다. 앞으로 한국 고대사 연구는『삼국사기』를 내부자의 입장으로 인정하고,『삼국지』를 외부자의 관점으로 보아, 이들이 바라본 역사상을 함께 아우를 수 있는 방향으로 나아가야 할 것이다.

---

540 『三國史記』에서는 이미 온조왕 때에 마한을 정벌하여 주변 나라를 평정한 나라로 묘사되었다. 이에 반하여『三國志』에서 백제는 마한의 한 소국에 불과한 나라이며, 오히려 目支國 辰王이 부각되었다. 이는 津田左右吉에 의해 시도된『日本書紀』에 대한 사료 비판의 방법론(1921,「百濟に關する日本書紀の記載」,『滿鮮地理歷史研究報告』)이『三國史記』에 그대로 적용되면서,『三國史記』초기 기록의 모순점과 맞물리게 되었다(1934,『百濟史研究』, 近澤書店). 이에 대해 李丙燾(1936,「三韓問題의 新考察(五)」,『震檀學報』6, 71~72쪽)는 고이왕대를 백제 건국기로 보아 초기 역사를 상당수 복원하였지만, 여전히 그 이전의 역사는 부정되고 있다. 불신론의 이러한 입장에서 본다면, 중국 사서는 제3자의 입장에서 당시 한국의 정치 세력을 객관적으로 볼 수 있다. 또한『三國史記』가 1145년 편찬되었다면, 백제와 같은 시기에 존재하면서 당시 한반도의 상황을 기록한『三國志』는 당대의 기록이다.
백제의 기록은 백제인에 의하여 백제 중심으로 왜곡되었을 가능성이 있기 때문에 이해관계가 없는 제3자의 입장이 정확할 수도 있다. 하지만『三國志』의 기록은 중국에 의하여 이해되어 채록된 자료일 뿐이므로,『三國史記』와『三國志』를 함께 이해할 수 있는 방향으로 백제 초기사를 복원해야 한다.
이에 양자의 입장을 절충한 수정론을 들 수 있다. 이는 온조왕 때 보이는 마한 정벌 기사를 후대의 사실로 보고 온조왕 시기에 附會되었다는 입장이다. 이에 따라 온조왕 때의 마한 정벌 기사를 백제가 마한을 정벌한 시기로 단계적으로 나누어 배열한다. 백제의 기록 자체에 원천 사료가 있었고, 주변 국들의 역사가 백제 중심의 역사로 개편되었다는 견해도 제기되었다.

1) 권30 위서魏書30 오환선비동이전烏丸鮮卑東夷傳 제30 한韓[541]

한韓은 대방帶方의 남쪽에[542] 있다. 동쪽과 서쪽은 바다를 경계로 하고, 남쪽은 왜와 접하였으며, 사방 4천리쯤 된다.

(한에는) 세 종족이 있으니, 첫째는 마한馬韓,[543] 둘째는 진한辰韓,[544] 셋째는

---

541 韓 : 『三國志』韓條는 魏志 烏丸·鮮卑·東夷傳에 속해 있으며, 馬韓·辰韓·弁辰 순서로 기술되었다. 그동안 『後漢書』韓條에 비해 사료적 가치가 높은 것으로 평가되었지만(全海宗, 1980, 앞의 책, 142~151쪽), 최근 『후한서』의 가치도 재평가되고 있다. 고조선의 準王이 衛滿에게 쫓겨 한 지역으로 가서 韓王이 되었다는 내용이 전하고 있으므로, 기원전 2세기 초반경에 韓이라는 명칭이 존재한 것은 분명하며, 일반적으로 고조선의 멸망 이후에 마한, 진한, 변한의 분립이 있었던 것으로 보고 있다. 다만 마한, 진한, 변한이 종족적·지역적 차이에 따른 구분인지, 정치체의 차이를 반영한 것인지에 대해서는 잘 알 수 없다.

542 帶方 : 『후한서』에서는 한이 낙랑의 남쪽에 있다고 기록되었는데 비해, 『三國志』에서는 대방의 남쪽에 있다고 기록되었다.

543 마한 : 현재의 한반도 서남부 지역인 경기·충청·전라도 지역에 위치한 54개의 국을 총칭하는 명칭이다. 마한의 성립 시기에 관하여 기원전 3세기 말경부터 기원전 1세기까지 다양한 견해가 제기되었다. 기원전 108년 위만조선이 멸망하기 이전에 한반도 지역에는 辰國이 위치하고 있었다. 『삼국지』 위서 동이전 한조의, 옛 流亡民들이 秦의 부역을 피하여 韓國으로 오자 마한이 동쪽 경계의 땅을 갈라 주어 진한이 성립되었다는 기록을 따른다면, 진한과 변한 성립 이전에 마한이 존재했던 것이다. 『삼국지』 위서 동이전 한조에 인용된 『魏略』에서는 朝鮮相 歷谿卿이 右渠에게 간언하였으나 받아들여지지 않자 동쪽의 辰國으로 갔다고 하였으므로, 기원전 100년에서 기원 전후 사이에 진국이 해체되고, 한강 이남 서부 지역의 50여 國을 아울러 마한이라 불렀음을 추론할 수 있다. 이는 진국 중심의 정치체가 목지국 중심의 삼한 70여 국으로 전환되는 과정이다.
마한의 해체 시기에 대해서는 근초고왕 대에 백제가 마한 지역을 완전히 병합하였다는 견해가 주류이지만(이병도, 1976; 이현혜, 1984; 노중국, 1987; 천관우, 1991), 일부 학자는 5세기 후반까지 영산강 유역에 옹관 분구묘가 광범위하게 조영된 점에서, 근초고왕 시기에는 백제가 영산강 유역의 마한 세력을 복속시켰지만 간접 지배하였고, 웅진 천도 이후에야 백제가 마한 지역을 직접적인 영토로 편제한 것으로 이해한다(임영진, 1995; 권오영, 1996; 강봉룡, 1997; 김영심. 1997). 일부 고고학자는 옹관묘의 소멸과 백제 중앙의 묘제인 횡혈식석실분의 전파에 주목하여 6세기대에 이르러서야 백제가 영산강 유역을 직접적인 영역으로 편제한 것으로 보기도 한다(박순발, 1998; 김낙중, 2011; 서현주, 2014).

544 진한 : 현재의 한반도 동남부 지역인 낙동강 동안의 경상도 지역에 위치한 12개 국을 총칭하는 명칭이다. 『삼국지』 위서 동이전 한조에 의하면, 옛 流亡民들이 秦의 부역을 피하

변한弁韓[545]이다. 진한辰韓은 옛날의 진국辰國이다.[546] 마한은 서쪽에 있다. 그 주민들은 정착생활을 하며, 농사를 짓는다. 양잠을 할 줄 알았으며, 면포綿布를 짰다. (나라마다) 각각 장수長帥가 있는데, 큰 자는 스스로 신지臣智라 부르고, 그 다음은 읍차邑借라 불렀다. 산과 바다 사이에 흩어져 거주하였으

여 韓國으로 오자 마한이 동쪽 경계의 땅을 갈라 주어 진한이 성립되었다고 하였다. 아마도 한반도 중·서부 지역에 마한이 성립된 이후 과거 秦 지역에 있던 고조선 유민들이 영남 지역으로 이주한 사실을 마치 진의 부역을 피하여 중국인들이 유망한 것처럼 附會하여 기록한 것으로 보인다. 『삼국지』위서 동이전 한조에 인용된 『위략』에 의하면, 王莽의 地皇 연간(20~23)에 진한의 右渠帥인 廉斯鑡가 낙랑군에 망명하려고 가다가 漢人인 戶來를 만났고, 그에게서 낙랑군이 목재를 벌채하다가 韓人에게 공격받아 노비가 된 漢人 1500명 가운데 3년만에 500명이 사망하였다는 소식을 듣고 진한을 위협하자, 진한이 그 대가로 辰韓人 1만 5천 인과 牟韓 布 1만 5천 필을 내주었다고 한다. 이에 따른다면, 진한과 변한이 지황 연간 이전에 성립된 것으로 볼 수 있다. 진한 국은 처음에 6개였다가 후에 12개로 늘어났다고 전한다. 진한 국 가운데 사로국왕으로 추정되는 진한왕은 3세기 후반에 진한 지역을 대표하여 西晉에 사신을 파견하였다. 대체로 진한의 국들은 5~6세기 초반의 마립간 시기에 신라에 병합된 것으로 이해된다.

545 弁韓 : 『後漢書』韓條에서는 弁辰으로 기록하였다. 현재의 한반도 동남부 지역인 낙동강 서안의 경남 지역에 위치한 12개의 국을 총칭하는 명칭이다. 변한은 진한과 마찬가지로 地皇 연간(20~23) 이전에 북방에서 이주한 유이민들을 중심으로 성립된 것으로 보인다. 변한 국들은 대체로 가야제국과 연결되었고, 弁辰狗邪國(경남 김해)이 후에 금관가야로 불리면서 전기 가야를 이끌었다.

546 辰國 : 『史記』朝鮮列傳에 이미 "眞番旁辰國(衆國)欲上書見天子又擁閼不通"이라는 기록이 보이고 있어, 판본에 따라 '辰國說'과 '衆國說'로 나뉜다. 하지만 뒤의 『삼국지』위서 동이전 한조에 인용된 『魏略』에서는 朝鮮相 歷谿卿이 右渠에게 간언하였으나 받아들여지지 않자 2천여 호를 이끌고 동쪽의 辰國으로 갔다고 하였으므로, 위만조선 시기에 진국이 존재했음은 분명하다. 그렇다면 衆國 중 하나의 나라가 진국이거나, 진국이 衆國과 같은 의미로 위만조선과 진번 주변에 있던 여러 나라들에 대한 총칭으로 볼 수도 있다. 그런데 2천여 호는 소국의 평균 인구수에 해당한다는 점에서, 이들이 유입된 진국은 개별 소국 단위를 훨씬 넘어서는 인적 규모와 세력 범위를 가졌던 정치 세력으로 보아야 할 것이다(문창로, 2017, 「삼국지 한전(韓傳)의 '삼한(三韓)' 인식」『동북아역사논총』 55, 174쪽). '辰'이라는 명칭은 삼한 포함한 한반도 지역 전체를 지칭하는 전통적인 관념을 지닌 대명사로, 동쪽의 이민족 지역 또는 그 나라를 '辰國'이라는 가상의 국명으로 표현하였다는 견해도 있다(전진국, 2017, 「辰國·辰王기록과 '辰'의 명칭」『한국고대사탐구』 27, 170쪽).

며 성곽은 없다.

원양국爰襄國[547], 모수국牟水國[548], 상외국桑外國[549], 소석색국小石索國[550], 대석색국大石索國[551], 우휴모탁국優休牟涿國[552], 신분고국臣濆沽國[553], 백제국伯濟國[554], 속

---

547 爰襄國 : 경기도 화성군 남양면 일대로 비정하거나 경기도 파주·연천 방면으로 추정된다.

548 牟水國 : 『廣開土大王碑文』에서 고구려에게 정복당한 백제의 牟水城과 동일한 것으로 생각된다. 이에 대해서는 먼저 고구려 때의 買忽郡이었고 통일신라 때 水城郡이었던 경기도 수원시 일대로 비정한 견해가 있다. 이 입장은 '모수'의 '모'와 '매홀'의 '매'는 음이 비슷하고, 『三國史記』地理志에 '매'는 '水'로 표기되었다는 점에 주목한다. '홀'은 '골'로 표기되었으며, '홀'은 '고을' 혹은 '성'을 뜻하기 때문에 모수성과 수성군은 일치한다는 것이다. 이와 달리 고구려 때 '買省縣'이었던 경기도 양주군으로 비정하기도 한다.

549 桑外國 : 경기도 수원시 장안면·우정면 일대로 추정한다. 이 일대는 三歸와 三貴 혹은 三槐라 하며, 고려시대 때 雙阜縣이라 하여 '상외'의 음과 비슷한 것에 착안하였다. 반면에 기술 순서상 坡州·漣川방면으로 추정한 견해도 있다.

550 小石索國 : 대석색국이라는 국명도 존재하기 때문에 석색국이 大小로 구분된 것으로 보인다. 『新增東國輿地勝覽』南陽都護府古蹟條에는 "석산성이 이 府의 서쪽 33리에 있다"라는 기사가 보인다. 이와 관련하여 석산성과 석색국은 관련 있는 것으로 추정된다. 아울러 『三國史記』蓋鹵王 18年條의 北魏에 보낸 國書 중에 "지난 경진년 신의 西界 소석산 북쪽 바다에서 시체 10구를 발견하여"라는 기사가 보이기 때문에 백제의 서쪽 경계에 소석산이 있다는 것은 확인된다. 이에 근거하여 경기도 남양 지방에 비정하거나 강화 교동으로 보는 견해도 있다.

551 大石索國 : 경기도 남양만 일대로 비정하거나 인천광역시 강화도로 보기도 한다.

552 優休牟涿國 : '모탁'이라는 지명은 '물뚝'을 의미하며, 사로 6촌의 하나인 '牟梁部'가 일명 '牟啄部'로 불렸다는 점을 참조하면 여러 곳에서 쓰였을 가능성이 크다. 경기도 부천 혹은 강원도 춘천으로 보는 견해가 있으나 확실하지 않으며, 우태와 관련시켜 개풍·파주·김포일대로 보는 견해도 있다(金起燮, 1993, 「漢城時代百濟의 王系에 대하여」, 『韓國史研究』83, 22~23쪽).

553 臣濆沽國 : 신분고국은 百衲本[남송 紹興本]을 비롯하여 소홍본·소희본·촉각소자본에 의거한 표기이다. 한편 남감본·급고각본·무영전본 등에서는 臣濆活國이라 표기하였고, 『翰苑』에 인용된 『魏略』에서는 臣濆沽國이라고 표기하였다. 신분고국 다음에 伯濟國이 보이고 있어, 신분고국은 백제국보다 북쪽에 위치한 것으로 이해된다는 점에서 경기도 가평군 일대로 비정하는 견해가 있다(천관우, 1989). 또한, 경기도 안성시 양성면이나 경기도 가평으로 추정하기도 하며, 진씨 집단과 관련하여 파주시 육계토성으로 보려는 견해도 제기되었다(鄭載潤, 2001, 「魏의 對韓政策과 崎離營전투」, 『中原文化論叢』5, 38쪽).

554 伯濟國 : 후에 馬韓諸國을 통합한 百濟로 성장하기 이전 단계의 백제로 본다. 백제국의

로불사국速盧不斯國[555], 일화국日華國[556], 고탄자국古誕者國[557], 고리국古離國[558], 노람국怒藍國[559], 월지국月支國[560], 자리모로국咨離牟盧國[561], 소위건국素謂乾

중심지에 대해서는 다양한 견해가 제기되었지만, 서울시 송파구의 풍납토성과 몽촌토성 일대를 백제국의 왕성으로 비정하는 견해가 널리 수용되고 있다. 부여족의 일파인 온조계 집단이 하북 위례성을 중심으로 국을 형성하여 十濟라 불렀고 이후 미추홀 집단을 흡수하면서 수도를 하남 위례성으로 옮기고 국호를 백제(伯濟 또는 百濟)로 바꾸었다는 견해가 있고(노중국, 1988), 4세기 이후에 백제국을 중심으로 하는 집단이 목지국 중심의 마한 집단을 압도하고 점차 집권 국가로 발전하면서 국호를 伯濟에서 百濟로 개창하였다는 견해도 있다(권오영, 1996).

555　速盧不斯國 : 고구려 때 水爾忽, 통일신라 때 戌城, 고려시대에 守安으로 불린 경기도 김포시 일대로 비정한다. 반면에 『新增東國輿地勝覽』에 경기도 통진을 고구려 때 比史城・別史波衣라고 한 점에 근거하여 통진으로 보는 견해도 있다.

556　日華國 : 경기도의 楊平과 砥平 방면으로 추정한다.

557　古誕者國 : 경기도 양평과 지평 일대로 보고 있으나 확실하지 않다.

558　古離國 : 고구려 때 骨衣奴縣이었던 지금의 경기도 양주시로 비정한다. 이 견해는 '고리'와 '骨衣'의 음이 서로 일치한 것에 근거를 삼고 있다. 이와 달리 고구려 때 骨乃斤縣이었던 경기도 여주군으로 보기도 한다. 만약 '고리'와 '골의'가 상통한다면 '노'는 고구려의 복속민 정책과 관련하여 중요한 단서를 제공한다. 『충주고구려비문』의 '奴客人'과 『蔚珍鳳坪碑文』에 보이는 '奴人法'이라는 구절은 고구려의 복속 지역에 대한 정책과 관련하여 주목된다. 경기도 양주 역시 백제 지역이었다가 고구려에 복속된 지역이므로, 백제 지역에도 유사한 점령 정책을 실시한 근거가 될 수 있기 때문이다.

559　怒藍國 : 경기도 이천시 陰竹面 일대로 비정한 견해가 있다. 이는 『三國史記』 地理志에 음죽현은 본래 고구려의 奴音竹縣이라고 한 것에 근거하여 '노람'을 '노음죽'의 '노음'에 비정한 것이다. 그러나 '노'라는 단어가 고구려의 복속 지역임을 뜻하는 것이라면 그 입론 자체가 문제될 수 있다.

560　月支國 : 『翰苑』에 인용된 『魏略』이나 『후한서』 동이열전, 『通典』에는 目支國으로 표기되어 있다. 일반적으로 月은 目의 오자로 보고 있으나, 일부 학자들은 月支國으로 보기도 한다. 목지국의 위치에 대해서는 충남 직산(이병도 1976), 인천(천관우, 1989). 전북 익산(정약용; 한진서; 박찬규 2010)설이 있었고, 대체로 마한 국들을 포괄하는 위치이면서 중국과의 교류가 편리한 충남 아산만 일대(이현혜, 1997; 이도학, 1998)와 천안 청당동 유적 일대를 중심지로 이해하고 있다(권오영, 1996). 이외에 초기에 목지국이 전북 익산에 위치하였다가 후에 충남 예산으로 옮겼다는 견해(김정배. 1985), 초기에 목지국이 천안 직산, 평택, 성환 일대에 위치하였다가 근초고왕 대 이후에 전남 나주로 옮겼다는 견해(최몽룡, 1986)도 있다.

561　咨離牟盧國 : 자리모로국에서 '모로'는 '마을' 혹은 '모을'의 한자 표기로 본다. 경기도 이

國[562], 고원국古爰國[563], 막로국莫盧國[564], 비리국卑離國[565], 점리비국占離卑國[566],

천시 일부 혹은 충청남도 서산시 지곡에 비정한다.

562 素謂乾國 : 당이 백제의 고지에 설치한 熊津都督府의 屬縣인 散昆縣의 '산곤'으로 보아 보령으로 비정한다. 이에 의하면 보령은 『三國史記』에 新村 혹은 新邑으로 기록된 것에 착안하여 이의 발음인 '새곤'과 '소위건'이 유사하다 한다. 이와 달리 충청남도 唐津 牛江 으로 추정하기도 한다.

563 古爰國 : 기술 순서로 보아 경기도 또는 충청남도에 위치하였을 것으로 추정한다. 구체 적으로 당진 우강으로 추정한 견해도 있다.

564 莫盧國 : 『삼국지』에는 나라 이름이 2번 기록되어 있다. 잘못 중복된 것인지 아니면 본래 서로 두 나라였는지 알 수 없다. 기록 순서로 보아 충청남도 일대에 존재하였을 것으로 추 정된다. 다만 『翰苑』의 기사에 기술된 것처럼 '國'字가 없다면 뒤에 나오는 비리국과 결합 하여 '막로비리국'일 가능성도 크다. 이러한 추정이 옳다면 마한의 나라는 54개국이 되어 『後漢書』의 기사와 일치한다. 공주 부근으로 보거나 長興 大德으로 추정한다.

565 卑離國 : '비리'는 백제 지역의 옛 지명 어미에 많이 표기되고 있는 '夫里'와 같은 말로, 신 라지역에서는 '伐'·'弗'·'火(불)'등으로 표기되었다. 취락을 의미하며, 본래 백제지역에 서는 평야를 뜻하는 '벌'에서 유래되었다고 한다. 또한 城으로 漢譯되었다는 견해도 있다. '비리'라는 국명은 마한 소국에 여러 차례 보이며, 막로국이 별도로 존재하였다면 비리국 은 이러한 비리가 붙은 국명의 원조격으로 추정된다. 대체적으로 막로와 합하여 막로비 리국으로 보는 것이 설득력을 얻고 있다(千寬宇, 1979, 앞의 논문, 201쪽). 그 위치는 전북 沃溝로 추정하는 견해가 있으나 기록 순서로 보아 충청남도 禮山의 德山으로 추정하기 도 한다.

566 占離卑國 : 『翰苑』에 인용된 『魏略』 기사에는 '고비리국'으로 표기되었다. '비리'라는 지명 이 널리 쓰인 것을 볼 때 '리비'는 '비리'의 오기로 보인다. 그 위치는 전라북도 고부나 충청 남도 洪城의 結城으로 추정한다.

신혼국臣釁國[567], 지침국支侵國[568], 구로국狗盧國[569], 비미국卑彌國[570], 감해비리
국監奚卑離國[571], 고포국古蒲國[572], 치리국국致利鞠國[573], 염로국冉路國[574], 아림

---

567 臣釁國 : 마한의 국 이름이 중국 상고음으로 표기된 것을 감안하여 '신혼'의 중국 고대음
     인 'zienxien'과 유사한 백제의 眞峴縣으로 본다. 이는『三國史記』地理志에 보이는 "黃山
     郡의 屬縣에 鎭嶺縣이 있는데 진령현은 본래 백제의 진현현이었다"는 기사에 근거하여
     현재의 대전시 일대로 추정한다. 기록 순서상 온양 방면으로 추정한 견해도 있다.

568 支侵國 : 충청남도 禮山郡 大興 지방에 비정한다. 백제 멸망 뒤 설치 된 熊津都督府의 7
     州 가운데 하나인 支潯州의 屬縣중에 支潯縣이 있는 데, 이곳을 바로 지침국으로 추정
     한다. 위치 비정은 "지심현은 본래 孤山이고, 고산은 고려시대의 禮山縣이었다"는『三國
     史記』地理志에 근거한 것이다.

569 狗盧國 : 충청남도 청양군 청양읍에 비정한다.『三國史記』地理志에 의하면 任城郡 領
     縣의 하나인 青正縣은 본래 백제의 古良夫里縣이었다 한다. 이 때 '구로'와 '고라'는 음이
     유사하여 구로국을 고라부리에 비정하고 있다.

570 卑彌國 : 충청남도 舒川郡 庇仁面 일대로 비정한다.『三國史記』地理志에 庇仁은 백제
     의 比勿縣이었다는 기록과 '비물'의 음이 '비미'와 가깝다는데 근거를 둔다. 이와 달리 충
     청남도 天安의 稷山으로 추정한 견해도 있다.

571 監奚卑離國 : 충청남도 홍성군 금마면 일대로 비정한다.『青邱圖』에 의하면 금마면은 '大
     甘介面'이라 하였다. 그런데 '監奚'는 중국 고대음이 '감계'로 발음되기 때문에 음이 유사
     하다. 그리고 비리는 평야를 뜻하는 고유 명사로 보기 때문에 커다란 감개로 볼 수 있는
     근거가 된다. 이와 달리 백제의 固麻城인 공주로 보거나 파주로 추정한 견해도 있다.

572 古蒲國 : 기술 순서로 보아 충청남도 지역에 위치하였던 것으로 생각되나 구체적인 지명
     비정이 어렵다. 居拔城에 착안하여 부여로 추정한 견해도 있다.

573 致利鞠國 : 충청남도 서산시 지곡면으로 비정한다.『新增東國輿地勝覽』서산군조에는
     "地谷廢縣은 본래 백제의 知六縣이고 신라가 地育으로 고처서 富城郡에 속하게 하였으
     며, 고려가 地谷縣으로 고쳤다'라는 기사가 보인다. 그런데 '리국'을 反切로 표기하면 '륙'
     이 되어 '치리국'은 '지륙'에 해당하여 치리국국은 백제의 지육현과 유사하다고 보기도 한
     다. 이와 달리 周留城의 위치 중 하나로 비정되는 舒川郡 韓山으로 보기도 한다.

574 冉路國 : 기술 순서에 의해 충청남도 지역으로 추정한다. 반면에 웅진도독부의 7州가운
     데 하나인 魯山州治인 노산현이 '甘勿阿'로 불리어졌던 것에 주목하여 '염'이 '감'으로 誤
     記되었다면 전라북도 익산시 함열로 추정하는 견해도 제기되었다.

국兒林國[575], 사로국駟盧國[576], 내비리국內卑離國[577], 감해국感奚國[578], 만로국萬盧國[579], 벽비리국辟卑離國[580], 구사오단국臼斯烏旦國[581], 일리국一離國[582], 불미

---

575 兒林國 : 백제의 任存城에 비정하여 충청남도 예산군 대흥면으로 추정한다. 임존성은 신라 경덕왕 때에 任城으로 고쳤으며, 고려 때에는 大興郡이었다는 기록에 그 근거를 둔다. 이와 달리 충청남도 서천군 한산으로 추정하기도 한다.

576 駟盧國 : 충청남도 홍성군 장곡면으로 비정한다. 이는 본래 백제의 沙尸良縣으로 일명 沙羅라고도 하였다. 신라 경덕왕 때 新良縣으로 고쳤다가, 고려시대 때는 黎陽縣이었다는 기록에 근거한다. 이와 달리 기술 순서 상 충청남도 大德·論山 방면으로 추정한 견해도 있다.

577 內卑離國 : '비리'는 '夫里'로 평야를 뜻하는 말이다. 백제의 內斯只縣이었던 충청남도 대덕군 유성면으로 비정한 견해도 있으나 충청남도 부여로 보기로 한다.

578 感奚國 : '감해'는 고대 중국어로는 '감계'로 발음된다. 충청남도 홍성군 금마면의 옛 이름인 大甘介面의 감개에 비정할 수 있지만 기술 순서로 보아 전라북도에 위치하였을 것으로 추정된다. 이에 전라북도 함열에 있는 '곰개(熊浦)'라는 지명에 근거하여 함열로 보거나 백제 때 금마저였던 전라북도 익산으로 추정하기도 한다. 반면에 경기도 안성으로 보는 견해도 있다.

579 萬盧國 : 기술 순서와 옥구의 옛 이름인 '馬西良'을 '만라'로 읽을 수 있는 것에 주목하여 전라북도 沃溝지역으로 비정한다. 이와 달리 백제시대의 寺浦로 보는 견해도 있다. 이에 의하면 '사'는 '마을' 혹은 '말'이 되므로 訓讀하면 만로국에 가깝다 하여 충청남도 보령시의 藍浦로 비정된다 한다. 또한 萬弩에 주목하여 충청북도 鎭川으로 보는 견해도 제기되었다.

580 辟卑離國 : 당이 백제 故地에 설치한 웅진도독부의 7주 가운데 하나인 古四州의 屬縣인 辟城縣으로 본다. 이러할 경우 벽성현은 본래 '辟骨'로 벽골제가 있던 지금의 전라북도 김제로 비정된다. 또한 벽성은 백제 부흥운동기에 한 때 도읍이었던 '避城'과 동일한 지명으로 보기도 한다. 이는 '벽'字와 '피'字는 통용될 수 있다는 데에 근거를 두고 있다.

581 臼斯烏旦國 : 전라남도 장성군 진원면에 비정한다. 백제의 丘斯珍兮縣은 『三國史記』에 의하면 岬城郡의 속현으로 경덕왕 때 珍原으로 고쳤다 한다. 이 진원에 주목하여 장성군으로 비정한 것이다. 이와 달리 仇知只山인 전라북도 김제 금구로 추정하기도 한다.

582 一離國 : 『日本書紀』神功皇后49년조에 보이는 '比利辟中布彌支半古四邑'이라는 지명에 주목하여 '비리'와 동일할 가능성을 제기한 견해도 있다. 비리는 전라북도 扶安郡 保安일대로 추정하기 때문에 이 일대로 볼 수 있으나 확실하지 않다.

국不彌國[583], 지반국支半國[584], 구소국狗素國[585], 첩로국捷盧國[586], 모로비리국牟
盧卑離國[587], 신소도국臣蘇塗國[588], 막로국莫盧國[589], 고랍국古臘國[590], 임소반국臨
素半國[591], 신운신국臣雲新國[592], 여래비리국如來卑離國[593], 초산도비리국楚山塗

---

583 不彌國 : 당이 설치한 帶方州의 屬縣인 布賢縣이 본래 '巴老彌'라 한 것에 근거하여 불미
국을 '파로미' 즉 지금의 전라남도 나주 일대로 비정한다. 『三國史記』에 의하면 錦山郡은
백제의 發羅郡으로 신라 경덕왕이 錦山으로 고쳤으며, 고려시대에 나주목이 되었다 한
다. 이와 달리 불미를 『日本書紀』神功皇后 49년조에 보이는 '布彌'와 동일시하여 전라북
도 井邑淨雨로 추정하기도 한다.

584 支半國 : 『日本書紀』神功皇后 49년조에 보이는 '支半'과 동일시하여 전라북도 扶安·泰
仁 지방으로 추정한다.

585 狗素國 : 전라북도 井邑이나 古阜로 추정한다.

586 捷盧國 : 전라북도 정읍으로 추정한다.

587 牟盧卑離國 : 백제 때 牟良夫里縣이었던 전라북도 고창으로 비정한다.

588 臣蘇塗國 : 蘇塗는 제사와 관련된 別邑을 지칭한다. '臣'은 '臣智'의 '신'과 마찬가지로 '大'
의 뜻으로 해석된다. 그러할 경우 대소도국은 소도와 관련하여 현재의 바티칸 시티와 같
은 마한 종교 공동체의 중심지일 가능성을 제기한 견해도 있다(李丙燾, 1976, 앞의 책,
282쪽). 신소도국은 백제 때 省大兮縣이었고 신라 경덕왕 때에 蘇泰縣으로 고쳐진 지금
의 충청남도 서산시 태안면으로 비정한다. 반면에 기술 순서에 따라 전라북도 高敞郡 興
德面으로 추정하기도 한다.

589 莫盧國 : 『삼국지』에 기술된 18번째 국명과 겹친 것으로 보거나 전라남도 영광으로 추정
하기도 한다.

590 古臘國 : 백제 때 '古龍郡'이었던 전라북도 남원으로 비정한다. 이는 '고랍'과 '고룡'의 음
이 비슷한 것에 근거를 둔다. 이러할 경우 『三國史記』地理志에 南原小京은 원래 백제의
'고룡군'이었다는 내용과 연결시켜 남원으로 비정할 수 있는 것이다. 이와 달리 장성의 古
號인 '古尸伊'에 주목하여 전라남도 長城으로 보기도 한다.

591 臨素半國 : '반국'이라는 이름을 『日本書紀』神功皇后 49년조에 보이는 '支半'과 연결시켜 전
라북도 옥구군으로 비정한다. 이와 달리 전라남도 광산·나주 지역으로 추정하기도 한다.

592 臣雲新國 : 충청남도 천안 소속의 驛인 新恩과 비슷하다 하여 천안 지방으로 비정하기도
하나 확실하지 않다. 기술 순서에 따라 지금의 전라남도 광산이나 나주 일대로 추정하기
도 한다. '신운견지보'라는 호칭을 주목하면 신운신국은 마한에서 상당한 위치를 차지하
였을 것으로 보인다.

593 如來卑離國 : 통일신라 때 礪良縣이었던 전라북도 익산시 여산면에 비정하거나 기술 순
서에 따라 백제 때 爾陵夫里縣이었던 지금의 전라남도 和順郡綾州로 보는 견해가 있다.

卑離國[594], 일난국一難國[595], 구해국狗奚國[596], 불운국不雲國[597], 불사분야국不斯濆邪國[598], 원지국爰池國[599], 건마국乾馬國[600], 초리국楚離國[601] 등 모두 50여 나라가 있다.[602] 큰 나라는 만여 가이고 작은 나라는 수천 가이며, 총 십여 만 호

594　楚山塗卑離國 : 백제 때 '井村縣'이었던 '井邑'을 『新增東國輿地勝覽』에서 '楚山'이라고 한 것에 근거하여 전라북도 정읍으로 비정한다. 이와 달리 전라남도 珍島郡 郡內面의 옛 이름이 '抽山'인 점에 근거하여 진도군 군내면으로 보기도 한다.

595　一難國 : 기술 순서로 보아 전라남도 靈岩 지역으로 추정한다.

596　狗奚國 : 전라남도 강진군으로 비정한다. '구해'를 『日本書紀』神功皇后 49년조에 보이는 '古奚津'과 동일한 지명으로 보아 『新增東國輿地勝覽』康津縣條 古蹟에 보이는 舊溪所가 '狗奚' 또는 '古奚'와 음이 통할 수 있다고 본다. 이러할 경우 구해국을 전라남도 강진군으로 볼 수 있는 근거가 되는 것이다. 이와 달리 전라남도 海南郡馬山面의 옛 이름인 '古西伊'에 해당한다고 추정한 견해도 있다.

597　不雲國 : 백제 때 伐音支縣이었던 충청남도 공주의 서쪽으로 보거나 波夫里郡이었던 전라남도 寶城郡 福內面 일대로 추정하기도 한다.

598　不斯濆邪國 : 마한의 국명 중에 '신분활국'이 있는 것으로 보아 불사분야국의 '분야'도 '분할'을 잘못 기록한 것으로 본다. 그리고 분활을 半切로 읽으면 '發'로 표기할 수 있으며, 이는 '부리'와 같은 말로 신라의 '伐'에 해당한다. 또 '不斯'는 '비사'와 통한 것으로 보아 불사분활국은 백제때 比斯伐이었던 전라북도 전주에 비정하기도 하나 확실하지 않다. 이와 달리 백제의 夫沙縣이었던 전라남도 昇州郡 樂安面으로 추정한 견해도 있다.

599　爰池國 : 백제 때 猿村縣이었던 전라남도 여수로 추정한다.

600　乾馬國 : 전라북도 익산 지역으로 비정된다. '건마'는 익산 금마면의 '금마'와 통할 수 있기 때문이다. 구체적으로 익산 내에서 발견되는 청동기 유적에 주목하여 금마·왕궁·팔봉·삼기면 일대를 포함한 지역으로 비정한다. 아울러 건마국은 마한 목지국이 백제에게 통합된 뒤에는 나머지 마한 국들을 통솔한 중심 세력이었다는 주장도 있다. 이와 달리 남해안의 古馬彌知, 馬邑이었던 전라남도 장흥으로 추정하는 견해도 있다.

601　楚離國 : 백제 때 助助禮縣이었던 지금의 전라남도 高興郡 南陽으로 비정한다. 이와 달리 所力只縣이었던 전라북도 옥구로 비정하는 견해도 있다.

602　凡五十餘國 : 본문에 언급된 국의 숫자는 55국이지만 莫盧國이 두 번 나오므로 실제 54국으로 볼 수 있다. 이에 근거하여 『後漢書』東夷列傳에서는 54국이라고 하였다. 마한 54국에 대한 위치 비정은 음운학적 유사성을 가지고 『三國史記』지리지와 상호 비교하거나 국 형성에 유리한 지역을 중심으로 이루어졌다. 위치 비정은 여러 견해가 있지만 申采浩(1925, 「前後三韓考」『朝鮮史研究草』및 2007, 『단재 신채호 전집』2, 독립기념관), 李丙燾(1976, 「三韓問題의 新考察」『韓國古代史研究』), 末松保和(1949, 『任那興亡史』吉川弘文館)등 제 견해를 종합한 千寬宇(1979, 「馬韓諸國의 位置試論」『東洋學』9)의 논거

에 달한다. 진왕辰王[603]은 월지국月支國을 다스린다. 신지臣智는 혹 우대하는 신

운견지보臣雲遣支報 안야축지安邪踧支 분신리아불례濆臣離兒不例 구야진지염拘邪秦

가 있다. 이에 의하면 나라 기술의 순서는 위에서 아래로, 동쪽에서 서쪽 방향으로 이루어
졌다고 한다.

603 辰王 : 『後漢書』에서는 三韓의 總王으로 기록하고 있으므로, 종래에는 목지국을 거점으
로 하여 여러 국들을 대표하여 진왕이 중국 군현과의 외교 교섭에서 주도적인 역할을 수
행한 것으로 이해하였다. 한편 여기에 나오는 진왕은 백제국의 왕으로, 변진조에 나오는
진왕은 신라왕으로 구분해서 보는 견해(천관우, 1976; 문창로, 1997)도 있다. 대개 여기
에 언급된 진왕은 목지국에 치소를 둔 마한제국의 수장으로 본다. 목지국의 신지와 동일
한 장소를 치소로 하는 별도의 왕으로, 3세기 초에 요동의 公孫氏가 중국 대외교역에 정
통한 마한인을 진왕으로 임명하고 그 지위를 세습시킨 것으로 보는 견해(武田幸男, 1995;
1996; 윤선태, 2001)도 있다. 진국은 삼한 또는 진한의 과거이지만, 진왕은 삼한 당시의 수
장이라는 점에서, '辰'의 명칭은 삼한의 과거와 현재에 모두 쓰이고 있다. 『후한서』에서는
조선에서 옮겨온 준왕이 韓王을 칭하다가 다시 마한 사람이 辰王이 되었다고 하였다.

支廉의 호칭을 더한다.[604] 그 관직에는 위솔선읍군魏率善邑君[605]·귀의후歸義侯[606]·

604 臣智或加優呼…廉之號 : 대체로 목지국의 진왕처럼 일반적인 신지 명칭에 만족하지 못
하고 특별히 우대하는 호칭을 더하는 나라들을 열거한 것으로 보고 있다(權五榮, 1996,
「三韓의 '國'에 대한 연구」, 서울大學校博士學位論文, 217쪽). 하지만 이들 나라에 대해서
는 '신운견지보'의 신운은 신운신국을 가리키며, '분신리아불례'의 '분신'은 신분고국의 '신
분'이 도치된 것이며(李丙燾, 1934, 「三韓問題의 新考察」, 『震檀學報』 4, 38쪽), '리아' 역
시 아림국이 도치되었고, '불례'는 불미국을 가리키는 것으로 파악하는 견해가 제시되었
다(이도학, 1998, 「새로운 摸索을 위한 點檢, 目支國硏究의 現段階」, 『馬韓史硏究』, 忠
南大, 130~131쪽). 반면에 국명을 도치시키지 않고 해석 자체를 달리하는 견해도 있다.
즉 구두점을 "臣雲·遣支報 安邪·踧支濆 臣離兒·不例·拘邪秦支廉之號"로 끊고 있
는 것이다. 이 해석에 따르면 支報·支濆·支廉을 동일어의 別寫로 이해하고, 신분고국
이 아닌 卓(喙)國의 支濆으로 보고 있다(全榮來, 1985, 「百濟南方境域의 變遷」, 『千寬宇
先生還曆紀念韓國史學論叢』, 139~140쪽). 이들 나라가 특별한 호칭을 갖는 것은 진왕이
우대하는 호칭을 매개로 韓諸國 간 조정의 기능을 갖고 4국 수장과 특정한 관계를 맺은
것으로 보는 의견도 피력되었다. 이에 따르면 목지국 진왕은 북쪽의 신분고국과 남쪽의
신운신국, 남해에 인접한 안야국, 김해로 비정되는 구야국을 연결하여 광의의 교통 네트
워크를 구축한 것으로 파악하고 있다(武田幸男, 1996, 「三韓社會における辰王と臣智」
下, 『朝鮮文化硏究』 3, 4~19쪽).
605 魏率善邑君 : 漢은 변방의 모든 세력에 대하여 그 규모에 따라 王·侯·邑君·邑長 등의
관작을 수여하였다. 동옥저전과 예전에 領東 7현의 渠帥를 侯로 삼았다고 전하는데, 실
제로 不耐濊侯의 존재가 확인된다. 평양 정백동 1호분에서 출토된 인장에 새겨진 '夫租
濊君'은 부조 지역의 지배자에게 읍군이란 관작을 수여했음을 알려준다. 삼한에도 廉斯
지역의 거수인 蘇馬諟에게 '漢廉斯邑君'을 사여한 사실 및 景初 연간(237~239)에 魏가
여러 韓國의 신지들에게 邑君의 印綬를, 그 다음의 지배자에게는 邑長의 인수를 더해 주
었음이 확인된다. 결국 魏率善邑君은 위가 마한의 신지들에게 수여한 관작으로 볼 수 있
다. '率善'은 '선하게 따른다'는 의미로 '歸義'와 동일한 뜻이며, 이민족이 중국의 德에 歸服
함을 뜻한다.
606 歸義侯 : 『後漢書』百官志에 四夷國王·率衆王·歸義侯·邑君·邑長이 있고 이들은 각
기 부관인 丞을 두었다고 전한다. 귀의라는 말은 漢代에 처음 사용하였는데. 모두 蠻夷,
즉 한에 歸順한 이민족의 지배자에게만 수여한 것이다. 이들 이민족의 지배에게 그들
의 세력 규모에 따라 국왕, 솔중왕, 귀의후, 읍군, 읍장이란 칭호를 내려준 것으로 보인다.

그림64 | 진솔선예백장(晉率善穢伯長) 동인

그림65 | 위솔선한백장(魏率善韓佰長) 동인

중랑장中郎將[607]·도위都尉[608]·백장伯長[609]이 있다.

후侯인 준왕準王[610]이 함부로 왕을 칭하였는데, 연燕에서 망명한 위만衛

---

607 中郎將 : 중랑장은 秦代에 처음 설치한 관직으로 郎中領의 屬官이었다. 三署郎을 거느리고 宿衛하면서 宮殿과 後宮의 門戶를 지키는 일을 담당하였다. 前漢에서도 진의 제도를 계승하여 光祿勳이 이들을 관할하였다. 후한은 동·서·남·북 등 4중랑장을 더 설치하였다. 또, 虎賁中郎將과 羽林中郎將 등이 있었다. 그 밖에도 '使匈奴中郎將'과 같이 임시로 설치된 중랑장이 있었는데, 이들을 雜中郎將이라 하였고, 率善中郎將도 그중 하나이다. 秩祿은 比二千石이고, 그 지위는 將軍 다음이었다. 魏晉王朝 이후에는 지방에서 각각 스스로 官署와 官號를 설치하였는데, 중랑장이란 관호가 가장 많았다. 隋代에는 '中'자를 避諱하여 낭장으로 줄였다. 唐代에 다시 중랑장을 설치하고, 이들을 諸衛의 대장군과 장군에 예속시켰다(兪鹿年 編著, 1992, 『中國官制大辭典』, 黑龍江人民出版社).

608 都尉 : 漢代의 관직명으로 주로 郡의 군사 및 경찰에 관한 업무를 관장하였다. 前漢에서 본래 郡尉라고 부르다가 景帝 2년(기원전 155)에 郡守를 郡太守로 개칭하면서 군위를 도위로 고쳤다. 도위는 태수를 보좌하고, 군의 군사 및 경찰에 관한 일을 담당하였다. 官秩은 比二千石이었다. 통상 군의 경우 1명이 정원이었지만, 변경군에는 1군에 복수의 도위를 두기도 하였다. 그 경우는 西部都尉, 中部都尉 등으로 불렸는데, 기원전 82년 낙랑군에 東部都尉와 南部都尉를 두어서 領東 7현과 옛 진번 지역을 관할하기도 했다. 副官에 丞이 있었다 후한 광무제 건무 6년(30)에 변경을 제외하고 도위를 폐지하고, 태수가 그 직무를 겸임하였으며, 필요에 따라 임시로 도위를 설치하였다. 전한에는 關所에 설치한 關都尉, 변경 군에 농사를 관장한 農都尉, 屬國을 관장한 속국도위를 두었지만, 후한에서는 이 가운데 속국도위만 남겨두었다. 그러면서 이와는 별도로 騎都尉, 奉車都尉 등 일부 무관에 도위란 명칭이 사용되기도 했다. 삼국시대 魏에서도 군태수 밑에 군사와 경찰에 관한 업무를 담당하는 군도위를 두었고, 이 밖에 將兵都尉, 撫軍都尉, 積弩都尉(후에 典弩都尉로 개칭), 典鎧都尉 등도 설치했음이 확인된다(兪鹿年 編著, 1992, 『中國官制大辭典』, 黑龍江人民出版社).

609 伯長 : 戰國時代 魏에서 군사 5인을 伍, 10인을 什, 50인을 屬, 100인을 閭로 삼고, 그 책임자를 伯長이라 불렀다 경북 상주에서 '魏率善韓伯長' 銅印이, 경북 영일군 신광면 마조리(현재 경북 포항시 북구 신광면 홍곡리)에서 '晉率善穢伯長' 동인이 발견되었다. 일반적으로 백장은 國邑의 臣智보다 서열이 낮은 읍락의 渠帥들에게 수여한 관작으로 이해되고 있다.

610 準王 : 고조선 否王의 아들로, 연燕에서 망명한 위만을 신임하여 박사로 임명하고 서쪽 경계에 머물게 했다. 이는 중국 유이민이 많아지는 진·한 교체기에 수복한 서쪽 지역을 안정시키기 위한 조차였으나 결국 위만에게 속아 나라를 빼앗겼다. 시대가 내려오면서 기자 동래설이 한층 강화되어 『三國志』 위서 동이전에서는 고조선의 왕을 기자의 후손으로 기록하고 있으니, 『三國志』 위서 동이전 예조에는 기자 이후 준왕까지 40여 대가 지났다고 하

滿[611]에게 공격을 받아 나라를 빼앗겼다.

『위략魏略』[612]에는 다음과 같이 말하였다.

옛날에 기자[613]의 후손인 조선후朝鮮侯가, 주周가 쇠약해지자, 연燕이 스스로 높여 왕이라 칭하고, 동쪽의 땅을 경략하려는 것을 보고, 조선후 또한 스스로 왕이라 칭하고 군사를 일으켜 연에 맞서 공격하여 주 왕실을 높이려고 하였다. 그 대부大夫인 예禮[614]가 간언하므로 그만두었다. 그리고 예를 서쪽

였다. 이러한 기록은 준왕 이전 고조선 왕실의 일정한 계보가 전해왔음을 의미한다.

611 衛滿 :『史記』와『漢書』에는 滿이라고만 나오는데,『三國志』위서 동이전에 인용된『魏略』『後漢書』東夷列傳 등 여러 문헌에서는 姓이 衛 라고 전하며, 연燕 사람이라 하였다. 이에 위만조선을 중국 이주민이 외지에 수립한 식민지정권으로 보았다(三上次男, 1954). 하지만 위만이 중국에서 망명할 때, 상투머리[魋結]를 하고 蠻夷服을 입었다는 사실에서 연 지역에 살던 조선인 계통의 사람으로 보는 견해(이병도, 1954)도 제기되었다. 북한 학계에서는 衛滿의 衛 라는 성은 중국인이 위만을 중국인으로 꾸미기 위해 덧붙인 것으로 보고, 만을 고조선의 변방 토호 세력으로 본다. 위만이 정권을 장악한 후 중국식 관제를 도입하지 않았고, 고조선의 수도인 王險城에 그대로 도읍했다는 사실을 위만이 고조선 사람이라는 근거로 제시하였다(조선사회과학원 역사연구소, 1979).

612 魏略 :『魏略』은 晉代 초에 魚豢이 지은 책으로,『三國志』위서 동이전의 저본이 되었다. 진수가『三國志』를 편찬한 이후 배송지는『魏略』을 많이 인용하여 보완했다. 진수는 韓條에서『魏略』의 내용을 상당 부분 누락하고 내용을 변개한 점이 확인된다(윤용구, 1998). 韓條에 인용된『魏略』의 고조선 관련 기사는 고조선과 연의 대립이나 만왕의 고조선 찬탈 등『史記』와『漢書』에 나오지 않은 사실이 기록되어 있다. 이에 대해 낭중이라는 낮은 관직을 지낸 어환이 새로운 자료를 입수할 가능성은 낮기 때문에 '조선후' 기사는 어환이『魏略』이전에 편찬된 다른 사서의 고조선 기사를 참고했다고 보기도 한다. 참고한 문헌을 구체적으로『東觀漢記』로 지목하는 견해가 있다(오강원, 2012).

613 箕子 :箕子는 중국 商 紂王代의 賢人으로, 왕의 無道를 간언하다가 감옥에 갇혔으나 周武王이 은을 멸망시키고 풀어주었다고 한다. 그가 武王에게 유교 통치의 근간인 洪范九疇를 바쳤다고 전한다. 漢代 이후의 史書에 기자가 조선에 와서 왕이 되었다는 箕子東來說이 기술되기 시작하였는데, 이 내용도 그 중 하나다.

614 大夫 禮 : 본래 大夫는 중국 周의 관등명으로, 그 아래에 士라는 하급 관리가 있고 위로는 장관 이상에게 부여하던 鄕이라는 관등이 있었다. 진한대 이후의 대부는 상앙의 변법에서 나온 22등작제의 제5급을 말하는 것이고, 당대에 대부는 천자의 비서장으로, 국가가 논의해야 할 중요한 문제를 취급하였다. 고조선의 대부는 진한대의 대부와 비슷한 성격

으로 보내 연을 설득하게 하니, 연도 중지하고 침공하지 않았다. 후에 자손이 점점 교만하고 포학해지자, 연은 장군 진개秦開[615]를 보내 그 서쪽 지방을 공격하여 2,000여 리의 땅을 빼앗고 만반한滿潘汗(만번한滿番汗)[616]에 이르러 경계로 삼았으니, 마침내 조선이 쇠약해졌다. 진秦이 천하를 모두 병탄함에 이르러 몽염蒙恬[617]에게 만리장성을 쌓게 하여 요동까지 이르렀다. 이때에 조선왕 부否[618]가 재위하였는데, 진이 쳐들어올까 두려워 정략적으로 진에 예속하였지만, 직접 조회朝會하지는 않았다.

으로 볼 수 있으니, 구체적으로 왕의 측근으로 나라의 중요한 문제에 대하여 왕에게 직접 충고할 수 있는 직위로 판단된다.

615　秦開 : 戰國時代 燕 昭王(BC 311년~ BC 279년) 때의 장군으로, 연의 동방 지역인 東胡에 인질로 갔다가 돌아온 후 동호와 조선을 정벌하여 5군(上谷, 漁陽, 右北平, 遼西, 遼東)을 설치하였다. 『鹽鐵論』卷8 伐功35에서는 "燕襲走東胡 辟地千里 度遼東而攻朝鮮"이라고 하여, 연이 東胡를 습격하여 1천 리의 땅을 넓혔고 요동을 건너 조선을 공격하였다고 하므로, 이를 통해 당시 진개가 동호만이 아니라 조선도 공격했음을 알 수 있다. 따라서 연이 조선 서방 2,000여 리를 빼앗았다는 기록은 대체로 동호와 조선이 빼앗긴 지역의 합으로 보고 있다.

616　滿潘汗 : 滿番汗은 연의 동방 진출 당시의 지명이 아니라 漢의 요동 식민이 본격화된 후대의 지명이다. 滿潘汗은 『漢書』地理志에 요동군의 속현인 文縣과 番汗縣의 連稱으로 오늘날 요동 海成縣 및 蓋平 일대로 비정된다. 문현이 요동의 千山山脈 서남쪽의 지명인 것으로 보아, 번한현도 이와 관련된 지명일 것으로 추정된다. 고조선은 연에게 패하여 千山에 이르는 서쪽 땅 1천 리를 상실하였으나, 요동반도를 남북으로 가르는 유일한 자연계 선인 천산산맥을 경계로 연과 대치하였다(서영수. 1988).

617　蒙恬 : 몽염(?~기원전 209)은 武의 아들로 기원전 221년에 秦이 齊를 멸망시킬 때 큰 공을 세웠다. 기원전 215년 흉노 정벌 때에 활약이 컸고, 그 다음해에 만리장성을 완성하였다. 始皇帝 사망 후 환관 趙高와 丞相 李斯의 흉계로 감옥에 갇히게 되자 자살하였다.

618　否 : 고조선의 왕으로 준왕의 아버지이다. 否가 왕위에 있을 때 중원에는 통일제국 秦이 존재하였다. 否王은 진의 습격을 두려워하여 복속할 것을 약속하였다고 하는데, 조선이 진의 강요에도 불구하고 끝내 朝會에 응하지 않았다는 점으로 보아, 당시 고조선의 국력이 상당하였음을 알 수 있다. 『史記』조선열전에 의하면, 秦도 이러한 고조선에 대하여 더 이상의 침략을 포기하고 고조선에게서 새로 빼앗은 땅에 이중의 요새를 쌓아 반격에 대비한 것으로 보인다(서영수, 1999).

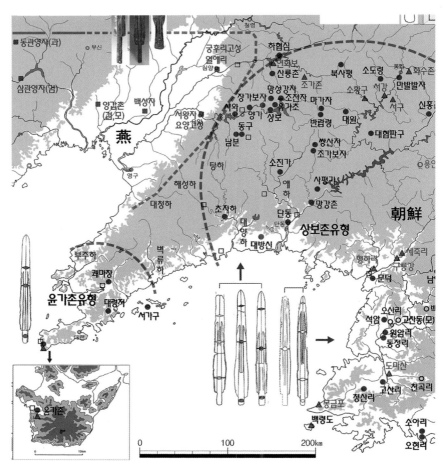

그림66 | 고고자료를 통해 본 만번한(이후석, 2017)

부가 죽자, 그의 아들 준이 왕위에 올랐다. 20여 년이 지나 진승陳勝과[619]

---

619   陳勝 : 陳勝은 秦의 陽城人으로 字는 涉이다. 기원전 209년(秦 2世 皇帝 元年) 吳廣과
      함께 농민 봉기를 일으켰다. 陳에서 왕을 칭하고 국호를 張楚라 하였으나 6개월 만에 秦
      에게 진압되었다. 진승과 오광의 난을 계기로 각지에서 군웅들이 반란을 일으켜 秦은 급
      격하게 몰락하였다.

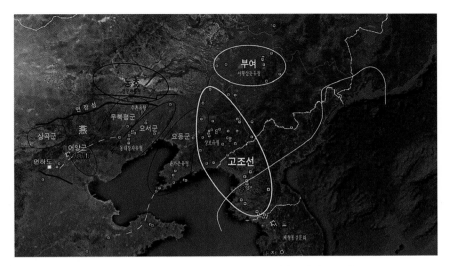

그림67 | 고조선과 연의 5군(上谷, 漁陽, 右北平, 遼西, 遼東) (조진선, 2014)

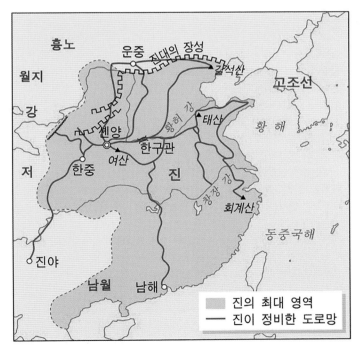

그림68 | 고조선과 진(秦)

항우項羽[620]가 반란을 일으켜 천하가 어지러워졌다. 연燕, 제齊, 조趙의 백성들이 힘들고 고통스러워 점점 도망쳐 준에게 갔다. 준왕은 이에 그들을 서쪽 지방에 거주하게 하였다. 한 시기에 이르러 노관盧綰을 연왕燕王으로 삼아 조선과 연은 패수浿水[621]를 경계로 하였다. 노관이 반란을 일으켜 흉노로 들어감에 미쳐서 연 사람 위만이 망명하여 오랑캐 복장을 하고 동쪽으로 패수를 건너 준왕에게 와서 항복하였다. 그리고 준왕을 설득하여 서쪽 경계에 머물게 해달라고 부탁하였다. 그래서 중국에서 망명한 사람들이 조선의 제후국이 되었다. 준이 그를 신뢰하고 총애하여 박사博士[622]로 삼고, 규圭[623]를 하사하였으며, 1백 리의 땅을 봉封해 주고, 서쪽 변방을 지키게 하였다. 만이 망명한 사람들을 꾀어서 무리가 점점 많아졌다. 이에 사람을 보내서

---

620 項羽 : 秦 말기에 劉邦과 천하를 놓고 다툰 무장이다. 이름은 籍이고, 羽는 字이다. 기원전 209년에 陳勝 · 吳廣의 난으로 秦이 혼란에 빠지자, 숙부 項梁과 함께 봉기하였다. 진왕 子嬰을 죽이고 도성인 咸陽을 불사른 뒤에 彭城에 도읍을 정하고 西楚의 覇王이라고 칭하였다. 후에 垓下에서 유방에게 패배하여 자살하였다.

621 浿水 : 浿水는 고조선과 漢의 경계가 되는 강으로, 그 위치에 대하여 한반도설(압록강, 청천강), 요동설(요하, 혼하), 요서설(대릉하, 난하) 등이 다양하게 제시되었다. 전한 말기에는 요동의 浿水를 대동강 유역의 고조선 중심지에 가까운 조선계 지명인 浿水와 구별하기 위해 沛水(『염철론』, 『漢書』 地理志), 또는 溴水(『위략』)로 고쳐 부른 것으로 보인다. 沛水가 만번한에 인접한 요동 지역의 강이고, 조선이 진의 遼東外徼을 공략한 뒤 후퇴한 漢과 浿水를 경계로 하였으므로, 浿水 또한 만번한이나 진 요동외요의 위치로 보아 소요수와 태자가 만나는 小遼水 본류, 즉 오늘날의 渾河 하류로 보는 견해가 있다(서영수, 2008).

622 博士 : 본래 고대 중국에서 學識이 博通한 자를 임명하여 국왕의 자문 역할을 수행하던 賢者的 칭호였다. 博士는 전국시대 때부터 보이고 있으나 秦 때에 '掌通古今'의 뜻으로 처음 설치되었고, 한 무제 때에 이르러 오경박사가 설치되었다. 위만에게 칭한 博士는 정치적 階序를 초월한 특별 명칭이자 금속 기술을 포함한 대륙의 선진 문화에 밝은 사람에 대한 敬稱으로 볼 수 있다(金光洙, 1994, 「古朝鮮 官名의 系統的 理解」, 『歷史敎育』 56, 9-10쪽).

623 圭 : 고대에 諸侯가 朝會 · 會同할 때 손에 쥐는 위가 둥글고 아래가 모진 길쭉한 모양의 玉이다. 통상 천자가 제후를 封할 때 사여한다.

준에게 거짓으로 아뢰기를 "한나라 군대가 10도로 나누어 이르니, 들어가서 숙위宿衛하기를 원합니다."라고 하였다. 마침내 돌아와 준왕을 공격하였다. 준이 만과 서로 싸웠으나 적수가 되지 못하였다. 준왕은 좌우의 궁인宮人들을 거느리고 바다로 달아나서 한韓의 땅에 거처하였고,[624] 스스로 한왕韓王이라고 불렀다.

『위략』에 이르기를, "그의 아들 및 친척으로 나라에 머무른 자들은 이로 인하여 거짓으로 한씨韓氏[625]를 칭하였다. 준왕은 바다 건너에 있으면서 조선과 서로 왕래하지 않았다."라고 하였다. 그 후손이 끊어졌는데, 지금 한인

---

624 한의 땅에 거처하였고 : 준왕의 南來地에 대해서는 고려·조선시대 학자들부터 지금까지 일반적으로 전북 익산시 금마면 일대로 보고 있다. 『潛夫論』권9 志氏姓에서는 韓西(준왕)의 姓이 韓이었는데, 衛滿에게 공격당하여 海中으로 옮겨가 살았다고 하였다. 『後漢書』에서는 위만에게 쫓겨난 준왕이 무리 천여 명을 거느리고 바닷길로 들어와 마한을 공략하고 자립하여 한왕이 되었다고 하였다. 이 『三國志』 위서 동이전 한조에서는 준왕이 위만의 급습으로 급하게 좌우 궁인만을 거느리고 남쪽 한의 거주지로 도망쳐 왔다고 전하고 있어 기록마다 차이를 보이고 있다. 우거왕 당시 한강 유역에는 辰國이 존재하였고, 마한은 충청·전라도 지역을 포괄하고 있었는데, 위만조선의 멸망 전후에 파생한 유이민 집단에 의해 진국이 해체되면서 마한 세력이 한강 유역까지 확대되었다는 견해가 있다 (노중국, 1987).

625 한씨 : 이 기록에 근거하여 준왕의 姓이 본래 韓氏였다고 보기도 한다(이병도, 1976). 『위략』의 기록대로 준왕이 箕子의 후예라면 箕氏를 칭해야 함에도 불구하고 한 지역에 가서 韓王이라 自號한 사실로 보아, 준왕은 본래 韓氏였다는 것이다. 한편 『詩經』 韓奕篇에서 燕 근처에 예족라 맥족을 다스리는 韓侯가 존재했다는 기록을 근거로 하여, 韓侯의 지배를 받던 집단들이 기원전 7세기경에 조선 지역으로 이동하여 단군조선을 대체한 것으로 보는 견해도 있다(서영수, 1988). 최근에는 낙랑 호족이었던 韓氏가 낙랑군 지배하에서 그들이 차지하고 있던 유력한 지위를 정당화하기 위해 준왕의 성을 한씨로 부회한 것으로 보는 견해도 제기되었다(노태돈, 2015). 익산에 있는 쌍릉이 준왕의 무덤이자 마한의 시조 무강왕릉으로, 청주 한씨의 시조묘로 알려지기도 했다. 그런데 일제 강점기의 쌍릉 발굴과 최근의 재발굴을 통해 백제 말기의 거대한 횡혈식 석실분과 인골이 발굴되었으므로, 쌍릉은 백제 무왕릉임이 확실시되고 있다. 무강왕과 무왕의 관계에 대해서는 이장웅, 2012, 「百濟의 馬韓 薯童(武康王) 神話 수용과 益山 彌勒寺」, 『역사민속학』 38을 참조.

그림69 | 익산 쌍릉

그림70 | 익산 쌍릉 대왕릉의 횡혈식 석실과 재발굴된 인골

韓人 가운데 아직도 그 제사를 받들고 있는 자가 있다.[626] 한漢 시기에 낙랑
군에 복속하여 사시四時로 조공을 바치고 알현하였다.[627]

『위략』에서는 다음과 같이 말하였다. "처음에 우거右渠[628]가 격파되지 않
았을 때에 조선상朝鮮相 역계경歷谿卿[629]이 간언하였으나, 우거가 받아들이
지 않자, 동쪽의 진국辰國으로 갔다.[630] 이때에 백성으로 그를 따라 나간 사

---

626 조선왕 準이 처음 마한에 나라를 세운 것은 한 惠帝 원년(기원전 194)의 일이고, 뒤에 百
    濟에게 멸망한 것은 온조왕 27년(9)의 일이니, 나라를 전한 것이 202년이다. 辰韓과 弁韓
    은 모두 한 宣帝 五鳳 연간(기원전57~기원전 54) 이후 新羅王 赫居世에게 멸망하였다.
    "그 뒤 절멸되었다."고 한 것은 百濟에게 멸망한 것이고, "韓人 중에 여전히 그의 제사를
    받드는 이가 있다"고 한 것은 『후한서』에서 "마한인이 다시 스스로 왕위에 올랐다."고 한
    것을 가리킨다.
627 『후한서』동이전에는 建武 20년(44) 韓人 廉斯人 蘇馬諟 등이 낙랑군에 와서 조공을 바
    치니, 光武帝가 蘇馬諟를 漢의 廉斯邑君에 봉하고 낙랑군에 소속시켜 四時마다 朝謁하
    도록 했다고 하였다.
628 우거(?~기원전 108) : 위만의 손자로 위만조선의 마지막 왕이다. 위만의 '만과 마찬가지
    로 '우거' 역시 조선에서 임금을 존칭하던 고유어의 차자 표기로 보인다(서영수, 1996).
629 조선상 역계경 : 卿은 원래 수장의 지위에 있는 자가 정치에 참여함에 따라 주어진 명칭
    으로 주대 이래 大夫와 짝하는 귀족의 명칭이었다. 卿은 주로 國君을 보필하여 일반 국정
    을 통괄하면서 大夫와 구분되었다. 역계경은 스스로 領有가 있다는 특징이 있는 주대
    의 卿의 의미로 사용되던 것이 어느 시기부터 相官制가 도입되면서 진·한 대와 같이 散
    秩된 상태로 전환되어간 것으로 보기도 한다(감광수, 1994). 相은 본래 고대 중국에서 비
    롯된 관작으로 秦漢代에는 황제 하의 丞相이 국무를 총괄하는 百官의 장이었다. 고조선
    의 相은 漢의 영향을 받아 설치된 것으로 보인다. 고조선의 相을 중앙 관직으로 보는 견
    해도 있지만, 대체로 임명을 받은 관료가 아니라 자신의 독자적인 기반을 가진 정치 집단
    의 首長으로 이해한다. 朝鮮相은 조선을 구성하는 중심부를 관장하는 존재로, 복수의 조
    선상이 사료에 나타나고 있다. 尼谿相은 니계 지역을 관장하는 수장으로 추정된다. 한편,
    조선의 상들은 주요 정책의 결정에 참여하였고, 왕은 회의체를 통해 상들을 통제한 것으
    로 보기도 한다. 역계경이 對漢 정책을 둘러싸고 왕과 대립을 보였던 것도 이러한 과정에
    서 비롯되었으며, 조선상 노인 등이 함께 모의하여 한에 투항한 것도 평시에 운영되던 회
    의체의 요소가 적용되었다는 것이다(노태돈, 2000).
630 이때에 백성으로 ~ 2천여 호였다 : 역계경이 동으로 진국에 갔다는 것으로 보아, 진국은
    고조선의 동쪽에 위치했음을 알 수 있으며, 2천여 호가 역계경과 함께 하였는데, 마한의
    국이 수천 호였다는 사실을 감안하면, 역계경 집단은 진국에 속하는 1국이 된 것으로 보

람들이 2천여 호였다. 그 역시 조선·진번과 서로 왕래하지 않았다. 왕망王莽[631]의 지황地皇 연간(20~23년)에 이르러 염사치廉斯鑡[632]가 진한의 우거수右渠帥[633]가 되었는데, 낙랑의 토지가 비옥하고, 주민들이 풍요롭고 즐긴다는 소문을 듣고 망명하여 항복하고자 하였다. 그 읍락에서 나와 밭에서 참새를 쫓는 남자 한 사람을 보았는데, 그 말이 한인韓人의 것이 아니었다. 그에게 묻자, 남자가 대답하기를, "우리들은 한漢 사람이며, 이름은 호래戶來입니다. 우리들 1,500명은 목재를 벌채하다가 한韓에게 공격받아 잡혀 모두 머리를 깎이고 노비가 된 지 3년이 되었습니다."라고 하였다. 염사치가 "나는 한漢의 낙랑에 항복하려고 하는데, 너도 가지 않겠느냐?"라고 말하자, 호래가 "좋습니다"라고 하였다. 염사치는 이로 인하여 호래를 데리고 함자현含資縣[634]에 갔다. 현이 군에 보고하니, 군이 즉시 염사치를 통역으로 삼아서 잠

기도 한다(김성한, 2014). 또한, 이 기록으로 보아 고조선의 관직인 相을 일정한 정치 집단의 수장으로 볼 수 있다.

631　왕망: 중국 新의 황제이다. 前漢의 平帝를 독살하고 5년에 천자의 자리에 올랐으며, 9년에 나라 이름을 新이라 고쳐 불렀다. 그가 23년에 劉玄의 군사에 죽임을 당하면서 신도 멸망하였다.

632　廉斯鑡 : '廉斯'는 邑名이고 '鑡'는 그 거수를 칭하는 용어로 보이는데, '鑡'를 '착'으로 독음하면서 '廉斯鑡' 자체를 이름으로 보기도 한다. 한편『후한서』한조에는 "建武 20년(44)에 韓의 염사 사람인 蘇馬諟 등이 낙랑에 와서 공물을 바쳤다. 光武帝는 소마시를 漢廉斯邑君으로 삼아 낙랑군에 소속시키고 철마다 朝謁하도록 하였다"는 내용이 전하고 있어 동일인 여부가 논란이 되고 있다. 염사는 충남 아산시로 비정한 견해가 있고(이병도, 1976), 마한 지역으로 보는 견해(栗原朋信, 1978; 山尾幸久, 1982), 경남 김해의 구야국으로 보는 견해(정중환, 1973; 백승충, 1989), 마산·창원 방면으로 보는 견해(西本昌弘, 1989; 연민수, 2003), 낙동강 하류 동안 지역으로 보는 견해(이부오, 2001)가 있다.

633　우거수 : 右渠帥는 左渠帥와 대칭되는 개념으로, 진한의 오른쪽에 있는 거수라는 의미로 해석된다. 이에 근거하여 낙랑군이 진한을 크게 좌·우로 구분하여 파악한 것으로 보기도 한다(윤선태, 2001).

634　含資縣 :『漢書』地理志 樂浪郡條에는 "含資는 帶水 서쪽에서 帶方에 이르러 바다로 들어간다"라고 기록되었다. 본래 낙랑 남부도위의 속현의 하나로 建安 연간(196~220)에 공

중冠中[635]으로부터 큰 배를 타고 진한에 들어가서 호래와 더불어 항복하였던 무리를 다시 빼앗았으나 천 명만을 얻었고, 그 5백 명은 이미 죽고 없었다. 염사치가 이때 진한에 분명하게 이르기를, "너희들은 5백 명을 돌려보내라. 만약에 그렇지 않으면 반드시 낙랑이 1만 명의 병사들을 보내, 배를 타고 와서 너희들을 공격할 것이다."라고 하였다. 진한이 이르기를 "5백 명은 이미 죽었으니, 우리들은 마땅히 그에 대하여 보상하겠다."라고 하였다. 이에 진한인 1만 5천 명과 모한牟韓의 베 1만 5천 필을 내주었다. 염사치는 그 값을 받아서 돌아왔다. 군이 염사치의 공덕과 의로움을 표창하여 관冠과 책幘, 토지와 주택을 내려주었다. 자손들이 여러 대를 내려와 안제安帝 연광延光 4년(125)에 이르러 이로 인하여 부세賦稅를 면제받았다.

후한의 환제桓帝와 영제靈帝 말기[636]에 한韓과 예濊가 강성해져서 군현이 제대로 통제하지 못하자, 많은 주민들이 한국韓國으로 흘러 들어갔다. 건안建安 연간(196~220년)에 공손강公孫康이 둔유현屯有縣 이남의 황지荒地를 나누

손도가 대방군을 설치하면서 舍資縣을 비롯한 7현이 이에 소속되었다. 황해도 봉산군의 동남쪽인 瑞興 일대로 추정된다(李丙燾, 1976, 앞의 책, 128쪽).

635 쑥中 : 대체로 황해도 해안에 위치한 것으로 추정되지만, 낙랑군 통제 하에 있었던 남한강 중·하류의 津으로 추정하는 견해도 있다(윤선태, 2001).

636 환제와 영제의 말기 : 후한의 桓帝(147~167)와 靈帝(168~189) 시기에 黨錮의 화 등으로 인해 정치 혼란이 극심하였고, 이 틈을 타고 지방에서 黃巾賊이 일어났다. 후한이 커다란 혼란에 빠지면서 낙랑군에 대한 지원도 소홀해졌다.

어 대방군帶方郡[637]으로 삼았다. 공손모公孫模와[638] 장창張敞 등을 보내 유민

들을 모으고, 병사를 일으켜서 한과 예를 치자, 옛 주민들이 점차 돌아왔다.

이후로 왜와 한이 마침내 대방에 복속하였다. 경초景初 연간(237~239년)에

위 명제明帝가 대방태수 유흔劉昕[639]과 낙랑태수 선우사鮮于嗣를 비밀리에 보

내 바다를 건너 두 군을 평정하고, 여러 한국韓國의 신지臣智들에게 읍군邑君

의 인장印綬를, 그 다음에게는 읍장邑長을 더하여 주었다. 그 풍속은 의책衣

幘을 좋아하였으니, 하호下戶들이 군에 나아가 조공을 바치고 알현할 때 모

두 의책을 빌리며, 스스로 인수와 의책을 만들어 착용한 사람도 천여 명이

나 되었다.

　　부종사部從事 오림吳林[640]은 낙랑이 본래 한국韓國을 통괄했다는 이유로 진한 8

637　帶方郡 : 後漢 말 建安 연간(196~220년)에 요동에 독자적인 세력을 구축하였던 요동태
　　　수 公孫康(? ~221)이 낙랑군 소속 屯有縣(黃海道 黃州 慈悲嶺) 이남의 荒地를 나누어 설
　　　치한 군현이다. 대체로 그 설치 시기는 204년 무렵으로 보며, 대방군이 설치되기 이전부
　　　터 낙랑군 25현의 하나로 대방현의 이름이 보이기 때문에, 대방현을 郡治로 하여 낙랑군
　　　남부도위 관할의 帶方(황해도 鳳山)・列口(황해도 殷栗)・南新(황해도 信川)・長岺(황
　　　해도 豊川)・提奚(미상)・含資(황해도 瑞興)・海冥(황해도 海州) 등 7현을 대방군으로
　　　편제한 것으로 보인다. 대방군의 治所는 대방현으로, 黃海道 鳳山郡 沙里院邑 일원으로
　　　비정된다(李丙燾, 1976,「三韓問題의 硏究」,『韓國古代史硏究』, 125쪽). 249년 司馬懿가
　　　위의 종실인 曹爽 세력을 제거하고 정권을 장악하는 등 국내 혼란으로 군현에 대한 지원
　　　이 어려워지자 군현 세력은 제각기 활로를 모색하였는데, 대방군은 백제와 혼인 등의 관
　　　계를 통해 親百濟 노선을 취하였다.

638　公孫模 : 공손모는 공손씨 일족으로 유민 수습을 지휘한 인물인 것으로 보아 대방태수
　　　였을 가능성이 높다는 견해가 있다(김성한, 2014, 百濟의 건국과 仇台, 歷史學硏究 56,
　　　89~92쪽).

639　대방태수 劉昕 : 왜 여왕 卑彌呼가 景初 3년(239) 위에 難升米 등을 사절로 파견하였을
　　　때 대방군의 태수였던 劉夏와 동일 인물로 보기도 한다.

640　部從事는 刺史部 소속의 州吏로, ~州部 ~郡從事가 공식명칭이다. 幽州刺史의 屬官으
　　　로, 郡의 감찰을 담당하는 역할이다. 오림의 파견은 州의 관할 지역인 군을 장악하면서 군
　　　내부의 관할 지역까지 조율하려는 위의 적극적인 지배 정책으로 이해된다(鄭載潤, 2001,
　　　「魏의 對韓政策과 崎離營 전투」,『중원문화논총』5, 42쪽).

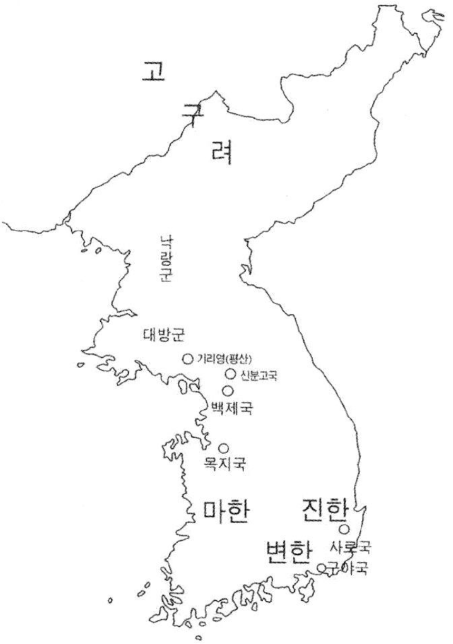

그림72 | 기리영과 신분고국

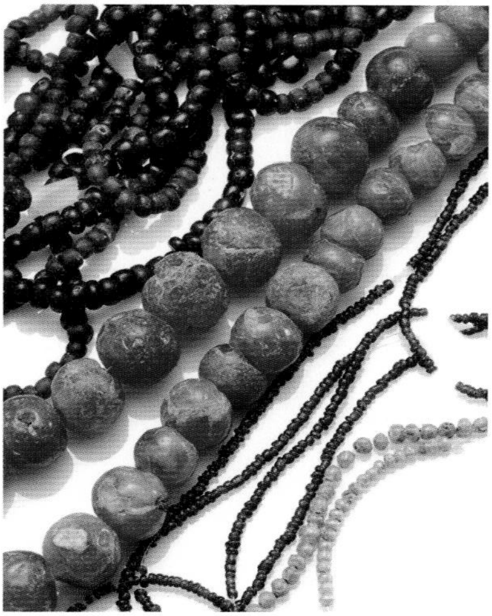

그림71 | 아산 명암리 밖지므레 출토 구슬

국을 분할하여 낙랑에 주었다.[641] 관리가 통역을 전달할 때 사실과 다른 부분이 있었다. 신지臣智가 한韓의 분노를 격발시켜(또는 신분고국臣濆沽國이 원망하여)[642]

641 진한 8국을 분할하여 낙랑에 주었다 : 대방군 설치 이후 대방이 진한을 통괄하게 하였으나, 이때 그 가운데 8국을 다시 낙랑군의 통괄 아래 두려고 하였던 것이다. 이것은 일반적으로 조공과 교역의 관할처를 변경한 사실을 의미한다.

642 臣幘沾韓忿 : 紹興本 · 紹熙本 · 百衲本은 '臣幘沾韓忿'이라 하였고, 南監本 · 汲古閣本 · 武英殿本은 '臣智激韓忿'이라 쓰고 있다. 전자를 따르면 '臣幘沾韓'을 '臣濆沽國'으로 보아 기리영을 공격한 주체를 경기도 북부 지방에 위치한 마한의 '臣濆沽國'으로 이해한다(윤선태, 2001). 후자를 따르면 해석은 '신지가 한의 분노를 격발시켰다', '신지는 격하고 한은 분했다' 등인데, 기리영을 공격한 신지(臣智)에 대하여 백제 고이왕, 또는 마한 목지국의 진왕(辰王)으로 보는 견해가 있다. 백제 고이왕으로 보는 견해는『삼국사기』백제본기2 고이왕 13년(246)조의 "가을 8월에 魏 幽州刺史 毋丘儉이 樂浪太守 劉茂, 朔方太守(帶方太守) 王遵(弓遵)과 함께 고구려를 쳤다. 왕이 이 틈을 타서 左將 眞忠을 보내 낙랑의 변방 주민들을 습격하여 빼앗았다. 유무가 이를 듣고 분노하자 왕이 침략을 받을까 염

대방군의 기리영崎離營643을 공격하였다. 이 때 태수 궁준弓遵과 낙랑태수 유무劉茂가 병사를 일으켜 이들을 공격하다가 준은 전사하였으나 2군은 마침내 한을 멸망시켰다.

그 풍속은 기강이 적어서 국읍國邑644에 비록 주수主帥가 있지만 읍락이 뒤섞여 있어서 제대로 통제하지 못하였다. 무릎을 꿇고 절하는 예절이 없다. 초가 지붕에 토실土室을 만들어 거처하는데, 그 모습이 마치 무덤과 같으며, 그 출입문은 위에 있다. 모든 가족이 함께 거기서 기거하며, 어른과 어린아이, 남녀의 분별이 없다. 그 장례에 관棺을 사용하고 곽槨은 사용하지 않았다.645 소나 말을 탈 줄 모르고, 그것들을 장사 지내는데 모두 써버린다. 구슬을 귀한 재물로 여겨서 옷에 꿰매어 장식하기도 하고, 혹은 목에 매달거나 귀에 달아 늘어뜨리기도 하였다. 금은이나 비단과 수를 진귀하게 여기지 않았다. 그 사람들의 성질은 강건하고 용감하였다. 맨머리에 상투를 드러냈는데, 그 모습이 마치 굳센 병사와 같았다. 베로 만든 도포를 입

려하여 그 사람들을 돌려주었다."는 기사를 근거로 하고 있다. 신지나 신분고국이 격분한 이유는 중국 군현과 마한(또는 백제), 신분고국 등이 진한 지역과의 교역을 둘러싸고 분쟁을 일으켰기 때문으로 보인다. 이들 다양한 의견에 대해서는 윤용구, 2015, 「3세기 이전 마한백제의 성장과 중국」, 『백제의 성장과 중국(백제학연구총서 쟁점백제사 5)』, 한성백제박물관 참조.

643　지금의 황해도 平山郡 麟山面 麒麟里로 비정된다(李丙燾, 1936, 「三韓問題의 新考察」 (四), 『震檀學報』 5, 震檀學會, 116쪽). 崎離營 戰鬪는 246년에 韓세력과 중국 郡縣 세력이 충돌한 사건인데, 그 주체에 관하여 ①百濟國說, ②目支國說, ③臣濆沽國說이 있다. 하지만 기리영 전투의 결과 백제가 마한의 주도국으로 성장하였다는 사실에 대해서는 대체로 이견이 없다.

644　국읍 : 삼한의 '국'은 다수의 읍락 집단으로 구성되었는데, 국읍은 읍락 집단 가운데 세력이 강하여 중심이 되는 대읍락으로 이해된다. 국읍의 수장인 主帥는 臣智라고 불리면서 국을 대표하였다.

645　有棺無槨 : 마한인의 매장 풍습을 보여주는 자료로 棺이 있고 槨이 없으므로 토광묘로 보인다.

그림73 | 김포 운양동 12호 주구 토광묘(有棺無槨)

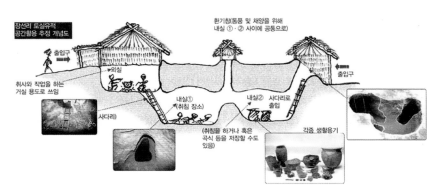

그림74 | 공주 장선리 토실 유적 복원도(이훈 안)

고, 가죽으로 만든 교답蹻蹋을 신었다. 그 나라 안에 중요한 행사가 있거나, 또는 관가官家에서 성곽을 쌓게 할 때, 여러 나이 어린 용감하고 건장한 자들은 모두 등가죽을 뚫어 큰 밧줄로 관통시키고, 또한 한 길쯤 되는 나무를 꽂았다. 하루 종일 소리를 지르면서 힘을 쓰는데, 아프다고 하지 않고, 오히

그림75 | 광주 신창동 저습지 유적에서 출토된 가죽신을 만드는데 썼던 신발골

그림76 | 나주 복암리 3호분 출토 금동신발

려 그렇게 작업하기를 권장하며, 또한 강건하다고 여겼다.[646]

항상 5월에 파종을 끝마친 후 귀신에게 제사를 지냈다. 무리를 지어서 노래 부르고 춤추며 술을 마시는데, 밤낮으로 쉬지 않았다. 그 춤은 수십 명이

---

646   하루 온종일 ~ 강건하다고 여겼다 : 공동으로 일을 하는 촌락에서 고통을 이겨내는 성년식으로 파악한 견해가 있고(三品彰英, 1943; 1974), 지게를 등에 지고 작업하는 장면을 잘못 묘사한 것으로 이해하기도 한다(이병도, 1976).

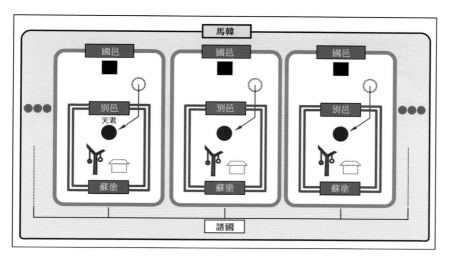

그림77 | 『삼국지』「동이전」의 한전에 근거한 마한의 소도(이종철, 2018)

모두 일어나서 뒤를 따르며 땅을 밟고 몸을 구부렸다 폈다 하면서 손과 발이 서로 잘 어울렸는데, 그 곡조와 율동이 탁무鐸舞와 흡사함이 있었다. 10월에 농사일을 끝마친 후에도 이와 같이 하였다. 귀신을 믿는데, 국읍마다 한 사람을 세워서 천신天神에 대한 제사를 주관하게 하였으니, 그를 천군天君[647]이라 불렀다. 또한 여러 나라마다 별읍別邑이 있는데, 이를 소도蘇塗[648]

---

[647] 천군 : 삼한의 각 국의 국읍에는 정치적 지배자인 主帥와 함께 하늘에 대한 제사를 담당한 司祭인 天君이 있었다. 초기 사회에서는 祭政一致였으나, 점차 사회가 분화되면서 정치적 지배자와 사제가 임무를 나누게 되었다.

[648] 소도 : 삼한의 각 국에는 국읍 외에 別邑이 존재하였고, 당시 신성한 별읍을 蘇塗라고 불렀다. 소도에는 큰 나무를 세우고 방울과 북을 매달아 놓고 귀신을 섬긴다고 하였으므로, 솟대의 기원과 연결시키기도 한다. 소도는 경계 표시나 성황당과 비슷한 성격으로, 농경 사회의 제의를 행하는 신전의 역할을 했던 것으로 보인다. 한편, 소도를 청동기 문화의 소산으로 보면서, 철기 문화의 기반을 갖는 초기 국가에 대항하여, 청동기 문화를 가진 토착민과 철기 문화를 가진 이주민들 사이의 갈등을 조절해주는 완충 역할을 수행한 것으로 보기고 보기도 한다(김철준, 1969; 1990). 최치원의 「鳳巖寺智證大師寂照塔碑」에서는 "有百濟蘇塗之儀 若甘泉金人之祀"라고 하여, 백제에 소도 의식이 있었으며, 이는 감천궁에서 금인에게 제사를 지내는 것과 같다고 하였다. 漢武帝 元狩 연간(기원전 122~117)

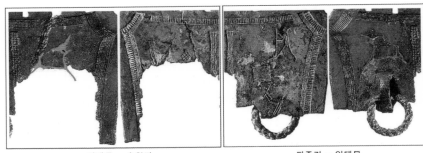

<table>
<tr><td>입대목 – 수확기</td><td>파종기 – 입대목</td></tr>
</table>

그림78 | 농경문 청동기의 입대목(이종철, 2018)

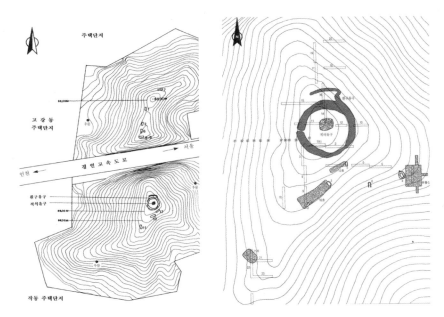

그림79 | 마한의 소도 유적으로 추정되기도 하는 부천 고강동의 적석 환구 유구

에 표기장군 곽거병은 흉노 이치사 선우의 번왕이었던 휴도왕의 군대를 격파하고 '休屠王祭天金人', 곧 휴도왕이 하늘에 제사를 지내면서 모셨던 금인을 노획하였다. 이 금인의 실체에 대해 중국 삼국시대에는 휴도왕이 제천 행사에 모셨던 흉노 고유의 천신상으로 인식하다가, 남북조시대를 거치면서 '金人佛像說'이 대두하여 불교의 예배 대상인 불상으로 받아들였다고 한다.

라고 불렀다. 큰 나무를 세우고, 방울과 북을 매달고 귀신을 섬겼다. 여러 도망한 사람들이 소도 내에 이르러도 모두 돌려보내지 않았으므로 도적질하기를 좋아하였다. 소도를 세운 의미는 흡사 부도浮屠와 같으나, 행하는 바의 선악善惡에 다른 점이 있었다.

그림80 | 마한의 제사장인 천군 추정 복원(국립광주박물관)

그 북쪽의 군에 가깝게 위치한 여러 나라들은 예속禮俗에 밝았으나 먼 곳에 위치한 나라들은 마치 죄수와 노비들이 서로 모여 사는 것과 같았다. 특별하게 진기한 보물은 산출되지 않는다. 동물과 식물은 중국과 거의 같았다. 큰 밤이 생산되는데, 크기가 배만 하였다. 또한 가느다란 꼬리를 가진 닭이 있는데, 그 꼬리가 모두 길어서 다섯 자가 넘었다. 남자들은 때때로 문신을 하였다.

또한 주호州胡[649]가 있는데, 마한 서쪽 바다의 큰 섬에 위치하였다. 그 사람들은 작고 왜소한 편이었으며, 언어는 한韓과 같지 않았다. 그들은 모두 선비족과 같이 머리를 밀었다. 다만 가죽으로 만든 옷을 입고, 소와 돼지 기르기를 좋아하였다. 그들은 상의만 입고 하의는 입지 않아서 마치 나체와 같았다. 배를 타고 왕래하며, 한韓지역에서 물건을 사고팔았다.

---

649   지금의 제주도로 추정된다.

◀ 밤이 담긴 고배

◀ 감이 담긴 고배

▲ 밤

▲ 율무

그림81 | 창원 다호리 유적에서 발굴된 밤

　진한은 마한의 동쪽에 있다. 그 노인들이 전하여 스스로 말하기를, "옛 망명인들이 진秦의 부역을 피하여 한국韓國에 오자, 마한이 그 동쪽 경계의 땅을 나누어 주었다."[650]고 하였다. 성책이 있다. 그 언어는 마한과 같지 않았다. 국國을 방邦이라 부르고, 궁弓을 호弧, 적賊을 구寇, 행주行酒(술잔 돌리기)

<hr/>

650　옛 망명인들이 ~ 주었다 : 진한 지역에는 중국계, 낙랑계 유이민 뿐만 아니라 고조선계 유이민들의 이주가 많았다. 『삼국사기』 신라본기에 의하면, 신라는 고조선계 유이민이 중심이 되어 건국되었다.

를 행상行觴이라고 불렀으며, 서로 부르기를 모두 도徒라고 하여 진인秦人과 유사하였으니, 단지 연燕·제齊의 명칭만은 아니었다. 낙랑 사람을 아잔阿殘이라고 불렀는데, 동방東方의 사람들은 나我라는 말을 아阿라고 불렀으니, 낙랑 사람이 본래 그들의 남아 있는 사람임을 뜻한다. 지금도 진한秦韓이라고 부르는 자가 있다. 처음에는 6국이었다가 차츰 나뉘어져 12국이 되었다.

변진 역시 12국이다. 또한 여러 작은 별읍別邑이 있다. 각각 거수渠帥가 있는데, 큰 자를 신지臣智라 부르고, 그 다음에 험측險側, 그 다음에 번예樊濊, 그 다음에 살해殺奚, 그 다음에 읍차邑借가 있다. 이저국已柢國, 불사국不斯國, 변진미리미동국弁辰彌離彌凍國, 변진접도국弁辰接塗國, 근기국勤耆國, 난미리미동국難彌離彌凍國, 변진고자미동국弁辰古資彌凍國, 변진고순시국弁辰古淳是國, 염해국冉奚國, 변진반로국弁辰半路國, 변·직낙노국弁辰樂奴國, 군미국軍彌國(변군미국弁軍彌國), 변진미오야마국弁辰彌烏邪馬國, 여담국如湛國, 변진감로국弁辰甘路國, 호로국戶路國, 주선국州鮮國, 마연국馬延國, 변진구야국弁辰狗邪國, 변진주조마국弁辰走漕馬國, 변진안야국弁辰安邪國, 마연국馬延國, 변진독로국弁辰瀆盧國, 사로국斯盧國, 우유국優由國이 있다. 변진弁辰과 진한辰韓을 합하여 24국國이다. 대국大國은 4~5천 가家이고, 소국小國은 6~7백 가家로, 총 4~5만萬 호戶이다. 그중 12국國은 진왕辰王에 속한다. 진왕은 항상 마한인馬韓人으로 삼아 대대로 서로 계승하였다. 진왕辰王은 스스로 왕王이 되지는 못하였다.

『위략魏略』에서는 다음과 같이 말하였다. "분명히 그들은 망명하여 이주한 사람들이기 때문에 마한馬韓의 통제를 받는 것이다."

토지土地는 비옥하여 오곡五穀과 벼를 심기에 알맞다. 누에치기와 뽕나무 가꾸기를 알아 비단과 베를 짤 줄 알았다. 소와 말을 탈 줄 알았다. 혼인은 예속禮俗에 맞게 하였고, 남녀 간에 분별이 있었다. 큰 새의 깃털을 사용하여 장례를 치르는데, 이는 죽은 사람이 새처럼 날아다니라는 뜻이다.

『위략魏略』에서는 다음과 같이 말하였다. "그 나라에서 집을 짓는데, 여러 개의 나무를 가로질러서 만들었으므로 감옥과 유사하다."

　나라에서 철鐵이 생산되는데, 한韓, 예濊, 왜倭에서 모두 와서 가져갔다. 사고 팔 때에 모두 철鐵을 사용하였으니, 중국中國에서 돈을 사용하는 것과 같았다. 또한 그것을 두 군郡에도 공급하였다.

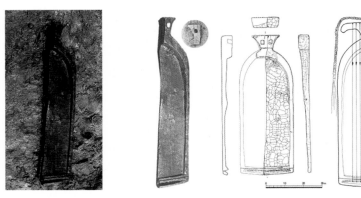

그림82 | 광주 신창동 저습지 유적 출토 슬(瑟) 추정 현악기와 복원도

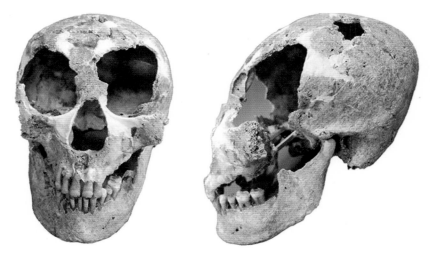

그림83 | 김해 예안리 99호분 출토 인골의 편두

풍속은 노래하고 춤추며 술 마시기를 좋아한다. 슬瑟이 있는데 그 모양이 축筑과 비슷하며, 그것을 연주하는데 또한 음곡音曲이 있다. 아이가 태어나면 곧 돌로 그 머리를 눌러서 납작하게 만들려고 하기 때문에 지금 진한인辰韓人들은 모두 납작 머리[편두褊頭]이다. 왜倭와 가까운 곳의 남녀男女는 또한 문신文身을 하였다. 보전步戰을 잘하며, 병장기兵仗器는 마한과 같았다. 그들의 풍속에 길가는 사람들이 서로 마주치면, 모두 멈추어서 길을 양보하였다.

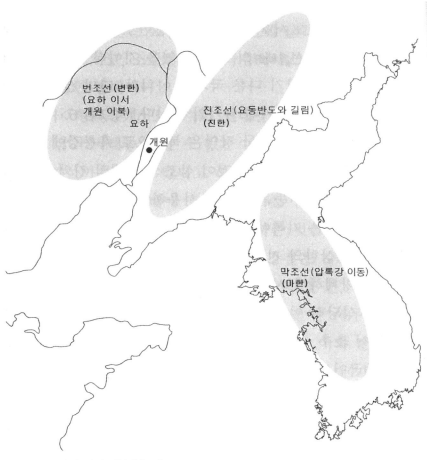

그림84 | 북삼한 위치도(신채호 안)

변진弁辰은 진한辰韓과 더불어 뒤섞여 살았다. 역시 성곽城郭이 있었다. 의복衣服과 거처는 진한辰韓과 같았고, 언어言語와 법속法俗은 서로 비슷하였다. 귀신에게 제사지내는 방식은 차이가 있었으니, 조왕신을 모시는 곳이 모두 문의 서쪽에 있었다. 그중 독로국瀆盧國은 왜倭와 경계를 접하고 있다. 12국國은 또한 왕王이 있다. 그 사람들의 형체는 모두 크며, 의복은 깨끗하고 머리가 길다. 또한 폭이 넓은 고운 베를 짰다. 법속法俗은 특히 엄격하였다.

표 1 | 마한 54국 이름과 위치 비정

	국명	정인보	이병도	천관우	박순발
1	爰襄國(〃)	경기도 장단	화성시 남양읍	파주·연천	황해도 금천
2	牟水國(牟襄水國)	수원	수원	양주	파주 파평, 인천
3	桑外國(桑水國)	황해도 봉산	화성 장안·우정	파주·연천	경기 삭녕현
4	小石索國(〃)	전북 순창	경기 서해의 섬	강화 교동	
5	大石索國(〃)	임실	小石索國 부근	강화도	
6	優休牟涿國(優休牟淥國)	황해도 재령	부천	춘천	인천 계양구
7	臣濆沽國(臣僕沽國)	순천 낙안	안성	가평	강화도
8	伯濟國(〃)	경기도 광주	경기도 광주	서울 강남	서울 송파구
9	速盧不斯國(〃)	나주 반남	김포(通津)	김포(通津)	개성 판문
10	日華國(〃)	장단 임진		양평·지평	서울 금천구
11	古誕者國(〃)	김제 금구		양평·지평	경기 양평
12	古離國(古雜國)	정읍 고부	남양주(豊壤)	여주	남양주 진접
13	怒藍國	경기도 이천	이천(陰竹)	이천	이천 장호원읍
14	月支國(目支國)	서울	평택 성환~천안 직산	인천	천안 목천
15	咨離牟盧國(資離牟盧國)	천안 목천	이천	서산 지곡	보령
16	素謂乾國(〃)	홍성		보령	곡성 옥과
17	古爰國(古愛國)	청양		당진	광양
18	莫盧國(英盧)	전남 장흥 회령		예산 덕산	광양
19	卑離國(〃)	군산 회미	군산		
20	占離卑國(古卑離國)	卑離國의 중복	정읍(高阜)	홍성	

	국명	정인보	이병도	천관우	박순발
21	臣釁國(臣疊國)	군산 임피	대전~계룡	아산 온양	
22	支侵國(〃)	예산 대흥	예산	예산 대흥	예산 대흥
23	狗盧國(〃)	홍성	청양	청양	
24	卑彌國(〃)	천안 직산	서천(庇仁縣)	서천	
25	監奚卑離國(監奚卑離)	파주	홍성	공주	영암 시종
26	古蒲(古滿)	경북 경산 고포		부여	
27	致利鞠國(〃)	전남 화순	서산 지곡면	서천 한산	여수 돌산
28	冉路國(없음)	진안		익산 함열	화순 능주
29	兒林國(〃)	익산 여산	서천	서천	서천
30	駟盧國(〃)	군산 옥구	홍성 장곡면	논산 은진	홍성 장곡, 청양 비봉
31	內卑離國(〃)	부여		대전 대덕 유성	대전 유성
32	感奚國(〃)	안성	익산 함열	익산	천안 풍세, 익산 함열
33	萬盧國(邁盧國)	충북 진천	보령	군산 옥구	군산 옥구
34	辟卑離國(群卑離國)	전남 보성	김제 / 보성	김제	김제
35	臼斯烏旦國(田斯烏且國)	장성	장성군 진원면	금제 금구	장성 진원
36	一離國(〃)	화순 능주		부안 태인?	익산 낭산
37	不彌國(〃)	충북 단양	나주	부안 태인?	공주 신풍
38	支半國(羊皮國)	전북 부안		부안 태인?	완주 화산
39	狗素國(〃)	담양	잘못된 표기	정읍 고부	정읍 고부
40	捷盧國(挺盧國)	충북 옥천		정읍	순천
41	车盧卑離國(车盧離國)	전북 고창	고창	고창	고창
42	臣蘇塗國(〃)	태안	태안	고창 홍덕	태안
43	莫盧國(〃)	잘못된 표기		영광	
44	古臘國(古櫛國)	황해도 백천	남원	장성	신안(島嶼)
45	臨素半國(〃)	전남 무안	군산(沃溝)	광주, 나주?	임실
46	臣雲新國(〃)	나주	충남 천안	광주, 나주?	
47	如來卑離國(〃)	논산 은진	익산 여산	화순 능주	곡성
48	楚山塗卑離國(〃)	정읍	정읍	진도 군내면	담양
49	一難國(〃)	고창		영암	영암?
50	狗奚國(〃)	狗素國의 중복	강진	해남 마산	장성
51	不雲國(〃)	남원 운봉	공주	보성	

	국명	정인보	이병도	천관우	박순발
52	不斯濆邪國(〃)	전주	전주	순천 낙안	순천 낙안
53	爰池國(爰他)	나주 압해		여수	순천 주암
54	乾馬國(馬國)	익산	익산	장흥	
55	楚離國(〃)	楚山卑離國의 중복	고흥 남양	고흥 남양	

그림85 | 마한 제국 위치 비정(신채호 안)

변진고순시(=함창)

난미리미동(=영일)

변진반로(=성주)

근기(=장기)

사로(=경주)

변진미오야마(=고령)

변진안야(=함안)

변진구야(=김해)

변진미리미동(=진해)

변진독로(=거제)

변진고자미동(=고성)

그림86 | 진한 및 변진(변한) 제국 위치 비정(신채호 안)